T0153782

CLASSIQUES JAUNES

Littératures francophones

Servitude
et grandeur militaires

Réimpression de l'édition de Paris, 1965.

Alfred de Vigny

Servitude et grandeur militaires

Édition critique par François Germain

PARIS
CLASSIQUES GARNIER
2020

Spécialiste de Vigny, François Germain a renouvelé l'approche de cet auteur dans son étude *L'Imagination d'Alfred de Vigny*. Il est également l'éditeur scientifique de l'écrivain romantique, dont il a dirigé avec André Jarry l'édition des œuvres complètes dans la collection « La Pléiade ».

Couverture :
« La Revue 1810 », Auguste Boulard (fils) (1852-1927)
Bibliothèque du Congrès des États-Unis

ISBN 978-2-8124-1857-0
ISSN 2417-6400

INTRODUCTION *

Une œuvre de *Vigny*, en dépit des apparences, n'obéit pas à la logique d'une démonstration, et rien ne ressemble moins à un traité. Organisée après coup et surtout en façade, cette œuvre n'est vraiment organique qu'en profondeur. « Je ne fais pas un livre », écrit *Vigny*, « nuit et jour, et même à travers le sommeil », « il se fait, il mûrit et croît dans ma tête comme un fruit »[1]. *Disons qu'autour d'un thème inducteur, d'un* « sujet tombé je ne sais d'où dans mon âme »[2], *la pensée se propage selon la croissance capricieuse des êtres vivants. Son milieu favorable n'est pas cet espace où l'on déploie des plans synoptiques, mais le temps, toujours ouvert sur l'avenir et sur le passé. Car c'est surtout dans la mémoire de l'écrivain et dans son imagination, fécondées l'une par l'autre, que les problèmes actuels vont puiser ce qui peut les nourrir. Le sujet, la thèse initiale sont comme repris en sous-main et sans cesse infléchis par la personnalité de l'auteur.*

Il est certain que l'armée, vouée au rôle de police politique, traverse une crise entre 1830 et 1835. C'est de là que vient la première impulsion de Servitude, *et le sujet du livre tient d'abord à l'actualité. S'il a pris corps, cependant, c'est parce que* Vigny *avait été soldat, comme* Stello *a vu le jour parce qu'il était poète ; et la substance de l'œuvre se trouve surtout dans les souvenirs de l'auteur, dans le bilan de son expérience personnelle, dans ce*

---

* Les références aux œuvres de Vigny renvoient à l'édition que F. Baldensperger a donnée dans la Bibliothèque de la Pléiade. Nous adoptons les abréviations suivantes :

Journal d'un poète : J.

Mémoires inédits publiés par Jean Sangnier : *Mémoires.*

M. de Vigny : *homme d'ordre et poète* par H. Guillemin : *V. H. O.*

1. *J.*, 1044 et 1326.

2. *J.*, 1180.

qui reste en lui de déceptions et d'enthousiasme. « Ce livre a des cheveux blancs », *écrit-il à Mme de La Grange;* « je me serais donné cent ans à moi-même, si j'avais pu, pour imprimer à tout l'unité sans laquelle rien n'est solide et durable » [1]. *La genèse de* Servitude *peut porter sur cinq ans, de 1830 à 1835; il faut pourtant reconnaître à cette œuvre une préhistoire qui remonte très haut, non seulement jusqu'à l'année 1814 où Vigny entre dans l'armée, mais jusqu'aux rêves de gloire qui ont ensorcelé son enfance.*

I. — VIGNY ET L'ARMÉE

« Nous commençons tous par un beau rêve », *dit Vigny dans son discours académique. C'est l'enthousiasme, en effet, qui vint d'abord. Tout enfant, sans doute, veut être général; mais ce rêve est plus ou moins exclusif. Or, la sensibilité fervente de Vigny, sa propension naturelle à l'idéalisme, son imagination chevaleresque et féconde en illusions favorisaient dangereusement ses désirs de sacrifice et de gloire; d'autant que rien ne vint l'en distraire pendant la longue solitude de son enfance. Autour de lui, au contraire, tout conspirait à fortifier son engouement jusqu'à lui en faire un devoir : les traditions de sa famille aristocratique et militaire, les récits de son père ancien officier, les souvenirs de son grand-père Baraudin qui avait été chef d'escadre, ceux de son oncle fusillé à Quiberon, ceux de Bougainville son parent. Vigny, enfin, a grandi à l'ombre de Napoléon. Or, avec les fastes militaires de l'Empire, les plus folles ambitions de gloire trouvaient à se réaliser et paraissaient presque raisonnables. Approuvé, encouragé, exalté de toutes parts, le rêve d'enfance prit la consistance d'un projet, il devint impérieux comme une vocation. Jusqu'à dix-sept ans au moins, pendant cette période où l'on fait provision de ferveur, Vigny vécut* « dans l'ambition désordonnée de la gloire des armes »; *elle lui promettait le bonheur et s'imposait à lui comme une obligation.*

Cette passion fut même assez forte pour résister à l'épreuve

---

1. Lettre du 28 août 1836.

du réel et aux déceptions qu'elle entraîna. L'année où il quitte l'armée, Vigny prête à Cinq-Mars l'allégresse qu'il ressentait lui-même quand il comptait passer en Espagne. L'Almeh *qu'il entreprend en 1828 devait exalter l'énergie militaire du XIXe siècle* « si jeune et déjà si grand » [1]. *Choqué en 1830 par l'indifférence du peuple envers l'armée d'Afrique, il écrit dans la* Revue des Deux Mondes *un article enthousiaste sur la conquête d'Alger. Dans* Servitude, *en 1835, il avoue ne jamais revoir le drapeau de son régiment sans un battement de cœur; ce livre même, dit-il encore,* « prouve que je ne suis pas éloigné d'une rechute ». *Le 21 octobre de la même année, il écrit au capitaine de La Coudrée :* « Mon cœur est avec vous et au milieu de mes anciens compagnons d'armes; notre vie, tout austère qu'elle était, est chère encore à mon souvenir par sa sévérité même. (....) Les anciens officiers avec lesquels j'ai servi neuf ans dans la Garde, et surtout les vieux capitaines, m'ont révélé le sens, la nature, la beauté sévère et véritable des armées modernes. »

Sans relever ici tous les personnages qui ont « l'allure à la fois militaire et ecclésiastique » *comme le Trappiste, Chatterton et Julien, suggérons au moins que dans la* Mort du Loup *le récit de chasse, fort invraisemblable en lui-même, rappelle surtout un coup de main militaire analogue à cette prise du corps de garde russe qui est racontée dans* Servitude. *Julien, en qui l'auteur aime à se reconnaître depuis 1833, apparaît de plus en plus comme le défenseur de l'Empire contre les Barbares; il finit même par détester le christianisme parce que cette religion détourne les citoyens de porter les armes.*

Les valeurs militaires ont si bien pénétré Vigny qu'elles lui dictent ses images quand il parle de création poétique ou d'activité théâtrale. « Lorsqu'un siècle est en marche guidé par une pensée », *écrit-il en 1829,* « il est semblable à une armée marchant dans le désert. Malheur aux traînards! Rester en arrière, c'est mourir [2]. » « Je regardais le public », *note-t-il après la première de* Chatterton, « comme on regarde

---

1. *J.*, 889.
2. *J.*, 898.

un ennemi dans un duel, les coups que je portais au cœur, j'en voyais l'impression, ceux que je portais à la tête, je les y voyais arriver aussi » [1]. *Même la discussion platonicienne de* Daphné *évoque successivement un duel entre Libanius et l'empereur, puis le siège d'une forteresse à la manière de Vauban.*

Rappelons enfin quelques coquetteries significatives. Quand Vigny reçoit, il est drapé dans un vaste manteau de coupe militaire; en évidence dans une vitrine, on peut voir son épée, ses épaulettes et son hausse-col; le jour de sa réception à l'Académie, il porte la cravate noire des soldats; et alors que la mode en est passée pour les hommes, il conserve les cheveux longs « à la manière des Franks », *dit-il, dont les vertus guerrières étaient célèbres. Affectations superficielles, sans doute; mais qui sait si Vigny, toujours attentif à se distinguer, n'a pas cultivé cette précieuse différence d'être homme de guerre parmi les poètes comme il était déjà poète parmi les nobles et noble parmi les hommes?*

Quoi qu'il en soit, de part et d'autre des sept ans qu'il a passés sous l'uniforme, il s'est toujours complu à s'imaginer soldat. Plus à l'aise à mesure que la réalité militaire s'éloigne de lui, il se laisse aller à un mirage rétrospectif qui renoue avec ses rêves d'enfance. Il aime à dire dans ses Mémoires *qu'il a subi une éducation toute spartiate, assez peu vraisemblable pourtant si l'on songe à la faiblesse de sa constitution. Il finit par écrire et probablement par croire qu'il a passé sous les armes non pas sept ans, mais dix, puis douze, puis quatorze, puis seize. Il affirme qu'il marchait malgré le vautour intérieur qui lui dévorait les entrailles, et qu'il lui fallut* « continuer le service jusqu'à la mort » [2], *ce qui est heureusement excessif. En exagérant ainsi ses souffrances, il se donne le droit de décrire en vétéran* « les mâles coutumes de l'armée », *et il assume le devoir de défendre comme sienne la cause des soldats. Quand la Garde tire sur la foule en 1851, Vigny applaudit au triomphe de l'ordre, sans doute, mais aussi à une revanche de l'armée sur les journées de quarante-huit, revanche qu'il savoure comme si elle lui était personnelle.*

---

1. *J.*, 1023.
2. *J.*, 960.

« Vigny », *écrit Sainte-Beuve*, « était l'homme qui avait le moins conscience de la réalité (…), dès qu'il avait le moins du monde intérêt — un intérêt d'amour-propre et d'imagination — à ne pas voir un fait, il ne le voyait pas [1]. » *La complaisance du poète à se croire soldat nous découvre en effet une curieuse aptitude à maintenir contre les démentis de l'expérience une illusion flatteuse dont il a mesuré, cependant, la vanité. Il était si peu fait pour la carrière des armes en effet qu'elle lui infligea, comme il dit lui-même,* « la plus complète déception de sa vie ».

Résumons d'abord les faits. A la fin de l'Empire, il songe à préparer Polytechnique pour être artilleur. La Restauration lui permet d'entrer comme sous-lieutenant dans la compagnie aristocratique des gendarmes de la Maison du roi. Il suit de loin la retraite de Louis XVIII, mais il est fait prisonnier à Béthune et passe les Cent-Jours à Amiens. Après Waterloo, les Compagnies rouges sont dissoutes et Vigny est versé comme sous-lieutenant au 5ᵉ régiment de la Garde royale; en juillet 1822, il est nommé lieutenant à l'ancienneté, puis, en mars 1823, il passe au 55ᵉ de ligne avec grade de capitaine. Il connaît un certain nombre de garnisons : Versailles, Vincennes, Rouen, Strasbourg, Courbevoie. Les marches militaires épuisantes alternent avec les permissions pour raison de santé. En 1823, son régiment est envoyé vers les Pyrénées pour prendre part à l'expédition du duc d'Angoulême; mais cette promenade militaire n'exige pas de gros effectifs, et le 55ᵉ s'arrête à Oloron. En décembre 1824, nouveau congé au terme duquel Vigny obtient, en 1827, sa réforme définitive pour une phlegmasie chronique des poumons que les médecins jugent incurable. Il a donc passé onze ans sous l'uniforme, ou plutôt sept si l'on tient compte de tous les congés qu'il a pris.

Carrière assez brève, on le voit, où l'on chercherait en vain quelque éclat de gloire. Il n'a connu que le « plat service de paix » *où il consomma, dit-il,* « une inutile et puissante énergie »; *et il insiste à plaisir sur l'amertume de tous ses compagnons* « enfermés dans un cheval de bois qui ne s'ouvrait jamais dans aucune Troie ». *Il se peut même qu'il insiste trop. Car*

---

1. *Portraits contemporains,* éd. Michel Lévy, t. II, p. 80.

*enfin, si l'inaction lui avait pesé aussi lourdement qu'il le dit,
il aurait quitté l'armée pour une carrière plus active; or, après
sa démission, il s'est exclusivement consacré à son œuvre littéraire.
Nous connaissons même certains détails qui donnent à penser.
En octobre 1825, il tente de se faire renommer dans la Garde
à pied qui était un simple corps de parade. Cette initiative surprend
moins si l'on note que, de tous les aspects de la vie militaire, ce
sont les défilés et les revues qui ont le mieux inspiré Vigny :
défilé de la flotte à Malte dans* Servitude, *défilé des légionnaires
et des cavaliers gaulois dans* Daphné, *défilé, dans les* Mémoires,
*d'un escadron qui s'avance dans un ordre si parfait qu'on croirait
à une « légion d'anges[1]»   Au reste, c'est après l'échec de cette
demande que Vigny donne sa démission. L'activité militaire ne
lui a peut-être pas manqué aussi douloureusement qu'il l'imagine,
et s'il découvre un abîme entre la vie de caserne et les rêves d'épopée,
c'est peut-être que l'humeur romantique se délectait à toutes les
constatations qui laissent un goût de cendres.*

*Aussi, derrière cette déception, qui lui apporte en somme une
excuse puisqu'elle est imputable aux seuls événements, faut-il
en déceler une autre qui tient à Vigny lui-même et dont il parle
moins parce que son amour-propre, sans doute, en souffrait.*
« Mes services », *dit-il*, « avaient été une longue méprise »;
« j'avais porté dans une vie tout active une nature toute
contemplative ». *Disons qu'il était fort mal préparé, de corps, de
cœur et d'esprit à supporter la vie militaire.*

*De petite taille et d'apparence assez frêle, féminine d'après
ceux qui l'ont vu, Vigny, selon Mme Ancelot, a l'air d'un chérubin
vers vingt-cinq ans encore. Eugène de Mirecourt nous affirme
même qu'il lui fallait mettre du liège dans ses bottes pour paraître
plus grand. Nous savons, du moins, qu'il ne supportait pas au
corps de garde l'odeur « infecte » du tabac, et que les vieux officiers
ne lui pardonnaient pas de boire seulement de l'eau. Fait plus
grave, les marches militaires l'exténuent; il crache le sang de
Paris à Amiens et s'arrête à chaque ferme pour demander du lait.
Que cette faiblesse l'ait mis en mauvaise posture, nous en avons
la preuve dans certaines notes du* Journal : « Ce qui m'a fait

---

1. *Mémoires*, 335.

le plus de tort dans la vie, ç'a été d'avoir les cheveux blonds et la taille mince. (...). Pour les réputations militaires, [*il faut avoir*] une haute stature, une figure noire et barbue. » « Ce n'est que lorsqu'un homme est mort qu'on croit à sa maladie dans un régiment. — Après son enterrement, on dit : Il paraît qu'il était vraiment malade. » *Relevons en particulier cette anecdote consignée en janvier 1831* : « J'ai vu un général, passant la revue du 55e de ligne, où j'étais capitaine, s'arrêter et dire au colonel : « Voilà un capitaine élu sans doute par faveur ! » C'était par ancienneté après neuf ans de lieutenance. — « Vous avez de trop bonnes manières, mon ami, me dit Fontanges ; j'ai eu peine à lui persuader que vous fussiez un excellent officier [1]. »

Sa sensibilité, féminine elle aussi, son « cœur de sensitive », ne le préparaient pas mieux à une carrière qui exige pour l'essentiel de vaincre par tous les moyens. Vigny est trop soucieux de sa propre délicatesse pour se plier à cet impératif utilitaire et brutal. La violence et le meurtre lui inspirent même une sorte d'affolement fait d'indignation et d'effroi. Sous toutes ses formes, depuis le supplice de Grandier, dans Cinq-Mars, *jusqu'à l'agonie du Christ, la mort le fascine comme* « le plus effrayant des mystères [2] », *celui dont il n'est aucune expérience et qui défie l'imagination* :

Une terreur profonde, une angoisse infinie
Redoublent sa torture et sa lente agonie [3].

Pareille angoisse est au moins fort gênante dans la carrière des armes. Fait significatif, d'ailleurs, cet officier imagine mal le tumulte des batailles. A part une strophe de la Frégate, *la guerre ne l'inspire ni dans* le Trappiste, *ni dans* Cinq-Mars, *ni dans* Servitude. *Or, Vigny qui a fréquenté pendant sept ans les grognards de l'Empire, qui aimait à écouter le récit de leurs exploits, serait assez bien placé pour décrire la guerre, si la documentation dispensait d'imaginer. C'est son imagination même, c'est tout son être qui répugne au massacre ; le pacifisme*

---

1. *J.*, 937 et 960.
2. *Stello* 695. — 3. *Poèmes*, 208.

qui s'affirme à la fin de Servitude *était inscrit dans son tempérament bien avant qu'il en prît conscience.*

Il était trop indépendant d'esprit, enfin, pour se plier aisément à l'obéissance inconditionnelle. Les révoltés sont nombreux dans son œuvre, et il s'incarne lui-même dans Satan d'abord, puis dans le Docteur-Noir dont l'intelligence un peu méphistophélique a toutes les audaces du XVIIIe siècle. Dans cette armée de la Restauration où sévissaient la délation cléricale et la surenchère monarchiste, il passe pour libéral, et ses opinions, en effet, ne sont pas très orthodoxes. A l'époque où l'Église prêche les missions, il exalte le paganisme de Chénier ou conçoit des Mystères *qui sont fort embarrassants pour la Providence ; il donne même une image peu flatteuse des rois dans le* Trappiste *et dans* Cinq-Mars. *Quant à la discipline proprement militaire, «* je la trouvais admirablement sage sous mes pieds *», dit-il, «* mais absurde sur ma tête ». *Elle dut lui être assez pesante en effet, s'il est vrai, comme il l'affirme dans* Stello, *qu'il ne supportait même pas «* l'innocent pouvoir d'un garde champêtre *» [1]. Une lettre d'août 1831 lève ici tous les doutes : «* Vous avez raison *», écrit le poète à Brizeux, «* de vous représenter ma vie militaire comme vous faites. L'indignation que me causa toujours la suffisance dans les hommes si nuls qui sont revêtus d'une dignité ou d'une autorité, me donna dès le premier jour une sorte de froideur révoltée avec les grades supérieurs et une extrême amabilité avec les inférieurs et les égaux. Cette froideur parut, à tous les ministères possibles, une opposition permanente. » Il n'est pas sûr qu'une critique aussi muette ait alarmé tous les ministères ; mais cette volonté d'insolence est évidemment incompatible avec la discipline. L'obéissance passive convient si peu au poète qu'il assimile le soldat au Masque de fer, éternellement captif de son masque et de son cachot ; on peut même se demander si le jeune lieutenant n'a pas prétexté quelquefois de sa santé insuffisante pour adoucir les rigueurs de cette prison.*

«J'étais bien déplacé dans l'armée », *écrit Vigny à Brizeux. Il n'était pas fait pour les réalités de la vie militaire en effet,*

---

1. *Stello,* 797.

comme l'a très bien vu le capitaine H. Morel [1]. *Le soldat qu'il voulait être est un produit de son imagination; probablement aussi celui qu'il se flattait d'avoir été, car* « les impressions d'enfance sont profondes », *et le contact du réel, surtout chez un poète, ne suffit pas à les ruiner.*

Ce que Vigny demande à la carrière des armes, c'est surtout l'occasion d'un épanouissement personnel; il cultive l'amour du danger parce qu'il veut prouver sa force d'âme; il envie ceux qui exercent le métier militaire en artistes, les héros « purement épris de gloire », *presque les dilettantes de l'héroïsme. Encore le mot* « gloire » *prend-il dans son imagination un sens surprenant. Comme il a grandi dans l'idée qu'il ne s'appartenait pas, et que toute vertu suppose un sacrifice, l'*Imitation *de* Jésus-Christ, *autant que les bulletins de l'Empereur, régente ses rêves et les fait converger vers une éthique de l'ascèse et du renoncement. Dans l'armée, il voit un couvent où les soldats sont moines, les officiers prieurs, où* « l'on remplit bien les vœux de pauvreté et d'obéissance », *où l'âme est maintenue, comme dit le Descartes de* Cinq-Mars, « dans l'idée permanente du sacrifice » [2].

Tel est ce goût du dévouement pour lui-même qu'il va jusqu'au culte, très aristocratique, de l'inefficacité. Mora au milieu des Turcs, dans Héléna, *de Thou à Perpignan, Renaud avec sa canne de jonc, Julien à Nisibe ne compromettent pas leur dignité dans l'acharnement de la lutte, mais conservent au milieu des combats la sérénité dédaigneuse du Loup qu'on égorge. Ce n'est pas la victoire qui les tente, pas même l'action, mais une passion majestueuse et désolée. Comme s'ils avaient scrupule à s'affirmer trop ou même à vivre, comme s'ils éprouvaient le besoin obscur d'expier, ils ne songent qu'à* « bien mourir ». *Dans leur jeunesse,* Cinq-Mars *et de Thou désirent* « des infortunes sublimes » [3]; *Renaud prisonnier veut* « composer sa mort »; *Vigny lui-même envie les héros morts jeunes comme Kléber et Desaix,* « les paysans de l'armée qui se font faucher par mille à la fois »,

---

1. *Chatterton ou le Romantisme militaire*, Revue universelle 1924, p. 322.

2. *Cinq-Mars*, p. 268.

3. *Cinq-Mars*, p. 156.

ceux qui ont cherché en Vendée l'occasion d'une belle mort. Non seulement il semble plus apte à mobiliser son énergie contre lui-même que contre les autres, mais, comme si l'échec lui paraissait un couronnement, ce sont les défaites qui le tentent : Aboukir, Trafalgar, les derniers combats de la campagne de France, l'égorgement du Loup, Nisibe où Julien trouve la mort. Son rêve de stoïcien meurtri, de poète égaré parmi les soldats, se résumerait assez bien dans cette formule absurde : de l'héroïsme inutile, pas d'efficacité.

Entre la réalité militaire et lui s'interposait donc une image de l'armée, chimérique, mais si conforme à ses aspirations qu'il ne l'a jamais révoquée. Comme il ne pouvait oublier non plus ses mauvais souvenirs de caserne, il développe les certitudes contraires de son imagination et de son expérience. Il aime toujours cette armée dont il a fait partie, qui lui a valu des rêves incomparables et une image austère de la grandeur. Mais il reproche aux servitudes militaires ses fatigues, ses déceptions et ses déboires, presque sa démission, comme si l'armée n'avait pas voulu de lui; témoin cette note de 1836 : « La Destinée m'a refusé la guerre que j'aimais; j'ai fait *Servitude et Grandeur militaires* avec le désir de hâter la destruction de l'amour de la gloire guerrière que je n'ai pu conquérir [1]. » *On croira difficilement qu'un simple dépit amoureux épuise le propos du livre; mais cet aveu nous prouve quelle part revient aux sentiments personnels dans la genèse de* Servitude. *Vigny pourrait en dire comme de* Stello : *ce sont* « les mémoires de mon âme » [2].

II. — LE PROJET DE 1830

Sur l'itinéraire qui conduit à Servitude, *on peut relever quelques jalons. Dans* Héléna, *quand les Turcs comprennent que l'église en flammes va s'écrouler sur eux, ils se croisent les bras et renoncent à la lutte avec un stoïcisme auquel* la Canne de jonc *et même* la Mort du Loup *n'ajouteront rien d'essentiel. En*

---

1. *J.*, 1050.
2. *J.*, 1014.

1822, le Trappiste *nous montre des officiers espagnols fusillés sur l'ordre du roi qu'ils venaient défendre; cette ingratitude royale, illustrée de nouveau dans* Cinq-Mars *après la bataille de Perpignan, reparaîtra dans les dernières lignes de* la Veillée de Vincennes. *L'âpre joie du combattant qui exaltera Renaud anime Cinq-Mars; et, ce qui surprend davantage, le Père Joseph assimile la guerre à un assassinat collectif comme le fera Renaud à la veille de sa mort. En 1828,* la Sérieuse *nous offre une première version du défilé naval et de la bataille d'Aboukir tels qu'ils reparaîtront dans* la Canne de jonc. *Dans le courant de 1829, enfin, Vigny, songeant sans doute à* l'Almeh, *envisage de peindre « l'amour du danger »* [1], *sentiment qui finira par trouver place dans le second récit de* Servitude. *Quant au problème social qui réunira tous ces thèmes en 1835, il a pu se poser à l'auteur dès 1824, à Pau, quand les officiers du 55e furent pris à partie par la foule. Vigny dut constater alors que le soldat, malgré sa volonté de dévouement et d'héroïsme, soulevait, comme le noble, la haine de la nation. L'année suivante, en effet, si l'on en croit Ratisbonne, Vigny consigne la première ébauche de* Laurette.

C'est seulement à l'automne 1830, toutefois, qu'on relève dans le Journal *la première indication certaine de l'œuvre qui s'appellera cinq ans plus tard* Servitude et grandeur militaires. « Si je faisais le roman que je projette de *la Vie et la Mort d'un Soldat. Pensée. — L'obéissance passive, — le martyre d'un soldat.* — Je placerai entre lui et le second personnage une actrice qui le suit partout et qui raconte la vie de son frère, qui a suivi une carrière politique d'avocat, toute magnifique, et toute pleine de *trahisons et de récompenses* » [2]. *Ce projet n'est pas daté. Cependant, les avocats récompensés font directement allusion aux événements qui ont suivi la prise du pouvoir par Louis-Philippe. Or les récompenses ont commencé à pleuvoir le 26 août; le projet de Vigny ne peut donc être très antérieur au début de septembre. Risquons même une hypothèse; puisqu'un rôle est ici confié à une actrice, on peut admettre sans invraisemblance*

---

1. *J.*, 894.
2. *J.*, 919.

*que l'auteur connaît déjà M*ᵐᵉ *Dorval. Or il l'a rencontrée pour la première fois au début d'octobre ; il est donc probable que le premier projet de* Servitude *est postérieur à cette date. Mais, directement inspiré par les débuts du régime bourgeois, il a peu de chances d'en être très éloigné.*

La révolution de 1830 a exercé une telle influence sur la pensée de Vigny qu'il est nécessaire de revenir un peu plus haut. Par tradition de famille et de classe, Vigny est d'abord légitimiste, et dans le Trappiste, *en 1822, il se présente en défenseur du trône et de l'autel. Son caractère, cependant, le porte à l'indépendance.* Cinq-Mars, *en 1825, juge sévèrement les Bourbons, et dans les années qui suivent, Vigny évolue vers le libéralisme. En matière religieuse d'abord ; ses croyances sont fort tièdes depuis longtemps comme l'attestent les* Mystères *entre 1821 et 1823 ; l'épisode de Loudun, au début de* Cinq-Mars, *peut bien passer pour un pamphlet anticlérical, et, en 1826, l'auteur ébauche quelques violentes satires contre les jésuites, l'Inquisition et Calvin. En 1828, enfin, il proclame son horreur du fanatisme religieux dans* Madame de Soubise. *La même année, la* Frégate la Sérieuse *atteste que le libéralisme de Vigny s'étend désormais à la politique ; le héros du poème n'est pas un marin d'ancien régime, en effet, mais un volontaire de la République ; ce détail n'est pas négligeable en 1828.*

Ne lui accordons pas trop d'importance, toutefois, car l'année suivante, et comme s'il prévoyait les événements qui se préparent, Vigny fixe la ligne de conduite qu'il célébrera dans Paris *et plus encore dans* Stello : *le scepticisme en matière politique. Un fait, par conséquent, n'est pas douteux : aux approches de 1830, Vigny n'est plus légitimiste. Son cœur s'est détaché de la monarchie et sa raison la condamne ; il ne lui reste plus qu'une superstition nobiliaire, absurde sans doute, mais assez impérieuse encore pour qu'il s'en irrite :* « superstition, superstition politique, sans racine, puérile, vieux préjugé de fidélité noble, d'attachement de famille, sorte de vasselage, de parenté du serf au seigneur » [1].

---

[1]. *J.,* 911.

La révolution de 1830, dans ces conditions, lui pose un cas de conscience fort gênant. Vigny peut bien écrire qu'à cette date le soldat est mort en lui depuis quatre ans[1] *; ancien officier de la Garde, il a le devoir militaire et même féodal de défendre son roi :* « Comment ne pas y aller demain matin s'il nous appelle tous*[2]* ? » *Il serait pourtant absurde de risquer sa vie pour une cause qu'il juge mauvaise, injuste et perdue d'avance. Inquiet pendant les jours d'émeute, à l'affût d'un événement qui lui dicte sa conduite, Vigny décide d'attendre que le roi rappelle ses anciens officiers ; il prépare même son uniforme, mais l'appel ne vient pas. Si le poète, alors, n'a plus à prendre une décision difficile, il éprouve cependant le remords de n'avoir pas agi. Nous en voulons pour preuve les multiples notes de l'été 1830 où il cherche à justifier son inaction pendant les journées de Juillet. Il accuse les Bourbons avec une violence toute passionnelle : le roi est* « tombé en enfance », *les ordonnances sont* « une escobarderie » ; *la fatalité politique, du reste, emporte tout (ce sera le thème de* la Maréchale*) ; or le peuple est le plus fort, et il serait absurde de lui résister.* « Les Français sont républicains », *conclut Vigny, et* « je le suis moi-même plus que tous »*[3].*

Sans mettre en doute la sincérité de ce credo, constatons pourtant qu'il s'y mêle des reproches tout personnels ; ainsi ces notes du 27 et du 29 juillet qui se développeront largement dans les Mémoires *en 1832 :* « Treize ans de services mal récompensés m'ont acquitté envers les Bourbons ». « La cour ne m'a rien donné durant mes services. Mes écrits lui déplaisaient; elle les trouvait séditieux. Louis XIII était peint de manière à me faire dire souvent : *Vous qui êtes libéral.* J'ai reçu des Bourbons un grade par *ancienneté,* au 5e de la Garde, le seul, car j'étais entré lieutenant[4]. » *Évidemment mal à l'aise avec sa conscience, Vigny prend les devants ; il accuse le roi d'ingratitude pour ne pas s'en accuser lui-même, et, comme c'est le soldat en*

---

1. *J.,* 1021.
2. *J.,* 911.
3. *J.,* 911 à 915.
4. *J.,* 910.

lui qui a besoin de se justifier, sa rancune, légitime ou non, se fixe sur ses souvenirs militaires.

Or, c'est justement le sort de l'armée pendant les jours d'émeute qui fournit au poète sa meilleure excuse. Sort pitoyable et absurde! « Pas un prince n'a paru », *écrit Vigny.* « Les pauvres braves de la Garde sont abandonnés sans ordres, sans pain depuis deux jours, traqués partout et se battant toujours. » *Les princes* « ne viennent pas à Paris, on meurt pour eux. Race de Stuarts! Oh! je garde ma famille [1]. » *Pour mieux souligner ce qu'il y a de criminel dans la conduite de Charles X, Vigny relève même quelques morts de soldats, héroïques et parfaitement inutiles, celle du capitaine Le Motheux en particulier dont il se souviendra en 1834.*

L'intention de toutes ces notes n'est pas douteuse quand on les rapproche du Trappiste. *Ce poème de 1822 racontait déjà la trahison d'une armée par son souverain, mais il enseignait le devoir de se sacrifier « quand même »; en 1830, au contraire, le* Journal *consigne des faits analogues pour établir la conclusion opposée. Signalons même un détail qui a son importance. Le premier texte du* Trappiste *dénonce la forfaiture d'un roi, sans doute, mais il cherche aussi à l'excuser en invoquant la faiblesse humaine, et en affirmant que le sacrifice des peuples est plus aisé que la reconnaissance des monarques. Or ce passage disparaît par la suite, et la trahison de Ferdinand VII ne trouve plus aucun pardon. Cette suppression, il est vrai, apparaît seulement dans l'édition de 1837, mais comme l'édition précédente remonte à 1829, on peut penser que le changement est dû aux événements de Juillet.*

L'intention toute personnelle d'accuser Charles X pour se justifier soi-même conduit donc Vigny à plaindre les soldats, à retrouver en eux son propre cas de conscience, à constater le sort navrant qui aurait pu être le sien, à protester aussi contre l'injustice de l'opinion. « On ne parle pas des Officiers de la Garde qui ont fait de nobles traits de bravoure » [2], *écrit-il le 11 août; et il cite deux exemples d'héroïsme qui résument tout le*

---

1. *J.*, 912.
2. *J.*, 916.

drame de l'armée en ces jours d'émeute : le devoir de servir et la répugnance à tuer. Le capitaine Le Motheux qui avait démissionné à la veille des ordonnances reprend du service au début des troubles et se fait tuer ; un lieutenant de la Garde se fait sauter la cervelle pour ne pas tirer sur des femmes et des enfants. C'est donc sur la situation des soldats que Vigny médite désormais et, sa pensée gagnant aussitôt en généralité et en profondeur, il dégage déjà le thème qui dominera le livre de 1835 : la Garde « a fait noble-ment son devoir, mais à contre-cœur. — Tant qu'une armée existera, l'obéissance passive doit être honorée. — Mais c'est une chose déplorable qu'une armée [1]. »

Dans les deux mois qui suivent, cependant, le projet subit encore les contrecoups de l'actualité politique. Les événements vont vite en période de troubles. Charles X est renversé en trois jours, et il répugnerait à Vigny d'accabler un vaincu. S'il a peu de sympathie pour la branche aînée, d'autre part, il en a moins encore pour le nouveau gouvernement. Il entre dans la Garde nationale, sans doute, pour éviter l'anarchie, mais Louis-Philippe lui semble avoir les vertus d'un maquignon. Quant aux ministres, banquiers, affairistes, avocats, Vigny méprise leur matérialisme qu'il incarnera dans Chatterton *sous les traits de John Bell.*

Il est vrai aussi qu'ils se sont jetés sur les places avec une avidité indécente, et le poète est d'autant plus choqué qu'il semble bien nourrir alors quelques ambitions politiques. Il s'intéresse, du moins, aux théoriciens sociaux qui foisonnent à cette époque, à Lamennais en particulier, et il fournira en 1831 une brève collaboration à l'Avenir. *Il s'initie également au socialisme de Saint-Simon, et se considère pour un temps comme un disciple de Buchez. N'exagérons pas l'importance de ces velléités ; l'action, surtout l'action partisane, n'a jamais été le fait de Vigny, et son goût de l'indépendance n'est guère compatible avec un engagement durable. A en juger par son* Journal, *une seule idée l'a vraiment séduit : il espère que l'aristocratie traditionnelle va être supplantée au pouvoir par une aristocratie de l'intelligence. Or, comme il appartient à cette élite par les droits du génie, le changement de régime lui permet quelques espoirs. Cet idéalisme ingénu*

---

1. *J.*, 917.

*est brutalement démenti par le nouveau gouvernement : ce sont
les hommes d'affaires et non les poètes qui prennent la direction
du pays. Plus ou moins clairement, Vigny voit en eux des usur-
pateurs (ce sera l'une des thèses de* Stello*), et ils prennent dans
ses rancunes la place de Charles X.*

*Quant au projet de plaindre l'armée, dans la mesure où il a
déjà pris corps, il trouve des aliments nouveaux dans la conduite
des vainqueurs de Juillet. S'ils exaltent la bravoure des étudiants
et des ouvriers, ce que Vigny a fait dès la première heure comme
l'attestent ses notes du 29 juillet, ils n'ont que haine et malédiction pour les soldats qui, à tout prendre, ont fait leur devoir.
Vigny relève même la curieuse inconséquence d'un de ses amis
qui reproche aux militaires d'avoir tiré sur les émeutiers en
juillet, et se félicite qu'ils soient prêts à tirer sur les mêmes
émeutiers en décembre* [1]. *Les régimes peuvent donc changer,
le sort des soldats est toujours aussi injuste, et le nouveau gouvernement à leur égard n'est pas plus équitable que l'ancien.*

*Nous arrivons ainsi au premier projet consigné, celui d'octobre
1830 : opposer le sacrifice méconnu des militaires à l'arrivisme
des avocats. Bien que l'influence de l'actualité, ici encore, soit
considérable, le sujet s'est élargi pendant les deux mois d'été,
et Vigny envisage maintenant d'opposer la grandeur militaire
à la médiocrité de tout pouvoir quel qu'il soit. Une autre note
d'octobre 1830 présente en effet cette répartition des rôles sociaux :*
« L'homme de guerre est le martyr des idées politiques (...).
Une pensée est (...) mise en œuvre par l'homme d'État
dans ses détails. Elle est soutenue et prouvée par le sang
du soldat. — victime sociale [2]. » *Un thème essentiel du livre
se trouve ainsi précisé. Non seulement Vigny ne le perdra pas
de vue jusqu'en 1835, mais dix-huit ans plus tard, quand il envisage
une suite de* Servitude, *il commence par ce développement daté
de juillet 1848 :* « — O Pouvoir, ô Gouvernement, être abstrait et nécessaire, que sommes-nous tous tant que nous
sommes, sinon tes esclaves, tes gladiateurs. Assis à ta
porte ou plutôt nous-même portes et barrières de ta for-

---

1. *J.*, 926.
2. *J.*, 920.

teresse, nous nous faisons briser par le peuple quand il se révolte. Lorsqu'il est vainqueur, on nous chasse du pied, on maudit nos nobles morts (frappés à la poitrine et couchés sur le dos), on nous appelle assassins du plus faible, assassins de notre frère, assassins de notre maître le grand Peuple, le grand Souverain, qui nous a enfantés et nous reprendra dans son sein. Les enfants nous prennent nos armes et nous nous enfuyons en pleurant et brisant nos épées [1]. »

Dans l'immédiat, cependant, ce projet n'a pas assez de consistance encore pour aboutir. Capté par d'autres courants de pensée, il subit deux dérivations, semble-t-il, qui l'infléchissent, en marge des questions militaires, l'une vers un roman consacré à la noblesse, l'autre vers Stello.

Le 6 décembre 1830, Vigny *revient à un roman historique,* la Duchesse de Portsmouth, *où il veut peindre* « un homme toujours placé hors de l'influence des lois et très criminel, un autre toujours repris de justice et très innocent » [2]. *Ce projet offre un air de famille avec celui qui devait opposer, deux mois plus tôt, les avocats traîtres et récompensés aux soldats toujours dévoués et méconnus. On peut même croire que les vertus guerrières payées d'ingratitude royale auraient eu leur place dans ce roman. Aux yeux de Vigny, en effet, la noblesse est* « une grande famille de soldats héréditaires ». *Or* la Duchesse de Portsmouth, *selon une note de juin 1833, devait faire suite à* Cinq-Mars *pour illustrer une deuxième étape de la décadence de la noblesse, la corruption pratiquée par Louis XIV succédant à la hache maniée par Richelieu* [3]. *De plus, si l'on considère toutes les notes du* Journal *qui concernent le sort de la noblesse au XVIIe siècle, il est clair que les nobles, selon Vigny, ont été trahis par le monarque au bénéfice des bourgeois. On peut donc penser que* la Duchesse de Portsmouth *aurait transposé dans un cadre historique le projet d'octobre 1830 en remplaçant l'armée moderne par la noblesse d'épée, le martyre du soldat par celui*

---

1. Cité par erreur à l'année 1829 : *J.*, 899.
2. *J.*, 923.
3. *J.*, 989.

du noble, l'ingratitude de Charles X par celle de Louis XIV, et les affairistes de Juillet par les bourgeois du XVIIe siècle. Comme si la matière manquait encore pour un livre exclusivement consacré à l'armée, Vigny, en décembre *1830*, se rabat donc sur le sujet qu'il avait déjà traité dans Cinq-Mars. Ce qui semble bien confirmer cette hypothèse, c'est que la Duchesse de Portsmouth, suite de Cinq-Mars, devait être suivie à son tour d'un troisième roman intitulé le Soldat.

Stello s'oriente au contraire vers l'avenir. Durant l'automne *1830*, Vigny songe à glorifier les militaires pour mieux flétrir les gouvernements. Mais ce projet soulève une difficulté. Si des officiers obscurs comme le capitaine Le Motheux ont parfaitement fait leur devoir, certains chefs, et parmi les plus illustres, sont passés au nouveau régime aussi vite qu'ils avaient trahi l'Empereur quinze ans plus tôt. Les Mémoires de Vigny commencés en *1832* abondent en anecdotes fort peu édifiantes sur le grand état-major. Ce n'est donc pas aux militaires qu'on peut opposer les politiciens, mais à des esprits qui soient parfaitement purs, dégagés des ambitions matérielles et même des contingences de l'action, aux poètes, en un mot, tels qu'ils sont présentés dans Paris en *1831*. Au surplus, si Vigny s'est cru frustré dans ses droits politiques en août *1830*, ce n'est pas en tant que soldat ou ancien soldat; c'est parce qu'il est un aristocrate de l'intelligence, un voyant, un de ceux qui cherchent « aux étoiles quelle route nous montre le doigt du Seigneur » [1]. Tout exige donc que le poète prenne la place du soldat dans la confrontation qui doit flétrir les gouvernements. Tel est en effet le sujet de Stello qui oppose « les premiers » et « les derniers des hommes » [2], les poètes et les détenteurs du pouvoir. Rappelons même que si le troisième récit n'avait été ajouté à la demande de Buloz, le Docteur Noir s'en prendrait uniquement aux deux pouvoirs dont Vigny s'est plaint pendant l'été *1830*, la monarchie légitimiste et le gouvernement bourgeois.

Les idées, nées de la Révolution, qui convergeaient pendant trois mois dans le projet d'un livre consacré au soldat, semblent

---

1. *Stello*, 679.
2. *Stello*, 687.

donc se dissocier en 1831, et l'on pourrait croire que Vigny a oublié l'homme de guerre.

III. — LE PLAN DE 1832

Le livre, vraisemblablement, mûrit au cours de cette gestation involontaire dont Vigny a souvent signalé l'importance. Nous n'avons malheureusement aucun repère pour en suivre l'histoire jusqu'à un plan, le premier connu, que Fernand Baldensperger a découvert dans le manuscrit de Servitude. *Ce texte n'est pas daté. Nous admettrons cependant que Vigny l'a rédigé au cours de l'année 1832, et, semble-t-il, assez tard. Ce plan prévoit en effet une quarantaine de chapitres dont plusieurs, à partir du vingtième, sont réservés au* Cachet rouge. *C'est dire que* Servitude *est encore très loin de sa forme définitive. Or, en décembre 1832, quand Vigny achève le* Cachet rouge, *il nous apprend dans son* Journal *que cette nouvelle « est destinée au dénouement d'un grand roman »* [1]. *Cette note de décembre confirme donc le plan qui nous intéresse, et puisque les deux documents obéissent à la même intention, ils ont quelque chance d'être à peu près contemporains. Comme on peut s'y attendre, toutefois, la nouvelle est un peu postérieure, puisqu'elle compte seulement six chapitres alors que Vigny, semble-t-il, en prévoyait d'abord davantage. Le premier plan de* Servitude *remonte donc à un moment où l'histoire de Laurette est déjà conçue, mais ne s'est pas encore condensée à la rédaction. Situons-le après juin 1832, date de publication de* Stello, *plus vraisemblablement à l'automne de la même année.*

A cette date, la première partie du livre devait développer des considérations générales sur le caractère et la situation des soldats; c'est l'amorce des chapitres qui encadrent les trois nouvelles dans l'œuvre définitive. Parmi les sujets envisagés, certains remontent à 1830, d'autres paraissent plus nouveaux.

Reconnaissons d'abord au chapitre XIV le projet initial, celui

---

1. *J.,* 976.

qui a germé pendant les journées de Juillet, encore que Vigny l'ait profondément élaboré : « Le martyre éternel des armées », *dit-il,* « me semble avoir un si magnifique caractère que je serais porté à croire que la Providence l'a créé pour toucher le cœur des nations et leur dire : « quand cesserez-vous de vous immoler à vous-mêmes ces magnifiques victimes? » *En d'autres termes, il est scandaleux de faire tuer des soldats, précisément parce qu'ils savent mourir avec une bravoure exemplaire. On voit assez comment cette raison, un peu ingénieuse, condamne les rois qui exposent trop légèrement leurs troupes, et justifie l'inaction de Vigny en 1830; au reste, ce chapitre paradoxal n'est pas passé dans l'œuvre de 1835. Au contraire, l'intention conçue en août 1830 d'apitoyer sur le sort de l'armée reparaît au chapitre V :* les soldats « doivent inspirer la vénération que l'on a pour les victimes dévouées », *et au chapitre VII :* « l'on oublie que le sang humain est l'instrument de l'art militaire ». *Quant au projet de* la Duchesse de Portsmouth, *il laisse des traces au chapitre XIII :* « La profession du soldat est le martyre comme la race du noble ». *Enfin, le propos consigné en octobre 1830 d'opposer l'homme de guerre au politicien inspire le chapitre IV : (le soldat)* « Combien au-dessus de celui qui le fait agir. Exemples : Marceau, Hoche obéissant à Marat, La Rochejacquelin, d'Elbée, L'Escure obéissant à des ordres transmis par d'intrigants diplomates de Coblentz ».

A deux ans de distance, Vigny se détache donc de l'actualité, et ses idées prennent un tour général; il songe même à expliquer au chapitre XVI « comment il faut supporter les changements de gouvernements dans la profession des armes ». *Cette ouverture de la pensée est due au temps, sans doute, mais aussi à l'élaboration de* Stello. *Vouer un mépris égal à Marat et aux émigrés de Coblentz rappelle en effet le chapitre XXXII de la première* Consultation *qui réunit dans la même horreur les théoriciens politiques les plus opposés, Saint-Just et Joseph de Maistre, parce qu'ils préconisent le même fanatisme sanguinaire. Bien que* Stello, *d'autre part, s'en prenne aux gouvernements, la foule, dans les derniers chapitres, occupe seule le devant de la scène. Or elle apparaît aussi dans le chapitre V du plan de* Servitude : « Ou trop haut ou trop bas sont placées les armées dans l'opinion. »

Passons aux idées nouvelles. Les chapitres XII et XV consacrés à l'ennui militaire, au martyre par l'ennui, introduisent les souvenirs personnels de l'auteur. Les chapitres VI, VIII, XI, XIII ouvrent au contraire sur des problèmes généraux : histoire de l'armée, recrutement de mercenaires ou de soldats-citoyens, disparition souhaitable mais lointaine encore des armées et de la guerre, immoralité de la solde. La dernière question mise à part, tous ces problèmes ont trouvé place en 1835 dans les chapitres d'introduction. Aucun d'eux, cependant, n'apporte une des idées maîtresses de Servitude. *L'élément vraiment neuf, celui qui va donner au livre son armature intellectuelle, cette sorte de dialectique qui découvre la grandeur du soldat dans sa servitude volontaire, s'explique par l'influence ou plutôt par la contre-influence de Joseph de Maistre.*

La pensée de Joseph de Maistre était assez répandue dans les milieux bien-pensants de la Restauration pour que Vigny ait pu le connaître assez tôt. Il le lit, cependant, ou le relit en avril 1832[1] *avec l'intention de le pourfendre dans le troisième récit de* Stello. *C'est naturellement au cours de cette lecture qu'il remarque dans la septième des* Soirées de Saint-Pétersbourg *les opinions de Maistre qui concernent le soldat.*

Armé d'une logique implacable, et toujours soucieux de défendre la notion de Providence, Maistre soutient que tout est bon dans la volonté divine alors même que ses manifestations scandalisent les hommes. Heurtant de front la sensibilité commune, il reconnaît dans le bourreau un représentant de Dieu. Il affirme même que la mort des innocents comme celle des coupables plaît à la justice divine, et voit dans la guerre une manifestation particulière de cette justice. Allant droit à l'essentiel, Stello *dénonçait le goût du sang chez le philosophe savoyard et l'orgueil frénétique de fonder un système, mais il ne s'attardait pas sur les théories qui concernent le soldat. Il faut pourtant qu'elles aient choqué Vigny puisque le plan que nous étudions s'achève, quelques mois*

---

1. *J.*, 951 à 955.

plus tard, sur une critique de Maistre. De Stello à Servitude, *il y a donc continuité d'indignation contre* les Soirées de Saint-Pétersbourg, *et c'est la lecture de ce livre, en avril 1832, qui a relancé le projet d'une œuvre consacrée au soldat.*

Pour prouver le caractère divin de la guerre, Maistre avait rapproché deux faits. Le métier militaire, dit-il en substance, consiste à massacrer des innocents; or le soldat, loin d'être un monstre sanguinaire, est simple de cœur en général, doux et bon. Cette contradiction, selon Maistre, défie la raison humaine, et il admet pour la résoudre que l'homme de guerre obéit à une inspiration d'en haut. Sa grandeur est donc surnaturelle; comme celle du bourreau, elle tient au fait de tuer. Vigny accepte les constatations de Maistre, mais il les explique autrement. Dans sa préface, il signale à son tour la « douceur de caractère » des soldats, et dans son chapitre XVII, il admet que l'homme de guerre est contraint au rôle de « bourreau ». Mais, pour résoudre cette contradiction, il invoque des faits simplement positifs qui relèvent de la psychologie, nullement de la métaphysique religieuse. S'appuyant en somme sur sa remarque d'août 1830 : « la garde a fait courageusement son devoir, mais à contre-cœur », *il affirme au chapitre XVIII que la vie militaire est un* « martyre », *et un* « martyre d'autant plus grand qu'il force le soldat à être Bourreau ». *Ce qui fait la grandeur des hommes de guerre, par conséquent, ce n'est pas une mission surnaturelle, c'est que ces âmes, droites et bonnes, se résignent douloureusement et par devoir au rôle d'égorgeur qui leur est odieux.*

Les soldats ne méritent donc pas le respect qu'on peut vouer au grand sacrificateur d'un culte sanguinaire, mais « la vénération que l'on a pour a pour les victimes dévouées » *(ch. V). Car l'homme de guerre est victime autant et plus que meurtrier. Martyr volontaire qui* « joue sa tête sans savoir à quel jeu » *(ch. III) et dont* « le sang devient l'instrument des maîtres de la guerre » *(ch. VII), il est plus encore martyr de l'humiliation. Car il est humilié par la bassesse de ceux qui lui donnent des ordres (ch. IV), réduit au rôle de gladiateur (ch. V), avili par la solde, et il* « se méprise lui-même sachant son sang payé à tant la goutte » *(ch. XI), humilié enfin d'être ravalé au rôle de bourreau (ch. XVII). Ce martyre par l'humiliation domine si bien le plan de 1832 que Vigny songeait à faire suivre* **Laurette** *d'un dernier chapitre qui aurait dégagé cette idée directrice :* « depuis quelle époque les armées sont dans une servitude avilissante ». *Certes, les chapitres III, V, XIV, XVII devaient signaler la grandeur militaire; mais c'est l'humiliation qui l'emporte. Elle apparaît seule en effet dans les titres que Vigny envisage déjà pour son livre :* « Servitude des armées modernes. De la servitude militaire et du gladiateur moderne. De la destinée des armées modernes. »

Dans cette critique de Maistre, deux facteurs ont aidé Vigny : la lecture de Ballanche et le spectacle des événements contemporains.

Aussi naturellement humanitaire que Maistre est impitoyable, Ballanche place dans l'avenir toute la confiance que Maistre accorde au passé; et s'ils comptent tous deux sur une nouvelle révélation chrétienne, elle établira, selon Maistre, une théocratie de type médiéval, tandis que, pour Ballanche, elle avalisera la Révolution française. Avant Vigny, Ballanche a réfuté les Soirées de Saint-Pétersbourg, *et en 1829, dans son* Traité de Palingénésie sociale, *il refuse déjà de confondre soldat et bourreau :* « A-t-il oublié », *écrit-il à propos de Maistre,* « le danger qui ennoblit la profession de soldat? Néglige-t-il, dans ses motifs d'examen, le genre de vertus développées dans l'homme par la guerre elle-même? S'ils suppliént l'un et l'autre par le sang » *(le bourreau et le soldat),* « du moins l'un des deux livre son propre sang [1]. » *La grandeur militaire tient donc au sacrifice de soi et non au meurtre. Ce sont assez bien les idées que Vigny développe dans son plan de 1832.*

A ces raisonnements de Ballanche, l'agitation sociale ajoute une critique plus directe, une sorte de réfutation par les faits et même par l'absurde. En juillet 1830, déjà, quand les soldats tirent sur les émeutiers, ils sont moins les défenseurs de la patrie que les prétoriens d'un régime. Encore l'affaire est-elle d'importance nationale et Charles X de droit divin. Mais ce reste de théocratie disparaît avec Louis-Philippe, usurpateur au service de la bourgeoisie. Cette laïcisation du pouvoir que Vigny note dans son Journal *démode en leur principe les thèses de Maistre rela-*

---

1. *Traité de Palingénésie sociale,* t. I, p. 233.

*tives aux hommes de guerre. Les soulèvements sont nombreux
de 1830 à 1835, et toujours durement réprimés. Ils ont un caractère politique, sans doute, mais aussi un caractère social. Ce sont
des soulèvements ouvriers, des soulèvements de la misère, quelquefois même de simples émeutes de la faim, comme à Lyon en
1830 et 1832. Les soldats, dans ces conditions, ne défendent même
plus le pouvoir légal, mais les bénéfices d'un* « fabricant », *dira
Vigny en 1835, qui a* « la fantaisie d'ajouter cette année
quelques cent mille francs à son revenu ». *Le vétéran de la
Garde impériale n'est plus qu'un tueur aux gages de John Bell,
et il faudrait de robustes convictions métaphysiques pour voir en
lui l'exécuteur des sentences divines. Vigny est d'autant plus sensible à ce qu'il y a d'odieux dans ce nouveau rôle de l'armée qu'il
s'intéresse alors au socialisme, notamment à celui de Buchez.*

*La lecture de Ballanche, cependant, et le spectacle des événe-
ments politiques n'ont pas créé de toutes pièces la pensée de Vigny.
Son indignation contre Maistre jaillit spontanément de deux
certitudes qui tiennent au cœur du poète, et presque à son tempérament : l'admiration du sacrifice volontaire et l'horreur du
massacre. Ces réactions sont également anciennes chez Vigny,
mais elles ne se rejoignent jamais avant 1832, comme s'il voulait
éviter les conflits de pensée et connaître dans leur plénitude exal-
tante l'enthousiasme ou l'indignation. Cinq-Mars nous offre ici
un exemple de choix; au début du roman, le héros est soulevé
d'allégresse à la perspective de se battre, et à l'autre extrémité
du livre seulement, le Père Joseph présente la guerre comme un
assassinat collectif. C'est la lecture de Maistre qui nous a valu
la confrontation de ces deux thèmes; et désormais les certitudes
contraires que l'armée est belle par le sacrifice, mais odieuse par
le meurtre, se trouvent ainsi conciliées : l'armée est belle parce
qu'elle se soumet au devoir, odieux pour elle, de tuer.*

Les Soirées de Saint-Pétersbourg, *en avril 1832, ont donc
relancé le projet de* Servitude *en lui donnant un cours nouveau.
En octobre 1830, c'est surtout pour critiquer les gouvernements
que Vigny veut célébrer l'abnégation du soldat. Il y songe encore
en 1832, et réserve à ce sujet le chapitre IV. Mais l'armée, désormais, est installée au centre de son livre. Aussi l'opposition des
militaires et des politiciens est-elle recouverte par un autre pro-*

blème qui n'intéresse que le soldat : peut-on assimiler la grandeur de l'homme de guerre à celle du bourreau ?

C'est à l'illustration de ce débat qu'est consacré le Cachet rouge.

IV. — Laurette ou le Cachet rouge

Après s'être engoué pour les longs romans à la manière de Walter Scott, le public français s'en lasse à partir de 1830. Pendant quelques années, il préfère ces récits plus ramassés et plus nerveux dont Mérimée avait donné le modèle en 1829 avec Mateo Falcone. *Contes et nouvelles abondent au lendemain de la révolution, réalistes ou fantastiques, historiques ou philosophiques, souvent militaires à partir de 1832. Vigny se laisse porter par la mode, et dans* Stello *il réunit deux puis trois nouvelles autour d'une idée centrale. Mais il obéit plus encore à la nature profonde de son inspiration qui aime à ramasser, à condenser, et qui s'apparente à la cristallisation plus qu'au jaillissement. Aussi, dans le plan de 1832, la deuxième partie de l'œuvre est-elle réservée à une brève histoire,* Laurette ou le Cachet rouge. *Comme Vigny est plus apte à imaginer une aventure concrète qu'à spéculer sur des abstractions, c'est la nouvelle qu'il écrit d'abord. Elle est rédigée en trois jours dans le dernier mois de 1832; l'auteur en parle à Buloz le 23 décembre, et* la Revue des Deux Mondes *la publie le 1er mars 1833. L'œuvre ne subira que des retouches minimes en 1835, et l'on peut admettre qu'elle a reçu dès 1832 sa forme définitive.*

Tel que nous le lisons aujourd'hui, le Cachet rouge n'a donc pas été prévu pour ouvrir une série de trois nouvelles; il devait conclure, au contraire, ce grand roman, ou plutôt ce traité dont le plan date de 1832. L'écho des idées que Vigny voulait alors défendre s'y retrouve avec beaucoup de discrétion. Le seul point que Laurette mette en pleine lumière, c'est une réponse à Joseph de Maistre.

Le plan ne laisse ici aucun doute; on peut y lire en effet : « C. 17 *(chapitre 17)*. Que le martyre est d'autant plus grand qu'il force le soldat à être bourreau. — C. 18. Qu'il me soit

permis de raconter *à ce propos*[1], une histoire qui me fut
contée quand j'entrais au service. — C. 19, 20, 30, 40, etc.
Le Cachet rouge. » *Au reste, le chapitre liminaire de* la Veillée
de Vincennes, *qui est surtout une conclusion de* Laurette,
*s'en prend directement à Joseph de Maistre pour nier que la guerre
soit divine et la terre avide de sang. A l'automne 1834, enfin,
quand* Servitude *est désormais conçu dans ses grandes lignes,
Vigny se félicite de la critique qu'il a mise au point :* « De
Maistre », *dit-il,* « fait semblant de confondre le soldat
avec le bourreau. Ce qui fait le bourreau infâme, c'est qu'il
tue sans danger. *Comme l'assassin : c'est l'assassin de la
loi*[2]. » *Or, s'il est un passage de* Servitude *qui réfute Maistre
sur ce point précis, c'est évidemment le* Cachet rouge.

*Vigny nous montre en effet un soldat contraint à l'office de
bourreau et qui prend ce rôle en horreur. Comme il est fréquent
dans les nouvelles de cette époque,* Laurette *comporte un retour
en arrière, si bien que l'histoire est à double fond. Le premier récit
qui encadre l'anecdote essentielle se déroule sur la route de Flandre ;
il doit beaucoup aux souvenirs de l'auteur. En 1815, en effet,
Vigny avait suivi Louis XVIII sur le chemin de l'exil. La
pluie avait transformé la campagne en bourbier, et une lettre à
Louise Lachaud nous assure que le jeune gendarme, au cours de
cette marche, avait rencontré un vieil officier qui cheminait à côté
d'une charrette. Bien que ce renseignement soit tardif, nous
n'avons aucune raison de le mettre en doute. Au contraire, le
portrait du commandant et la description du paysage ont le réalisme, sobre mais infaillible, des souvenirs qui ont beaucoup
frappé.*

*Resterait donc à savoir si la petite voiture était occupée par
une femme qui aurait vécu les aventures de* Laurette. *Vigny
ne précise pas ce détail. Pareil silence, dans une phrase où il
affirme que le* Cachet rouge *est une histoire vraie, nous invite
à croire que la fiction relaie le souvenir avec l'entrée en scène de
l'héroïne. Quelques notes du* Journal, *d'ailleurs, nous laissent
entrevoir comment Vigny a inventé. Le plan de 1832 rapporte*

---

1. C'est nous qui soulignons.
2. *J.*, 1016.

*un fait que l'auteur tenait directement de Bougainville : l'histoire
du capitaine de* la Boudeuse *qui, sur ordre du Comité de Salut
public, fit exécuter des prisonniers anglais. C'est à partir de cet
événement vrai que Vigny a composé* Laurette *comme une réplique
à Joseph de Maistre.*

Certes, l'ordre imposé au capitaine de la Boudeuse *faisait
clairement de ce soldat un bourreau; mais certains détails historiques risquaient d'atténuer la vertu démonstrative de l'anecdote
et sa force de persuasion. L'ordre du Comité, d'abord, avait donné
lieu à une interprétation excessive, et un contrordre avait suivi
aussitôt. Les victimes, d'autre part, étaient des ennemis en temps
de guerre, ce qui peut expliquer certains excès, même s'ils scandalisent. Ces prisonniers, de plus, étaient des inconnus pour le
capitaine de* la Boudeuse, *et ils conservaient, en raison de leur
nombre, cet anonymat collectif qui porte à l'indifférence plus qu'à
la pitié. Il s'agissait même de marins anglais; or la légende napoléonienne qui se répand vers 1832 risquait de les rendre antipa-
thiques a priori et de limiter l'indignation du lecteur. Le Comité
de salut public, enfin, est une assemblée tellement éminente dans
l'histoire qu'il avait toutes chances de mobiliser les passions partisanes et d'égarer l'attention loin de la pensée que Vigny voulait
établir. Il lui fallait donc modifier les faits, selon l'esthétique que
préconise la préface de* Cinq-Mars.

*Sur l'itinéraire qui conduit de la vérité historique à la vérité
idéale, un jalon aurait été posé en 1825.* « Passage de mer. —
Un beau vaisseau partit de Brest un jour. — Le capitaine
fit connaissance avec un passager, homme d'esprit; il
lui dit : « Je n'ai jamais vu d'homme qui me fût aussi cher. »
Arrivés à la hauteur de Taïti, — sur la ligne, — le passager
lui dit : « Qu'avez-vous donc là? — Une lettre que j'ai
ordre de n'ouvrir qu'ici, pour l'exécuter ». Il dit aux matelots
d'armer leurs fusils et pâlit. « Feu ! » Il le fait fusiller [1]. »
*On est beaucoup plus sensible au malheur d'une seule victime quand
on la connaît bien qu'à celui de cent ou de mille inconnus. Vigny ne
retient donc qu'un seul prisonnier à qui le capitaine a voué une
amitié profonde. Il ne s'agit plus d'un ennemi en temps de guerre,*

---

1. *J.,* 881.

du reste, mais d'un Français qu'on déporte. Vigny supprime donc tout ce qui pourrait atténuer l'odieux du rôle qui est imposé à son soldat, et l'horreur qu'il en éprouve.

A défaut d'un second repère, on peut constater que la transformation des faits est achevée en 1832. Le Comité de Salut public est remplacé par le Directoire, gouvernement trop médiocre pour alarmer les passions politiques. Quant aux protagonistes, tout est mis en œuvre pour qu'on leur voue une sympathie sans réserve. La victime est maintenant un jeune écrivain condamné parce qu'il a écrit quelques couplets contre les Directeurs. Il a donc un peu de cette grandeur qui est exaltée dans Stello. *Le manuscrit ajoutait même que ce poète était* « fait pour tenir une épée », *ce qui le rapproche de Cinq-Mars. Enfin, s'il est de frêle apparence, au dire du commandant, et* « un peu trop blanc pour un homme », *il se conduit* « dans l'occasion mieux que bien des anciens n'auraient fait ». *Comme il en va de même pour Daniel, Cinq-Mars, Chatterton, Julien, on peut reconnaître ici la revanche que le poète aime à imaginer pour ceux qu'on croit faibles de caractère parce qu'ils sont faibles de corps. Vigny a mis beaucoup de lui-même dans le personnage du condamné.*

Ce jeune stoïcien, cependant, provoquerait plus d'admiration que de pitié s'il n'était depuis quelques jours le mari de Laurette. En imaginant un couple de déportés, Vigny leur ouvre ce large crédit de sympathie et d'attendrissement qu'on accorde toujours aux amoureux, et surtout aux amoureux adolescents. Laurette est exclusivement inventée pour être aimable et touchante. Blonde aux yeux bleus comme Kitty Bell et Éloa, mais plus vive que la jeune Anglaise, moins mièvre que l'Ange elle ressuscite les grâces de Chénier, et son aventure, dans un registre plus tragique, évoque un peu celle de la jeune Tarentine. Espiègle, rieuse, mais vite abattue, elle annonce le tempérament instable et passionné, à la fois fort et faible, qui sera bientôt celui d'Eva. Car la gravité la touche lorsqu'elle pense à son mari. Comme Éloa quand elle écoute l'appel de Satan, comme la sœur de Wanda, plus tard, pour suivre le prince russe dans les mines, elle a tout quitté pour accompagner son mari à Cayenne. Son rire d'enfant dissimule bien des larmes, et le destin qui la guette est tellement au-dessus de ses forces qu'elle devient folle comme Jeanne de Belfiel, dans

Cinq-Mars, *après la mort de Grandier. Inventée pour que soit plus poignante l'exécution de son mari, elle accapare, si l'on peut dire, le rôle de victime, et c'est sur cette enfant inoffensive et démunie que converge la cruauté du sort.*

Les deux déportés intéressent donc moins par l'originalité de leur caractère que par leur rôle d'amoureux sympathiques et ingénus. Le mot du commandant : « je transportais deux oiseaux de paradis » *nous montre assez quelle est ici la part de la convention. Convention voulue; car Vigny trahirait son propos en donnant à ses amoureux un excès de présence ou d'intérêt. Il faut seulement que leur destin déchire le cœur d'un vieux soldat, et ils pèseraient à la nouvelle s'ils apportaient autre chose que leur séduction et leur malheur.*

Vieux loup de mer, naguère contrebandier et même un peu pirate, bonhomme cependant quoique intraitable sur la consigne, et dressé à obéir « comme une malheureuse mécanique malgré son cœur », *le commandant lui aussi a ce cœur sensible et tendre qu'avait mis à la mode le XVIIIe siècle finissant. Vigny, sans doute, a voulu lui donner l'âme simple et bonne où il reconnaît, avec Maistre, un caractère profond du soldat. C'est un cœur naïf et généreux, un esprit sans détour, un peu fruste, mais droit. Il aime son métier, son bateau, sa petite cabine surtout, avec une complaisance qui peut surprendre chez un ancien contrebandier. Comme les autres héros de* Servitude, *enfin, il manifeste une sorte de vocation pour la paternité; il aime les déportés comme ses enfants, et propose de s'installer avec eux à Cayenne, de les adopter en somme, pour qu'ils aient un jour son héritage. Cette bonté est-elle typiquement militaire ? Voyons-y plutôt l'influence de ces pères attendris et discrets, souvent humbles de cœur et toujours bienfaisants, qui abondent dans les drames du XVIIIe siècle, depuis la* Brouette *du vinaigrier jusqu'aux œuvres de Sédaine. Bref, si les amoureux sont touchants, l'officier est prompt à s'émouvoir sous le masque de fer que la discipline lui impose.*

L'ordre du Directoire, dans ces conditions, provoque une de ces catastrophes implacables, sans longueurs et sans complications, qui sont la matière première de l'inspiration tragique. Le bateau qui semble d'abord un asile pour les amoureux devient leur cellule de condamnés à mort, et derrière la lettre aux cachets rouges, la pendule mesure la marche du destin. L'horreur que le vieil officier garde de cet épisode est aussi durable que la folie de Laurette. Vingt ans plus tard, il suffoque en le racontant, et jusqu'à son dernier jour, il « traîne ce souvenir comme un boulet ». *Si cet homme a quelque grandeur, ce n'est pas que son rôle de bourreau le transfigure, comme le dit Joseph de Maistre, c'est qu'il s'y soumet par devoir et qu'il en souffre par humanité :* « il y a longtemps », *dit-il,* « que j'ai fait abnégation »; *c'est surtout qu'il veut, en se chargeant de Laurette abandonnée, réduire ce qu'il y a de stupide et de féroce dans les ordres politiques qui font appel aux offices du bourreau.*

Comme nouvelle, Laurette *est certainement un chef-d'œuvre. Avec une aisance d'oiseau, le récit prend son essor sur la route boueuse vue par un jeune officier insouciant; il s'envole à travers le temps vers la mer des tropiques, plane un instant sur le bateau qui emporte les amoureux, et, dès qu'est passée la mort, il revient se poser vingt ans plus tard dans la boue à la tombée de la nuit : le temps pour nous d'entrevoir Laurette folle et l'abnégation amère qu'impose une carrière de soldat. Que le rythme se hâte ou se détende, rien ne languit et rien ne pèse; tout est suggestif et discret : l'évocation des mœurs militaires et celle de la vie à bord, les amours de Laurette, l'exécution du déporté, le désespoir du soldat. Si divers soient-ils et éloignés dans le temps, les épisodes s'enchaînent sans rupture. Par la vertu des images, les couleurs contraires composent une ample modulation autour du conflit qui oppose un sort impitoyable aux plus beaux sentiments humains. Car il y a en même temps continuité et contraste entre le bateau qui porte une menace de mort sous une illusion de bonheur et la charrette, misérable mais presque maternelle, qui avance comme une barque* « sur une mer de vase et de plâtre ». *Et ce n'est pas seulement cette voiture qui, par ses valeurs humaines, annonce la Maison du Berger; mais la pendule aussi, la lettre sous le globe, le diamant aux doigts de Laurette commencent à resplendir des valeurs symboliques que Vigny va bientôt proclamer. Rarement enfin l'accord a été si heureux entre la pensée et la fiction. On peut oublier la route de l'Artois et les tics du vieil officier, on peut oublier la lueur des douze fusils qui*

éclaire l'exécution, on peut même oublier les yeux bleus de Lau
rette, « démesurés de grandeur, admirables de forme »,
on ne se débarrasse pas du malaise que cette histoire installe dans
la conscience comme un scrupule.

Non que Laurette *soit un récit à thèse. Vigny se contente*
en somme d'apitoyer sur le sort du soldat : « N'est-ce pas », dit
le commandant, « (...) que j'étais bien malheureux? » La
nouvelle ne va guère au-delà. Peut-on même dire qu'elle pose
un cas de conscience, que le commandant se sente vaguement
responsable, et qu'il adopte Laurette par un besoin obscur d'ex
pier ? En fait, il n'hésite pas un instant à obéir; il se dit infi
niment malheureux, sans doute, mais Vigny précise qu'il n'a
« aucun remords de l'obéissance »; et il veille sur la jeune
femme, simplement peut-être parce qu'il a pour elle une tendresse
de père. C'est la mer qu'il prend en horreur et les gouvernements
qui abusent de l'obéissance militaire, ce n'est certainement pas
son métier; à son exemple d'ailleurs, Vigny se propose de faire
abnégation, de se soumettre, par conséquent, non de se révolter.
Le commandant souffre, mais pense peu, et jamais les spécula
tions de l'auteur n'amplifient un tourment qui reste de plain
pied avec l'humain bon mais fruste. Ce n'est pas une thèse,
toujours un peu fabriquée et partiale, que Vigny oppose à Joseph
de Maistre, c'est un fait, humble mais irrécusable.

Rien n'est plus loin, sans doute, de la manière voltairienne
que la pitié grave de Vigny. Mais faire parler les événements,
mettre en pleine lumière une absurdité féroce, suggérer sans com
mentaires que certaines lois ne sont pas faites pour l'homme mais
contre lui, que certaines valeurs sont à revoir, et parmi les plus
révérées, qu'au-delà des devoirs professionnels il existe un devoir
d'humanité, tout cet art de plaider une cause par l'absurde rappelle
les anecdotes les plus efficaces de Candide. *Car si* Laurette
n'exprime pas de jugement sur l'obéissance passive, Vigny n'en
pense pas moins puisqu'il écrivait deux ans plus tôt : « C'est
une chose déplorable qu'une armée » [1]. *Pour n'être pas*
formulée directement, cette mise en question s'impose au lecteur,
et l'empêche d'esquiver certains problèmes relatifs à la

---

1. *J.,* 917.

responsabilité, à la discipline, à l'existence même des soldats.

Le rayonnement de Laurette, *sa force d'induction, si l'on peut dire, dépasse infiniment le texte de la nouvelle. Si le propre du poète est d'inspirer son lecteur, si le propre du philosophe est moins d'instruire que de contraindre à penser, à chercher un ordre qui réduise l'absurde et l'inhumain,* Laurette *n'est pas seulement un chef-d'œuvre dans l'art de raconter, elle a plus de force philosophique que des poèmes comme* la Sauvage *ou* la Flûte.

V. — La Veillée de Vincennes

Outre Laurette, *le plan de 1832 annonçait d'autres histoires, celles de Collingwood, de Monk, du capitaine de* la Boudeuse. *Mais, entre février 1833 et mars 1834, au lieu de réaliser ces projets ou de composer la partie théorique de son livre,* Vigny *écrit une seconde nouvelle, également consacrée à la servitude du soldat, c'est* la Veillée de Vincennes. *Il l'adresse à Buloz le 23 mars 1834; elle paraît dans la* Revue des Deux Mondes *le 1er avril suivant.*

Pourquoi ce deuxième récit auquel l'auteur ne songeait pas quelques mois plus tôt? Il est probable d'abord que les opinions de Vigny sur l'armée sont encore flottantes au printemps 1833, et qu'il veut les mûrir en imaginant un autre cas concret. Laurette, *d'autre part, ne compte finalement que six chapitres; d'où le désir d'étoffer dans le livre la part de la fiction. La première nouvelle, enfin, n'avait pas épuisé la pensée de l'auteur.* Laurette *s'en prenait en un sens au Directoire, gouvernement républicain; il se peut donc que Vigny, porté par sa double rancune de 1830 et fidèle à une sorte d'impartialité, ait voulu critiquer aussi un gouvernement monarchique. La Veillée s'achève en effet sur un reproche fait à l'indifférence de Louis XVIII; et cette conclusion nous révèle d'autant mieux les intentions de l'auteur qu'elle semble assez injuste quand on considère les témoignages contemporains. Si le commandant de* Laurette, *d'autre part, manifestait une bonté profondément humaine, son existence de célibataire toujours errant creusait un fossé entre les civils et lui. Or Vigny voudrait justement établir que ce fossé n'existe pas, et que le soldat lui aussi aspire aux bonheurs paisibles et humbles. Ballanche, enfin, pour réfuter Joseph de Maistre, avait signalé que l'homme de guerre se distingue du bourreau parce qu'il risque la mort autant qu'il tue, et Vigny a relevé cette idée dans son* Journal. *Or le commandant de* Laurette, *dans le cours du récit, n'affrontait aucun danger. C'est probablement pour combler ces lacunes que Vigny a entrepris* la Veillée de Vincennes.

Cette nouvelle, cependant, reste un peu déroutante ; les intentions en sont incertaines, et l'on ne voit pas qu'elle s'impose dans un livre qui traite de la servitude militaire.

C'est que Vigny veut célébrer un événement, semble-t-il, autant et plus qu'illustrer une idée ; et même s'il s'est fixé quelques thèmes directeurs, il a cédé aussi à la tentation de se mettre en scène ; peut-être même qu'il est parti de là. Les souvenirs qu'il gardait de l'armée s'étaient naturellement réveillés pendant qu'il rédigeait Laurette, *et leur fascination continue d'agir en 1833. Elle est même d'autant plus vive que la liaison avec Mme Dorval, à cette époque, ne va pas sans déboires ; on comprend que le poète, humilié par «* une honte secrète *»*[1]*, se soit évadé vers l'univers tout viril des soldats. En avril 1833, en effet, alors que Vigny se dépense malgré la maladie de sa mère pour que l'actrice entre à la Comédie-Française, une note présente la carrière des armes comme un refuge pour les cœurs tourmentés :* « La vie de famille attendrit l'homme. Un mameluck est (...) élevé en soldat, en centaure. Il a des esclaves égyptiennes qui jamais ne lui donnent d'enfants en Égypte ; il n'a ni père ni fils ; il a des compagnons d'armes qu'il ne pleure pas quand ils tombent. C'est l'homme le plus énergique de la terre. Quelquefois j'envie cet homme et je regrette mes quatorze ans d'armée[2]. »

Or, de tous les événements qu'il avait vécus comme soldat, un seul avait pu lui donner un véritable frisson d'héroïsme, avait exigé de lui un courage certain, lui avait même permis de voir un mort déchiqueté comme il peut l'être sur un champ de bataille, c'est l'explosion de la poudrière de Vincennes, le 17 août 1819. Vraisemblablement, ce sujet le tentait moins pour sa valeur

---

1. Lettre à Mme Dorval du 3 juillet 1833.
2. *J.*, 985.

démonstrative que pour le plaisir, d'abord, de se remémorer ses exploits, de raconter un vrai danger où il avait donné sa mesure. En 1843 encore, quand une bougie enflamme le peignoir de Lydia, Vigny écrit à M. de La Grange avec une évidente satisfaction : « Je n'avoue point par exemple que j'aie été effrayé, je ne perds jamais la tête heureusement et j'ai couru à ces petites flammes avec beaucoup de mépris pour elles, en les comparant à celles de la poudrière de Vincennes que j'aidai à éteindre un jour. »

A cette hypothèse, on peut apporter plusieurs confirmations. D'abord, dans un long développement qui, en août 1834, devait conclure la Veillée, Vigny interpelle d'égal à égal ses compagnons d'armes, et, comme si le récit de l'explosion avait eu sur lui un effet tonique, il rappelle tous les dangers qu'ils attendaient du sort. Les circonstances de cet événement, d'autre part, nous sont bien connues; or Vigny, dans sa narration, n'est pas seulement exact, il manifeste le sang-froid, l'objectivité, en quelque sorte professionnelle, de celui qui doit être au-dessus de la peur. Au moment même de l'explosion, il suppute l'ampleur que peut prendre la catastrophe, fait son devoir sans trouble, et quand il aperçoit le corps de l'adjudant écrasé contre un mur, il le dessine. Geste évidemment provocant, « bravade », comme dit l'auteur lui-même; mais on mesurera l'importance qu'elle put avoir pour lui si l'on songe que deux ans plus tôt, en 1817, le jeune officier s'était évanoui en voyant la dépouille mortelle de son père.

L'explosion de Vincennes a été pour Vigny l'occasion d'une victoire sur lui-même, sur sa sensibilité trop vive, sur sa crainte naturelle de la mort. On comprend donc qu'il aime à s'en souvenir, qu'il évoque avec une sorte de reconnaissance le danger qui lui a permis de faire ses preuves, l'amour du danger, aussi, qui l'a conduit à la carrière des armes. Au début de Laurette, *en effet, une brève méditation sur le poids de la responsabilité annonce le sujet du premier récit; or, au commencement de la* Veillée, *Vigny célèbre devant Timoléon, un double de lui-même semble-t-il, le goût du risque qui anime les soldats et les incomparables victoires sur soi-même qu'il procure. C'est donc ici qu'il faut chercher le thème initial de la nouvelle. Née d'une complaisance de Vigny pour ses propres souvenirs, cette histoire nous apprend d'abord quel était son enthousiasme en 1819 à l'idée de jouer avec la mort, et quels périls menacent le soldat, non seulement sur le champ de bataille, mais chaque jour, et même en temps de paix. En ce sens, et par contraste avec* Laurette, *la* Veillée *semble amorcer le thème de la grandeur militaire.*

Mais la conscience de Vigny *est toujours divisée, sa pensée complexe et tissée de sentiments contraires. Si la perspective, si la présence du danger lui valent de viriles satisfactions, la mort de l'adjudant le met mal à l'aise; il ne s'y résigne pas. Il dessine le cadavre de la victime, sans doute, mais cette forfanterie avoue justement ce qu'elle tente de surmonter, une sorte de stupeur. Comme il devinait passionnément les dernières angoisses des amants à Montmorency, celles des aristocrates à Saint-Lazare, il imagine ce que l'adjudant a souffert pendant une fraction de seconde, et malgré les assurances du médecin, il lui semble qu'il souffre encore. Cette fascination dure peu, sans doute; mais avec le calme revenu,* Vigny *est déçu et choqué par l'indifférence des survivants. Son amour du danger se mêle d'amertume à voir qu'on fait si bon marché de la vie d'un soldat. L'insensibilité qu'impose la discipline lui paraît contre nature :* « C'est un des côtés mauvais du métier des armes », *dit-il.* « On s'exerce à durcir son cœur, on se cache de la pitié (...), sans songer qu'à force d'enfermer un bon sentiment on étouffe le prisonnier. » *L'évocation d'un souvenir héroïque s'infléchit donc vers une plainte, et même vers une protestation contre la servitude militaire; non plus celle qui contraint à tuer, mais celle qui expose à mourir, car le soldat vit en permanence sur une poudrière. La château de Vincennes prend ainsi la valeur d'un symbole que complète celui de la poule blanche, inconsciente de tout péril. Telle est la situation du soldat; et* Vigny *en donne une autre image, plus conventionnelle peut-être, mais plus héroïque, celle du marin au milieu de la tempête qui dort dans son bateau. Nous rejoignons sous cette forme l'argument que* Ballanche *opposait à* Joseph de Maistre, *et c'est ici que se noue le thème central de la* Veillée. *En ce qui concerne l'auteur, d'abord, nous saisissons la dualité foncière de* Vigny, *à la fois enthousiasmé par les dangers qu'il imagine et navré par la réalité de la mort. Quant à l'économie du livre, on aperçoit comment la deuxième nouvelle fait pendant à la première : après le devoir de tuer, celui de mourir; après la mort qu'on inflige, la mort qu'on subit, mais toujours aussi brutale, désolante et absurde.*

Il s'agissait donc pour Vigny d'émouvoir son lecteur en racontant une de ces morts de soldats dont les civils prennent aisément leur parti. Pour y réussir, l'auteur nous introduit, derrière le décor proprement militaire, dans la vie privée d'un adjudant, et il y découvre non seulement la bonté qui animait le commandant de Laurette, *mais des vertus humbles et graves, une famille édifiante comme un tableau de Greuze, des esprits cultivés, le ton de l'ancien régime. Disons qu'il nous montre l'homme et même le civil qui sont prisonniers dans le soldat.*

A n'être qu'édifiant, toutefois, le personnage serait un peu fade. Pour qu'il échappe vraiment à l'anonymat de l'uniforme, pour qu'il soit personnellement sympathique, il faut encore qu'on s'attache à son bonheur, qu'on le partage et qu'on souhaite le voir préservé. Comme dans Laurette, *en somme, Vigny invente donc une histoire d'amour, une sorte de conte de fées, qui a illuminé la jeunesse de l'adjudant, son mariage avec Pierrette. Quand nous sommes installés dans ce bonheur aimable, innocent, précieux comme « ce que jamais on ne verra deux fois », l'explosion soudain le pulvérise, et cette irruption de la mort dans la quiétude humaine résume tous les dangers que risque chaque jour le soldat.*

La Veillée *est donc une nouvelle à double fond comme* Laurette, *et le récit qui sert de cadre doit tout, ici encore, aux souvenirs de l'auteur, tandis que l'histoire encadrée relève surtout de l'imagination. Il se peut sans doute, que Vigny, la veille de l'explosion, ait été invité chez l'adjudant qui devait mourir le lendemain matin. Mais on a retrouvé au ministère de la Guerre la trace de ce sous-officier (voir documents annexes III). Or, né en 1774, il ne peut pas s'être marié sous l'ancien régime. Le concert qu'il donne à Vigny, du reste, rappelle évidemment la sensibilité du XVIIIe siècle; Sédaine qui intervient dans cette histoire en donne assez bien le ton. Quant au mariage de Pierrette et de Mathurin, ménagé par Marie-Antoinette, « petite fée bien bonne », c'est un conte rose et bleu comme il convient à cette époque que Stello appelle le « bon vieux temps », et comme il en demande à son docteur pour surmonter sa crise de mélancolie. L'auteur reprend-il ici quelque anecdote à la gloire de Marie-Antoinette? Ce n'est pas impossible; mais nous n'en avons pas retrouvé la source. Une note du* Journal *nous apprend seulement que Vigny, au début de mai 1832, songeait à un roman en un volume in-8º qui aurait eu comme sous-titre* l'Actrice de village. *Quant au titre proprement dit :* la Veillée de Vincennes, *il semble bien qu'il ait été rajouté après coup. Le 12 juin 1834, d'ailleurs, Brizeux écrit à Vigny :* « Il y a longtemps que vous gardiez l'idée de cette histoire, car nombre de fois vous m'avez parlé de Sédaine ». *On peut donc penser que les amours de Pierrette et de Mathurin devaient former un récit indépendant avant d'entrer dans la deuxième nouvelle de* Servitude. *Quelle qu'en soit l'origine du reste, cet épisode nous confirme que le plaisir de se remémorer envahit la* Veillée de Vincennes. *Avec l'aventure de Mathurin, en effet, le souvenir personnel que l'auteur conservait de l'explosion se prolonge vers l'armée d'ancien régime telle que Vigny pouvait l'imaginer d'après les récits de son père; l'inspiration puise donc à ces confins où la mémoire enfantine s'ouvre sur le conte de fées.*

Des trois nouvelles qui composent Servitude, *la seconde, en général, est la plus sévèrement jugée. Non que cette histoire manque de charme. Avec la même aisance que dans* Laurette, *Vigny survole trente ans d'histoire, passe de la forteresse de Vincennes au palais de Versailles, de l'austérité militaire aux grâces de Trianon. Dans une lumière dorée comme celle de l'enfance, les amours de Pierrette ressuscitent le monde pimpant d'une opérette de cour; l'apparition de la reine et de Mme de Lamballe apporte à cette histoire l'éclat désespérant d'un bonheur ingénu et irrémédiablement massacré. Qu'il s'agisse du désœuvrement militaire, de la nuit d'été sur les remparts, de l'explosion elle-même, de l'agitation qui suit, jamais on ne s'enlise dans les longueurs, les surcharges ou la déclamation. C'est toujours la même efficacité suggestive et discrète, le même art de faire chatoyer les couleurs du prisme, des plus aimables aux plus sombres.*

Mais si chaque pas de la nouvelle est exécuté avec maîtrise, son économie générale surprend, et l'impression qui s'en dégage n'est pas franche. Paradoxalement, l'essentiel de l'histoire ne se trouve pas dans le récit enchâssé mais dans celui qui sert de cadre, si bien que l'épisode central fait un peu figure de hors-d'œuvre distrayant. Vigny, sans doute, compte sur ce retour en arrière pour nous attacher à son héros et nous rendre précieux son bonheur. Mais l'adjudant est veuf depuis vingt ans au moins quand il est tué par l'explosion; il ne saurait donc avoir, comme Laurette et son mari, le pathétique des amoureux que la mort arrache à leurs amours. Il est vrai que ce père admirable est enlevé à son enfant; mais comme sa fille unique est déjà fiancée, la mort de l'adjudant ne sort pas de ces événements, pénibles mais inévitables, dont le lecteur prend assez bien son parti.

Il se peut même que Vigny nuise à son projet en voulant prouver trop. Il se propose de montrer que le soldat, exposé sans cesse à mourir, n'en est pas moins attaché à la vie, comme le reste des hommes, par tous les liens du cœur. Mais il met si bien en vedette les qualités simplement humaines de son héros, ce qu'il y a de civil dans son existence et dans sa conception du bonheur, qu'on oublie un peu le soldat. L'explosion, il est vrai, nous ramène aux dangers de la vie militaire; mais il est bien des métiers civils où l'on risquerait autant. Il est impossible d'admettre, enfin, comme l'auteur paraît le suggérer, que l'imprudence de l'adjudant lui soit imposée par son honneur de soldat. Loin d'être victime de la discipline comme le commandant de Laurette, le héros de la Veillée est victime d'une faute qu'il commet contre cette discipline. La seconde nouvelle ne pose donc pas un problème qui soit particulier à l'armée; aussi la catastrophe n'a-t-elle pas ce caractère inévitable qui crée la tragédie. Elle serait un simple accident si, par sa généralité même, elle n'intéressait en un sens tous les hommes.

Il se peut, en effet, que Vigny ait voulu impliquer l'humanité entière dans son drame, et nous faire entrevoir, à travers l'explosion de la poudrière, ce qu'il y a de fragile dans notre condition « toujours menacée ». L'adjudant croit en effet que la Providence a eu sans cesse les yeux sur lui, mais après l'explosion, Timoléon se demande s'il a eu le temps de penser à cette Providence. Réflexion voltairienne, semble-t-il, comme peut en faire le Docteur Noir, et d'autant plus importante que Vigny, le 5 mai 1834, note pour la première fois dans son Journal l'identité de la Fatalité antique et de la Providence chrétienne [1]. On ne contestera pas l'importance de ce thème, mais il est clair qu'il n'intéresse pas exclusivement les soldats.

Au total, les problèmes que pose la Veillée, l'intérêt même de la nouvelle, s'égrènent le long du récit et divergent au lieu de circonscrire une tragédie qui naisse de la servitude militaire. La réalité et le rêve, la fantaisie et le souvenir, l'explosion de 1819 et le mariage de Pierrette se juxtaposent ou plutôt s'enchaînent très agréablement ; ils ne se fondent pas. Témoin d'une catastrophe qui a fait date dans son existence, Vigny a-t-il espéré que son émotion passerait sans dommage jusqu'au lecteur ? C'est accorder un grand crédit à la vérité du fait. Au centre de Servitude, la Veillée marque une certaine détente dans la création littéraire. Les éléments, fort hétérogènes, qui s'y rencontrent n'ont pas mûri au cours de cette gestation qui prépare la vérité idéale, l'adaptation l'une à l'autre d'une pensée et d'une fiction.

VI. — LES « SOUVENIRS DE SERVITUDE MILITAIRE »

Deux mois avant la publication de la Veillée, en février 1834, Vigny écrit dans son Journal : « Mon père avait une croix de Saint Louis qu'il me donnait à voir à la Saint-Louis tous les ans. (...) J'intitulerai mon recueil d'histoires de guerre La Croix de Saint Louis [2]. » L'expression : « mon recueil » désigne un projet familier, semble-t-il, et déjà ancien plutôt qu'une entreprise nouvelle. On peut donc admettre que Servitude, au début de 1834, a failli s'appeler la Croix de Saint Louis ; et puisque ce titre fait allusion à l'ancien régime, l'auteur, vraisemblablement, se proposait d'évoquer l'armée d'avant la Révolution telle qu'il avait pu la connaître ou l'imaginer d'après les récits de son père. La méditation consacrée à la servitude du soldat risquait donc de tourner aux anecdotes surtout pittoresques, comme l'était déjà l'aventure de Mathurin et de la dame rose.

_____

1. *J.*, 1005.
2. *J.*, 998.

Ce projet n'eut pourtant pas de suite. Une note du 7 août 1834, en effet, atteste une inspiration tout autre et une étape importante dans la genèse de Servitude : « Terminé en quelques nuits le premier volume de mes souvenirs de servitude militaire. Peu à peu, les raisonnements, les preuves, grandissant de volume en volume feront sentir la barbarie des armées permanentes [1]. » *Cette note pose plusieurs problèmes qu'on ne peut pas éluder.*

Qu'est-ce que Vigny, d'abord, entend réunir dans ce premier volume ? Puisqu'il entreprendra la Canne de jonc *un an plus tard, il ne peut s'agir que de* Laurette *et de* la Veillée. *Dans l'œuvre définitive, en effet, ces deux récits forment des livres distincts sans doute, mais consacrés tous deux à la servitude militaire. Vraisemblablement, lorsque le livre suivant s'est réduit aux dimensions d'une seule nouvelle :* la Canne de jonc, *Vigny, pour éviter un déséquilibre entre les volumes qu'il prévoyait, a préféré consacrer un livre à chacun de ses trois récits.*

Ces remarques auraient peu d'intérêt en elles-mêmes si elles ne nous conduisaient à une autre question. Puisque Vigny, au début d'août 1834, rassemble en un volume deux nouvelles qui sont déjà écrites, comment lui faut-il plusieurs nuits pour terminer un travail aussi simple ? Le mot « terminer » aurait-il même un sens, si l'auteur n'ajoutait alors quelques développements nouveaux, ceux qui sont nécessaires à l'achèvement d'une œuvre, l'introduction et la conclusion ?

Nous avons la preuve qu'il a rédigé une conclusion. Dans le manuscrit de Servitude, *Fernand Baldensperger a retrouvé en effet un texte de plusieurs pages, suite certaine de* la Veillée, *qui s'achève par la mention :* fin du volume I. *Nous pouvons donc admettre que cette conclusion provisoire remonte aux premiers jours d'août 1834; l'œuvre de 1835 en conserve seulement quelques phrases qu'on peut lire aujourd'hui dans le chapitre liminaire de* la Canne de jonc. *Resterait à savoir si Vigny, à la même époque, a également écrit une introduction. C'est au moins vraisemblable; Fernand Baldensperger, d'autre part, a découvert quelques fragments sans date où l'on reconnaît le premier départ de*

---

1. *J.*, 1006.

certains développements qui précéderont Laurette *et la* Veillée
en 1835. Ces ébauches et même (puisque Vigny *parle d'une
œuvre achevée) les chapitres qui en sont issus, ne pourraient-ils
pas remonter eux aussi, du moins pour l'essentiel, au mois
d'août 1834 ? Tous les commentateurs, il est vrai, tiennent pour
vraisemblable, après Fernand Baldensperger, que l'introduction
des deux premières nouvelles date de 1835, comme le chapitre
terminal qui est consacré à l'Honneur. Vigny aurait donc rédigé
simultanément tous les passages de* Servitude *où il expose des
idées générales. Ce n'est certes pas impossible ; mais il n'est rien,
à tout prendre, qui impose cette chronologie. Nous inclinons au
contraire à penser que la conclusion d'ensemble sur l'Honneur
date seule de 1835, et que les chapitres qui introduisent les deux
premières nouvelles ont été rédigés en quelques jours avant le
7 août 1834, même si l'auteur les revit l'année suivante quand
il fit paraître son livre.*

*S'il en était autrement, d'abord, la note du 7 août 1834 se
comprendrait mal. D'autre part, entre l'introduction de* Servitude
*et sa conclusion, il n'y a pas continuité dans le propos mais
presque changement de sujet. Le dernier chapitre en effet donne une
telle importance au sentiment de l'Honneur que cette vertu semble
être l'épine dorsale du livre entier. Or les chapitres du début
ouvrent si peu cette perspective que l'Honneur y est cité une fois
à la fin d'un paragraphe, et seulement dans la rédaction de 1857.
Inversement, Vigny, dans son introduction, appelle de ses vœux
le temps où les armées devenues délibérantes allégeront le sort
du soldat ; à la fin du livre, au contraire, il oublie ces suggestions,
du moins il n'en parle plus. Certes, les contradictions de ce genre
n'ont guère gêné Vigny ; celle-ci, pourtant, serait un peu forte
si les développements généraux de* Servitude, *au total assez
brefs, dataient tous de la même époque.*

*Au reste, si l'on considère les sujets qu'aborde cette introduction
on ne voit pas ce qui aurait empêché Vigny de la rédiger en 1834.
Ennui de la vie militaire, en effet, bonté naturelle et puérilité
du soldat, médiocrité des gouvernements, injustice de l'opinion,
humiliation et rancune des armées, ce sont tous les développements
que le plan de 1832 prévoyait pour la première partie du livre,
et que Vigny remet à plus tard depuis bientôt deux ans. Tous*

ces thèmes sont traités très vite à l'exception d'un seul qui s'affirme avec une insistance pathétique : la condamnation des armées permanentes et l'éloge des armées nationales. C'est ici qu'est proprement le sujet de l'introduction, et s'il fallait en croire ces quatre chapitres, Servitude *serait un réquisitoire contre les armées de métier.*

En réalité, cette intention est récente. En 1832, Vigny *annonçait plutôt la thèse opposée :* « On a dit que les armées mercenaires se changeraient en armées nationales, je pense au contraire que le soldat est la dernière transformation du guerrier. » *Il ne semble même pas que cette idée lui ait paru très importante de 1832 à 1834, car elle n'éveille aucun écho dans* Laurette *et dans* la Veillée. *On ne voit pas, en effet, qu'il y ait une différence entre les deux héros parce que l'un appartient à l'armée nationale du Directoire et l'autre à l'armée permanente de la Restauration. Vigny a traité jusqu'ici des drames individuels qui naissent de la discipline, il n'a rien dit sur les problèmes du recrutement. Le projet qui domine l'introduction est donc entièrement nouveau. Or, il a également dicté la note d'août 1834 :* « Les preuves grandissant de volume en volume », *dit en effet l'auteur,* « feront sentir la barbarie des armées permanentes ». *Puisque l'introduction et la note attestent le même changement, capital dans l'histoire du livre, on peut bien penser qu'elles sont contemporaines.*

Le bref engouement de Vigny pour l'armée nationale et délibérante s'explique, comme l'a très bien vu Marc Citoleux, par l'influence des Paroles d'un croyant. *Ce livre est annoncé le 3 mai 1834 par le* Journal de la librairie, *et Sainte-Beuve en donne aussitôt un compte rendu dans la* Revue des Deux Mondes. *On ne s'étonnera pas que Vigny l'ait lu avant le mois d'août, car il est peu de ses contemporains qu'il ait suivis aussi attentivement que Lamennais. En 1831, il lui envoie un article pour* l'Avenir, *et* l'Élévation Paris *signale sans illusions, sans doute, mais avec sympathie les efforts du prêtre breton. Dès 1832, il est vrai, Vigny juge que cette tentative se solde par un échec; mais en 1835 encore, il s'étonne que Sainte-Beuve mette en doute la sincérité de Lamennais, et, hasard ou non, c'est vers la même époque que ce personnage prend place dans la deuxième* Consul-

tation sous le nom de Lamuel ou Emmanuel. Vigny a donc rédigé les quatre chapitres qui introduisent Servitude *quand, sous l'influence directe des* Paroles *d'un croyant, il se propose d'axer son livre vers une critique des armées permanentes. Ces chapitres, par conséquent, sont moins une introduction de l'œuvre, en dépit des apparences, qu'un nouveau départ de la pensée.*

Dans un style apocalyptique, le chapitre XXXV des Paroles *maudit le soldat de métier, invention de Satan, qui s'asservit aux rois, non pour défendre la patrie, mais pour maintenir les peuples en esclavage. Or,* Laurette, *à sa manière, avait montré que le soldat est soumis à l'obéissance passive, et qu'il lui arrive de tuer ses compatriotes sur l'ordre du gouvernement. Que l'armée même soit une institution déplorable, Vigny l'avait écrit en 1830.* Stello, *en mars 1832, affirme que* « l'uniforme sera un jour ridicule comme la guerre est passée », *et que* « le soldat sera déshabillé comme le médecin l'a été par Molière » [1]. *En décembre de la même année, Vigny s'étonne* « qu'il se trouve encore des Poètes pour chanter des batailles gagnées, des combats du fer contre la chair, du feu contre la peau » [2]. *Si les deux nouvelles, enfin, ne vont pas jusqu'à ces conclusions extrêmes, il est certain qu'elles y inclinent; et Vigny, semble-t-il, n'est pas loin de cette pensée qu'il rédigera plus tard :* « Deux espèces d'hommes de guerre. Un être affiné peut faire la guerre avec une bravoure intrépide, mais la vue du carnage l'excède et le tue. Au contraire, un paysan accoutumé dès l'enfance à tuer le porc en famille, tue, va se coucher et s'endort sur sa baïonnette après l'avoir essuyée en sifflant [3]. » *Entre les deux auteurs, l'accord allait donc de soi, au moins dans une large mesure.*

Comme enhardi, en effet, par la lecture des Paroles, *Vigny affirme dans son introduction que* « l'existence du Soldat est (après la peine de mort) la trace la plus douloureuse de barbarie qui subsiste parmi les hommes », *que le soldat est une menace perpétuelle pour les institutions dans la mesure où il est*

1. *Stello,* 799.
2. *J.,* 975.
3. *J.,* 1318.

nécessaire aux gouvernements. Se hasardant même au rôle de réformateur, il résume cavalièrement l'histoire des armées, et appelle le temps heureux où elles se fondront avec la nation. Pour que le soldat n'ait plus à porter les armes contre sa patrie, il faut qu'en temps de paix au moins il ait le droit de discuter les ordres : « Ne viendra-t-elle jamais la loi qui (...) mettra d'accord le Devoir et la Conscience » ; « combien le cœur de l'homme de guerre serait plus léger encore dans sa poitrine, s'il sentait en lui deux hommes dont l'un obéirait à l'autre ». *Vigny honore même l'indiscipline du vicomte d'Orte qui refusa d'étendre à Dax la Saint-Barthélemy parisienne. Semblables propos vont beaucoup plus loin que* Laurette *et la* Veillée. *Plutôt qu'une introduction aux deux nouvelles, ils en sont le prolongement hardi dans le sillage de Lamennais.*

Hardiesse relative, toutefois ; et il faut signaler certaines réserves de Vigny qui, pour être discrètes, engagent cependant l'essentiel. Lamennais fait un crime au soldat de son obéissance passive, et de sa complicité avec les rois ; il l'accuse de massacrer sans remords. Vigny, au contraire, plaide la cause de l'homme de guerre qui souffre, selon lui, de sa condition fausse et barbare. L'armée souffre d'être une gendarmerie sociale, une nation dans la nation, et souvent dressée contre elle. Lamennais oppose donc le peuple, éternelle victime, aux armées et aux rois, éternels oppresseurs. Vigny oppose le militaire, éternel martyr, aux gouvernements et aux peuples qui toujours le haïssent et se réconcilient quelquefois en célébrant leur adresse à tirer sur le soldat. Aussi l'homme de guerre chez Vigny n'est-il pas un assassin, mais un « gladiateur », à la fois histrion et martyr, dont la mort amuse, quand elle ne les laisse pas indifférents, les peuples et les rois. Si les deux auteurs préconisent une armée délibérante, Lamennais veut préserver le peuple de la soldatesque, Vigny veut épargner aux soldats les caprices meurtriers du pouvoir. « Officier », *dit-il*, « j'ai peint ce que j'ai vu : le gladiateur sacrifié aux fantaisies politiques du peuple ou du souverain » [1]. *L'un déteste l'armée et la méprise ; l'autre la plaint et l'admire. Au reste, le réquisitoire repris de Lamennais est toujours équi-*

---

1. *J.,* 1391.

libré ou même surmonté dans Servitude *par une pitié qui n'appartient qu'à* Vigny : « L'armée est une grande chose que l'on meut et qui tue », *dit-il,* « mais aussi c'est une chose qui souffre ». *Le soldat est* « bourreau », *mais aussi* « bouc émissaire »; « c'est un martyr féroce et humble tout ensemble ». *Certaines ébauches conservées dans le manuscrit de* Servitude *donnent même à croire que Vigny n'a pas admis d'emblée la critique de Lamennais, mais qu'il a songé d'abord à présenter la servitude du soldat comme une nécessité inéluctable et comme une source de noblesse. Nature déroutante ! la liberté l'attire, sans doute; mais la servitude le séduit encore par habitude d'y chercher l'auréole du martyr. Entre les deux pensées, l'opposition n'est donc pas moins importante que l'accord.*

Aussi l'influence des Paroles *ne conduit-elle pas Vigny jusqu'à l'antimilitarisme agressif de Lamennais, mais seulement à la critique plus compréhensive et plus nuancée de Ballanche. Ancien officier, en effet, devenu l'apôtre de la douceur, Ballanche n'a pas oublié qu'il existe des valeurs militaires : idéal de sacrifice, volonté d'abnégation, et que si l'existence des armées et de la guerre est déplorable, tout soldat, pour autant, n'est pas un soudard. C'est dans le* Traité de Palingénésie *que Vigny a trouvé la juste mesure de ce qu'il accorde à Lamennais ;* « Croyez-vous », *écrit Ballanche,* « que déjà le soldat ne doive pas, au moins, hésiter lorsqu'on dirige ses armes contre des concitoyens dans l'intérieur du pays? Ne le voudriez-vous pas instruit des circonstances où il doit prêter main-forte à la loi? (...) Déjà notre mode de recrutement est un pas immense (...). Admettons pour principe, que, hors du temps de guerre, et à moins d'être sur les lieux mêmes où la guerre se fait, (...), les soldats ne doivent jamais cesser d'être citoyens [1]. » *Vigny, sans doute, apportera ici son style d'une fermeté presque romaine; mais c'est bien par la pensée de Ballanche qu'il réagit à la lecture des* Paroles.

Comme celle de Maistre, deux ans plus tôt, l'influence de Lamennais en 1834 a donc été dans une large mesure une contre-influence, et le désaccord finira par l'emporter. Au reste, Maistre

---

1. *Traité de Palingénésie sociale,* t. I, p. 234.

*et Lamennais peuvent découvrir dans les armées, l'un une sur-
naturelle grandeur, l'autre une intolérable bassesse, leurs affirmations contraires procèdent pourtant de cette même certitude,
qu'il existe un bourreau dans le soldat : bourreau des innocents
par la volonté divine et, comme tel, exalté par Maistre, bourreau
des peuples à la solde des rois et, comme tel, haï par Lamennais.
Or, à l'un comme à l'autre, Vigny répond : bourreau, sans doute,
mais plus encore martyr. C'est la permanence de cette réponse,
adressée à Maistre dans les deux nouvelles et à Lamennais
dans l'introduction, qui assure, à travers les intentions successives,
l'unité du premier livre de* Servitude.

　*La lecture de Lamennais, en 1834, n'a donc pas modifié
en profondeur le projet initial de Vigny. Il veut toujours appeler
sur le soldat la pitié de la nation, et s'il préconise quelques réformes
pratiques, il les aura tôt oubliées. Mais la rencontre de Lamennais
a replacé* Servitude *à son premier niveau. A une date où Vigny
songeait à s'évader vers le bon vieux temps, à écrire* la Croix de
Saint Louis, *les* Paroles *l'ont contraint à réfléchir de nouveau
sur le sort et sur la valeur du soldat; elles l'ont obligé à faire avec
Lamennais, et plus encore contre lui, un effort semblable à celui
qu'il avait fait, deux ans plus tôt, contre Joseph de Maistre.
Dans les chapitres d'introduction, sans doute, cet effort est surtout
défensif. Vigny reconnaît ce qu'il y a d'arriéré, de puéril, de barbare, d'odieux dans la carrière des armes; il concède à Lamennais
toute la pensée de Ballanche. Comme s'il éprouvait même quelques
remords pour l'enthousiasme militaire de son enfance, il s'en
explique un peu sur le ton de l'excuse; et comme s'il n'avait
à plaider que les circonstances atténuantes, c'est toujours la pitié
qu'il demande pour le soldat, presque l'indulgence. Pris de court,
semble-t-il, par le fougueux réquisitoire des* Paroles, *il livre un
combat en retraite. La contre-offensive se prépare pour 1835;
ce sera* la Canne de jonc.

VII. — La Canne de jonc

Rédigée du 22 juillet au 11 août 1835 selon une note du Journal,
du 20 juillet au 3 août selon une lettre à Péhant, la troisième

nouvelle de Servitude *paraît le 17 octobre suivant dans la* Revue des Deux Mondes.

La genèse en est compliquée. Déjà la conclusion du premier livre, en août 1834, annonçait un nouveau récit consacré à l'un « des plus beaux exemples possibles de souffrances et de vertu militaires ». *Un peu plus tard, dans une première ébauche de plan, Vigny veut montrer* « ce qui se conserve de loyale grandeur, et de germes d'honneur, et de vertueuse probité dans les hommes de guerre ». *Ce fragment n'est pas daté; mais il ne doit pas être postérieur de beaucoup au 7 août 1834, car l'auteur se propose encore de plaindre* « la destinée du *soldat* des armées permanentes ». *Les mots* « vertu », *cependant,* « honneur, grandeur » *appellent moins la plainte que l'admiration; et même si le projet n'en est pas encore très net, ce troisième récit prend déjà une autre direction que les deux premiers. Voué à l'honneur militaire, à la noblesse du soldat autant et plus qu'à ses servitudes, il se présente d'emblée comme une riposte à Lamennais.*

Dans le chapitre XXXV des Paroles, *en effet, Satan se flatte d'imposer au mercenaire non seulement une loi : l'obéissance passive, mais encore deux idoles : la Fidélité et l'Honneur. C'est réduire les vertus cardinales de l'armée à une mystification de conscience, tout juste bonne à farder la démission déshonorante de soi. Or, si ces deux valeurs sont illusoires, rien ne rachète l'abaissement de l'obéissance passive, et l'homme de guerre ne peut espérer aucune grandeur vraie. Ce dénigrement sans nuances dut paraître à Vigny odieusement simplificateur et encore plus chargé de haine pour le soldat que d'amour pour le peuple. Le 7 novembre 1835, en effet, il accorde à Sainte-Beuve que* Lamennais *est* « colérique et haineux »[1], *et, deux ans plus tard, les dernières lignes de* Daphné *nous montrent Lamennais se flattant d'écrire une Apocalypse qui sera* « une œuvre de haine »[2]. *Or, quel événement peut expliquer cette volte-face envers un homme que Vigny appréciait encore en 1831, sinon les* Paroles *d'un croyant qui respire sans aucun doute la haine du soldat ?*

---

1. *J.*, 1033.
2. *Daphné*, 856.

C'est en riposte à cette haine que Vigny entreprend un nouveau livre pour y célébrer la grandeur militaire, et découvrir dans l'honneur, précisément, ce qui fait la vertu incomparable des armées. Pressé de répondre, il reprend, à peu de chose près, son projet initial, celui de 1830, qui opposait un homme de guerre à un avocat ; il reprend même le titre qu'il prévoyait alors, et la Vie et la Mort d'un soldat *devient* la Vie et la Mort du capitaine Renaud. *Le premier plan connu de cette nouvelle nous montre en effet un journaliste politique* « condamné à un avilissement perpétuel parce qu'il s'est voué à la fortune de Bonaparte (...), vendant sa conscience (...) selon le bon plaisir de l'homme ». *Le frère du journaliste, au contraire, dévoué à sa parole, et lord Collingwood dévoué à un principe incarnent la grandeur militaire. Ainsi, pour faire valoir l'Honneur bafoué par Lamennais, Vigny fait appel à l'intérêt comme à un repoussoir. Il n'imagine donc plus des humbles, mais des familiers de Napoléon, particulièrement tentés d'obéir pour faire carrière. Le journaliste qui est ambitieux cède à cette tentation, mais le soldat y résiste parce qu'il est homme d'honneur. Ce premier contraste en appelle un second. Alors que le journaliste s'asservit à un autre homme, le soldat, en vérité, n'obéit qu'à lui-même ; l'honneur, en effet, suppose le respect de sa parole ou d'un principe qu'on révère, il est fidélité à soi-même avant d'être soumission à un autre. Au total, Vigny oppose donc la démission de soi par intérêt et l'obéissance à soi par honneur. Sur son plan de 1832, il ajoute un chapitre XIV :* « la religion de l'Honneur (...) l'armée en est le tabernacle », *et dans un appendice au même plan, il dissocie le dévouement aux idées* « grand, pacifique, sublime » *du dévouement aux hommes* « inquiet, variable, indécis ».*

Cette double opposition appelle cependant des réserves. Même si l'honneur est toujours fidélité à soi-même, la soumission à un autre n'est pas toujours une simple affaire d'intérêt ; il existait chez les soldats de l'Empereur un dévouement aveugle, une sorte de fanatisme qu'on ne saurait confondre avec l'ambition. Inversement, c'est bien par intérêt que les généraux, « traîtres et retraîtres »[1] *à leur serment, ont cessé d'obéir à Napoléon.*

---

1 *J.*, 1326.

L'intérêt peut jouer dans l'âme du soldat, comme l'honneur dans celle d'un journaliste, et les soudards, prêts à n'importe quel meurtre moyennant leur solde et le droit de piller, ne sont guère supérieurs aux folliculaires qui vendent leur plume. Vigny se donne trop facilement raison en opposant un soldat exemplaire à un journaliste avili. Au fond, ces mobiles sans nuances que sont l'honneur et l'intérêt relèvent d'une psychologie aussi sommaire, partiale et irréelle que celle de Lamennais. La vérité humaine n'est jamais aussi simple.

Aussi, pour nous présenter l'âme militaire dans sa réalité vivante, Vigny élabore-t-il une notion complexe où se rassemblent tous les défauts qui menacent le soldat, ou plutôt toutes les tentations qui sont propres à la carrière des armes : c'est le séidisme.

Dévouement fanatique à un individu, comme chez Voltaire, le séidisme implique d'abord « une singerie » *qui est d'instinct dans les armées.* « L'homme, créature inachevée, tient encore du singe et du chien », *écrit Vigny en 1834.* « Imitation et servitude, séidisme dans les plus fiers [1]. » *On imite un chef prestigieux par devoir, par admiration, pour s'élever, si possible, à son niveau. L'obéissance exigée par la discipline devient ainsi une passion qui conduit sans peine jusqu'au sacrifice de soi. Le principe de cet enthousiasme n'est pas tout à fait désintéressé, cependant ; car si l'on obéit par idolâtrie, on obéit en même temps par ambition, pour plaire au maître, pour commander en sous-ordre et recueillir quelques miettes du pouvoir. Tel est le vivant mélange de dévouement et d'intérêt, d'autorité et d'esclavage, d'humilité et d'orgueil qui stérilise la conscience du soldat à tout ce qui n'est pas son idole, et mobilise en lui le meilleur et le pire. Comparé au séidisme, l'honneur selon Lamennais est une caricature injuste, l'honneur selon Vigny est certainement un idéal.*

Renonçant donc à fabriquer de toutes pièces un journaliste avili pour faire valoir un soldat vertueux, Vigny envisage dès lors un contraste plus vrai entre cette dégradation qu'est le séidisme et cet idéal qu'est l'Honneur. Il aurait pu confronter deux soldats, sans doute, un homme d'honneur et un séide ; mais une opposition de ce genre ne serait guère moins factice que la première et animerait

---

1. *J.*, 1003.

encore des abstractions. Puisant donc dans son expérience person-
nelle, il imagine un seul héros qui soit d'abord un admirateur
fanatique de Napoléon, mais qui ait le sens assez droit pour
s'élever jusqu'à l'Honneur. Nous passons ainsi d'un fait militaire
vrai à la vérité idéale du soldat, de l'officier tel qu'il est souvent à
« l'officier éclairé comme il doit être » [1].

Les textes manquent pour qu'on suive l'évolution qui mène
du projet de 1830, un peu modifié en 1834, jusqu'à la Canne de
jonc. *Constatons du moins qu'elle est achevée le 24 juin 1835 :*
Vigny rédige alors un plan à peu près définitif. L'ascension
morale de celui qui va s'appeler Renaud, sa cure de désintoxica-
tion, se fait en trois étapes. Tout jeune encore, il est présenté
à l'empereur comme il était arrivé à Vigny enfant. Il voue à
Napoléon une adoration paralysante, aussi passionnée, dit-il,
que celle d'un amant pour sa maîtresse. Ce séidisme n'est pas entamé
par une lettre paternelle où l'on reconnaîtra peut-être les conseils
que M. de Vigny dut adresser à son fils du jour où l'enfant « ne
vit plus que Napoléon » [2]. *La fierté native du page commence*
à se révolter, cependant, contre les monstrueuses exigences du
despote, et le dialogue qu'il surprend un jour entre le pape et
l'empereur l'éclaire enfin sur les insuffisances de son idole.

La capture de Renaud permet l'entrée en scène de l'amiral
Collingwood. Dans le plan de 1832, ce personnage devait illustrer
« le martyre » *du soldat* « par l'ennui »; *en 1835, il incarne*
l'idéal de l'officier, et l'on peut croire que Vigny l'assimile plus ou
moins à son grand-père Baraudin, toujours en mer, lui aussi,
père de deux filles, « âme vraiment romaine », *selon sa fille la*
chanoinesse, comme l'amiral anglais s'impose « une vie romaine »
et « d'une noblesse écrasante ». *A cette école, Renaud apprend le*
dévouement à un principe et non plus à un homme, le mépris des
grandeurs matérielles car Collingwood vit aussi humblement qu'un
matelot, et il découvre les sentiments que le séidisme avait taris
dans son cœur, car Collingwood voue à ses filles le plus bel amour
que Vigny ait imaginé. Prisonnier sur parole, et malgré les faci-
lités qui s'offrent, Renaud renonce à l'avancement, à la gloire,

---

1. *J.*, 1029.
2. *Les Contemporains* par Eugène de Mirecourt, p. 29.

à tout ce qui peut tenter l'ambition personnelle d'un soldat.

La troisième étape a la sécheresse d'une rupture. Napoléon, dans le faste de sa cour, refuse de voir Renaud précisément parce que le jeune homme a respecté son serment, et la réflexion ironique d'un officier souligne l'écart qui distingue le séidisme de la vraie grandeur militaire. C'est alors que Renaud devient pleinement homme d'honneur au sens où Vigny veut entendre ce mot. Loin de chercher à faire carrière, il se cache par crainte d'une récompense. Marchant à pied et portant le sac des soldats, il pratique l'idéal spartiate de Collingwood, et, comme l'officier que Vigny voulait opposer à un journaliste, il n'obéit qu'à lui-même. « Je commençais à m'estimer intérieurement », *dit-il*, « à avoir confiance en moi, à sentir mon caractère s'épurer, se former, se compléter, s'affermir (...). Je me plaçai bien au-dessus de mes juges. Enfin je sentis ma conscience, je résolus de m'appuyer uniquement sur elle. » *Homme d'honneur, il accède donc à l'autonomie vraiment adulte de sa conscience, il la* « divinise » *selon un précepte qui, à la même époque, fournit un des thèmes directeurs de Daphné* [1].

A l'égard de l'armée, cependant, Vigny, nous l'avons vu, reste profondément divisé : enthousiaste de sacrifice, sans doute, mais répugnant au meurtre ; et s'il exalte l'honneur militaire contre Lamennais, il partage sans réserve son horreur des massacres. Il va même plus loin dans cette direction, et peut-être faut-il déceler ici une critique muette des Paroles d'un croyant.

En 1834, sous l'influence immédiate de ce livre, Vigny songeait à condamner les seules armées permanentes. Mais si le problème du recrutement a des conséquences politiques certaines, il n'influe guère sur le sort du soldat. Permanente ou nationale, une armée est toujours « une chose déplorable » *parce qu'elle impose les devoirs également inhumains de tuer et de mourir. Ce n'est pas l'armée, quelle qu'en soit la nature, c'est la guerre, en définitive, qui a tort ; c'est la guerre qu'il faut absolument condamner. Or le chapitre XXXVI des* Paroles *entonne une sorte d'hymne à la gloire du* « jeune soldat » *qui part pour une croisade de libération universelle. On peut admirer cet enthousiasme ; mais il*

---

1. *J.*, 1050.

*ouvre évidemment la porte à de nouvelles hécatombes comme Vigny
le signale à la fin de* Daphné; *il risque fort de vouer les démocraties
à la « bête carnassière » qui animait* Joseph de Maistre. *Il
faut bien que cette idée ait traversé Vigny puisque le 7 novembre
1835 il réunit Maistre et Lamennais dans une commune répro-
bation* [1], *comme* Stello *avait déjà réuni les deux fanatismes,
également sinistres, de Saint-Just et de Joseph de Maistre.
Que la condamnation définitive de la guerre, chez Vigny, soit le
terme nécessaire de sa pensée, qu'elle s'appuie sur des certitudes
de tête, de cœur et même d'instinct, ce n'est pas douteux, mais
il n'est pas exclu qu'il ait pris plaisir à déceler quelque complaisance pour la guerre chez celui qui faisait profession de haïr
le soldat.*

*Quoi qu'il en soit, Vigny ajoute deux épisodes à l'ascension
de son héros, l'affaire du corps de garde russe et la mort du capitaine. Au cours d'un coup de main, en 1814, Renaud tue un
enfant. On voit assez la similitude avec l'histoire de* Laurette ;
*mais il faut surtout noter les différences. Contraint au rôle de
bourreau, le commandant du premier récit était accablé de chagrin,
non de remords, et il gardait l'amour de son métier. Devant le
cadavre d'un jeune inconnu, Renaud qui a fait normalement
son métier se juge assassin et se demande combien d'assassinats
semblables composent une grande bataille. L'un se sentait soldat,
même dans son rôle de bourreau ; l'autre se sent bourreau jusque
dans son activité de soldat. Il déteste dès lors la guerre, et s'il
continue à la faire avec énergie, il ne porte plus d'arme que sa canne
de jonc.*

Quant au dernier épisode, il reprend le sujet de la Veillée.
*Comme le capitaine Le Motheux dont la mort avait frappé
Vigny en 1830, Renaud, par scrupule d'honneur, reprend du
service au début des journées de Juillet ; or il est tué dans un accident stupide et sans gloire. Le dénouement de la* Veillée *avait déjà
ce caractère inopiné et absurde, mais la dimension même de l'explosion lui donnait une certaine grandeur. Dans la* Canne de
jonc, *au contraire, l'événement est dérisoire :* « Pour tuer un
homme qui en avait tant vu et tant souffert, dont la poi-

---

1. *J.*, 1033.

trine était bronzée par vingt campagnes et dix blessures, passée à la baïonnette et à la lance, il n'avait fallu que le soubresaut d'une de ces grenouilles des ruisseaux de Paris qu'on nomme *gamins.* » *C'est reprendre contre les gouvernements, contre l'existence même des armées, le reproche qui était inscrit déjà dans le plan de 1832 : les soldats ont trop de valeur pour qu'on ait le droit de les exposer à la légère. Vigny revient donc au thème des deux premières nouvelles, et rien n'est plus caractéristique de sa manière que ce retour à d'anciens sujets pour les approfondir, pour donner la consistance d'une idée aux certitudes du cœur. Car si Renaud éveille la pitié comme les deux héros précédents, cette pitié débouche maintenant sur une conviction radicale : il adopte son jeune meurtrier à la condition que cet enfant ne soit jamais soldat.*

Comme nouvelle, la Canne de jonc *est une réussite exemplaire, en parfait accord avec l'esthétique de Vigny, et les images s'imposent qui expriment à ses yeux la perfection même de l'art : cercle magique, roue colorée, sphère lumineuse qui lance tous les feux de l'arc-en-ciel. C'est même ici, et pour exalter la grandeur de Renaud, qu'apparaît le symbole de la perle qui deviendra bientôt le Diamant du Berger. En un sens, le récit est encore à double fond; mais au lieu de s'articuler en profondeur comme deux plans d'un diorama, les scènes qui passent sous nos yeux pendant une nuit d'émeute sont si nombreuses qu'elles évoquent plutôt une orbe décrite à travers le temps, disons même* « un globe dans sa forme arrondie et complète, avec ses couleurs variées et brillantes (...), image de (...) l'art »[1]. *On reste confondu par le nombre, la diversité et l'éclat des tableaux qu'enchâsse un récit aussi bref. Avec la souveraine aisance des récits précédents, mais d'un coup d'aile plus vaste, Vigny passe de la mer éblouissante de Malte à la mer du Nord déserte dans la nuit, de la solitude austère de Collingwood à la cour impériale, ruisselante de diamants, de l'enfer d'Aboukir, tout secoué d'explosions, aux derniers combats sans espoir de la campagne de France.*

---

1. *J.*, 1082.

Même variété dans le rythme : le drame qui monte en flèche, plafonne et repart, dans le dialogue inconnu, pour s'effondrer brusquement, explose au contraire dans le meurtre de l'enfant russe après de longs préparatifs minutieux et feutrés. A la lente captivité sur le bateau anglais succède la réception à l'Opéra, d'une concision tranchante; et l'ensemble est ponctué par les apparitions de l'empereur, depuis l'irrésistible aventurier d'Égypte jusqu'au vaincu de 1814. Là même où Vigny n'accorde qu'une image, elle est inoubliable : Marsala, au large de la flotte, passe avec « ses maisons blanches » et « ses vapeurs » comme « des colombes perçant un nuage »; *dans les grandes batailles de l'Empire,* « les paysans de l'armée » « se faisaient faucher par mille à la fois, aussi pareils, aussi égaux que les blés d'une grasse prairie de la Beauce »; *Bonaparte a de* « longs cheveux pendants et comme sortant de la mer, tout mouillés », « de grands yeux gris », *la* « lèvre rentrée sur un menton aigu ». *Quelques attitudes sculpturales, enfin, annoncent celles qui se fixeront dans* les Destinées : *la garde muette et l'arme au pied, presque invisible dans la nuit; le pape immobile comme une statue égyptienne autour de qui tournoie l'empereur.*

Ce n'est pourtant là que le « globe de l'art » comme dit Vigny; car si les couleurs en sont brillantes, c'est qu'elles rayonnent de la pensée centrale, de cette « perle » qui s'arrondit avec le temps : l'âme du capitaine Renaud. C'est lui qui fait l'unité de la nouvelle. Avec le Philippe Bridau de Balzac, écrit Thibaudet, Renaud est l'un des rares « types militaires » qui soient restés, le seul qui ait ajouté « au moral de la carrière militaire ». Non que Renaud soit un « caractère » si l'on entend par là un mécanisme mental cohérent et logiquement fabriqué. On ne s'intéresse pas à son cas psychologique mais à son cas moral, à la désintoxication qui s'opère en lui, à sa qualité d'homme. Des trois héros de Servitude, *il est certainement le plus vivant. Nous connaissons les deux autres par l'événement exceptionnel qui a fixé leur existence, et par quelques sentiments qui la remplissent mais ne la renouvellent pas. L'évolution difficile de Renaud lui fait une vie plus dense, elle lui donne de l'épaisseur, une continuité plus concrète, cette présence qui est celle de l'effort et du déchirement.*

Vigny a mis beaucoup de lui-même dans son personnage. Pourquoi l'existence de Renaud est-elle « toujours repoussée dans ses donations expansives d'elle-même », *ce que le récit ne prouve guère, sinon parce que Vigny a pu écrire de lui-même :* « Jusqu'à quinze ans (...) je me prenais à tout et partout j'étais repoussé »[1]? *Pourquoi Renaud est-il* « toujours écrasé par un ascendant invincible », *alors que son histoire établit en un sens le contraire, sinon parce que Vigny a grandi dans l'idée qu'il ne s'appartenait pas*[2]*? Le silence même que le capitaine oppose à Napoléon rappelle cette phrase des* Mémoires : « La vie, l'armée rude et forte achevèrent de clore le cercle de fer dont j'entourai mon cœur[3]. » *C'est l'itinéraire de sa libération intérieure que Vigny a délégué à son personnage, et il a incarné en lui, vécu peut-être, une étape décisive de sa pensée.*

Renaud est une intelligence ou plutôt une conscience qui s'affirme; c'est un homme de bonne volonté. Le sens de l'humain chez lui triomphe des passions successives, séidisme, amour de la guerre, horreur même de la guerre qui compose en 1830 avec le point d'honneur. Entre les enthousiasmes qui menacent de l'emporter, la raison de Renaud s'élève comme l'ordre au milieu des désordres, comme la maîtrise de soi parmi les tentations de la servitude. Il n'est plus besoin ici d'une intrigue sentimentale pour émouvoir. L'ascension du soldat suffit à éveiller la sympathie, la pitié, l'admiration, dans un registre austère et grave qui exclut les séductions du romanesque. Quoi qu'en dise Vigny, Chatterton *est surtout le drame du penseur; c'est* la Canne de jonc *qui met vraiment en scène le* « drame de la pensée[4]. »

La pensée, en effet, atteint ici le point de saturation où elle déborde le récit de partout. Non qu'on relève des digressions; chaque épisode marque une étape précise dans l'évolution de Renaud; mais chacun est gorgé de méditations affluentes. Si Napoléon, par exemple, est d'abord l'objet du séidisme de son

---

1. *J.,* 986.
2. *Mémoires,* 65.
3. *J.,* 986.
4. **Préface de** *Chatterton,* p. 822.

page, le jeu cruel qu'il joue avec Renaud draine toutes les rancunes de l'auteur contre les autorités humiliantes, contre les pouvoirs qui maintiennent leur protégé dans une éternelle enfance. Si le dialogue inconnu doit montrer d'abord au séide les pauvretés de son idole, il rassemble aussi contre les hommes du pouvoir tous les griefs du penseur qu'avaient proclamés déjà Cinq-Mars *et* Stello; *c'est même ici que l'antinomie de l'action et de la pensée trouve son meilleur symbole : la confrontation du pape et de l'empereur. Le sentiment de l'Honneur, enfin, qui donne le sens de la nouvelle, échappe à une définition précise; successivement respect de sa parole, autonomie de sa conscience, souci du qu'en-dira-t-on, et sens de l'humain, il ne se développe pas selon la logique d'un concept, mais selon la ferveur contagieuse d'un credo. Tant de certitudes convergent dans* la Canne de jonc *que cette nouvelle fait figure de somme. Comme* la Maison du Berger, *en vers, nous offre un panorama du poète contemplé du seuil de la maison roulante,* la Canne de jonc, *en prose, nous ouvre le même horizon humain aperçu sous un autre angle, du haut de cet Honneur où se consomme le martyre de Renaud.*

VIII. — L'Honneur

En août 1834, Vigny comptait consacrer plusieurs livres à la barbarie des armées permanentes. Un an plus tard, ayant achevé la Canne de jonc, *il décide, au contraire, d'en rester là et de publier ses trois nouvelles en un volume sous le titre :* Servitude et grandeur militaires; *il affirme même à M. de La Grange que cette œuvre n'aura pas de suite. Pourquoi ce changement ?*

On peut croire d'abord que le dernier récit a épuisé le problème du soldat; quand Vigny, en effet, de 1848 à 1859, songe à continuer son livre, il piétine dans ses conclusions de 1835 sans rien leur ajouter de vraiment neuf. Les héros militaires, d'autre part, sont maintenant au nombre de trois comme les poètes de Stello. *Toujours soucieux de regrouper ses œuvres en ensembles plus vastes, Vigny peut donc se flatter d'avoir entrepris, dans une série d'histoires à triple nœud, une enquête systématique sur les parias*

*modernes; rétrospectivement, il peut prétendre à un projet volon-
taire, là où il eut la même effusion de pitié pour les idéalistes
méconnus de la poésie ou de la gloire. Quand le livre paraît chez
Bonnaire, le 17 octobre 1835, les nouvelles n'ont subi que des
changements mineurs. Elles sont précédées d'une introduction
dont l'essentiel, nous l'avons vu, doit remonter à l'année précédente, et, dans la conclusion provisoire de 1834, l'auteur a retaillé
un chapitre qui ouvre* la Canne de jonc. *Enfin, il ajoute un
développement final qui traite de l'Honneur.*

*Ces apports de 1835 soulignent tout ce qui peut faire l'unité
du livre; unité un peu factice puisqu'elle est découverte après coup.
Quoi qu'en dise le dernier chapitre,* Servitude *n'est pas une
étude consacrée à l'armée de la Restauration, moins encore son
« oraison funèbre », comme Vigny l'écrira en 1837* [1]. *Le premier
récit s'achève en effet à Waterloo; le second en 1819 sans doute,
mais au cours d'un accident qui n'est pas particulier au règne
de Louis XVIII; l'histoire de Renaud, enfin, se déroule pour
l'essentiel sous l'Empire, et la mort qu'il trouve en 1830 est
possible dans toute époque troublée. Quant aux problèmes qui
sont propres à la Restauration, l'existence des demi-soldes,
la prise en main de l'armée impériale par des officiers qui souvent
rentraient d'émigration, l'inquisition politique et religieuse,
Vigny n'en parle pas. La conclusion, il est vrai, note le cas de
conscience qui s'est posé en 1830 aux officiers légitimistes, mais
cette allusion n'éveille aucun écho dans les trois nouvelles.*

*Il n'est certes pas question de conclure que cette introduction
manque d'intérêt; on peut fort bien estimer au contraire que le
meilleur du livre se trouve dans les développements consacrés
à la responsabilité et à l'abnégation, à l'enthousiasme et à l'ennui
militaire, au caractère barbare des armées permanentes, à leur
rôle de bouc émissaire, au danger qu'elles représentent pour la
démocratie. Mais quelles que soient la beauté de ces chapitres,
leur gravité simple, leur noblesse sans emphase, il faut reconnaître
qu'ils n'annoncent pas toujours les nouvelles qui suivent; ils
marquent plutôt un moment dans la pensée de Vigny, et comme
cette pensée est foisonnante, elle ne va pas sans contradictions.*

---

1. *J.,* 1053.

Non seulement le dernier récit semble bien exclure les armées nationales qui sont préconisées au début du livre, mais après avoir dénoncé l'insupportable ennui de la vie militaire, Vigny *parle d'une existence* « insouciante et joyeuse » *que le soldat* « prend en passion »; *bien plus, le chapitre liminaire de* la Canne de jonc *affirme que la gloire d'obéir est supérieure à celle de commander, alors que le chapitre final reprend les mêmes termes pour affirmer exactement le contraire.*

De tous ces développements qui voient le jour en 1835, il en est un qui revêt une importance exceptionnelle par le sujet qu'il traite comme par la place qu'il occupe; c'est celui qui est consacré à l'Honneur.

Au plus juste, ce dernier chapitre conclut l'histoire du capitaine Renaud. On ne peut parler d'honneur, en effet, que si l'on choisit librement sa conduite; or, loin de choisir, le commandant de Laurette *obéit* « comme une mécanique, malgré son cœur » ; *quant à l'adjudant de Vincennes, l'honneur, au lieu de le pousser à une folle imprudence, devrait l'engager au respect de la consigne, quelles qu'en soient les conséquences pour lui. Le mot* « honneur », *sans doute, apparaît une fois dans chacun des deux premiers récits; mais sans intention particulière, semble-t-il, et comme un simple équivalent du devoir dans le langage du soldat. Si on accepte ce sens traditionnel, on peut bien assimiler l'obéissance aveugle du commandant et l'amour-propre de l'adjudant à des manifestations un peu frustes de l'honneur. On peut même constater que cette vertu est présente à l'imagination de Vigny depuis longtemps.* Chatterton *vend son corps à la Faculté pour payer ses dettes;* Fiesque, *dans* la Maréchale, *reste fidèle à ses maîtres malheureux; de* Thou *refuse de trahir* Cinq-Mars, *et* Cinq-Mars *se livre à Richelieu sans compromettre le roi. Quand* Renaud *lui-même quitte l'armée, de* Waterloo *jusqu'à la mort de Napoléon, ou reprend du service en 1830 par crainte d'être mal jugé, il sacrifie au même idéal traditionnel qui va du point d'honneur castillan à la vertu des monarchies telle que l'entendait* Montesquieu. *Mais déjà l'essentiel est ailleurs, car depuis 1832,* Vigny *médite assidûment sur l'Honneur et lui donne un contenu si surprenant qu'il est indispensable de revenir en arrière pour éclairer le dernier chapitre de* Servitude.

L'honneur qui intéresse Vigny depuis trois ans n'est pas du tout une vertu militaire, mais une croyance appelée à détruire le christianisme et à le remplacer.

En 1832, Stello avait enseigné aux poètes la conduite à tenir en face des pouvoirs politiques. Le sujet de cette première Consultation était en lui-même assez étroit; mais il s'élargit soudain au cours du dernier chapitre : « dans un monde où nous sommes tous condamnés à mourir », *dit en substance le Docteur-Noir,* « l'espérance est la plus grande de nos folies ». *Emporté par sa dialectique, et comme fasciné par les idées générales qui s'offrent à lui, Vigny semble oublier son premier propos; derrière le malheur social du poète, il découvre des horizons beaucoup plus vastes, le malheur essentiel de l'homme. Séduit par ce nouveau thème qui renoue avec celui des* Mystères, *il envisage déjà une deuxième Consultation consacrée non plus au poète victime des gouvernements, mais à l'homme victime du sort ou victime de Dieu. Telle est la première forme du projet qui, à travers des repentirs multiples et d'incessantes métamorphoses, devait occuper Vigny jusqu'à sa mort.*

Or, de 1832 à 1835, pendant que s'élabore Servitude, *les notes qui préparent la deuxième Consultation peuvent se résumer ainsi : détenu par Dieu dans la prison de l'existence, l'homme attend sa mise à mort, sans jamais savoir de quoi il est puni. Éternellement, le dieu-juge refuse de nous révéler le chef de l'accusation et les attendus du réquisitoire. L'image de la prison vient évidemment de Pascal, mais le mystérieux procès dont les pièces nous sont inconnues préfigure Kafka près d'un siècle à l'avance. Disons en termes plus clairs que Vigny juge intolérables le dieu chrétien et surtout la morale chrétienne parce qu'ils enferment la conscience dans le sentiment torturant et absurde de la faute. Telle étant notre situation, il ne nous reste qu'à cueillir les quelques fleurs qui poussent dans la prison : amour et poésie, et surtout à promouvoir une règle de vie qui nous délivre de cette torture inutile qu'est le sentiment du péché. C'est cette règle que Vigny appelle l'Honneur.*

Certes, le sentiment mondain de l'honneur, pétri d'orgueil et même de vanité, n'est guère compatible avec l'humilité chrétienne; l'un ne reconnaît d'obligations qu'envers soi-même, l'autre n'en conçoit vraiment qu'envers Dieu. Pratiquement, il est vrai, ces deux règles ont coexisté dans bien des âmes qui accordaient au monde et au ciel; Polyeucte *a même réussi à mettre l'honneur au service de la foi, et Vigny, dans les dernières lignes de* Servitude, songe, *semble-t-il, à l'opération inverse :* « Puisse la plus pure des religions », *écrit-il (il ne peut guère s'agir que du christianisme), poser l'honneur* « comme une lueur de plus sur son autel qu'elle veut rajeunir ». *Mais il faut faire sa part, ici, à la timidité d'un auteur qui a toujours craint de livrer au public ses idées les plus hardies. Vigny sait très bien que l'honneur et le christianisme n'ont ni le même principe, ni le même but, ni les mêmes effets.* « Vertu tout humaine que l'on peut croire née de la terre », « vertu de la vie, sans espoir de palme céleste », « sentiment fier » *qui* « réveille toutes les forces de l'orgueil », « respect de soi-même », *l'honneur est évidemment la religion de l'homme ou plutôt de l'individu par lui-même. Une note de juillet 1833 dit en effet :* « La foi est le respect de Dieu. L'honneur est le respect des hommes [1]. » *Au reste, c'est* « devant le naufrage universel des croyances » *que Vigny propose son propre credo. Encore l'hostilité au christianisme est-elle ici voilée; elle s'affirme au contraire dans les notes du* Journal; *ainsi en 1834 :* « l'homme d'honneur ne veut plus permettre à son imagination d'errer dans les champs de la théologie et de la superstition »; « à sa mort, il regarde la croix avec respect, accomplit tous ses devoirs de chrétien comme une formule et meurt en silence [2]. » *Bien plus, certains brouillons de* Servitude *affirment clairement la supériorité morale de l'honneur sur le christianisme :* « Il y a des choses qui feraient un prêtre et que jamais ne pourrait faire un galant homme; (...) l'honneur (...) défend de tous les crimes. »

Mais si l'honneur est intransigeant sur les problèmes graves, cette morale, conçue pour les adultes, les délivre des scrupules puérils qui entravent inutilement leur liberté; elle ignore en particulier les interdits chrétiens que Vigny jugeait insupportables

---

1. *J.*, 992.
2. *J.*, 1011.

et absurdes. Élevé par sa mère dans une religion conformiste et même puritaine, il a tout fait pour secouer ce joug intérieur. Déjà les Mystères *reprochent surtout au christianisme d'avoir fait de l'amour un péché en jetant l'anathème sur Satan, dieu des corps. L'honneur, au contraire, comme* Éloa *pour le grand Réprouvé,* « a de merveilleuses indulgences » ; *il n'exige pas qu'on blâme trop cruellement les faiblesses* [1] » ; *il permet* « le développement des passions » ; *il est* « compatible avec certains péchés mortels* [2]. » *La nature précise de ces passions et de ces péchés apparaît à l'évidence dans les brouillons de* Servitude : « Pourquoi une femme *(d'honneur)* qui a un amant sans remords se fera-t-elle tuer plutôt que de se donner à un autre homme? Pourquoi un homme *(d'honneur)* qui aura été adultère sans scrupule ne prendra-t-il jamais une somme dont il est le dépositaire? »

L'honneur apporte donc une solution à ce problème de l'adultère qui a longtemps tourmenté Vigny; il concilie les rigueurs du stoïcisme avec une grande indulgence pour l'amour, et surtout pour les amours que le christianisme condamne. Dans Quitte pour la peur, *en effet, en 1833, le duc se réclame de l'honneur pour excuser l'adultère aussi bien chez lui que chez sa femme, et pour accorder à tous une parfaite liberté du cœur. La liaison du poète avec Mme Dorval peut expliquer, sans doute, que le poète veuille ajuster sa conscience sur sa conduite; mais cette explication anecdotique ne saurait suffire car, en 1819 déjà,* la Femme adultère *demandait l'indulgence pour les amours marginales. Vigny ne cherche pas à duper sa conscience, mais à être pleinement lui-même en rejetant une morale d'enfance qui le gêne encore, mais qu'il ne ratifie plus. C'est l'honneur qui lui permet cet accord intérieur, et il envisage, le 1er janvier 1834, un roman moderne en trois volumes : la vie d'un homme d'honneur, qui commencerait au moment où le héros a perdu la foi.*

Telles étaient ses méditations quand il put lire dans les Paroles d'un croyant *une attaque virulente contre l'honneur militaire qui dut blesser en lui l'apôtre d'une religion nouvelle plus encore*

1. *J.,* 995.
2. *J.,* 958.

que le soldat. Relevant donc le défi, il porte le débat sur le terrain de Lamennais, et s'improvise champion d'un honneur auquel il ne songeait guère. C'était courir un risque grave, car la règle de vie qui prétendait ruiner le christianisme menaçait de se réduire à une vertu simplement professionnelle, et de perdre sa véritable raison d'être.

Vigny a heureusement évité cet écueil. A quel moment, en effet, l'honneur de Renaud est-il conforme aux exigences de son métier ? En 1830, sans doute, quand il reprend du service ; mais lorsqu'il reste sur le bateau anglais, prisonnier de son serment, s'agit-il d'un devoir proprement militaire ? Napoléon n'a pas tout à fait tort de penser qu'un soldat doit d'abord s'évader, lui fallût-il renoncer pour cela aux avantages de la captivité sur parole. Loin d'être étroitement professionnel, l'honneur de Renaud s'affirme contre les obligations de sa carrière. Il crée même un clivage entre l'obéissance extérieure accordée à la discipline et l'obéissance intérieure qui n'est accordée qu'à soi-même. Quand Renaud se cache pour n'obtenir aucune récompense, quand il marche à l'ennemi sa canne à la main pour ne pas tirer l'épée, quand il demande au gamin de Paris de n'être jamais soldat, il en vient à une insubordination muette qui limite le militaire en lui au profit de l'homme. Passer de cet honneur perverti qu'est le séidisme à l'Honneur tel que Vigny l'entend, c'est refuser dans la carrière des armes tout ce qui est contraire à l'humain, c'est réaliser, contre l'autorité militaire, cette autonomie de la conscience que la deuxième Consultation préconise contre Dieu.

En s'inscrivant dans une carrière de soldat, l'Honneur n'a rien perdu de son véritable sens ; il reste bien une libération de l'esprit, un humanisme actif. Et s'il engage des objets moins vastes, l'armée et non pas Dieu, la discipline militaire et non la morale chrétienne, il devient plus concret aussi, plus précis et plus probant. Car il y a autant d'attitude que de hardiesse à défier un dieu auquel on ne croit plus, et l'on risque peu en condamnant une religion dont on est détaché. Le duc de Quitte pour la peur affirme bien contre Dieu la liberté de sa conscience puisqu'il préfère, en matière conjugale, sa règle personnelle à celle du christianisme. On admettra même qu'il lui faut quelque grandeur d'âme pour endosser avec tant d'élégance une paternité illusoire, ou, simplement, pour accorder à sa femme les libertés qu'il prend lui-même. Cet honneur mondain, cependant, paraît facile quand on le compare à celui de Renaud qui exige d'incontestables sacrifices : la liberté, la faveur, l'avancement, la vie. L'honneur de la deuxième Consultation demande simplement qu'on se passe de Dieu; l'honneur de Renaud exige qu'on se dépasse dans des dangers mortels.

Si le dieu de Vigny, d'ailleurs, à peine distinct du sort, de la Fatalité, de la Nature même, est surtout la somme de nos limites et de nos contraintes, on voit sans peine comment la discipline militaire peut être une figure temporelle du divin. L'histoire de Laurette en effet rappelle beaucoup celle de la fille de Jephté; l'armée, d'autre part, « pèse comme la Fatalité », « frappe comme le Destin antique », *elle est* « aveugle et muette » *comme Dieu est* « muet, aveugle et sourd », *comme la Nature roule les hommes* « sans voir et sans entendre »; *Renaud, enfin, éprouve devant l'empereur* « l'effroi de Moïse berger voyant Dieu dans le buisson », *et plus tard, quand il se cache par crainte d'une récompense, il oppose à Napoléon ce refus d'amour que Vigny opposera bientôt à la Nature, et même ce silence qui sera finalement celui du Juste en face de Dieu.*

En portant chez les soldats le problème de l'honneur, Vigny l'a installé dans une humanité réelle dont la grandeur se paie avec le sang. Loin de le réduire à une vertu professionnelle, il le rattache au contraire au grand massif de pensées qui s'étend de la Fille de Jephté *à la strophe du* Silence, *et découvre dans la condition militaire une occasion de mettre en cause le fondement même de la morale. C'est pourquoi la conclusion de* Servitude *prolonge et couronne sans rupture l'ascension de Renaud. L'honneur anti-chrétien s'y définit en termes voilés, sans doute, et Vigny le présente comme une simple croyance de remplacement. Mais il ne sacrifie rien de ce qui est essentiel à ses yeux. Il s'agit bien de fonder contre l'autorité, qu'elle soit militaire ou religieuse, une morale tout humaine, née de la terre, une vertu de la vie sans autre récompense que la certitude de sa propre valeur, sans autre juge que sa propre conscience autonome et divinisée. Cet objectif est au nœud même de toutes les pensées de Vigny. On comprend donc que, dans les derniers jours de 1834, quand il découvre quelle sera la conclusion de* Servitude, *il songe un instant à faire de cette œuvre* « la préface de tous ses livres [1] . »

IX. — Servitude et Grandeur militaires

Servitude, *aujourd'hui, passe pour un des chefs-d'œuvre de la prose française, pour le grand livre de Vigny dont la pensée, dense et souvent prophétique, jette de surprenantes clartés dans les zones d'ombre de notre condition. Or, si la critique fut élogieuse en 1835, elle ne fut pas enthousiaste. On discute sur le style qu'on estime* « harmonieux et sculpté », « un peu trop léché » *quelquefois; et Sainte-Beuve fait de minutieuses réserves sur l'irréalisme de l'imagination. On loue généralement la hauteur de la pensée. Mais, chacun cherchant dans* Servitude *ce qu'il y aurait mis lui-même,* le Charivari *juge l'œuvre* « trop littéraire pour un livre d'économie politique et sociale »; la Quotidienne *regrette que l'auteur ne s'appuie pas sur le corps entier de l'Histoire, et, selon* l'Indépendant, « il y a trop de sentiment dans ces pages éloquentes ». *Prenant même ses désirs pour des réalités,* le Temps *découvre dans ce livre qui finit par condamner les armées* « une réhabilitation des mâles vertus de la guerre qu'une paix molle et fade nous fait chaque jour désapprendre ». Servitude *n'a donc pas donné, comme* Stello, « le vertige à la critique [2] , » *mais l'opinion, mal préparée et un peu surprise, n'en a pas reconnu d'emblée la grandeur, ni peut-être le véritable sens.*

L'originalité même de Vigny explique cette incompréhension. La sévérité de son style, d'abord, la rigueur de sa pensée, et plus encore la sobriété du récit dans le gracieux ou le tragique, répondaient mal au goût du jour, fort enclin à la déclamation, à la surcharge et à la frénésie. Pour ne citer que les très grands écrivains, rien n'est plus opposé à l'art austère de Vigny que le réalisme visionnaire et luxuriant de Balzac; or c'est justement entre 1830 et 1835 que s'affirme le succès du romancier.

---

1. *J.*, 1018.
2. *J.*, 963.

Il y avait quelque provocation, d'autre part, à faire de Napoléon un aventurier et même un grand agité de la politique au moment où la légende impériale découvrait en lui « le Grand Lama et le Christ[1]. » *Et ce détail n'est pas isolé. D'une façon générale, Vigny entreprend d'ébranler quelques certitudes du siècle, de les dissiper à* « la lumière d'en haut », *comme disait Sainte-Beuve; l'intention de contredire est moins voyante ici que dans* Stello, *mais elle porte sur un problème beaucoup plus vaste et qui mobilisait alors les passions partisanes.*

De *1830* à *1835* en effet, *l'armée est profondément mêlée à tous les problèmes politiques. Beaucoup d'officiers ont donné leur démission après les journées de Juillet; d'autres sont licenciés par le nouveau régime ou gênés dans leur carrière parce qu'on les croit fidèles à la branche aînée. Cette épuration entraîne quelque désordre parmi les cadres qui restent pourtant suspects de légitimisme. Les sous-officiers et la troupe, il est vrai, sont moins touchés par cette crise; mais on les sait plutôt bonapartistes que vraiment dévoués à la monarchie bourgeoise. L'armée suscite donc la méfiance du gouvernement, d'autant qu'elle est l'objet de sollicitations dangereuses de la part des politiciens : beaucoup agitent inconsidérément les souvenirs de la Révolution et de l'Empire, et invitent les soldats aux aventures. Ce n'est pas sans mal que Louis-Philippe réussit à être le Napoléon de la paix; la France romantique s'ennuie et rêve d'une évasion dans la gloire. Or, loin d'accorder une guerre à ses soldats, le roi les charge d'écraser les émeutes, vendéennes à l'occasion, républicaines bien plus souvent et déjà ouvrières. Rôle ingrat qui vaut à l'armée peu de reconnaissance et de terribles rancunes. Divisée en elle-même, accusée de faiblesse par les uns et de sauvagerie par les autres, exaltée ou maudite selon l'événement, elle se trouve au centre des passions partisanes, et pose à la nation des problèmes. Mais, si diverses que soient les solutions imaginées, chacun trouve normal que les soldats soient l'instrument passif de sa propre politique. Lamennais, sans doute, préconise une armée délibérante; mais comment jugerait-il ses jeunes soldats s'ils refusaient, après délibération, toute croisade démocratique ?*

---

1. *J.,* 1028.

Vigny conçoit clairement cette situation dans les premiers chapitres de son livre; mais ces chapitres ne doivent pas faire illusion. Songe-t-il vraiment à résoudre les problèmes qu'il signale ? Quelques vœux sur la fin des guerres, si fervents soient-ils, ne proposent pas une solution positive, d'autant que l'auteur lui-même en souligne le caractère utopique. Loin de nous montrer, d'ailleurs, tous les aspects de l'armée, Vigny ne cite que pour mémoire les officiers « joueurs et buveurs éternels », *et ne dit rien de ceux qui* « sont prêts à tout faire pour le grade [1] ; » *il s'intéresse seulement aux soldats qui lui ressemblent : ceux qui sont mal à l'aise dans leur condition fausse et barbare, écrasés par des* « scrupules et des repentirs pesants ». *Non seulement* Servitude *n'est pas ce traité d'histoire ou d'économie sociale qui aurait intéressé certains contemporains, mais surtout, renversant la perspective, l'auteur y juge plus souvent la nation avec les yeux de l'armée que l'armée avec les yeux de la nation, et il s'afflige de l'incompréhension haineuse qui pèse sur les soldats.*

Il avait fait l'expérience de ce sentiment, à Pau en 1824, quand les libéraux de la ville avaient malmené les officiers du 55ᵉ et presque jeté le colonel dans le gave. Vigny n'est pas de ceux que la haine stimule ou laisse indifférents; il a besoin de réconfort, d'admiration, d'amour. Comme son cœur de « sensitive » *s'était refermé à la pension Hix où il se sentait paria parce qu'il était noble, on peut croire qu'en face de la fureur populaire, il sentit qu'une malédiction pesait aussi sur le métier des armes. C'est encore l'hostilité qu'il voit surgir pendant les journées de Juillet, ou du moins cette injustice qui refuse à la Garde l'admiration qui lui est due; de même quand l'armée d'Afrique,* « partie sous les pamphlets, les sifflets, les persiflages et les caricatures », *revient victorieuse et* « se cache de sa conquête comme d'une mauvaise action [2] ; » *et c'est encore la haine qui s'étale en 1834 dans le livre de Lamennais. Il y a quelque romantisme peut-être à considérer les militaires comme des parias; ce sont eux pourtant, bien plus que les poètes, dans l'expérience de*

---

1. *J.*, 1326.
2. *La Mille et deuxième Nuit;* Revue des Deux Mondes, 1831, p. 477.

Vigny, qui peuvent « demander compte de tant de haine qui les rend immobiles d'étonnement [1]. »

Telle est la revendication qui domine Servitude, *avec le souci complémentaire d'assurer au soldat le bonheur dont Vigny rêvait pour lui-même; non le confort matériel, encore qu'il ait songé un instant à dénoncer l'insuffisance de la solde; mais cet épanouissement de l'âme que donnent l'admiration et l'amour de tous. Si Vigny, en effet, préconise un recrutement national, c'est moins en prévision des coups d'État que pour ouvrir aux hommes de guerre le sein de la mère patrie dont ils sont exilés. L'armée, dit-il,* « cherche son âme et ne la trouve pas », *et il se demande, après la publication de son livre, s'il a réussi à rendre* « plus ferme l'estime de soi-même dans l'homme de l'armée. » *Or, de tout ce qui interdit l'estime de soi, rien n'est plus douloureux que d'être repoussé par tous comme un criminel. L'armée délibérante que Vigny envisage en 1834 épargnerait en effet au soldat ce rôle de bouc émissaire, toujours accusé, toujours irresponsable.*

Servitude *se rattache ainsi à un projet global de 1837 :* « Peindre » *l'idéalisme* « non ridicule mais malheureux, afin que, la *Pitié* étant excitée au lieu du rire, on ne pût se méprendre et que la *société* s'accusât et non lui [2]. » *Comme les* Mystères *rejetaient sur Dieu les responsabilités dont la religion nous accable,* Servitude *rejette sur la société les crimes qu'elle reproche aux soldats. Vigny en accuse les fabricants qui veulent accroître leurs bénéfices, les partis politiques, les gouvernements, les nations. Car toute société veut avoir des gladiateurs à ses ordres.* « C'est la guerre qui a tort », *dit Renaud,* « et non nous »; *or la guerre est un phénomène social, et ce sont les gouvernements qui en décident. L'intention d'innocenter le soldat explique même une curieuse dissociation que résume ce vers de 1832 :* « Blâmer la servitude, admirer les esclaves. » *Car Vigny exalte le soldat, mais condamne l'armée, admire celui qui obéit mais flétrit la discipline qui commande, honore celui qui meurt mais maudit l'autorité qui l'envoie à la mort. Simple vue de l'esprit, pourrait-on*

---

1. *Stello,* 792.
2. *J.,* 1062.

dire ; car qu'est-ce qu'une armée en dehors des soldats qui la composent ? En fait, armée, discipline, obéissance passive, guerre même manifestent l'empire que la société, par l'intermédiaire des gouvernements, exerce sur les soldats ; elles sont le sort inhumain que la société impose à ses gladiateurs. Servitude invite donc les civils à faire un examen de conscience : « Depuis quelque temps », dit l'auteur, « nous avons beaucoup à pardonner aux hommes qui tuent. »

Non que Vigny prenne aveuglément le parti du soldat. Tournant par le haut, si l'on peut dire, les passions contemporaines, il cherche à comprendre et à juger équitablement : « ou trop haut ou trop bas sont placées les armées dans l'opinion », écrivait-il en 1832, et, en 1835 : « l'armée est (...) toujours dédaignée ou honorée outre mesure ». Bien plus, s'il accuse la société des meurtres que les militaires exécutent, il finit également par penser que l'individu s'en fait le complice quand il embrasse la carrière des armes, et renonce au droit de décider par lui-même ; c'est pourquoi le gamin de Paris, par la volonté de Renaud, ne sera jamais soldat. La pitié de Vigny n'est donc pas une lâche indulgence pour les hommes de guerre, mais la conscience douloureuse de l'injustice qu'on fait à leur mérite. Pascal souhaitait qu'on eût simultanément les vertus contraires ; Vigny est au moins sensible aux valeurs opposées, car Servitude accueille et développe les deux sentiments qui divisaient alors l'opinion, le respect du soldat et l'horreur du massacre. Également incapable d'adorer le meurtre comme Maistre et de nier avec Lamennais la grandeur militaire, Vigny en arrive à condamner la guerre plus complètement que Lamennais tout en voyant au soldat une affection plus vraie que celle de Maistre. Cette révérence accordée à tout ce qui témoigne en faveur de l'homme, même dans ses activités odieuses, est proprement humaniste. Elle atteste une rare ouverture de la conscience et une incapacité naturelle à rien sacrifier de ce qui nous grandit.

« La raison », écrit Vigny en 1829, « offense tous les fanatismes [1]. » Au moment où le romantisme, devenu politique et

---

1. J., 890.

social, demande aux poètes de s'engager dans l'action, l'auteur de Stello *et de* Servitude *s'avoue incapable d'un tel engagement parce qu'il répugne à ces convictions simplifiées et massives, à ces sentiments sans nuances, qui sont probablement nécessaires pour agir, pour adorer sans scrupules un idéal et haïr un adversaire sans remords. La pensée de Saint-Just, de Maistre, de Lamennais, de tous les partisans, peut être infiniment souple et rusée dans ses manifestations pratiques; à sa source, toutefois, elle souffre de sclérose, car le principe en est simplificateur, intangible et presque théocratique. Vigny est tellement inapte à cette partialité que* Servitude *aboutit à un éloge de la conscience divisée; Renaud déteste la guerre tout en continuant à la faire avec énergie. Étrange conduite, qui ne résout rien du problème social, mais qui force l'estime, parce que Renaud décide de se sacrifier lui-même à ses deux devoirs plutôt que de sacrifier l'un d'eux. Ce n'est pas pour éluder l'action qu'il s'installe dans cette impasse et ce déchirement, c'est parce que choisir, pour lui, serait une forfaiture ou envers le soldat ou envers l'homme. Il ne se tue pas, sans doute, comme cet officier qui reçut l'ordre, en 1830, de tirer sur des femmes et des enfants; mais quand il marche à l'ennemi sans arme que sa canne de jonc, il court délibérément le risque de mourir, tout en continuant d'être soldat par l'obéissance et homme par le refus de tuer.*

Replacé parmi les débats de 1835, Servitude, *comme l'a très bien vu Sainte-Beuve, est une œuvre de scepticisme. Loin de s'enfermer dans les problèmes qui mobilisaient alors l'opinion, Vigny les disqualifie en remontant à la question fondamentale, le droit que toute société s'arroge de recourir au meurtre. Le* Docteur Noir, *sans doute, n'apparaît pas dans ce livre; mais c'est bien son intelligence voltairienne qui vient relayer le cœur miséricordieux de Stello; car la pensée de Vigny, alertée d'abord par le sort lamentable du soldat, s'en prend, pour finir, à bien des certitudes qui n'ont d'autre droit au respect que de remonter aux âges barbares. Le livre ébranle en effet quelques dangereuses quiétudes de l'esprit : celle des séides qui s'en remettent aux conquérants de penser pour eux, celles des gouvernements qui ordonnent aux soldats de tuer, celles de Maistre et de Lamennais qui se rassurent d'un mot : Dieu ou démocratie, sur la vraie nature de la guerre; celle de toutes les consciences, enfin, que satisfait une distinction juridique entre la guerre et l'assassinat. Vigny répond que la guerre a toujours tort contre l'homme, et que, si l'on admet le droit de tuer, tout assassinat est de bonne guerre :* « Nous étions en guerre », *dit Renaud à propos du gamin de Paris;* « il n'est pas plus assassin que je ne le fus à Reims, moi. Quand j'ai tué l'enfant russe, j'étais peut-être aussi un assassin ? » *Entre les convictions partisanes qui risquent toujours d'endormir la conscience ou de la mutiler,* Servitude *fait une trouée en direction de l'humain. La grandeur, telle que Vigny la conçoit, combine celle de Pascal, car son héros cherche dans la douleur sinon dans le gémissement, et celle de Montaigne, car il préfère* « la voie moyenne » *qui ménage toutes nos possibilités aux excès fanatiques, finalement plus faciles, et qui conduisent à l'inhumain.*

Qui ne contrôle pas ses propres convictions prête vite à l'adversaire tous les sentiments odieux, et s'installe ainsi dans une humanité de caricatures qu'il crée lui-même en projetant sur les autres sa propre haine. Volontaire ou non, ce travestissement de l'homme par l'homme est d'autant plus aisé qu'il porte sur un groupe plus vaste et par là même anonyme : corps de métier, classe sociale, nation, race. Servitude *est un grand livre parce qu'il veut découvrir et promouvoir, chez le soldat, l'homme qui subsiste sous le masque grimaçant que l'incompréhension générale lui impose.* « Nous valons tous très cher », *dit un personnage de Mauriac;* « il n'y a pas un homme », *écrit Vigny en 1834,* « qui ait le droit de mépriser les hommes [1]. » *Il montre en effet que le soldat, martyr et bourreau, suspect au gouvernement qu'il sert, haï du peuple qu'il massacre, ne doit pas être méprisé et vaut très cher lui aussi :* « Que de bons sentiments à conserver », *dit-il,* « qui pourraient s'élever encore »; « l'abnégation complète de soi-même (...), l'attente continuelle et indifférente de la mort, la renonciation entière à la liberté de penser et d'agir, les lenteurs imposées à une ambition bornée, et l'impossibilité d'accumuler des richesses, pro-

---

1. *J.,* 1002.

duisent *(dans l'armée)* des vertus qui sont plus rares dans les classes libres et actives ».

Anatole France considérait Servitude *comme le « plus beau livre » qu'on pût écrire sur le soldat. Sans doute ; mais, en définitive, est-ce, à proprement parler, sur le soldat que ce livre est écrit ? Ce qu'il y a de plus précieux dans l'inspiration de Vigny, c'est peut-être bien l'art d'éveiller des échos qui s'élargissent sans fin, l'art de suggérer un immense horizon derrière des réalités immédiates.* Servitude *pose le problème du soldat, sans doute, mais plus encore celui de la conscience captive, et la solution préconisée fait appel à l'homme, à son au-delà moral, bien plus qu'à un impératif professionnel. Les scènes de guerre, d'ailleurs, sont rares dans cette œuvre, les vertus spécialement militaires n'y sont guère citées que pour mémoire, et l'honneur qu'on y exalte est une conduite largement humaine, même si c'est l'armée qui en donne les plus douloureux exemples ; quoi qu'annonce l'introduction, enfin, on n'y voit pas le soldat souffrir d'ennui, de fatigue ou de pauvreté.*

Ce qui souffre, c'est bien plutôt l'homme qui est en lui sous l'anonymat de l'uniforme, c'est sa conscience qui le gêne dans l'exercice de son métier, et finit par lui en donner la haine. Car Vigny ne se contente pas de découvrir un homme dans le paria militaire, il veut le libérer, le sauver de ses tentations, le guérir des enthousiasmes qui le vouent au séidisme et à la guerre. Il veut récupérer pour l'homme, si l'on peut dire, ces terres irrédentes que sont les armées. Tôt ou tard, cet effort libérateur ne peut aboutir qu'à renoncer au soldat en faveur de l'homme, à souhaiter la disparition des armées et de la guerre, à condition toutefois que l'honneur, vertu des soldats et principe de toute ascension humaine, nous conserve la grandeur militaire dans un monde où il n'y aura plus de gladiateurs pour défiler devant César.

F. GERMAIN.

LIVRES A CONSULTER

Sur Vigny :

P.-G. Castex. *Vigny. L'homme et l'œuvre,* Boivin, 1952.
P. Viallaneix. *Vigny par lui-même,* Le Seuil, 1964.
B. de La Salle. *Alfred de Vigny,* Fayard, 1963.
P. Flottes. *La Pensée politique et sociale d'Alfred de Vigny,* Les Belles Lettres, 1927.
G. Bonnefoy. *La Pensée religieuse et morale d'Alfred de Vigny,* Hachette, 1944.
F. Germain. *L'Imagination d'Alfred de Vigny,* José Corti, 1962.

Sur *Servitude et grandeur militaires* :

Capitaine Marabail. *De l'influence de l'esprit militaire sur Alfred de Vigny,* Croville-Morant, 1905.
Capitaine P.-H. Morel. *Chatterton ou le romantisme militaire,* Revue Universelle, 1924.
G. Bonnefoy. *Alfred de Vigny lecteur des Mémoires du maréchal de Bourrienne,* R. H. L. F., 1939.
P. Moreau. *A. de Vigny. Servitude et grandeur militaires,* Tournier et Constans, 1949.
P.-G. Castex. *Stello. Servitude et grandeur militaires,* C. D. U., 1963.

Éditions annotées de *Servitude* :

par F. Baldensperger, édit. Conard, Paris 1914;
par A. Bouvet, édit. A. Colin, (Bibliothèque de Cluny), Paris 1960;
par A. Dorchain, édit. Garnier, Paris, 1921.

Ces trois éditions présentent des notes nombreuses et substantielles qui nous ont été très utiles pour établir notre propre édition.

SOMMAIRE BIOGRAPHIQUE

1797. — Le 27 mars, naît à Loches Alfred-Victor de Vigny, fils de Léon-Pierre de Vigny et de Marie-Jeanne-Amélie de Baraudin. Il est le benjamin de quatre garçons dont les trois premiers sont morts au berceau.

1799. — En février, les parents d'Alfred vont s'installer à Paris; jusqu'en mars 1804, ils habiteront à l'Élysée-Bourbon, dans le faubourg Saint-Honoré, puis rue du Marché-d'Aguesseau. L'éducation de l'enfant est exclusivement dirigée par sa mère.

1807-1813. — Vigny est demi-pensionnaire à l'institution Hix, puis, à partir de 1811, externe au lycée Condorcet (alors lycée Bonaparte); il poursuit quelque temps ses études chez lui sous la direction de l'abbé Gaillard.

1814. — Vigny songe à préparer l'École polytechnique. La chute de l'Empire lui permet d'être directement affecté comme lieutenant à la première des compagnies rouges, celle des gendarmes (6 juillet 1814).

1815. — Le 20 mars, Vigny accompagne sur la route de Belgique le roi Louis XVIII qui s'enfuit devant Napoléon. Fait prisonnier, il passe les Cent-Jours à Amiens, et rejoint son corps en juillet. Quand les compagnies rouges sont dissoutes, le 1er septembre 1815, il est provisoirement affecté à la légion de Seine-et-Oise (janvier 1816). De 1815, sont datés, et peut-être antidatés, *la Dryade* et *Symétha*.

1816. — Le 16 mars, Vigny reçoit un brevet de sous-lieutenant au 5e régiment d'infanterie de la Garde royale qui tient garnison soit à Versailles, soit à Vincennes.

Héléna est daté de 1816; mais l'essentiel du poème ne peut être antérieur à 1821. Le 25 juillet, le père du poète meurt à Paris.

1817. — Vigny écrit *le Bain d'une dame romaine.*

1818. — Vigny écrit *le Bal.*

1819. — Le 17 août, Vigny assiste à l'explosion de la poudrière de Vincennes.

C'est pendant ce mois d'août que Latouche donne la première édition des œuvres de Chénier. Faut-il croire que *la Dryade* et *Symétha,* datées de 1815, ont été écrits en 1819 seulement, ou que Vigny avait pu connaître Chénier avant la publication de Latouche? De 1819 également sont datés *la Femme adultère* et *le Somnambule.*

1820. — A l'automne, Vigny connaît Victor Hugo par l'intermédiaire des frères Deschamps. En décembre, *le Conservateur littéraire* publie *le Bal* et un article *Sur les œuvres complètes de Lord Byron. Le Malheur* est daté de 1820, ainsi que *la Neige* et *la Fille de Jephté.* Vigny travaille à un immense poème *Satan sauvé.*

1821. — En avril, le 5e régiment de la Garde part pour Rouen, et revient à Paris en septembre.

Vigny entreprend une tragédie : *Roland,* inspirée de l'Arioste; il la détruira en 1832 pendant l'épidémie de choléra. Il entreprend aussi un vaste poème : *Suzanne,* dont il ne retiendra qu'un passage : *le Bain de Suzanne.* A Vincennes, il écrit *la Prison.*

1822. — En mars, chez Pélicier, paraît le premier recueil de vers publié par Vigny : *Poèmes* qui comprend *Héléna.* En octobre, *le Trappiste* paraît chez Guiraudet sans nom d'auteur.

Vigny qui est alors en garnison à Courbevoie, obtient un congé d'avril à juin; le 10 juillet, il est promu lieutenant à l'ancienneté.

Le 12 octobre, il est témoin au mariage de Victor Hugo. C'est de cette année 1822 que daterait *Moïse;* mais il est bien possible que Vigny ait antidaté son poème de trois ans pour le faire croire antérieur à l'œuvre de N. Lemercier.

1823. — C'est au début de cette année que se noue une idylle avec Delphine Gay. A la fin mars, Vigny va rejoindre à Strasbourg le 55ᵉ de ligne où il vient d'être affecté avec le grade de capitaine. En vue de l'expédition d'Espagne, le 55ᵉ fait route de Strasbourg à Bordeaux à partir de juillet. Vigny visite pour la première fois le Maine Giraud où il fait la connaissance de sa tante la chanoinesse, sœur de sa mère. A Bordeaux, en octobre, il prend un congé pour raison de santé et fréquente la société littéraire : Giraud et Marceline Desbordes-Valmore. A la fin de l'année, il rejoint son régiment à Orthez puis à Oloron.

La Prison et *la Neige* paraissent dans *les Tablettes romantiques, Dolorida* dans *la Muse française,* en octobre. Le projet de *Satan sauvé* donne naissance à *Eloa.* De la même époque date *le Déluge.*

1824. — De février à juin, Vigny est en congé à Paris. En août, à la suite d'un mécompte dans ses projets matrimoniaux avec Mlle B. de F., il déclare abjurer le mariage pour toujours.

Au début du mois d'août, il assiste aux émeutes de Pau. A l'automne, il rencontre miss Lydia Bunbury. Le 10 décembre, il obtient un nouveau congé qui sera prolongé jusqu'à sa radiation des cadres.

Pendant qu'il est à Paris, Vigny collabore à *la Muse française* où il publie un article *Sur M. le Baron de Sorsum,* un autre *Sur Gaspard de Pons,* un poème *Sur la Mort de Byron* et *le Chant de Suzanne au bain. Eloa* paraît en avril chez Boulland.

1825. — Le 3 février, à Pau, mariage civil du poète et de Lydia Bunbury; la cérémonie protestante a lieu cinq jours plus tard à Pau également. La cérémonie catholique aurait eu lieu à la Madeleine de Paris le 15 mars. Le jeune ménage s'installe à Paris, rue Richepanse, d'abord, puis rue de Miromesnil.

Le 18 mai, Vigny n'est pas invité au sacre de Charles X.

En décembre, *les Annales romantiques* publient *le Cor.*

1826. — Urbain Canel publie en janvier les *Poèmes antiques et modernes,* et, fin avril, *Cinq-Mars ou une conspiration sous Louis XIII.* Ce roman connaît un grand succès; le 6 novembre Vigny rencontre Walter Scott de passage à Paris. A la fin de l'année, Vigny commence à s'intéresser au théâtre; en collaboration avec Émile Deschamps, il adapte *Roméo et Juliette* de Shakespeare. En septembre, mort de sa tante la chanoinesse.

1827. — En avril, cette pièce est reçue à la Comédie-Française; mais elle ne sera jamais jouée. Le 14 mai, Vigny est définitivement réformé pour mauvaise santé.

1828. — Vigny connaît Sainte-Beuve.

En janvier, il publie dans *les Annales romantiques* un poème daté de 1817, *le Bain d'une dame romaine.* Il écrit *Madame de Soubise* et *la Frégate « la Sérieuse ».* Il entreprend un recueil de poèmes religieux, *les Élévations,* qui l'occuperont jusque vers 1835.

Mais c'est surtout le théâtre qui l'attire. Dans le courant de mai, il assiste à la représentation d'*Othello* et du *Marchand de Venise* joués par des acteurs anglais. Il compose une adaptation en trois actes du *Marchand de Venise.* L'intérêt qu'il porte à Shakespeare le met en relation avec M. Holmès.

1829. — Vigny commence à s'intéresser plus activement aux idées politiques contemporaines. Sa sympathie le pousse vers les saint-simoniens.

Le 20 avril, il lit dans le salon de Mme d'Agoult *la Frégate « la Sérieuse »* qui n'a aucun succès. En mai paraît chez Gosselin la seconde édition des *Poèmes antiques et modernes*. Le 24 octobre, *le More de Venise* est donné à la Comédie-Française. Le 1er novembre Vigny achève la *Lettre à Lord****, préface d'*Othello*.

1830. — Après trois jours d'incertitude, Vigny se rallie au nouveau régime; il devient chef de bataillon dans la Garde nationale, et d'octobre à décembre, il prend part à la répression des troubles.

Au début de l'automne, il fait la connaissance de Mme Dorval, et les 5 et 9 octobre, il lit chez elle *la Maréchale d'Ancre*, drame qui est en chantier depuis 1828. Le 27 avril, il a terminé *les Amants de Montmorency, élévation*.

1831. — En avril, *Paris* autre *élévation* paraît chez Gosselin, et Vigny inaugure sa collaboration à *la Revue des deux Mondes* en publiant les premiers chapitres de *l'Almeh*, roman commencé en 1828 et qu'il ne devait jamais achever.

Le 25 juin, *la Maréchale* est donnée à l'Odéon avec Mlle George. Le 15 août, il envoie le manuscrit de son drame à Mme Dorval; début de leur liaison.

Au commencement de l'automne, Vigny s'installe au numéro 6 dans la rue des Écuries-d'Artois (aujourd'hui rue d'Artois); il y vivra jusqu'à sa mort.

Les 15 octobre et 1er décembre, *la Revue des deux Mondes* publie les deux premiers récits de *Stello*.

En décembre, *les Amants de Montmorency* paraissent dans *l'Émeraude*.

1832. — En mars, Vigny et sa femme sont atteints par l'épidémie de choléra; il brûle plusieurs œuvres de jeunesse.

Le 1er avril, le troisième épisode de *Stello* paraît dans *la Revue des deux Mondes*.

Le 18 juin, Vigny démissionne de la Garde nationale, et, dans le courant de ce mois, *Stello* est publié chez Gosselin. C'est à cette époque que Vigny songe à une deuxième consultation du Docteur Noir dont le projet l'occupera jusqu'à sa mort. Il commence ses *Mémoires* et rédige les chapitres qui traitent de son enfance.

1833. — Le 1er mars, *Laurette* paraît dans *la Revue des deux Mondes*.

Le 6 mars, la mère du poète est victime d'une attaque. Dès lors, auprès d'elle puis auprès de Lydia, Vigny est condamné au rôle de garde-malade. Il commence à fréquenter le salon de Mme Holmès.

Le 30 avril, Vigny reçoit la croix de la Légion d'honneur, moins pour son œuvre littéraire que pour son activité dans la Garde nationale.

Le 30 mai, *Quitte pour la peur* est donné à l'Opéra au bénéfice de Mme Dorval; la pièce est publiée le 1er juin dans *la Revue des deux Mondes*.

1834. — Le 1er avril, le second récit de *Servitude* est publié par *la Revue des deux Mondes*.

Dans la nuit du 29 au 30 juin, Vigny rédige la *Dernière nuit de travail,* préface de *Chatterton;* le 5 août, ce drame est reçu à la Comédie-Française.

1835. — Le 12 février, *Chatterton* est donné à la Comédie-Française devant un public enthousiaste.

Le 1er octobre, *la Revue des deux Mondes* publie le troisième épisode de *Servitude.* Ce livre paraît en volume chez Bonnaire dans le courant du mois.

1836. — De la mi-juillet à la mi-septembre, Vigny fait un séjour en Angleterre pour régler des affaires de famille.

1837. — Vigny travaille surtout à sa deuxième consultation. Il en rédige deux longs passages qui constituent le texte actuel de *Daphné.*

Une nouvelle édition des *Poèmes antiques et modernes* comprenant *Paris* et *les Amants de Montmorency* constitue le tome I de ses *Œuvres complètes* publiées en sept volumes de 1837 à 1839, chez Delloye et Lecou.

Le 21 décembre, Vigny perd sa mère.

1838. — La vie sentimentale du poète est fort agitée. Le 3 avril début d'une liaison avec Julia Battelgang, une jeune Américaine, cousine lointaine de sa femme, et professeur de dessin.

Le 17 août, rupture définitive avec Mme Dorval.

Le 20 septembre, Vigny se sépare de Julia et se rend au manoir du Maine-Giraud dont il a hérité. C'est là que, le 31 octobre, il écrit *la Mort du Loup*, poème visiblement inspiré par ses difficultés sentimentales.

La mort de son beau-père, survenue le 2 novembre, le contraint à se rendre en Angleterre pour régler la difficile succession de sa femme.

Le 17 novembre, de passage à Tours, il écrit la première esquisse en prose de *la Colère de Samson*.

1839. — A Londres, il est reçu chez lady Blessington, revoit son ami d'Orsay, et le 16 février, il dîne avec Persigny et Louis-Napoléon Bonaparte.

La Colère de Samson est achevée le 7 avril à Shavington.

A la fin avril, Vigny revient à Paris.

Le 7 septembre, lettre au prince Maximilien de Bavière.

Le 12 novembre, il achève *le Mont des Oliviers* dont la première ébauche remonterait peut-être à 1830.

1840. — Reprise de *Chatterton* le 9 mars, et de *la Maréchale* le 18 juin avec Mme Dorval à la Comédie-Française. Rupture avec Sainte-Beuve à la suite de l'article : *Dix ans après en littérature*.

Le 27 septembre, Julia Battelgang rentre en Amérique.

Le 9 novembre, première version de *la Flûte*.

1841. — Le 15 janvier, *la Revue des deux Mondes* publie la *Lettre aux Députés sur la propriété littéraire;* cette lettre, conséquence logique de la revendication impliquée dans *Chatterton*, ne persuade pas ses destinataires. Le 23 mars un projet de loi sur la propriété littéraire est repoussé à la Chambre; Vigny et Balzac assistent à cette séance.

1842. — Échecs à l'Académie le 17 février et le 4 mai.

Vigny travaille à *la Maison du Berger*, et, en novembre, il achève *la Flûte*.

1843. — *La Revue des deux Mondes* publie *la Sauvage* le 15 janvier, *la Mort du Loup* le 1er février, *la Flûte* le 15 mars.

1844. — Malgré ces publications, Vigny connaît encore trois échecs à l'Académie, le 8 février et le 14 mars.
La Revue des deux Mondes publie *le Mont des Oliviers* le 1er juin, et *la Maison du Berger* le 15 juillet.

1845. — Le 8 mai Vigny est élu au fauteuil d'Étienne.
Le 22 juin, première esquisse en prose de *Wanda*.

1846. — Vigny refuse de faire dans son discours académique l'éloge de la branche cadette. Le 29 janvier, il est reçu à l'Académie par le comte Molé « avec des étrivières », dira Balzac; mais le 14 juin, le roi lui accorde une réception aimable.
Le 21 novembre il compose un canevas en prose de *la Bouteille à la Mer*.

1847. — Le 19 avril et le 12 juillet, il rédige deux esquisses en prose des *Destinées*.
Le 24 septembre, il achève *la Bouteille à la Mer,* et, le 5 novembre, *Wanda*.

1848. — Vigny qui n'a jamais beaucoup aimé Louis-Philippe, et qui depuis 1830 rêve d'une république à la manière américaine, se rallie aussitôt à la révolution, fort peu sanglante, de 1848.
En avril, candidat à la députation en Charente, il ne recueille que quelques voix.
Dans les premiers jours d'août, il rejoint Lydia au Maine-Giraud. Il y restera sans grande interruption pendant cinq ans.

1849. — En avril, il subit un deuxième échec à la députation.
Le 20 mai, mort de Mme Dorval.
Le 8 juillet, *Quitte pour la peur* est repris au Gymnase avec Rose Chéri.
Le 27 août, Vigny achève *les Destinées*.

1852. — En octobre, Vigny rencontre à Angoulême le Prince-Président qui revient de Bordeaux. En décembre il se rallie sans difficulté à l'Empire.

1853. — Vigny revient à Paris rue des Écuries-d'Artois. Il se remet à la rédaction de ses *Mémoires* et commence à écrire ses souvenirs politiques.

1854. — Le 1er janvier, Vigny est reçu aux Tuileries avec les grands corps de l'État; le 7 février il dîne chez l'empereur.
Le 1er février, *la Revue des deux Mondes* a publié *la Bouteille à la Mer*.
Le 18 mars, début de la liaison avec Louise Colet.

1855. — Vigny se trouve au Maine-Giraud en septembre.

1856. — En juin, Vigny est promu officier de la Légion d'honneur, et en octobre, il est reçu à Compiègne, mais il refuse d'écrire un poème sur la naissance du prince impérial.

1857. — Reprise de *Chatterton,* corrigé par la censure impériale.

1858. — Mort de Mme Holmès. Au début de l'hiver, liaison de Vigny avec Augusta Bouvard qu'il a vraisemblablement rencontrée chez Louise Colet.

1861. — Le 16 septembre, codicille testamentaire concernant la publication des *Poèmes philosophiques*.

1862. — Le 24 février, il achève *les Oracles,* et le 28 mars, le *Post-Scriptum* des *Oracles*.
Le 2 avril, il rédige la strophe du *Silence*.
Il relit et corrige ses *Mémoires*.
Le 22 décembre, mort de Lydia.

1863. — Le 10 mars, date d'achèvement de *l'Esprit pur*.
Le 6 juin, Vigny rédige un testament en faveur de Louise Lachaud; Ratisbonne sera son héritier littéraire.
Le 17 septembre, mort d'Alfred de Vigny.

1864. — Le 15 janvier, *la Revue des deux Mondes* donne *la Colère de Samson*. La même année, Ratisbonne publie *les Destinées*.

1867. — Ratisbonne fait paraître le *Journal d'un Poète*. Ce premier texte sera considérablement enrichi, notamment par Dorison et Baldensperger.

1905. — Première représentation de *Shylock* au Théâtre-Français.

1912. — En juin et juillet, Fernand Gregh publie *Daphné* dans *la Revue de Paris*.

1958. — M. Jean Sangnier publie à la N. R. F. les *Mémoires inédits, fragments et projets*.

SERVITUDE
ET GRANDEUR
MILITAIRES

SOUVENIRS

DE

SERVITUDE MILITAIRE

Ave, Cæsar, morituri te salutant.

LIVRE PREMIER [a]

CHAPITRE I

Pourquoi j'ai rassemblé ces souvenirs

S'il est vrai, selon le poète catholique, qu'il n'y ait pas de plus grande peine que de se rappeler un temps heureux, dans la misère [1], il est aussi vrai que l'âme trouve quelque bonheur à se rappeler, dans un moment de calme et de liberté, les temps de peine ou d'esclavage. Cette mélancolique émotion me fait jeter en arrière un triste regard sur quelques années de ma vie, quoique ces années soient bien proches de celle-ci, et que cette vie ne soit pas bien longue encore.

Je ne puis m'empêcher de dire combien j'ai vu de souffrances peu connues et courageusement portées par une race d'hommes toujours dédaignée ou honorée outre

---

1. Vigny donne ici la traduction littérale d'un vers de Dante (*Enfer*, ch. 5). C'est le début de la réponse que Françoise de Rimini fait au poète quand il l'interroge sur l'amour qui l'a conduite en enfer. En 1841, Musset a également repris ce vers de Dante dans *Souvenir* (strophes 15 et 17) :

Dante, pourquoi dis-tu qu'il n'est pire misère
Qu'un souvenir heureux dans les jours de douleur?
Quel chagrin t'a dicté cette parole amère,
  Cette offense au malheur?
. . . .
Non, par ce pur flambeau dont la splendeur m'éclaire,
Ce blasphème vanté ne vient pas de ton cœur.
Un souvenir heureux est peut-être sur terre
  Plus vrai que le bonheur.

mesure, selon que les nations la trouvent inutile *a* ou nécessaire.

Cependant ce sentiment ne me porte pas seul à cet écrit, et j'espère qu'il pourra servir à montrer quelquefois, par des détails de mœurs observés de mes yeux, ce qu'il nous reste encore d'arriéré et de barbare dans l'organisation toute moderne de nos Armées permanentes, où l'homme de guerre est isolé du citoyen, où il est malheureux et féroce, parce qu'il sent sa condition mauvaise et absurde *b*. Il est triste que tout se modifie au milieu de nous, et que la destinée des Armées soit la seule immobile. La loi chrétienne a changé une fois les usages farouches *c* de la guerre; mais les conséquences des nouvelles mœurs qu'elle introduisit n'ont pas été poussées assez loin sur ce point. Avant elle, le vaincu était massacré ou esclave pour la vie, les villes prises saccagées, les habitants chassés et dispersés; aussi chaque État épouvanté se tenait-il constamment prêt à des mesures désespérées, et la défense était aussi atroce que l'attaque. A présent, les villes conquises n'ont rien à craindre que de payer des contributions. Ainsi la guerre s'est civilisée, mais non les Armées; car non seulement la routine de nos coutumes leur a conservé tout ce qu'il y avait de mauvais en elles; mais l'ambition ou les terreurs des gouvernements ont accru le mal, en les séparant chaque jour du pays, et en leur faisant une Servitude plus oisive et plus grossière que jamais. Je crois peu aux bienfaits des subites organisations; mais je conçois ceux des améliorations successives. Quand l'attention générale est attirée sur une blessure, la guérison tarde peu *d*. Cette guérison sans doute est un problème difficile à résoudre pour le législateur, mais il n'en était que plus nécessaire de le poser. Je le fais ici, et si notre époque n'est pas destinée à en avoir la solution, du moins ce vœu aura reçu de moi sa forme, et les difficultés en seront peut-être diminuées. On ne peut trop hâter l'époque où les Armées seront identifiées à la Nation, si elle doit acheminer au temps où *e* les Armées et la guerre ne seront plus, et où le globe ne portera plus qu'une nation unanime enfin sur ses formes sociales;

événement qui, depuis longtemps, devrait être accompli [a].

Je n'ai nul dessein d'intéresser à moi-même, et ces souvenirs seront plutôt les mémoires des autres que les miens; mais j'ai été assez vivement et assez longtemps blessé des étrangetés de la vie des Armées pour en pouvoir parler. Ce n'est que pour constater ce triste droit que je dis quelques mots sur moi.

J'appartiens à cette génération née avec le siècle, qui, nourrie de bulletins par l'Empereur, avait toujours devant les yeux une épée nue, et vint la prendre au moment même où la France la remettait dans le fourreau des Bourbons. Aussi dans ce modeste tableau d'une partie obscure de ma vie, je ne veux paraître que ce que je fus, spectateur plus qu'acteur, à mon grand regret. Les événements que je cherchais ne vinrent pas aussi grands qu'il me les eût fallu. Qu'y faire? On n'est pas toujours maître de jouer le rôle qu'on eût aimé, et l'habit ne nous vient pas toujours au temps où nous le porterions le mieux. Au moment où j'écris [1], un homme de vingt ans de service n'a pas vu une bataille rangée [b]. J'ai peu d'aventures à vous raconter, mais j'en ai entendu beaucoup. Je ferai donc parler les autres plus que moi-même, hors quand je serai forcé de m'appeler comme témoin. Je m'y suis toujours senti quelque répugnance, en étant empêché par une certaine pudeur au moment de me mettre en scène [2]. Quand cela m'arrivera, du moins puis-je attester

---

1. « En 1835. » *(Note de l'auteur.)* Vigny simplifie à peine en disant que depuis vingt ans, soit depuis 1815, année de Waterloo, un soldat n'a pas eu l'occasion de voir une bataille rangée. Les seuls événements militaires qui aient marqué cette période sont la guerre d'Espagne en 1823 à laquelle Vigny faillit prendre part, la conquête d'Alger en 1830, le siège d'Anvers et l'occupation d'Ancône, au début de la monarchie de Juillet. Aucun de ces faits d'armes n'est comparable en ampleur aux grandes guerres de l'Empire.

2. Il est très rare en effet que Vigny prenne directement la parole dans ses œuvres. S'il intervient dans *la Mort du Loup la Flûte* et *Wanda,* c'est à titre de spectateur ou de comparse; il faut attendre *la Maison du Berger* et mieux encore ses deux derniers poèmes, *les Oracles* et *l'Esprit pur,* pour que l'auteur parle de lui-même à la première

qu'en ces endroits je serai vrai. Quand on parle de soi, la meilleure muse est la Franchise *a*. Je ne saurais me parer *b* de bonne grâce de la plume des paons; toute belle qu'elle est, je crois *c* que chacun doit lui préférer la sienne. Je ne me sens pas assez de modestie, je l'avoue, pour croire gagner beaucoup en prenant quelque chose de l'allure d'un autre, et en posant dans une attitude grandiose, artistement choisie, et péniblement conservée aux dépens des bonnes inclinations naturelles et d'un penchant inné que nous avons tous vers la vérité. Je ne sais si de nos jours il ne s'est pas fait quelque abus de cette littéraire singerie; et il me semble que la moue de Bonaparte et celle de Byron ont fait grimacer bien des figures innocentes [1].

---

personne. L'impersonnalité apparente de cette œuvre ne doit pourtant pas tromper. Non seulement Vigny est toujours présent dans ses romans, ses drames, ses Consultations et ses poèmes, mais on peut bien dire qu'il n'y parle jamais que de lui. Ce sont toujours ses problèmes personnels qu'il délègue à des personnages historiques comme Cinq-Mars, fictifs comme Renaud, symboliques comme le Loup. Ce jeu perpétuel de masques s'expliquerait donc, au moins en partie, comme un compromis entre le désir de se montrer et une certaine pudeur à le faire.

1. Cette résolution d'être sincère marque les années 1834, 1835. « J'ai résolu de ne me point masquer », dit Chatterton, « et d'être moi-même jusqu'à la fin, d'écouter, en tout, mon cœur dans ses épanchements comme dans ses indignations, et de me résigner à bien accomplir ma loi. A quoi bon feindre le rigorisme quand on est indulgent? On verrait un sourire de pitié sous ma sévérité factice, et je ne saurais trouver un voile qui ne fût transparent. » (*Chatterton*, I, 5).
   L'année suivante, vers la fin mars, Vigny écrit dans son *Journal :* « Ce qui manque aux lettres, c'est la *sincérité*.
   « Après avoir vu clairement que le travail des livres et la recherche de l'expression nous conduit tous au paradoxe, j'ai résolu de ne sacrifier jamais qu'à la conviction et à la vérité, afin que cet élément de sincérité complète et profonde dominât dans mes livres et leur donnât le caractère sacré que doit donner la présence divine du vrai, ce caractère qui fait venir des larmes sur le bord de nos yeux lorsqu'un enfant nous atteste ce qu'il a vu. » (*J.,* 1024.) Cette sincérité ne concerne pas les faits objectifs (*Chatterton* prend de grandes libertés avec l'Histoire), mais les sentiments profonds de l'auteur, dût-il, en les avouant,

La vie est trop courte pour que nous en perdions une part précieuse à nous contrefaire. Encore si l'on avait affaire à un peuple grossier et facile à duper! mais le nôtre a l'œil si prompt et si fin, qu'il reconnaît sur-le-champ à quel modèle vous empruntez ce mot ou ce geste, cette parole ou cette démarche favorite, ou seulement telle coiffure ou tel habit. Il souffle tout d'abord sur la barbe de votre masque et prend en mépris votre vrai visage, dont, sans cela, il eût peut-être pris en amitié les traits naturels.

Je ferai donc peu le guerrier, ayant peu vu la guerre; mais j'ai droit de parler des mâles coutumes de l'Armée, où les fatigues et les ennuis ne me furent point épargnés [a], et qui trempèrent mon âme dans une patience à toute épreuve, en lui faisant rejeter ses forces [b] dans le recueillement solitaire et l'étude. Je pourrai faire voir aussi ce qu'il y a d'attachant dans la vie sauvage des armes, toute pénible qu'elle est, y étant demeuré si longtemps entre l'écho et le rêve des batailles. C'eût été là assurément quatorze ans de perdus, si je n'y eusse exercé une observation attentive et persévérante, qui faisait son profit de tout pour l'avenir. Je dois même à la vie de l'armée des vues de la nature humaine que jamais je n'eusse pu rechercher autrement que sous l'habit militaire. Il y a des scènes que l'on ne trouve qu'à travers des dégoûts qui seraient vraiment intolérables, si l'on n'était pas forcé par l'honneur de les tolérer [c].

J'aimai toujours à écouter, et quand j'étais tout enfant, je pris de bonne heure ce goût sur les genoux blessés de mon vieux père. Il me nourrit d'abord de l'histoire de ses campagnes, et, sur ses genoux, je trouvai la guerre assise

---

risquer le ridicule auprès du public. Peut-être Vigny entend-il renoncer ici à l'humour de *Stello* qui est un masque jeté sur son émotion, et même à la forme poétique qu'il néglige en effet depuis *Paris* jusqu'à *la Mort du Loup*. Alors que la prose touche directement par le pathétique du sujet, la poésie émeut surtout par le sentiment de la beauté.

Rappelons que l'influence de Byron, considérable sur le romantisme français, a particulièrement marqué Vigny quand il rédige ses *Mystères,* entre 1819 et 1823, mais il s'en est dégagé assez vite.

à côté de moi; il me montra la guerre dans ses blessures, la guerre dans les parchemins et le blason de ses pères, la guerre dans leurs grands portraits cuirassés, suspendus, en Beauce, dans un vieux château [1]. Je vis dans la Noblesse une grande famille de soldats héréditaires, et je ne pensai plus qu'à m'élever à la taille d'un soldat.

Mon père racontait ses longues guerres avec l'observation profonde d'un philosophe et la grâce d'un homme de cour. Par lui, je connais intimement Louis XV et le grand Frédéric; je n'affirmerais pas que je n'aie pas vécu de leur temps, familier comme je le fus avec eux par tant de récits de la guerre de Sept ans [a].

Mon père avait [b] pour Frédéric II cette admiration éclairée qui voit les hautes facultés sans s'en étonner outre mesure. Il me frappa tout d'abord l'esprit de cette vue, me disant aussi comment trop d'enthousiasme pour cet illustre ennemi avait été un tort des officiers de son temps; qu'ils étaient à demi vaincus par là, quand Frédéric s'avançait grandi par l'exaltation française; que les divisions successives des trois puissances entre elles et des généraux français entre eux l'avaient servi dans la fortune éclatante de ses armes, mais que sa grandeur avait été surtout de se connaître parfaitement, d'apprécier à leur juste valeur les éléments de son élévation, et de faire, avec la modestie d'un sage [c], les honneurs de sa victoire. Il paraissait quelquefois penser que l'Europe l'avait ménagé [d]. Mon père avait vu de près ce roi philosophe, sur le champ de bataille [e], où son frère, l'aîné de mes sept oncles, avait été emporté d'un boulet de canon; il avait été reçu souvent [f] par le Roi sous la tente prussienne avec une grâce et une politesse toutes françaises, et l'avait entendu parler

---

1. Il s'agit du château du Tronchet, près d'Étampes, propriété d'un oncle du poète, frère aîné de son père. C'est là que Vigny, en automne, pendant l'époque de la chasse, apprit, dit-il dans ses *Mémoires,* à tirer un coup de fusil; et il signale dans sa description du Tronchet une grande salle de billard où étaient rangés les portraits de ses ancêtres. Après la vente du château, ces portraits furent transportés à La Briche, chez M. de Saint-Pol, parent du poète. (Voir *J.,* 1258.)

de Voltaire et jouer de la flûte après une bataille gagnée [1].
Je m'étends ici, presque malgré moi, parce que ce fut
le premier grand homme dont me fut tracé ainsi, en famille,
le portrait d'après nature [a], et parce que mon admiration pour lui fut le premier symptôme de mon inutile
amour des armes, la cause première d'une des plus complètes
déceptions de ma vie [b]. Ce portrait est brillant encore,
dans ma mémoire, des plus vives couleurs, et le portrait
physique autant que l'autre. Son chapeau avancé sur un
front poudré, son dos voûté à cheval, ses grands yeux,
sa bouche moqueuse et sévère, sa canne d'invalide faite
en béquille [c], rien ne m'était étranger; et, au sortir de
ces récits, je ne vis qu'avec humeur Bonaparte prendre
chapeau, tabatière et gestes pareils; il me parut d'abord
plagiaire : et qui sait si, en ce point, ce grand homme ne
le fut pas quelque peu [d]? qui saura peser ce qu'il entre
du comédien dans tout homme public toujours en vue [2]?

---

1. Vigny développe ainsi cette anecdote dans un fragment de ses
Mémoires : « Après la bataille de Crevelt, où les Français furent battus
par ce grand général *(Frédéric II)*, mon père voulut demander au
roi de Prusse la permission de chercher le corps de son frère parmi
les morts. Mon père, accompagné de plusieurs officiers, se rendit
au camp prussien. On le fit attendre, parce que le roi jouait de la
flûte dans sa tente; on l'entendait, en effet, du dehors. L'air fini, le
roi parut à l'entrée de sa tente; il salua avec une politesse recherchée
mon père et ses officiers et les fit conduire sur le champ de bataille,
où le frère fut retrouvé sous un tas de morts et recueilli par son frère. »
(J., 1259.)

Quant au père du poète, aide de camp du prince de Condé alors
qu'il n'avait pas encore seize ans, à ce que disent les *Mémoires,* il
fut grièvement blessé pendant la guerre de Sept Ans au cours d'une
bataille dont Vigny ne précise pas le nom. Dans une charge du régiment
de cavalerie qu'il commandait (en fait, il ne dépassa jamais le grade
de capitaine), il reçut trois balles, une dans la poitrine, une dans les
reins, une dans le genou. Laissé pour mort sous un tas de cadavres
que la neige recouvrait, il fut reconnu vivant par un officier prussien
au moment où on allait l'enterrer. Sa triple blessure devait le laisser
invalide pour le restant de ses jours.

2. On voit que la volonté de découvrir un acteur ou un plagiaire
dans Napoléon, comme dans tout homme public, n'attend pas la
scène du dialogue inconnu où le pape traite l'empereur de comédien
puis de tragédien.

Frédéric II n'était-il pas le premier type du grand capitaine tacticien moderne, du roi philosophe et organisateur? C'étaient là les premières idées qui s'agitaient dans mon esprit, et j'assistais à d'autres temps racontés avec une vérité toute remplie de saines leçons [a]. J'entends encore mon père tout irrité des divisions du prince de Soubise et de M. de Clermont; j'entends encore ses grandes indignations contre les intrigues de l'Œil-de-Bœuf, qui faisaient que les généraux français s'abandonnaient tour à tour sur le champ de bataille, préférant la défaite de l'armée au triomphe d'un rival; je l'entends tout ému de ses antiques amitiés pour [b] M. de Chevert et pour M. d'Assas, avec qui il était au camp la nuit de sa mort [1]. Les yeux qui les avaient vus mirent leur image dans les miens, et aussi celle de bien des personnages célèbres morts longtemps avant ma naissance. Les récits de famille ont cela de bon, qu'ils se gravent plus fortement dans la mémoire que les narrations écrites; ils sont vivants comme le conteur vénéré, et ils allongent notre vie en arrière, comme l'imagination qui devine peut l'allonger en avant dans l'avenir.

Je ne sais si un jour j'écrirai pour moi-même tous les

---

1. Les mésententes dues à des rivalités personnelles ou à des questions de préséance qui, pendant la guerre de Sept Ans, opposèrent entre eux les généraux français sont demeurées célèbres. Vigny fait ici allusion à un événement décisif de l'année 1758. Au printemps, M. de Clermont qui commandait l'armée du bas Rhin se trouvait dans une situation inquiétante en face des troupes prussiennes. Soubise qui marchait alors vers la Bohême pour y renforcer les armées autrichiennes, reçut donc l'ordre de se porter au secours de Clermont. Celui-ci qui était prince du sang refusa d'être aidé par Soubise. En juin, il fut complètement battu dans cette bataille de Crefeld où l'oncle aîné de Vigny devait trouver la mort.

Chevert fut l'un des meilleurs généraux de Louis XV pendant la guerre de Sept Ans; il est surtout connu pour sa défense de Prague pendant la guerre de la Succession d'Autriche.

On connaît la version héroïque donnée par Voltaire de la mort du chevalier d'Assas à Closterkamp dans *le Précis du Siècle de Louis XV*. Notons que le chevalier d'Assas était capitaine dans le Royal-Auvergne; c'est peut-être pour cette raison que Vigny met ce corps à l'honneur dans *la Veillée de Vincennes*.

détails intimes de ma vie [1], mais je ne veux parler ici que d'une des préoccupations de mon âme. Quelquefois, l'esprit tourmenté du passé et attendant peu de chose de l'avenir, on cède trop aisément à la tentation d'amuser quelques désœuvrés des secrets de sa famille et des mystères de son cœur [a]. Je conçois que quelques écrivains se soient plu à faire pénétrer tous les regards dans l'intérieur de leur vie et même de leur conscience, l'ouvrant [b] et le laissant surprendre par la lumière, tout en désordre et comme encombré de familiers souvenirs et des fautes les plus chéries. Il y a des œuvres telles parmi les plus beaux livres de notre langue, et qui nous resteront comme ces beaux portraits de lui-même que Raphaël ne cessait de faire [2]. Mais ceux qui se sont représentés ainsi, soit avec un voile, soit à visage découvert [c], en ont eu le droit, et je ne pense pas que l'on puisse faire ses confessions à voix haute, avant d'être assez vieux, assez illustre ou assez repentant, pour intéresser [d] toute une nation à ses péchés [e]. Jusque-là on ne peut guère prétendre qu'à lui être utile par ses idées ou par ses actions.

Vers la fin de l'Empire, je fus un lycéen distrait. La guerre était debout dans le lycée, le tambour étouffait à mes oreilles la voix des maîtres, et la voix mystérieuse des livres ne nous parlait qu'un langage froid et pédantesque. Les logarithmes et les tropes n'étaient à nos yeux

---

1. Vigny entreprit en effet de rédiger ses *Mémoires* en 1832, puis en 1847; il y revient encore en 1862. Les fragments les plus importants ont été publiés par Jean Sangnier (*Mémoires inédits, fragments et projets,* N. R. F., 1959). Quelques développements se trouvent dans le *Journal* (*Œuvres complètes,* Pléiade, tome II).

2. Initié par sa mère à la pratique du dessin et de la peinture, Vigny fréquenta dans sa jeunesse l'atelier de Girodet. Quelques esquisses, crayonnées dans les agendas et les manuscrits, sont venues jusqu'à nous; elles ne permettent pas de croire à un véritable talent. En peinture, Vigny a le goût résolument classique et même académique. Il admire par-dessus tout Raphaël, Ingres et Girodet. En sculpture, il est d'accord avec ses contemporains pour préférer l'Apollon du Belvédère et le Laocoon.

que des degrés pour monter à l'étoile de la Légion d'honneur, la plus belle étoile des cieux pour des enfants [1].

Nulle méditation ne pouvait enchaîner longtemps des têtes étourdies sans cesse par les canons et les cloches des *Te Deum !* Lorsqu'un de nos frères, sorti depuis quelques mois du collège, reparaissait en uniforme de housard et le bras en écharpe, nous rougissions de nos livres et nous les jetions à la tête des maîtres. Les maîtres mêmes ne cessaient de nous lire les bulletins de la Grande Armée, et nos cris de Vive l'Empereur ! interrompaient Tacite et Platon. Nos précepteurs ressemblaient à des hérauts d'armes, nos salles d'études à des casernes, nos récréations à des manœuvres, et nos examens à des revues.

Il me prit alors plus que jamais un amour vraiment désordonné de la gloire des armes; passion d'autant plus malheureuse que c'était le temps précisément où, comme je l'ai dit, la France commençait à s'en guérir. Mais l'orage grondait encore, et ni mes études sévères, rudes, forcées, et trop précoces, ni le bruit du grand monde, où, pour me distraire de ce penchant, on m'avait jeté tout adolescent, ne me purent ôter cette idée fixe.

Bien souvent j'ai souri de pitié sur moi-même en voyant avec quelle force une idée s'empare de nous, comme elle nous fait sa dupe, et combien il faut de temps pour l'user [2].

---

1. En réalité, Vigny n'a guère connu les lycées impériaux. D'abord élève de la pension Hix qui lui laissa un souvenir odieux, il fut externe ensuite au lycée Condorcet, puis continua ses études chez ses parents sous la direction d'un vieil abbé, l'abbé Gaillard. Il aurait dû vraisemblablement fréquenter un lycée pour achever sa préparation à Polytechnique; mais comme il ne signale rien de tel, on peut croire que la Restauration rendit à point nommé ce projet inutile en lui permettant d'être officier sans passer par une école militaire.
La Confession d'un enfant du siècle (début du chapitre II), parue en 1836, confirme ce passage de Vigny sur l'enthousiasme militaire qui agita dans leur enfance les futurs romantiques.

2. L'idée dont parle ici l'auteur est moins une conception sereine qu'un de ces sentiments exaltés et aveugles dont Stello doit se guérir au cours de différentes consultations; le Docteur Noir ayant pour mission d'user les enthousiasmes intempestifs qui poussent à l'action

La satiété même ne parvint qu'à me faire désobéir à celle-ci, non à la détruire en moi, et ce livre aussi me prouve que je prends plaisir encore à la caresser, et que je ne serais pas éloigné d'une rechute. Tant les impressions d'enfance sont profondes, et tant s'était bien gravée sur nos cœurs la marque brûlante de l'Aigle Romaine !

Ce ne fut que très tard que je m'aperçus [a] que mes services n'étaient qu'une longue méprise, et que j'avais porté dans une vie tout active une nature toute contemplative [b]. Mais j'avais suivi la pente de cette génération de l'Empire [c], née avec le siècle, et de laquelle je suis.

La guerre nous semblait si bien l'état naturel de notre pays, que lorsque, échappés des classes, nous nous jetâmes dans l'Armée, selon le cours accoutumé de notre torrent, nous ne pûmes croire au calme durable de la paix. Il nous parut que nous ne risquions rien en faisant semblant de nous reposer, et que l'immobilité n'était pas un mal sérieux en France. Cette impression nous dura autant qu'a duré la Restauration. Chaque année apportait l'espoir d'une guerre ; et nous n'osions quitter l'épée, dans la crainte que le jour de la démission ne devînt la veille d'une campagne. Nous traînâmes et perdîmes ainsi des années précieuses, rêvant le champ de bataille dans le Champ-de-Mars, et épuisant dans des exercices de parade et dans des querelles particulières une puissante et inutile énergie.

Accablé d'un ennui que je n'attendais pas dans cette vie si vivement désirée [d], ce fut alors pour moi une nécessité que de me dérober, dans les nuits, au tumulte fatigant et vain des journées militaires : de ces nuits, où j'agrandis en silence ce que j'avais reçu de savoir de nos études [e] tumultueuses et publiques, sortirent mes poèmes et mes livres [1] ; de ces journées il me reste ces souvenirs dont je

---

directe sur les autres et non à la méditation. En ce sens, *Servitude* est une consultation sur cette maladie de la tête qu'est la passion de la gloire militaire.

1. Pendant ses années de service, Vigny publie les *Poèmes* en 1822; *le Déluge, Dolorida, la Neige* sont datés de 1823 ainsi qu'*Éloa; Moïse* est daté, et peut-être bien antidaté, de 1822; le plan de *Cinq-Mars* est

rassemble ici, autour d'une idée, les traits principaux. Car, ne comptant pour la gloire des armes ni sur le présent ni sur l'avenir, je la cherchais dans les souvenirs de mes compagnons. Le peu qui m'est advenu ne servira que de cadre à ces tableaux de la vie militaire et des mœurs de nos armées [a], dont tous les traits ne sont pas connus.

---

rédigé en 1824 à Oloron; *le Cor* à Pau en 1825. Voici, du reste, ce que Vigny écrit à Brizeux le 2 août 1831 : « Après treize ans, le commandement me causait des crachements de sang assez douloureux. La distraction me soutenait, me berçait dans les rangs, sur les grandes routes, au camp, à cheval, à pied, en commandement même, et me parlait à l'oreille de poésie et d'émotions divines nées de l'amour, de la philosophie et de l'art. (...) J'avais *Éloa*, j'avais tous mes poèmes dans ma tête. Ils marchaient avec moi par la pluie de Strasbourg à Bordeaux, de Dieppe à Nemours et à Pau, et, quand on m'arrêtait, j'écrivais. J'ai daté chacun de mes poèmes du lieu où se posa ma tête. »

CHAPITRE II

Sur le caractère général des armées

L'Armée est une nation dans la Nation; c'est un vice de nos temps. Dans l'antiquité, il en était autrement : tout citoyen était guerrier, et tout guerrier était citoyen; les hommes de l'Armée ne se faisaient point un autre visage que les hommes de la cité. La crainte *a* des dieux et des lois, la fidélité à la patrie, l'austérité des mœurs, et, chose étrange! l'amour de la paix et de l'ordre, se trouvaient dans les camps plus que dans les villes, parce que c'était l'élite de la Nation qui les habitait *b*. La paix avait des travaux plus rudes que la guerre pour ces armées intelligentes. Par elles la terre de la Patrie était couverte de monuments *c* ou sillonnée de larges routes, et le ciment romain des aqueducs était pétri, ainsi que Rome elle-même, des mains qui la défendaient. Le repos des soldats *d* était fécond autant que celui des nôtres est stérile et nuisible *e*. Les citoyens n'avaient ni admiration pour leur valeur, ni mépris pour leur oisiveté, parce que le même sang circulait sans cesse des veines de la Nation dans les veines de l'Armée *f* [1].

---

1. Sans être absolument fausses, ces affirmations appellent bien des réserves. Ce que Vigny nomme l'antiquité désigne tout au plus quelques cités, Sparte, Athènes, Rome, que les philosophes du XVIIIe siècle considéraient, avec quelque naïveté, comme les modèles de toute démocratie. Encore faudrait-il faire des réserves. Si les citoyens seuls étaient soldats à Sparte, l'armée ainsi constituée ne faisait aucun travail utile et veillait surtout à maintenir en vassalité ou en esclavage les populations laborieuses, périèques et ilotes. L'armée athénienne répond mieux à l'image que Vigny nous donne, mais à Rome on mobilisait les plébéiens avant de leur reconnaître le droit de cité, et à mesure que s'élargissaient les conquêtes, l'armée romaine compta des corps auxiliaires de plus en plus nom-

Dans le moyen âge et au delà, jusqu'à la fin *a* du règne de Louis XIV, l'Armée tenait à la Nation, sinon par tous ses soldats, du moins par tous leurs chefs, parce que le soldat était l'homme du Noble, levé par lui sur sa terre *b*, amené à sa suite à l'armée, et ne relevant que de lui : or, son seigneur *c* était propriétaire et vivait dans les entrailles *d* mêmes de la mère patrie. Soumis à l'influence toute populaire du prêtre, il ne fit *e* autre chose, durant le moyen âge, que de se dévouer corps et biens au pays; souvent en lutte contre la couronne *f* et sans cesse révolté contre une hiérarchie de pouvoirs qui eût amené trop d'abaissement dans l'obéissance, et, par conséquent, d'humiliation dans la profession des armes *g*. Le régiment appartenait au colonel, la compagnie au capitaine, et l'un et l'autre savaient fort bien emmener leurs hommes quand leur conscience, comme citoyens, n'était pas d'accord avec les ordres qu'ils recevaient comme hommes de guerre *h*. Cette indépendance de l'Armée dura en France jusqu'à M. de Louvois *i*, qui, le premier, la soumit aux bureaux et la remit, pieds et poings liés, dans la main du Pouvoir souverain [1]. Il n'y éprouva pas peu de résistance, et les derniers défenseurs de la Liberté généreuse des hommes de guerre furent ces rudes et francs gentilshommes, qui ne voulaient amener leur famille de soldats à l'Armée que pour aller en guerre. Quoiqu'ils n'eussent pas passé l'année à enseigner l'éternel maniement d'armes à des automates, je vois qu'eux et les leurs se tiraient *j* assez bien d'affaire sur les champs de bataille de Turenne. Ils haïssaient particulièrement l'uniforme, qui donne à tous le même aspect, et soumet les esprits à l'habit et non à l'homme. Ils se plaisaient à se

---

breux. En principe, cependant, l'armée de ces trois cités se composait à l'origine des seuls citoyens.

1. Si les compagnies de gendarmes créées par Charles VII marquent le premier embryon d'une armée permanente à la disposition du roi, le recrutement reste surtout féodal et assez anarchique jusqu'au temps de Richelieu. C'est Louvois qui crée vraiment une armée royale, impose aux troupes le port de l'uniforme et une appellation définitive à chaque régiment qu'on désignait jusque-là par le nom de son colonel.

vêtir de rouge les jours de combat, pour être mieux vus
des leurs, et mieux visés de l'ennemi; et j'aime à rappeler,
sur la foi de Mirabeau, ce vieux marquis de Coëtquen,
qui, plutôt que de paraître en uniforme à la revue du Roi,
se fit casser par lui à la tête de son régiment : — Heureusement, sire, que les morceaux me restent, dit-il après.
C'était quelque chose que de répondre ainsi à Louis XIV.
Je n'ignore pas les mille défauts de l'organisation qui
expirait alors; mais je dis qu'elle avait cela de meilleur
que la nôtre, de laisser plus librement luire et flamber
le feu national et guerrier de la France. Cette sorte d'Armée
était une armure très forte et très complète dont la Patrie
couvrait le Pouvoir souverain *a*, mais dont toutes les
pièces pouvaient se détacher d'elles-mêmes, l'une après
l'autre, si le Pouvoir s'en servait contre elle [1].

La destinée d'une Armée moderne est tout autre que
celle-là, et la centralisation des Pouvoirs l'a faite ce qu'elle
est. C'est un corps *b* séparé du grand corps de la Nation,
et qui semble le corps d'un enfant, tant il marche en arrière
pour l'intelligence, et tant il lui est défendu de grandir.
L'Armée moderne, sitôt qu'elle cesse d'être en guerre,
devient une sorte de gendarmerie. Elle se sent honteuse
d'elle-même *c*, et ne sait ni ce qu'elle fait ni ce qu'elle est;
elle se demande sans cesse si elle est esclave ou reine de
l'État : ce corps cherche partout *d* son âme et ne la trouve
pas.

L'homme soldé, le Soldat, est un pauvre glorieux, victime et bourreau, bouc émissaire journellement sacrifié à
son peuple et pour son peuple, qui se joue de lui; c'est un
martyr féroce et humble tout ensemble *e*, que se rejettent
le Pouvoir et la Nation toujours en désaccord.

---

1. Tout en reconnaissant les défauts du système féodal, Vigny
ne cache pas la sympathie qu'il porte à cette organisation sociale.
Telle qu'il l'imagine, en effet, elle assure à la fois la protection de tous
et l'indépendance de chacun, au moins des nobles. Il s'en fait même
l'image d'un paradis curieusement maternel et presque prénatal :
vivre « dans les entrailles mêmes de la mère patrie ». C'est le rêve
d'un homme qui s'est toujours senti à part des autres et rejeté par eux.

Que de fois, lorsqu'il m'a fallu prendre une part obscure mais active dans nos troubles civils, j'ai senti ma conscience s'indigner de cette condition inférieure et cruelle! Que de fois j'ai comparé cette existence à celle du Gladiateur! Le peuple est le César indifférent, le Claude ricaneur auquel les soldats disent sans cesse en défilant : *Ceux qui vont mourir te saluent* [1].

Que quelques ouvriers, devenus plus misérables à mesure que s'accroissent leur travail et leur industrie, viennent à s'ameuter contre leur chef d'atelier; ou qu'un fabricant ait la fantaisie d'ajouter cette année quelques cent mille francs à son revenu; ou seulement qu'une *bonne ville* [a], jalouse de Paris, veuille avoir aussi ses trois journées de fusillade, on crie au secours de part et d'autre [2]. Le gouvernement, quel qu'il soit, répond avec assez de sens : *La loi ne me permet pas de juger entre vous; tout le monde a raison; moi, je n'ai à vous envoyer que mes gladiateurs, qui vous*

---

1. En fait, Vigny n'a guère eu l'occasion d'être mêlé aux troubles sociaux. Il a seulement vu, plutôt que réprimé, l'émeute de Pau en 1824, et, en 1830, il organise la deuxième compagnie du quatrième bataillon de la première légion de la Garde nationale. Vingt-six jours plus tard, le 29 août, il commande le quatrième bataillon. C'est seulement en décembre, au moment du procès des ministres de Charles X, qu'on put craindre des troubles vraiment graves et la chute de la monarchie de Juillet. La formule latine dont Vigny donne ici la traduction et qu'il a mise en épigraphe à son livre se trouve dans Suétone (*Claude*, 21).

2. Allusion aux insurrections républicaines comme celles de Grenoble en 1832 et de Paris en 1834, ou d'autres, moins importantes, à Saint-Étienne, Clermond-Ferrand, Marseille, etc.; allusion aussi aux soulèvements ouvriers, ceux de Lyon, en particulier, en 1831 et 1834. Soucieux de présenter le soldat comme un bouc émissaire dont la vie et la mort n'ont aucune importance, Vigny souligne à plaisir l'absurdité des événements politiques auxquels il fait allusion. En réalité, les émeutes de Lyon ne s'expliquent pas par le désir puéril de faire une révolution comme à Paris, mais par l'effroyable misère des ouvriers canuts. Vigny ne dit rien non plus de la répression qui fut souvent féroce, aussi bien à Vaise, comme en témoigne Marceline Desbordes-Valmore, qu'à Paris où le massacre de la rue Transnonain, en 1834, est resté tristement célèbre.

tueront et que vous tuerez. En effet, ils vont, ils tuent, et sont tués. La paix revient; on s'embrasse, on se complimente, et les chasseurs de lièvres se félicitent de leur adresse dans le tir à l'officier et au soldat. Tout calcul fait, reste une simple soustraction de quelques morts; mais les soldats n'y sont pas portés en nombre, ils ne comptent pas. On s'en inquiète peu. Il est convenu que ceux qui meurent sous l'uniforme n'ont ni père, ni mère, ni femme, ni amie à faire mourir dans les larmes. C'est un sang anonyme.

Quelquefois (chose fréquente aujourd'hui) les deux partis séparés s'unissent pour accabler de haine et de malédiction les malheureux condamnés à les vaincre.

Aussi le sentiment qui dominera ce livre sera-t-il celui qui me l'a fait commencer [1], le désir de détourner de la tête du Soldat cette malédiction que le citoyen est souvent prêt à lui donner, et d'appeler sur l'Armée le pardon de la Nation. Ce qu'il y a de plus beau après l'inspiration, c'est le dévouement; après le Poète, c'est le Soldat; ce n'est pas sa faute s'il est condamné à un état d'ilote [a] [2].

L'Armée est aveugle et muette. Elle frappe devant elle du lieu où on la met. Elle ne veut rien et agit par ressort. C'est une grande chose que l'on meut et qui tue; mais aussi c'est une chose qui souffre [b].

C'est pour cela que j'ai toujours parlé d'elle avec un attendrissement involontaire [c]. Nous voici jetés dans ces temps sévères où les villes de France deviennent tour à tour des champs de bataille, et, depuis peu, nous avons beaucoup à pardonner aux hommes qui tuent.

En regardant de près la vie de ces troupes armées que, chaque jour, pousseront sur nous tous les Pouvoirs qui se succéderont, nous trouverons bien, il est vrai, que, comme

---

1. Cette phrase indique assez clairement que les chapitres d'introduction ont été rédigés alors qu'une partie du livre était déjà écrite et que l'autre ne l'était pas encore, soit en août 1834, après *Laurette* et *la Veillée*, mais avant *la Canne de jonc*.

2. Vigny rattache ici *Servitude* à *Stello*.

je l'ai dit, l'existence du Soldat est (après la peine de mort) la trace la plus douloureuse de barbarie qui subsiste parmi les hommes, mais aussi que rien n'est plus digne de l'intérêt et de l'amour de la Nation que cette famille sacrifiée qui lui donne quelquefois tant de gloire.

CHAPITRE III

De la servitude du soldat
et de son caractère individuel

Les mots de notre langage familier ont quelquefois une parfaite justesse de sens. C'est bien *servir*, en effet, qu'obéir et commander dans une Armée. Il faut gémir de cette Servitude, mais il est juste d'admirer ces esclaves. Tous acceptent leur destinée avec toutes ses conséquences, et, en France surtout, on prend avec une extrême promptitude les qualités exigées par l'état militaire. Toute cette activité que nous avons se fond tout à coup pour faire place à je ne sais quoi de morne et de consterné.

La vie est triste, monotone, régulière. Les heures sonnées par le tambour sont aussi sourdes et aussi sombres que lui. La démarche et l'aspect sont uniformes comme l'habit. La vivacité de la jeunesse et la lenteur de l'âge mûr finissent par prendre la même allure, et c'est celle de *l'arme*. L'*arme* où l'on *sert* est le moule où l'on jette son caractère, où il se change et se refond pour prendre une forme générale imprimée pour toujours. L'Homme s'efface sous le Soldat.

La Servitude militaire est lourde et inflexible comme le masque de fer du prisonnier sans nom, et donne à tout homme de guerre une figure uniforme et froide [1].

Aussi, au seul aspect [a] d'un corps d'armée, on s'aperçoit

---

1. Ce développement sur la servitude militaire présente la même tonalité affective que le poème *les Destinées*, écrit quinze ans plus tard, la même impression de froideur inflexible, de vie captive, uniforme et décolorée. Au reste, l'allusion au Masque de fer est significative

que l'ennui et le mécontentement sont les traits généraux du visage militaire. La fatigue y ajoute ses rides, le soleil ses teintes jaunes, et une vieillesse anticipée sillonne des figures de trente ans [a]. Cependant une idée commune à tous a souvent donné à cette réunion d'hommes sérieux un grand caractère de majesté, et cette idée est l'*Abnégation*. — L'Abnégation du Guerrier est une croix plus lourde que celle du Martyr. Il faut l'avoir portée longtemps pour en savoir la grandeur et le poids.

Il faut bien que le Sacrifice soit la plus belle chose de la terre, puisqu'il a tant de beauté dans des hommes simples qui, souvent, n'ont pas la pensée de leur mérite et le secret de leur vie. C'est lui qui fait que de cette vie de gêne et d'ennuis il sort, comme par miracle, un caractère factice, mais généreux, dont [b] les traits sont grands et bons comme ceux des médailles antiques.

L'Abnégation complète de soi-même, dont je viens de parler [c], l'attente continuelle et indifférente de la mort, la renonciation entière à la liberté de penser et d'agir [d], les lenteurs imposées à une ambition bornée, et l'impossibilité d'accumuler des richesses, produisent des vertus qui sont plus rares dans les classes libres et actives [e].

En général, le caractère militaire est simple, bon, patient; et l'on y trouve quelque chose d'enfantin, parce que la vie des régiments tient un peu de la vie des collèges [1]. Les traits de rudesse et de tristesse qui l'obscurcissent lui

---

puisque le poème *la Prison,* consacré à ce personnage en 1821, nous offre le premier grand symbole de notre destinée que Vigny ait conçu.

1. Souligner ce qu'il y a de puéril dans l'esprit militaire est d'abord une façon d'affirmer, contre l'antimilitarisme de Lamennais, que le soldat est innocent ou du moins irresponsable. Mais il faut constater aussi que l'auteur imagine rarement une victime qui ne soit un enfant, soit à titre réel comme la fille de Jephté et les bergers du *Déluge,* soit par un trait de caractère comme ici les soldats. S'agit-il de rendre la victime plus pitoyable ou d'exprimer certaines rancunes que Vigny garderait contre sa propre enfance ? Il est difficile d'en décider, et ces deux explications, du reste, ne sont pas incompatibles. Ce qui donne quelque poids à la seconde, c'est que la victime, bien souvent,

sont imprimés par l'ennui, mais surtout par une position toujours fausse vis-à-vis de la Nation et par la comédie nécessaire de l'autorité *a*.

L'autorité absolue qu'exerce un homme le contraint à une perpétuelle réserve. Il ne peut dérider son front devant ses inférieurs, sans leur laisser prendre une familiarité qui porte atteinte à son pouvoir. Il se retranche l'abandon *b* et la causerie amicale, de peur qu'on ne prenne acte contre lui de quelque aveu de la vie *c* ou de quelque faiblesse qui serait de mauvais exemple. J'ai connu des officiers qui s'enfermaient dans un silence de trappiste, et dont la bouche sérieuse ne soulevait la moustache *d* que pour laisser passage à un commandement. Sous l'Empire, cette contenance était presque toujours celle des officiers *e* supérieurs et des généraux. L'exemple en avait été donné par le maître [1], la coutume sévèrement conservée, et à propos; car, à la considération nécessaire d'éloigner la familiarité *f*, se joignait encore le besoin qu'avait leur vieille expérience de conserver sa dignité aux yeux d'une jeunesse *g* plus instruite qu'elle, envoyée sans cesse par les écoles militaires, et arrivant toute bardée de chiffres, avec une assurance de lauréat, que *h* le silence seul pouvait tenir en bride.

Je n'ai jamais aimé l'espèce des jeunes officiers, même lorsque j'en faisais partie. Un secret instinct de la vérité m'avertissait qu'en toute chose la théorie *i* n'est rien auprès de la pratique, et le grave et silencieux sourire des vieux capitaines me tenait en garde *j* contre toute cette pauvre science qui s'apprend en quelques jours de lecture *k*. Dans les régiments où j'ai servi, j'aimais à écouter ces vieux officiers dont le dos voûté avait encore l'attitude d'un dos

comme ici les militaires, souffre d'être maintenue dans une longue enfance par l'autorité qui la domine.

1. Affirmation contestable au moins en ce qui concerne Napoléon. On sait que l'empereur affectait une certaine familiarité envers ses grognards, leur tirant l'oreille, feignant de connaître leur nom. On peut croire, en revanche, que sous la Restauration, les vieux officiers sortis du rang préféraient garder leurs distances envers les jeunes gens qui venaient des écoles militaires.

de soldat, chargé d'un sac plein d'habits et d'une giberne [a] pleine de cartouches. Ils me faisaient de vieilles histoires d'Égypte, d'Italie et de Russie, qui m'en apprenaient plus sur la guerre que l'ordonnance de 1789, les règlements de service et les interminables instructions, à commencer par celle du grand Frédéric à ses généraux [b]. Je trouvais, au contraire, quelque chose de fastidieux dans la fatuité confiante, désœuvrée et ignorante [c] des jeunes officiers de cette époque, fumeurs et joueurs éternels, attentifs seulement à la rigueur de leur tenue, savants sur la coupe de leur habit, orateurs de café et de billard. Leur conversation n'avait rien de plus caractérisé que celle de tous les jeunes gens ordinaires du grand monde; seulement les banalités y étaient un peu plus grossières. Pour tirer quelque parti de ce qui m'entourait [d], je ne perdais nulle occasion d'écouter; et le plus habituellement j'attendais les heures de promenades régulières, où les anciens officiers aiment à se communiquer leurs souvenirs. Ils n'étaient pas fâchés, de leur côté, d'écrire dans ma mémoire les histoires particulières de leur vie [e], et, trouvant en moi une patience égale à la leur et un silence aussi sérieux, ils se montrèrent toujours prêts à s'ouvrir à moi [f]. Nous marchions souvent le soir dans les champs, ou dans les bois qui environnaient les garnisons, ou sur le bord de la mer, et la vue générale de la nature, ou le moindre accident de terrain, leur donnait des souvenirs inépuisables [g] : c'était une bataille navale, une retraite célèbre [h], une embuscade fatale, un combat d'infanterie, un siège, et partout des regrets d'un temps de dangers, du respect pour la mémoire de tel grand général, une reconnaissance naïve pour tel nom obscur qu'ils croyaient illustre [i] ; et, au milieu de tout cela, une touchante simplicité de cœur qui remplissait le mien d'une sorte de vénération pour ce mâle caractère [j], forgé dans de continuelles adversités, et dans les doutes d'une position fausse et mauvaise [1].

J'ai le don, souvent douloureux, d'une mémoire que

---

1. Vigny projette sur tout le corps des officiers des scrupules et

le temps n'altère jamais; ma vie entière, avec toutes ses journées, m'est présente comme un tableau ineffaçable. Les traits ne se confondent jamais; les couleurs ne pâlissent point. Quelques-unes sont noires, et ne perdent rien de leur énergie qui m'afflige [a]. Quelques fleurs s'y trouvent aussi, dont les corolles sont aussi fraîches qu'au jour qui les fit épanouir, surtout lorsqu'une larme [b] involontaire tombe sur elles de mes yeux, et leur donne un plus vif éclat.

La conversation la plus inutile de ma vie m'est toujours présente à l'instant où je l'évoque [c], et j'aurais trop à dire, si je voulais faire de ces récits qui n'ont pour eux que le mérite d'une vérité naïve; mais rempli d'une amicale pitié pour la misère des Armées [d], je choisirai dans mes souvenirs ceux qui se présentent à moi comme un vêtement assez décent, et d'une forme digne d'envelopper [e] une pensée choisie [1], et de montrer combien de situations [f] contraires aux développements du caractère et de l'intelligence dérivent de la Servitude grossière et des mœurs arriérées des Armées permanentes.

Leur couronne est une couronne d'épines [g] et, parmi ses pointes, je ne pense pas qu'il en soit de plus douloureuse que celle de l'obéissance passive. Ce sera la première aussi dont je ferai sentir l'aiguillon. J'en parlerai d'abord [h], parce qu'elle me fournit le premier exemple des nécessités cruelles de l'Armée, en suivant l'ordre de mes années. Quand je remonte à mes plus lointains souvenirs, je trouve dans mon enfance militaire une anecdote qui m'est

---

certaine délicatesse de conscience qui n'appartenaient peut-être qu'à lui. Il est fort douteux, en effet, que les vétérans de l'Empire aient nourri des doutes sur la valeur du métier militaire. Quant aux jeunes officiers, « fumeurs et joueurs éternels », ils ne devaient guère spéculer sur leur « position fausse et mauvaise ». En ce sens, *Servitude* est un livre étroitement personnel, « les méditations de Chatterton militaire », comme dit le capitaine Henri Morel.

1. Si discret et même si peu pittoresque que soit le verbe « envelopper », il faut reconnaître ici l'image qui exprime l'œuvre d'art aux yeux de Vigny, celle d'une sphère lumineuse et colorée que l'idée, on pourrait presque dire la thèse, illumine de l'intérieur.

présente à la mémoire, et, telle qu'elle me fut racontée,
je la redirai, sans chercher, mais sans éviter, dans aucun
de mes récits, les traits minutieux [a] de la vie ou du caractère
militaire, qui, l'un et l'autre, je ne saurais trop le redire [b],
sont en retard sur l'esprit général et la marche de la Nation,
et sont, par conséquent, toujours empreints d'une certaine puérilité.

LAURETTE
OU LE CACHET ROUGE ^a

CHAPITRE IV

DE LA RENCONTRE QUE JE FIS UN JOUR
SUR LA GRANDE ROUTE

L A grande route d'Artois et de Flandre est longue et
triste. Elle s'étend en ligne droite, sans arbres, sans
fossés, dans des campagnes unies et pleines d'une boue
jaune en tout temps. Au mois de mars 1815, je passai sur
cette route, et je fis une rencontre que je n'ai point
oubliée depuis.

J'étais seul, j'étais à cheval, j'avais un bon manteau blanc,
un habit rouge, un casque noir, des pistolets et un grand
sabre ^b; il pleuvait à verse depuis quatre jours et quatre
nuits de marche, et je me souviens que je chantais *Joconde*
à pleine voix [1]. J'étais si jeune! — La maison du Roi, en
1814, avait été remplie d'enfants et de vieillards; l'Empire
semblait avoir pris et tué les hommes.

Mes camarades étaient en avant, sur la route, à la suite

---

[1]. *Joconde* ou *les Coureurs d'aventures,* opéra-comique en trois actes
dont la musique est de Nicolo Isouard et les paroles d'Étienne, celui
que Vigny devait remplacer à l'Académie française. Cet opéra réalisé
en 1814 était donc un succès à la mode au moment des Cent-Jours,
Les auteurs avaient repris le thème inventé par l'Arioste et que
La Fontaine avait traité à son tour dans un de ses contes. Vraisemblablement, Vigny chantait soit l'air de Joconde : « J'ai longtemps
parcouru le monde », soit la romance : « Et l'on revient toujours à
ses premières amours ».

du roi Louis XVIII; je voyais leurs manteaux blancs et leurs habits rouges, tout à l'horizon au nord; les lanciers de Bonaparte, qui surveillaient et suivaient notre retraite pas à pas, montraient de temps en temps la flamme tricolore de leurs lances à l'autre horizon. Un fer perdu avait retardé mon cheval : il était jeune et fort, je le pressai pour rejoindre mon escadron; il partit au grand trot. Je mis la main à ma ceinture, elle était assez garnie d'or; j'entendis résonner le fourreau de fer de mon sabre sur l'étrier, et je me sentis très fier et parfaitement heureux.

Il pleuvait toujours, et je chantais toujours. Cependant je me tus bientôt, ennuyé de n'entendre que moi, et je n'entendis plus que la pluie et les pieds de mon cheval, qui pataugeaient dans les ornières. Le pavé de la route manqua; j'enfonçais, il fallut prendre le pas. Mes grandes bottes étaient enduites, en dehors, d'une croûte épaisse de boue jaune comme de l'ocre; en dedans elles s'emplissaient de pluie. Je regardai mes épaulettes d'or toutes neuves, ma félicité et ma consolation; elles étaient hérissées par l'eau, cela m'affligea.

Mon cheval baissait la tête; je fis comme lui : je me mis à penser, et je me demandai, pour la première fois, où j'allais. Je n'en savais absolument rien; mais cela ne m'occupa pas longtemps : j'étais certain que mon escadron étant là, là aussi était mon devoir. Comme je sentais en mon cœur un calme profond et inaltérable, j'en rendis grâce à ce sentiment ineffable du Devoir, et je cherchai à me l'expliquer. Voyant de près comment des fatigues inaccoutumées étaient gaiement portées par des têtes si blondes ou si blanches, comment un avenir assuré était si cavalièrement risqué par tant d'hommes de vie heureuse et mondaine, et prenant ma part de cette satisfaction miraculeuse que donne à tout homme la conviction qu'il ne se peut soustraire à nulle des dettes de l'Honneur, je compris que c'était une chose plus facile et plus commune qu'on ne pense, que l'*Abnégation*.

Je me demandais si l'Abnégation de soi-même n'était pas un sentiment né avec nous; ce que c'était que ce besoin d'obéir et de remettre sa volonté en d'autres mains, comme une chose lourde et importune; d'où venait le bonheur secret d'être débarrassé de ce fardeau, et comment l'orgueil humain n'en était jamais révolté [1]. Je voyais bien ce mystérieux instinct lier, de toutes parts [a], les peuples en de puissants faisceaux, mais je ne voyais nulle part aussi complète et aussi redoutable que dans les Armées la renonciation à ses actions, à ses paroles, à ses désirs et presque à ses pensées. Je voyais partout la résistance possible et usitée, le citoyen ayant, en tous lieux, une obéissance clairvoyante et intelligente qui examine et peut s'arrêter. Je voyais même la tendre soumission de la femme finir où le mal commence à lui être ordonné, et la loi prendre sa défense; mais l'obéissance militaire, passive et active en même temps [b], recevant l'ordre et l'exécutant, frappant, les yeux fermés, comme le Destin antique! Je suivais dans ses conséquences possibles cette Abnégation du soldat, sans retour, sans conditions, et conduisant quelquefois à des fonctions sinistres.

Je pensais ainsi en marchant au gré de mon cheval, regardant l'heure à ma montre, et voyant le chemin s'allonger toujours en ligne droite, sans un arbre et sans une maison, et couper la plaine jusqu'à l'horizon, comme une grande raie jaune sur une toile grise. Quelquefois la raie liquide se délayait dans la terre liquide qui l'entourait et,

---

1. Ce développement sur l'abnégation permet de mesurer le chemin parcouru en vingt ans par la pensée de Vigny. En 1815, il se plaît à sentir sa volonté vassale d'une discipline, et la certitude du Devoir, en lui épargnant de choisir, lui procure la sécurité de l'esprit. En 1835, au contraire, il aspire à l'autonomie de sa conscience, et flétrit sa morale de jeunesse sous le nom de séidisme. Ce qui fait le drame essentiel de Vigny, c'est que le désir enfantin de soumission par peur d'une liberté dangereuse et même par peur de vivre a longtemps coexisté avec le désir adulte d'être libre. Renaud lui-même, s'il condamne la guerre, continue à la faire énergiquement, conciliant ainsi l'obéissance et la révolte. En 1849, encore, l'auteur des *Destinées* souhaite que l'homme devienne « arbitre libre et fier des actes de sa vie »; la pensée de 1814, cependant, se maintient dans cette strophe :
 Qui va porter le poids dont s'est épouvanté
 Tout ce qui fut créé? ce poids sur la pensée,
 Dont le nom est en bas : RESPONSABILITÉ?

quand un jour un peu moins pâle faisait briller cette triste étendue de pays, je me voyais au milieu d'une mer bourbeuse, suivant un courant de vase et de plâtre.

En examinant avec attention cette raie jaune de la route, j'y remarquai, à un quart de lieue environ, un petit point noir qui marchait. Cela me fit plaisir, c'était quelqu'un. Je n'en détournai plus les yeux. Je vis que ce point noir allait comme moi dans la direction de Lille, et qu'il allait en zigzag, ce qui annonçait une marche pénible. Je hâtai le pas et je gagnai du terrain sur cet objet, qui s'allongea un peu et grossit à ma vue. Je repris le trot sur un sol plus ferme et je crus reconnaître une sorte de petite voiture noire. J'avais faim, j'espérai que c'était la voiture d'une cantinière et, considérant mon pauvre cheval comme une chaloupe, je lui fis faire force de rames pour arriver à cette île fortunée, dans cette mer où il s'enfonçait jusqu'au ventre quelquefois.

A une centaine de pas, je vins à distinguer clairement une petite charrette de bois blanc, couverte de trois cercles et d'une toile cirée noire. Cela ressemblait à un petit berceau posé sur deux roues [1]. Les roues s'embourbaient jusqu'à l'essieu; un petit mulet qui les tirait était péniblement conduit par un homme à pied qui tenait la bride. Je m'approchai de lui et le considérai attentivement.

C'était un homme d'environ cinquante ans, à moustaches blanches, fort et grand, le dos voûté à la manière des vieux

---

1. Si l'on en croit les lettres que Vigny envoie au capitaine de La Coudrée et à Mme Lachaud, le vieil officier rencontré par l'auteur sur la route de Flandre cheminait à côté d'une charrette. Vigny n'a donc pas inventé ce véhicule. Cependant, les valeurs affectives qu'il lui donne, à la fois protectrices et presque maternelles, viennent peut-être de la voiture d'osier qu'utilisait Mme Dorval. Mais il faut remonter plus loin; le désir d'un refuge étroit et bien clos, d'une douceur féminine, qui permette de parcourir le monde sans effort, à l'abri des intempéries et des violences, est constant chez Vigny. Il est même curieux de noter que les principaux aspects de ce refuge, île fortunée, bateau, berceau, charrette, se trouvent réunis dans ce passage. La voiture de Laurette annonce directement la maison du Berger, elle aussi étroite, protectrice et mobile.

officiers d'infanterie qui ont porté le sac. Il en avait l'uniforme, et l'on entrevoyait une épaulette de chef de bataillon
sous un petit manteau bleu court et usé. Il avait un visage
endurci mais bon, comme à l'armée il y en a tant. Il me
regarda de côté sous ses gros sourcils noirs, et tira lestement
de sa charrette un fusil qu'il arma, en passant de l'autre
côté de son mulet, dont il se faisait un rempart. Ayant vu
sa cocarde blanche, je me contentai de montrer la manche
de mon habit rouge, et il remit son fusil dans la charrette,
en disant :

— Ah! c'est différent, je vous prenais pour un de ces
lapins qui courent après nous. Voulez-vous boire la goutte?

— Volontiers, dis-je en m'approchant, il y a vingt-
quatre heures que je n'ai bu.

Il avait à son cou une noix de coco, très bien sculptée,
arrangée en flacon, avec un goulot d'argent *a*, et dont il
semblait tirer assez de vanité. Il me la passa, et j'y bus un
peu de mauvais vin blanc avec beaucoup de plaisir; je lui
rendis le coco.

— A la santé du Roi! dit-il en buvant; il m'a fait officier
de la Légion d'honneur [1], il est juste que je le suive jusqu'à
la frontière. Par exemple, comme je n'ai que mon épaulette
pour vivre, je reprendrai mon bataillon après, c'est mon
devoir.

En parlant ainsi comme à lui-même, il remit en marche
son petit mulet, en disant que nous n'avions pas de temps
à perdre; et comme j'étais de son avis, je me remis en chemin
à deux pas de lui. Je le regardais toujours sans questionner,
n'ayant jamais aimé la bavarde indiscrétion assez fréquente
parmi nous.

Nous allâmes sans rien dire durant un quart de lieue
environ. Comme il s'arrêtait alors pour faire reposer son
pauvre petit mulet, qui me faisait peine à voir, je m'arrêtai
aussi et je tâchai d'exprimer l'eau qui remplissait mes bottes

---

1. Créé par Napoléon pour remplacer les décorations d'ancien
régime, croix de Saint-Louis, croix du Saint-Esprit, l'ordre de la
Légion d'honneur avait été maintenu sous la Restauration par
l'article 72 de la Charte.

à l'écuyère, comme deux réservoirs où j'aurais eu les
jambes trempées.

— Vos bottes commencent à vous tenir aux pieds,
dit-il [a].

— Il y a quatre nuits que je ne les ai quittées, lui dis-je [b].

— Bah! dans huit jours vous n'y penserez plus, reprit-il
avec sa voix enrouée; c'est quelque chose que d'être seul,
allez, dans des temps comme ceux où nous vivons. Savez-
vous ce que j'ai là dedans?

— Non, lui dis-je.

— C'est une femme.

Je dis : — Ah! — sans trop d'étonnement, et je me remis
en marche tranquillement, au pas. Il me suivit.

— Cette mauvaise brouette-là ne m'a pas coûté bien
cher, reprit-il, ni le mulet non plus; mais c'est tout ce qu'il
me faut, quoique ce chemin-là soit un *ruban de queue* un
peu long [1].

Je lui offris de monter mon cheval quand il serait fatigué;
et comme je ne lui parlais que gravement et avec simplicité de son équipage, dont il craignait le ridicule, il se mit
à son aise tout à coup et, s'approchant de mon étrier, me
frappa sur le genou en me disant :

— Eh bien, vous êtes un bon enfant, quoique dans les
Rouges.

Je sentis dans son accent amer, en désignant ainsi les
quatre Compagnies-Rouges, combien de préventions
haineuses avaient données à l'armée le luxe et les grades
de ces corps d'officiers [2].

---

1. Il s'agit du ruban avec lequel les hommes nouaient leur chevelure
derrière la nuque si bien qu'elle pendait sur le dos un peu comme une
queue de cheval. Cette coiffure qui date du temps de Louis XV était
restée en faveur dans certains corps de troupes. Suivant les caprices
de la mode, le ruban de queue fut quelquefois fort long; d'où l'expression courante que Vigny prête ici à son héros.

2. Les quatre compagnies rouges, ainsi nommées à cause de la
couleur de leur uniforme, constituaient la Maison militaire du roi.
Louis XVIII les avait créées en 1814, ou plutôt recréées, pour renouer
avec l'ancien régime. Les membres de ces quatre compagnies, presque
tous issus de l'ancienne noblesse, avaient rang de lieutenant de cava-

— Cependant, ajouta-t-il, je n'accepterai pas votre offre, vu que je ne sais pas monter à cheval et que ce n'est pas mon affaire, à moi.

— Mais, Commandant, les officiers supérieurs comme vous y sont obligés.

— Bah! une fois par an, à l'inspection, et encore sur un cheval de louage. Moi j'ai toujours été marin, et depuis fantassin; je ne connais pas l'équitation.

Il fit vingt pas en me regardant de côté de temps à autre, comme s'attendant à une question : et comme il ne venait pas un mot, il poursuivit *a* :

— Vous n'êtes pas curieux, par exemple! cela devrait vous étonner, ce que je dis là.

— Je m'étonne bien peu, dis-je.

— Oh! cependant si je vous contais comment j'ai quitté la mer, nous verrions.

— Eh bien, repris-je, pourquoi n'essayez-vous pas? cela vous *b* réchauffera, et cela me fera oublier que la pluie m'entre dans le dos et ne s'arrête qu'à mes talons.

Le bon Chef de bataillon s'apprêta solennellement à parler, avec un plaisir d'enfant. Il rajusta sur sa tête le schako couvert de toile cirée, et il donna ce coup d'épaule que personne ne peut se représenter s'il n'a servi dans l'infanterie, ce coup d'épaule que donne le fantassin à son sac pour le hausser et alléger un moment son poids; c'est une habitude du soldat qui, lorsqu'il devient officier, devient un tic. Après ce geste convulsif, il but encore un peu de vin dans son coco, donna un coup de pied d'encouragement dans le ventre du petit mulet, et commença.

---

lerie. Ces quatre compagnies étaient celle des chevau-légers et celle des gendarmes du roi qui existaient encore en 1789, celle des mousquetaires gris et celle des mousquetaires noirs, ainsi nommés d'après la couleur des chevaux, qui avaient été supprimées en 1775 par le comte de Saint-Germain. Vigny était gendarme, et il décrit son uniforme au début de *Laurette*. Naturellement ces compagnies aristocratiques et privilégiées suscitaient la jalousie des troupes de ligne; c'est pourquoi Louis XVIII les supprima lors de la deuxième Restauration.

CHAPITRE V

Histoire du cachet rouge [a]

— Vous saurez d'abord, mon enfant, que je suis né à Brest; j'ai commencé par être enfant de troupe, gagnant ma demi-ration et mon demi-prêt dès l'âge de neuf ans, mon père étant soldat aux gardes [1]. Mais comme j'aimais la mer, une belle nuit, pendant que j'étais en congé à Brest, je me cachai à fond de cale d'un bâtiment marchand qui partait pour les Indes; on ne m'aperçut qu'en pleine mer, et le capitaine aima mieux me faire mousse que de me jeter à l'eau. Quand vint la Révolution, j'avais fait du chemin, et j'étais à mon tour devenu capitaine d'un petit bâtiment marchand assez propre, ayant écumé la mer quinze ans. Comme l'ex-marine royale, vieille bonne marine, ma foi! se trouva tout à coup dépeuplée d'officiers, on prit des capitaines dans la marine marchande. J'avais eu quelques affaires de flibustiers que je pourrai vous dire plus tard : on me donna le commandement d'un brick de guerre nommé *le Marat*.

Le 28 fructidor 1797, je reçus ordre d'appareiller pour Cayenne. Je devais y conduire soixante soldats et un *déporté* qui restait des cent quatre-vingt-treize que la frégate *la Décade* avait pris à bord [b] quelques jours auparavant. J'avais ordre de traiter cet individu avec ménagement, et

---

1. Il y a ici une difficulté. Le corps des gardes-marines, cantonné à Brest, était en fait l'École navale dont fit partie Chateaubriand. Peut-être Vigny veut-il dire que le père de son héros exerçait, comme simple soldat, une fonction subalterne dans cette école; peut-être imagine-t-il les gardes-marines à l'image des gardes-françaises, corps de la Maison du roi qui n'avait de cantonnement qu'à Paris.

la première lettre du Directoire en renfermait une seconde, scellée de trois cachets rouges, au milieu desquels il y en avait un démesuré. J'avais défense d'ouvrir cette lettre avant le premier degré de latitude nord, du vingt-sept au vingt-huitième de longitude, c'est-à-dire près de *a* passer la ligne [1].

Cette grande lettre avait une figure toute particulière. Elle était longue, et fermée de si près que je ne pus rien lire entre les angles ni à travers l'enveloppe. Je ne suis pas superstitieux, mais elle me fit peur, cette lettre. Je la mis dans ma chambre, sous le verre d'une mauvaise petite pendule anglaise clouée au-dessus de mon lit [2]. Ce lit-là était un vrai lit de marin, comme vous savez qu'ils sont.

---

1. « La ligne », c'est-à-dire l'équateur. Il est assez étrange que le commandant reçoive l'ordre de ménager un homme qu'il devra peu après faire fusiller. Vigny, sans doute, prépare ainsi l'effet de surprise que provoquera bientôt la lecture de la lettre. Mais il faut noter que tous les détenteurs du pouvoir, chez lui, les Turcs d'*Héléna,* Dieu dans *le Déluge,* Richelieu dans *Cinq-Mars,* Déageant dans *la Maréchale,* Robespierre et la foule dans *Stello,* la Providence et le Destin dans certaines notes du *Journal,* ont quelque chose de félin, et se plaisent à torturer leur victime par l'espérance avant de la faire mourir.

2. On peut ne voir ici qu'une précaution banale prise par l'officier pour ne pas égarer la lettre du Directoire. Il faut pourtant bien que cette précaution ait sollicité Vigny pour des raisons plus profondes puisque un an plus tard, en octobre 1834, il écrit à propos du rôle que jouent les religions : « Les religions sont les verres de la pendule, la pendule est la morale ». (*J.,* 1013.) Vers la même époque, il note dans les brouillons de *Servitude :* « Tel événement peu remarqué dès l'abord me devient cher à mesure que je m'éloigne de lui; comme si le temps était un beau crystal qui le vînt revêtir, conserver et embellir de ses indéfinissables clartés ». On voit assez comment toutes ces images annoncent la momie de Daphné, symbole de la morale, recouverte d'un cercueil de cristal, symbole de la religion, le diamant du Berger qui recouvre le trésor des Idées et même la bouteille à la mer qui protège le trésor de la science. Ajoutons que ces images ne datent pas de *Laurette.* Kitty Bell, dans *Stello,* est « un fruit rare dans une serre chaude », Mme Dorval, dans un poème de 1830, vit « dans l'art et dans la poésie comme un phénix sous un cristal »; dans certains projets d'*Éloa,* enfin, Satan rôde autour de l'ange « comme un loup autour d'une brebis enfermée dans une maison de verre ».

Mais je ne sais, moi, ce que je dis : vous avez tout au plus seize ans, vous ne pouvez pas avoir vu ça.

La chambre d'une reine ne peut pas être aussi proprement rangée que celle d'un marin, soit dit sans vouloir nous vanter. Chaque chose a sa petite place et son petit clou. Rien ne remue. Le bâtiment peut rouler tant qu'il veut sans rien déranger. Les meubles sont faits selon la forme du vaisseau et de la petite chambre qu'on a. Mon lit était un coffre. Quand on l'ouvrait, j'y couchais; quand on le fermait, c'était mon sofa et j'y fumais ma pipe. Quelquefois c'était ma table, alors on s'asseyait sur deux petits tonneaux qui étaient dans la chambre *a*. Mon parquet était ciré et frotté comme de l'acajou, et brillant comme un bijou : un vrai miroir! Oh! c'était une jolie petite chambre [1]! Et mon brick avait bien son prix aussi. On s'y amusait souvent d'une fière façon, et le voyage commença cette fois assez agréablement, si ce n'était... Mais n'anticipons pas.

Nous avions un joli vent nord-nord-ouest, et j'étais occupé à mettre cette lettre sous le verre de ma pendule, quand mon *déporté* entra dans ma chambre; il tenait par la main une belle petite de dix-sept ans environ. Lui me dit qu'il en avait dix-neuf; beau garçon, quoique un peu pâle, et trop blanc *b* pour un homme. C'était un homme cependant, et un homme qui se comporta dans l'occasion mieux que bien des anciens n'auraient fait : vous allez le voir. Il tenait sa petite femme sous le bras; elle était fraîche et gaie comme un enfant. Ils avaient l'air de deux tourtereaux. Ça me faisait plaisir à voir, moi. Je leur dis :

— Eh bien, mes enfants! vous venez faire visite au vieux capitaine; c'est gentil à vous. Je vous emmène un peu

---

1. Par la bouche du commandant, Vigny décrit avec une complaisance manifeste cette cabine minuscule et presque à la dimension de celui qui l'habite. Lorsque Vigny, quatre ans plus tard, va s'installer au Maine-Giraud, loin d'occuper l'une des pièces spacieuses et relativement confortables du rez-de-chaussée, il se réserve, au sommet d'une tourelle, une cellule circulaire dont le mur est recouvert de planches, et où l'on ne peut placer qu'un lit, un coffre et une petite table.

loin; mais tant mieux, nous aurons le temps de nous connaître. Je suis fâché de recevoir madame sans mon habit; mais c'est que je cloue là-haut cette grande coquine de lettre. Si vous vouliez m'aider un peu?

Ça faisait vraiment de bons petits enfants. Le petit mari prit le marteau, et la petite femme les clous, et ils me les passaient à mesure que je les demandais; et elle me disait : *A droite! à gauche! capitaine!* tout en riant, parce que le tangage faisait ballotter ma pendule. Je l'entends encore d'ici avec sa petite voix : *A gauche! à droite! capitaine!* Elle se moquait de moi. — Ah! je dis, petite méchante! je vous ferai gronder par votre mari, allez. — Alors elle lui sauta au cou et l'embrassa. Ils étaient vraiment gentils, et la connaissance se fit comme ça. Nous fûmes tout de suite bons amis [1].

Ce fut aussi une jolie traversée. J'eus toujours un temps fait exprès. Comme je n'avais jamais eu que des visages noirs à mon bord, je faisais venir à ma table, tous les jours, mes deux petits amoureux. Cela m'égayait. Quand nous avions mangé le biscuit et le poisson, la petite femme et son mari restaient à se regarder comme s'ils ne s'étaient jamais vus. Alors je me mettais à rire de tout mon cœur et me moquais d'eux. Ils riaient aussi avec moi. Vous auriez ri de nous voir comme trois imbéciles, ne sachant pas ce que nous avions. C'est que c'était vraiment plaisant de les voir s'aimer comme ça! Ils se trouvaient bien partout; ils trouvaient bon tout ce qu'on leur donnait. Cependant ils étaient à la ration comme nous tous; j'y ajoutais seulement un peu d'eau-de-vie suédoise quand ils dînaient avec moi, mais un petit verre, pour tenir mon rang. Ils couchaient dans un hamac, où le vaisseau les roulait comme ces deux

---

1. On conçoit que le capitaine se prenne de sympathie pour les deux déportés; on comprend surtout que ce sentiment soit nécessaire pour rendre la nouvelle plus pathétique et plus probante. Cet ancien loup de mer, pourtant, n'évite pas une certaine mièvrerie, celle qui marque *Eloa,* le premier récit de *Stello* et le mariage de Pierrette et de Mathurin dans *la Veillée de Vincennes.* On notera en particulier l'abondance du qualificatif « petit », pris dans une acception surtout sentimentale.

poires que j'ai là dans mon mouchoir mouillé. Ils étaient alertes et contents. Je faisais comme vous, je ne questionnais pas. Qu'avais-je besoin *a* de savoir leur nom et leurs affaires, moi, passeur d'eau? Je les portais de l'autre côté de la mer, comme j'aurais porté deux oiseaux de paradis.

J'avais fini, après un mois, par les regarder comme mes enfants. Tout le jour, quand je les appelais, ils venaient s'asseoir auprès de moi. Le jeune homme écrivait sur ma table, c'est-à-dire sur mon lit; et, quand je voulais, il m'aidait à faire mon *point* [1] : il le sut bientôt faire aussi bien que moi *b*; j'en étais quelquefois tout interdit. La jeune femme s'asseyait sur un petit baril et se mettait à coudre.

Un jour qu'ils étaient posés comme cela, je leur dis :

— Savez-vous, mes petits amis, que nous faisons un tableau de famille comme nous voilà? Je ne veux pas vous interroger, mais probablement vous n'avez pas plus d'argent qu'il ne vous en faut, et vous êtes joliment délicats tous deux pour bêcher et piocher comme font les déportés à Cayenne. C'est un vilain pays, de tout mon cœur je vous le dis; mais moi, qui suis une vieille peau de loup desséchée au soleil, j'y vivrais comme un seigneur. Si vous aviez, comme il me semble (sans vouloir vous interroger), tant soit peu d'amitié pour moi, je quitterais assez volontiers mon vieux brick, qui n'est qu'un sabot *c* à présent, et je m'établirais là avec vous, si cela vous convient. Moi, je n'ai pas plus de famille qu'un chien, cela m'ennuie; vous me feriez une petite société. Je vous aiderais à bien des choses; et j'ai amassé une bonne pacotille de contrebande assez honnête, dont nous vivrions, et que je vous laisserais lorsque je viendrais à tourner de l'œil, comme on dit poliment.

Ils restèrent tout ébahis à se regarder, ayant l'air de croire que je ne disais pas vrai; et la petite courut, comme elle faisait toujours, se jeter au cou de l'autre, et s'asseoir sur ses genoux, toute rouge et en pleurant. Il la serra bien

---

1. Faire le point, c'est établir d'après les astres la situation du navire.

fort dans ses bras, et je vis aussi des larmes dans ses yeux;
il me tendit la main et devint plus pâle qu'à l'ordinaire.
Elle lui parlait bas, et ses grands cheveux blonds s'en
allèrent sur son épaule; son chignon s'était défait comme
un câble qui se déroule tout à coup, parce qu'elle était vive
comme un poisson : ces cheveux-là, si vous les aviez vus!
c'était comme de l'or. Comme ils continuaient à se parler
bas, le jeune homme lui baisant le front de temps en temps,
et elle pleurant, cela m'impatienta.

— Eh bien, ça vous va-t-il? leur dis-je à la fin.

— Mais... mais, capitaine, vous êtes bien bon, dit le
mari; mais c'est que... vous ne pouvez pas vivre avec des
déportés, et... Il baissa les yeux.

— Moi, dis-je, je ne sais ce que vous avez fait pour
être déporté, mais vous me direz ça un jour *ª*, ou pas du tout,
si vous voulez. Vous ne m'avez pas l'air d'avoir la conscience bien lourde, et je suis bien sûr *ᵇ* que j'en ai fait bien
d'autres que vous dans ma vie, allez, pauvres innocents.
Par exemple, tant que vous serez sous ma garde, je ne vous
lâcherai pas, il ne faut pas vous y attendre; je vous couperais
plutôt le cou comme à deux pigeons. Mais une fois l'épaulette de côté, je ne connais plus ni amiral ni rien du tout.

— C'est que, reprit-il en secouant tristement sa tête
brune, quoique un peu poudrée, comme cela *ᶜ* se faisait
encore à l'époque, c'est que je crois qu'il serait dangereux
pour vous, capitaine, d'avoir l'air de nous connaître. Nous
rions parce que nous sommes jeunes; nous avons l'air
heureux parce que nous nous aimons; mais j'ai de vilains
moments quand je pense à l'avenir, et je ne sais pas ce que
deviendra ma pauvre Laure.

Il serra de nouveau la tête de la jeune femme sur sa
poitrine :

— C'était bien là ce que je devais dire au capitaine;
n'est-ce pas *ᵈ*, mon enfant, que vous auriez dit la même
chose?

Je pris ma pipe et je me levai, parce que je commençais
à me sentir les yeux un peu mouillés, et que ça ne me va
pas, à moi.

— Allons! allons! dis-je, ça s'éclaircira par la suite. Si le tabac incommode madame, son absence est nécessaire.

Elle se leva, le visage tout en feu et tout humide de larmes, comme un enfant qu'on a grondé.

— D'ailleurs, me dit-elle en regardant ma pendule, vous n'y pensez pas, vous autres *a*; et la lettre!

Je sentis quelque chose qui me fit de l'effet. J'eus comme une douleur aux cheveux quand elle me dit cela.

— Pardieu! je n'y pensais plus, moi, dis-je. Ah! par exemple, voilà une belle affaire! Si nous avions passé le premier degré de latitude nord, il ne me resterait plus qu'à me jeter à l'eau. — Faut-il que j'aie du bonheur, pour que cette enfant-là m'ait rappelé la grande coquine de lettre!

Je regardai vite ma carte marine *b* et, quand je vis que nous en avions encore pour une semaine au moins, j'eus la tête soulagée, mais pas le cœur, sans savoir pourquoi.

— C'est que le Directoire ne badine pas pour l'article obéissance! dis-je. Allons, je suis au courant cette fois-ci encore. Le temps a filé si vite que j'avais tout à fait oublié cela.

Eh bien, monsieur, nous restâmes tous trois le nez en l'air à regarder cette lettre, comme si elle allait nous parler. Ce qui me frappa beaucoup, c'est que le soleil, qui glissait par la claire-voie, éclairait le verre de la pendule et faisait paraître le grand cachet rouge, et les autres petits, comme les traits d'un visage au milieu du feu.

— Ne dirait-on pas que les yeux lui sortent de la tête? leur dis-je pour les amuser.

— Oh! mon ami, dit la jeune femme, cela ressemble à des taches de sang.

— Bah! bah! dit son mari en la prenant sous le bras, vous vous trompez, Laure; cela ressemble au billet de *faire part* d'un mariage. Venez vous reposer, venez; pourquoi cette lettre vous occupe-t-elle?

Ils se sauvèrent comme si un revenant les avait suivis, et montèrent sur le pont. Je restai seul avec cette grande lettre, et je me souviens qu'en fumant ma pipe je la regardais toujours, comme si ses yeux rouges avaient attaché les miens, en les humant comme font des yeux de serpent. Sa grande figure pâle, son troisième cachet, plus grand que les yeux, tout ouvert, tout béant comme une gueule de loup... cela me mit de mauvaise humeur; je pris mon habit et je l'accrochai à la pendule, pour ne plus voir ni l'heure ni la chienne de lettre.

J'allai achever ma pipe sur le pont. J'y restai jusqu'à la nuit.

Nous étions alors à la hauteur des îles du Cap-Vert. Le *Marat* filait, vent en poupe [a], ses dix nœuds sans se gêner. La nuit était la plus belle que j'aie vue de ma vie près du tropique. La lune se levait à l'horizon, large comme un soleil; la mer la coupait en deux et devenait toute blanche comme une nappe de neige couverte de petits diamants. Je regardais cela en fumant, assis sur mon banc. L'officier de quart et les matelots ne disaient rien et regardaient comme moi l'ombre du brick sur l'eau. J'étais content de ne rien entendre. J'aime le silence et l'ordre, moi. J'avais défendu tous les bruits et tous les feux. J'entrevis cependant une petite ligne rouge presque sous mes pieds. Je me serais bien mis en colère tout de suite; mais comme c'était chez mes petits *déportés,* je voulus m'assurer de ce qu'on faisait avant de me fâcher. Je n'eus que la peine de me baisser, je pus voir, par le grand panneau, dans la petite chambre, et je regardai [1].

----

1. Innocente ou non, la curiosité du commandant qui regarde les deux jeunes mariés implique une indiscrétion un peu gênante. Ce souci de voir sans être vu est d'autant plus remarquable qu'il est fréquent chez Vigny, quand l'auteur imagine une scène voluptueuse ou cruelle. Charlemagne, dans *la Neige,* observe les deux amants à travers un vitrail; un enfant voit la torture de Grandier par une lucarne, dans *Cinq-Mars;* les ouvertures pratiquées dans une toile de tente, ou même sa transparence nous permettent de voir Jeanne de Belfiel livrée aux soldats dans *Cinq-Mars,* une jeune fille à demi-nue dans *l'Almeh,* Dalila dans *la Colère de Samson.* Caché dans le cabinet de Samuel, un personnage de *la Maréchale* assiste à l'entretien galant et cruel de Concini et d'Isabella ; Renaud, enfin, est caché derrière une tenture quand il entend le dialogue inconnu où Napoléon se montre successivement caressant et brutal à l'égard du pape. Il serait étrange qu'un

La jeune femme était à genoux et faisait ses prières. Il y avait une petite lampe qui l'éclairait. Elle était en chemise; je voyais d'en haut ses épaules nues, ses petits pieds nus, et ses grands cheveux blonds tout épars. Je pensai à me retirer, mais je me dis : — Bah ! un vieux soldat, qu'est-ce que ça fait ? Et je restai à voir.

Son mari était assis sur une petite malle, la tête sur ses mains, et la regardait prier. Elle leva la tête en haut comme au ciel, et je vis ses grands yeux bleus mouillés comme ceux d'une Madeleine. Pendant qu'elle priait, il prenait le bout de ses longs cheveux et les baisait sans faire de bruit. Quand elle eut fini, elle fit un signe de croix en souriant avec l'air d'aller au paradis. Je vis qu'il faisait comme elle un signe de croix, mais comme s'il en avait honte. Au fait, pour un homme c'est singulier.

Elle se leva debout, l'embrassa, et s'étendit la première dans son hamac, où il la jeta sans rien dire, comme on couche un enfant dans une balançoire. Il faisait une chaleur étouffante : elle se sentait bercée avec plaisir par le mouvement du navire et paraissait déjà commencer à s'endormir. Ses petits pieds blancs étaient croisés et élevés au niveau de sa tête, et tout son corps enveloppé de sa longue chemise blanche. C'était un amour, quoi !

— Mon ami, dit-elle en dormant à moitié, n'avez-vous pas sommeil ? Il est bien tard, sais-tu ?

Il restait toujours le front sur ses mains sans répondre. Cela l'inquiéta un peu, la bonne petite, et elle passa sa jolie tête hors du hamac, comme un oiseau hors de son nid, et le regarda la bouche entrouverte, n'osant plus parler.

Enfin il lui dit :

— Eh ! ma chère Laure, à mesure que nous avançons vers l'Amérique, je ne puis m'empêcher de devenir plus triste. Je ne sais pourquoi, il me paraît que le temps le plus heureux de notre vie aura été celui de la traversée.

---

schéma aussi constant ne traduisît pas un trait profond dans la personnalité de Vigny.

— Cela me semble aussi, dit-elle; je voudrais n'arriver jamais.

Il la regarda en joignant les mains avec un transport que vous ne pouvez pas vous figurer.

— Et cependant, mon ange, vous pleurez toujours en priant Dieu, dit-il; cela m'afflige beaucoup, parce que je sais bien ceux à qui vous pensez, et je crois que vous avez regret de ce que vous avez fait.

— Moi, du regret! dit-elle avec un air bien peiné; moi, du regret de t'avoir suivi, mon ami! Crois-tu que, pour t'avoir appartenu si peu, je t'aie moins aimé? N'est-on pas une femme, ne sait-on pas ses devoirs à dix-sept ans? Ma mère et mes sœurs n'ont-elles pas dit que c'était mon devoir de vous suivre à la Guyane? N'ont-elles pas dit que je ne faisais là rien de surprenant? Je m'étonne seulement que vous en ayez été touché, mon ami; tout cela est naturel. Et à présent je ne sais comment vous pouvez croire que je regrette rien, quand je suis avec vous pour vous aider à vivre, ou pour mourir avec vous si vous mourez[1].

Elle disait tout ça d'une voix si douce qu'on aurait cru que c'était une musique. J'en étais tout ému et je dis :

— Bonne petite femme, va !

Le jeune homme se mit à soupirer en frappant [a] du pied et en baisant une jolie main et un bras nu qu'elle lui tendait.

— Oh! Laurette, ma Laurette! disait-il, quand je pense que si nous avions retardé de quatre jours notre mariage, on m'arrêtait seul et je partais tout seul, je ne puis me pardonner.

Alors la belle petite pencha hors du hamac ses deux beaux bras blancs, nus jusqu'aux épaules, et lui caressa le front, les cheveux et les yeux, en lui prenant la tête comme pour l'emporter et le cacher dans sa poitrine. Elle sourit

---

1. La conduite de Laurette à l'égard de son mari déporté rappelle un peu celle de Des Grieux qui accompagne Manon déportée en Amérique. On sait que Vigny faisait grand cas du roman de l'abbé Prévost, comme il le dit lui-même dans une lettre à Augusta (*Lettres d'un dernier amour*, pp. 59, 62 et 65).

comme un enfant, et lui dit une quantité de petites choses de femme, comme moi je n'avais jamais rien entendu de pareil. Elle lui fermait la bouche avec ses doigts pour parler toute seule. Elle disait, en jouant et en prenant ses longs cheveux comme un mouchoir pour lui essuyer les yeux :

— Est-ce que ce n'est pas bien mieux d'avoir avec toi [a] une femme qui t'aime, dis, mon ami? Je suis bien contente, moi, d'aller à Cayenne; je verrai des sauvages, des cocotiers comme ceux de Paul et Virginie, n'est-ce pas? Nous planterons chacun le nôtre. Nous verrons qui sera le meilleur jardinier. Nous nous ferons une petite case pour nous deux. Je travaillerai toute la journée et toute la nuit, si tu veux. Je suis forte; tiens, regarde mes bras; — tiens, je pourrais presque te soulever. Ne te moque pas de moi; je sais très bien broder, d'ailleurs; et n'y a-t-il pas une ville quelque part par là où il faille des brodeuses? Je donnerai des leçons de dessin et de musique si l'on veut aussi; et si l'on y sait lire, tu écriras, toi.

Je me souviens que le pauvre garçon fut si désespéré qu'il jeta un grand cri lorsqu'elle [b] dit cela.

— Écrire! — criait-il, — écrire!

Et il se prit la main droite avec la gauche en la serrant au poignet.

— Ah! écrire! pourquoi ai-je jamais su écrire! Écrire! mais c'est [c] le métier d'un fou!... — J'ai cru à leur liberté de la presse! — Où avais-je l'esprit? Eh! pour quoi faire? pour imprimer cinq ou six pauvres idées assez médiocres, lues [d] seulement par ceux qui les aiment, jetées au feu par ceux qui les haïssent, ne servant à rien qu'à nous faire persécuter! Moi, encore passe; mais toi, bel ange, devenue femme depuis quatre jours à peine! qu'avais-tu fait? Explique-moi, je te prie, comment je t'ai permis d'être bonne à ce point de me suivre ici? Sais-tu seulement où tu es, pauvre petite? Et où tu vas, le sais-tu? Bientôt, mon enfant, vous serez à seize cents lieues de votre mère et de vos sœurs... et pour moi! tout cela pour moi!

Elle cacha sa tête un moment dans le hamac; et moi d'en haut je vis qu'elle pleurait; mais lui d'en bas ne voyait pas son visage; et quand elle le sortit de la toile, c'était en souriant pour lui *a* donner de la gaieté.

— Au fait, nous ne sommes pas riches à présent, dit-elle en riant aux éclats; tiens, regarde ma bourse, je n'ai plus qu'un louis tout seul. Et toi?

Il se mit à rire aussi comme un enfant :

— Ma foi, moi, j'avais encore un écu, mais je l'ai donné au petit garçon qui a porté ta malle.

— Ah, bah! qu'est-ce que ça fait? dit-elle en faisant claquer ses petits doigts blancs comme des castagnettes; on n'est jamais plus gai que lorsqu'on n'a rien; et n'ai-je pas en réserve les deux bagues de diamants que ma mère m'a données? cela est bon partout et pour tout, n'est-ce pas? Quand tu voudras nous les vendrons. D'ailleurs, je crois que le bonhomme de capitaine ne dit pas toutes ses bonnes intentions pour nous, et qu'il sait bien ce qu'il y a dans la lettre. C'est sûrement une recommandation pour nous au gouverneur de Cayenne.

— Peut-être, dit-il; qui sait?

— N'est-ce pas? reprit sa petite femme; tu es si bon que je suis sûre que le gouvernement t'a exilé pour un peu de temps, mais ne t'en veut pas.

Elle avait dit ça si bien! m'appelant le bonhomme de capitaine, que j'en fus tout remué et tout attendri; et je me réjouis même, dans le cœur, de ce qu'elle avait peut-être deviné juste sur la lettre cachetée *b*. Ils commençaient encore à s'embrasser; je frappai du pied vivement sur le pont pour les faire finir.

Je leur criai :

— Eh! dites donc, mes petits amis! on a l'ordre d'éteindre tous les feux du bâtiment. Soufflez-moi votre lampe, s'il vous plaît.

Ils soufflèrent la lampe, et je les entendis rire en jasant tout bas dans l'ombre comme des écoliers. Je me remis à me promener seul sur mon tillac *c* en fumant ma pipe. Toutes les étoiles du tropique étaient à leur poste, larges comme de petites lunes. Je les regardai en respirant un air qui sentait frais et bon.

Je me disais que certainement ces bons petits avaient deviné la vérité, et j'en étais tout ragaillardi. Il y avait bien à parier qu'un des cinq Directeurs s'était ravisé et me les recommandait; je ne m'expliquais pas bien pourquoi *a*, parce qu'il y a des affaires d'État que je n'ai jamais comprises, moi; mais enfin je croyais cela et, sans savoir pourquoi, j'étais content.

Je descendis dans ma chambre *b*, et j'allai regarder la lettre sous mon vieil uniforme. Elle avait une autre figure; il me sembla qu'elle riait, et ses cachets paraissaient couleur de rose. Je ne doutai plus de sa bonté, et je lui fis un petit signe d'amitié.

Malgré cela, je remis mon habit dessus; elle m'ennuyait.

Nous ne pensâmes plus du tout à la regarder pendant quelques jours, et nous étions gais; mais, quand nous approchâmes du premier degré de latitude, nous commençâmes à ne plus parler.

Un beau matin je m'éveillai assez étonné de ne sentir aucun mouvement dans le bâtiment. A vrai dire, je ne dors jamais que d'un œil, comme on dit, et, le roulis me manquant, j'ouvris les deux yeux. Nous étions tombés dans un calme plat, et c'était sous le 1º de latitude nord, au 27º de longitude. Je mis le nez sur le pont : la mer était lisse comme une jatte d'huile; toutes les voiles ouvertes tombaient collées aux mâts comme des ballons vides. Je dis tout de suite : — J'aurai le temps de te lire, va! en regardant de travers du côté de la lettre. J'attendis jusqu'au soir, au coucher du soleil. Cependant il fallait bien en venir là : j'ouvris la pendule, et j'en tirai vivement l'ordre cacheté. — Eh bien! mon cher, je le tenais à la main depuis un quart d'heure, que je ne pouvais pas encore le lire. Enfin je me dis : — C'est par trop fort! et je *c* brisai les trois cachets d'un coup de pouce; et le grand cachet rouge, je le broyai en poussière. Après avoir lu, je me frottai les yeux, croyant m'être trompé.

Je relus la lettre tout entière; je la relus encore; je recommençai en la prenant par la dernière ligne et remontant

à la première. Je n'y croyais pas. Mes jambes flageolaient
un peu sous moi, je m'assis; j'avais un certain tremblement
sur la peau du visage; je me frottai un peu les joues avec
du rhum, je m'en mis dans le creux des mains, je me faisais
pitié à moi-même d'être si bête que cela; mais ce fut l'affaire
d'un moment; je montai prendre l'air.

Laurette était ce jour-là si jolie, que je ne voulus pas
m'approcher d'elle : elle avait une petite robe blanche
toute simple, les bras nus jusqu'au col *a*, et ses grands cheveux
tombants comme elle les portait toujours. Elle s'amusait
à tremper dans la mer son autre robe au bout d'une corde,
et riait en cherchant à arrêter les goémons, plantes marines
semblables à des grappes de raisin, et qui flottent sur les
eaux des Tropiques.

— Viens donc voir *b* les raisins! viens donc vite! criait-
elle; et son ami s'appuyait sur elle, et se penchait, et ne
regardait pas l'eau, parce qu'il la regardait d'un air tout
attendri.

Je fis signe à ce jeune homme de venir me parler sur
le gaillard d'arrière. Elle se retourna. Je ne sais quelle
figure j'avais, mais elle laissa tomber sa corde; elle le prit
violemment par le bras, et lui dit :

— Oh! n'y va pas, il est tout pâle.

Cela se pouvait bien, il y avait de quoi pâlir. Il vint
cependant près de moi sur le gaillard; elle nous regardait,
appuyée contre le grand mât. Nous nous promenâmes
longtemps de long en large sans rien dire. Je fumais un
cigare que je trouvais amer, et je le crachai dans l'eau.
Il me suivait de l'œil; je lui pris le bras : j'étouffais, ma foi,
ma parole d'honneur! j'étouffais.

— Ah çà! lui dis-je enfin, contez-moi donc, mon petit
ami, contez-moi un peu votre histoire. Que diable avez-
vous donc fait à ces chiens d'avocats qui sont là comme
cinq morceaux de roi? Il paraît qu'ils vous en veulent
fièrement! C'est drôle!

Il haussa les épaules en penchant la tête (avec un air si
doux, le pauvre garçon!) et me dit :

— O mon Dieu! Capitaine, pas grand-chose, allez :

trois couplets de vaudeville sur le Directoire, voilà tout.

— Pas possible! dis-je.

— O mon Dieu, si! Les couplets n'étaient même pas trop bons. J'ai été arrêté le 15 fructidor et conduit à la Force[1], jugé le 16, et condamné à mort d'abord, et puis à la déportation par bienveillance.

— C'est drôle ! dis-je. Les Directeurs sont des camarades bien susceptibles; car cette lettre que vous savez me donne ordre de vous fusiller.

Il ne répondit pas, et sourit en faisant une assez bonne contenance pour un jeune homme de dix-neuf ans. Il regarda seulement sa femme, et s'essuya le front, d'où tombaient des gouttes de sueur. J'en avais autant au moins sur la figure, moi, et d'autres gouttes aux yeux.

Je repris :

— Il paraît que ces citoyens-là n'ont pas voulu faire votre affaire sur terre, ils ont pensé qu'ici ça ne paraîtrait pas tant. Mais pour moi c'est fort triste; car vous avez beau être un bon enfant, je ne peux pas m'en dispenser; l'arrêt de mort est là en règle, et l'ordre d'exécution signé, paraphé, scellé; il n'y manque rien.

Il me salua très poliment en rougissant.

— Je ne demande rien, capitaine, dit-il avec une voix aussi douce que de coutume; je serais désolé de vous faire manquer à vos devoirs. Je voudrais seulement parler un peu à Laure [a], et vous prier de la protéger dans le cas où elle me survivrait, ce que je ne crois pas.

— Oh, pour cela, c'est juste, lui dis-je, mon garçon; si cela ne vous déplaît pas, je la conduirai à sa famille à

---

1. Il s'agit de l'ancien hôtel du duc de La Force, transformé en prison en 1780, et détruit au milieu du XIXe siècle; il avait sa façade dans la rue du Roi-de-Sicile. C'est dans cette prison que se déroulèrent les épisodes les plus sanglants des massacres de Septembre. Vigny simplifie un peu le coup d'État de fructidor. Les victimes en furent d'abord des députés et des prêtres; quant aux journalistes et propriétaires de journaux, ils furent poursuivis au nom d'une loi sur la presse, un peu postérieure, puisqu'elle date du 8 septembre; la plupart d'entre eux réussirent d'ailleurs à se mettre à l'abri.

mon retour en France, et je ne la quitterai que quand elle
ne voudra plus me voir. Mais, à mon sens, vous pouvez
vous flatter qu'elle ne reviendra pas de ce coup-là; pauvre
petite femme!

Il me prit les deux mains, les serra et me dit[a] :

— Mon brave Capitaine, vous souffrez plus que moi
de ce qu'il vous reste à faire, je le sens bien; mais qu'y
pouvons-nous? Je compte sur vous [b] pour lui conserver le
peu[c] qui m'appartient, pour la protéger, pour veiller à
ce qu'elle reçoive ce que sa vieille mère pourrait lui laisser,
n'est-ce pas? pour garantir sa vie, son honneur, n'est-ce
pas? et aussi pour qu'on ménage toujours sa santé. —
Tenez, ajouta-t-il plus bas, j'ai à vous dire qu'elle est très dé-
licate; elle a souvent la poitrine affectée[d] jusqu'à s'évanouir
plusieurs fois par jour ; il faut qu'elle se couvre bien toujours. Enfin vous remplacerez[e] son père, sa mère et moi
autant que possible, n'est-il pas vrai? Si elle pouvait conserver les bagues que sa mère lui a données, cela me ferait bien
plaisir. Mais si on a besoin de les vendre pour elle, il le
faudra bien. Ma pauvre Laurette! voyez comme elle est
belle!

Comme ça commençait à devenir par trop tendre, cela
m'ennuya, et je me mis à froncer le sourcil; je lui avais
parlé d'un air gai pour ne pas m'affaiblir; mais je n'y tenais
plus : — Enfin, suffit! lui dis-je, entre braves gens on
s'entend de reste. Allez lui parler, et dépêchons-nous.

Je lui serrai la main en ami; et, comme il ne quittait
pas la mienne et me regardait avec un air singulier : — Ah
çà! si j'ai un conseil à vous donner, ajoutai-je, c'est de ne
pas lui parler de ça. Nous arrangerons la chose sans qu'elle
s'y attende, ni vous non plus, soyez tranquille; ça me
regarde.

— Ah! c'est différent, dit-il, je ne savais pas[f]... cela
vaut mieux, en effet. D'ailleurs, les adieux! les adieux!
cela affaiblit.

— Oui, oui, lui dis-je, ne soyez pas enfant, ça vaut
mieux. Ne l'embrassez pas, mon ami, ne l'embrassez pas,
si vous pouvez, ou vous êtes perdu[g].

Je lui donnai encore une bonne poignée de main, et je le laissai aller. Oh! c'était dur pour moi, tout cela.

Il me parut qu'il gardait, ma foi, bien le secret : car ils se promenèrent, bras dessus bras dessous, pendant un quart d'heure, et ils revinrent, au bord de l'eau, reprendre la corde et la robe qu'un de mes mousses avait repêchées.

La nuit vint tout à coup. C'était le moment que j'avais résolu de prendre. Mais ce moment a duré pour moi jusqu'au jour où nous sommes, et je le traînerai toute ma vie comme un boulet.

Ici le vieux Commandant fut forcé de s'arrêter. Je me gardai de parler, de peur de détourner ses idées; il reprit en se frappant la poitrine :

— Ce moment-là, je vous le dis, je ne peux pas encore le comprendre. Je sentis la colère me prendre aux cheveux, et en même temps je ne sais quoi me faisait obéir et me poussait en avant. J'appelai les officiers, et je dis à l'un d'eux *a* :

— Allons, un canot à la mer... puisque à présent nous sommes des bourreaux! Vous y mettrez cette femme, et vous l'emmènerez au large *b*, jusqu'à ce que vous entendiez des coups de fusil. Alors vous reviendrez. — Obéir à un morceau de papier! car ce n'était que cela *c* enfin! Il fallait qu'il y eût quelque chose dans l'air qui me poussât. J'entrevis de loin ce jeune homme... oh! c'était affreux à voir...! s'agenouiller devant sa Laurette, et lui baiser les genoux et les pieds *d*. N'est-ce pas que vous trouvez que j'étais bien malheureux?

Je criai comme un fou : — Séparez-les... nous sommes tous des scélérats! — Séparez-les... La pauvre République est un corps mort! Directeurs, Directoire, c'en est la vermine! Je quitte la mer! Je ne crains pas tous vos avocats; qu'on leur dise ce que je dis, qu'est-ce que ça me fait?

— Ah! je me souciais bien d'eux, en effet! J'aurais voulu les tenir, je les aurais fait fusiller tous les cinq, les coquins! Oh! je l'aurais fait; je me souciais de la vie comme de l'eau qui tombe là, tenez... Je m'en souciais bien!... une vie comme la mienne... Ah bien, oui! pauvre vie... va!...

Et la voix du Commandant s'éteignit peu à peu et devint aussi incertaine que ses paroles; et il marcha en se mordant les lèvres et en fronçant le sourcil dans une distraction terrible et farouche. Il avait de petits mouvements convulsifs et donnait à son mulet des coups du fourreau de son épée, comme s'il eût voulu le tuer. Ce qui m'étonna, ce fut de voir la peau jaune de sa figure devenir d'un rouge foncé. Il défit et entrouvrit violemment son habit sur la poitrine, la découvrant au vent et à la pluie. Nous continuâmes ainsi à marcher dans un grand silence. Je vis bien qu'il ne parlerait plus de lui-même, et qu'il fallait me résoudre à questionner.

— Je comprends bien, lui dis-je, comme s'il eût fini son histoire, qu'après une aventure aussi cruelle on prenne son métier en horreur.

— Oh! le métier, êtes-vous fou? me dit-il brusquement, ce n'est pas le métier! Jamais le capitaine d'un bâtiment ne sera obligé d'être un bourreau, sinon quand viendront des gouvernements d'assassins et de voleurs, qui profiteront de l'habitude qu'a un pauvre homme d'obéir aveuglément, d'obéir toujours, d'obéir comme une malheureuse mécanique, malgré son cœur.

En même temps il tira de sa poche un mouchoir rouge dans lequel il se mit à pleurer comme un enfant. Je m'arrêtai un moment comme pour arranger mon étrier, et, restant derrière la charrette, je marchai quelque temps à la suite, sentant qu'il serait humilié si je voyais trop clairement ses larmes abondantes.

J'avais deviné juste, car au bout d'un quart d'heure environ, il vint aussi derrière son pauvre équipage, et me demanda si je n'avais pas de rasoirs dans mon portemanteau; à quoi je lui répondis simplement que, n'ayant pas encore de barbe, cela m'était fort inutile [1]. Mais il n'y

---

1. Il se peut que l'auteur songe ici à un souvenir de jeunesse. Sur la foi de Victor Hugo, Eugène de Mirecourt raconte en effet dans *les Contemporains* que Vigny, tout jeune gendarme en 1815, devait subir les plaisanteries de ses camarades qui s'amusaient à lui demander

tenait pas, c'était pour parler d'autre chose. Je m'aperçus cependant avec plaisir qu'il revenait à son histoire, car il me dit tout à coup :

— Vous n'avez jamais vu de vaisseau de votre vie, n'est-ce pas ?

— Je n'en ai vu, dis-je, qu'au Panorama de Paris, et je ne me fie pas beaucoup à la science maritime que j'en ai tirée [1].

— Vous ne savez pas, par conséquent, ce que c'est que le bossoir ?

— Je ne m'en doute pas, dis-je.

— C'est une espèce de terrasse de poutres qui sort de l'avant du navire, et d'où l'on jette l'ancre en mer. Quand on fusille un homme, on le fait placer là ordinairement, ajouta-t-il plus bas.

— Ah ! je comprends, parce qu'il tombe de là dans la mer.

Il ne répondit pas, et se mit à décrire toutes les sortes de canots que peut porter un brick, et leur position dans le bâtiment ; et puis [a], sans ordre dans ses idées, il continua son récit avec cet air affecté d'insouciance que de longs services donnent infailliblement, parce qu'il faut montrer à ses inférieurs le mépris du danger, le mépris des hommes, le mépris de la vie, le mépris de la mort et le mépris de soi-même ; et tout cela cache, sous une dure enveloppe, presque

---

son rasoir, précisément parce qu'il était trop jeune encore pour avoir à s'en servir. Cette affaire faillit même se terminer par un duel.

1. Inventé en 1792 par le peintre écossais R. Barker, le Panorama connut un succès très vif pendant une bonne partie du XIXe siècle ; Napoléon lui-même voulut l'utiliser à des fins politiques en y faisant représenter ses plus grandes victoires. Le Panorama se présentait comme un tableau circulaire tendu à l'intérieur d'une rotonde qui pouvait avoir vingt mètres de rayon et douze mètres de haut. Le public se plaçait au centre sur une plate-forme assez étroite qui s'élevait à mi-hauteur. Vigny fait peut-être allusion ici à *la Bataille de Navarin* due en 1830 au peintre Langlois, élève de Girodet. Dans ce spectacle, la plate-forme centrale représentait la dunette du *Scipion*, et l'escalier qui permettait d'y accéder était aménagé de manière que le spectateur eût l'impression d'être à l'intérieur d'un bateau.

toujours une sensibilité profonde. — La dureté de l'homme de guerre est comme un masque de fer sur un noble visage, comme un cachot de pierre qui renferme un prisonnier royal.

— Ces embarcations tiennent six hommes, reprit-il [a]. Ils s'y jetèrent et emportèrent Laure avec eux, sans qu'elle eût le temps de crier et de parler. Oh! voici une chose dont aucun honnête homme ne peut se consoler quand il en est cause. On a beau dire, on n'oublie pas une chose pareille!... Ah! quel temps il fait! — Quel diable m'a poussé à raconter ça! Quand je raconte cela, je ne peux plus m'arrêter, c'est fini. C'est une histoire qui me grise comme le vin de Juran-çon. — Ah! quel temps il fait! — Mon manteau est traversé.

Je vous parlais, je crois, encore de cette petite Laurette! — La pauvre femme! — Qu'il y a des gens maladroits dans le monde! l'officier fut assez sot [b] pour conduire le canot en avant du brick. Après cela, il est vrai de dire qu'on ne peut pas tout prévoir. Moi, je comptais sur la nuit pour cacher l'affaire, et je ne pensais pas à la lumière des douze fusils faisant feu à la fois [c]. Et, ma foi! du canot elle vit son mari tomber à la mer, fusillé.

S'il y a un Dieu là-haut, il sait comment arriva ce que je vais vous dire; moi je ne le sais pas, mais on l'a vu et entendu comme je vous vois et vous entends. Au moment du feu, elle porta la main à sa tête comme si une balle l'avait frappée au front, et s'assit dans le canot sans s'évanouir, sans crier, sans parler, et revint au brick quand on voulut et comme on voulut. J'allai à elle, je lui parlai longtemps et le mieux que je pus. Elle avait l'air de m'écouter et me regardait en face, en se frottant le front. Elle ne comprenait pas, et elle avait le front rouge et le visage tout pâle. Elle tremblait de tous ses membres comme ayant peur de tout le monde. Ça lui est resté. Elle est encore de même, la pauvre petite! idiote, ou comme imbécile, ou folle, comme vous voudrez. Jamais on n'en a tiré une parole, si ce n'est quand elle dit qu'on lui ôte ce qu'elle a dans la tête.

De ce moment-là je devins aussi triste qu'elle, et je sentis quelque chose en moi qui me disait : *Reste devant elle jusqu'à la fin de tes jours, et garde-la;* je l'ai fait. Quand je revins en France, je demandai à passer avec mon grade dans les troupes de terre, ayant pris la mer en haine parce que j'y avais jeté du sang innocent. Je cherchai la famille de Laure. Sa mère était morte. Ses sœurs, à qui je la conduisis folle, n'en voulurent pas, et m'offrirent de la mettre à Charenton. Je leur tournai le dos, et je la gardai avec moi.

— Ah! mon Dieu! si vous voulez la voir, mon camarade, il ne tient qu'à vous. — Serait-elle là dedans? lui dis-je. — Certainement! tenez! attendez [a]. — Hô! hô! la mule...

CHAPITRE VI

Comment je continuai ma route

Et il arrêta son pauvre mulet, qui me parut charmé que j'eusse fait cette question. En même temps il souleva la toile cirée de sa petite charrette, comme pour arranger la paille qui la remplissait presque, et je vis quelque chose de bien douloureux. Je vis deux yeux bleus, démesurés de grandeur, admirables de forme, sortant d'une tête pâle, amaigrie et longue, inondée de cheveux blonds tout plats. Je ne vis, en vérité, que ces deux yeux, qui étaient tout dans cette pauvre femme, car le reste était mort. Son front était rouge; ses joues creuses et blanches avaient des pommettes bleuâtres; elle était accroupie au milieu de la paille, si bien qu'on en voyait à peine sortir ses deux genoux, sur lesquels elle jouait aux dominos toute seule. Elle nous regarda un moment, trembla longtemps, me sourit un peu, et se remit à jouer. Il me parut qu'elle s'appliquait à comprendre comment sa main droite battrait sa main gauche.

— Voyez-vous, il y a un mois qu'elle joue cette partie-là, me dit le Chef de bataillon; demain, ce sera peut-être un autre jeu qui durera longtemps. C'est drôle, hein?

En même temps il se mit à replacer la toile cirée de son schako, que la pluie avait un peu dérangée.

— Pauvre Laurette! dis-je, tu as perdu pour toujours, va!

J'approchai mon cheval de la charrette, et je lui tendis la main; elle me donna la sienne machinalement, et en souriant avec beaucoup de douceur. Je remarquai avec étonnement qu'elle avait à ses longs doigts deux bagues de diamants; je pensai que c'étaient encore les bagues de sa mère, et je me demandai comment la misère les avait laissées là. Pour un monde entier je n'en aurais pas fait l'observation au vieux Commandant; mais comme il me suivait des yeux, et voyait les miens arrêtés sur les doigts de Laure, il me dit avec un certain air d'orgueil :

— Ce sont d'assez gros diamants, n'est-ce pas? Ils pourraient avoir leur prix dans l'occasion, mais je n'ai pas voulu qu'elle s'en séparât, la pauvre enfant. Quand on y touche, elle pleure, elle ne les quitte pas. Du reste, elle ne se plaint jamais, et elle peut coudre de temps en temps *a*. J'ai tenu parole à son pauvre petit mari, et, en vérité, je ne m'en repens pas. Je ne l'ai jamais quittée, et j'ai dit partout que c'était ma fille qui était folle. On a respecté ça. A l'armée tout s'arrange mieux qu'on ne le croit à Paris, allez! — Elle a fait toutes les guerres de l'Empereur avec moi, et je l'ai toujours tirée d'affaire. Je la tenais toujours chaudement. Avec de la paille et une petite voiture, ce n'est jamais impossible. Elle avait une tenue assez soignée, et moi, étant chef de bataillon, avec une bonne paye, ma pension de la Légion d'honneur et le mois Napoléon, dont la solde *b* était double, dans le temps [1], j'étais tout à fait au courant de mon affaire, et elle ne me gênait pas. Au contraire, ses enfantillages faisaient rire quelquefois les officiers du 7e léger.

Alors il s'approcha d'elle et lui frappa sur l'épaule, comme il eût fait à son petit mulet.

— Eh bien, ma fille! dis donc, parle donc un peu au lieutenant qui est là; voyons, un petit signe de tête.

Elle se remit à ses dominos.

— Oh! dit-il, c'est qu'elle est un peu farouche aujourd'hui, parce qu'il pleut. Cependant elle ne s'enrhume jamais. Les fous, ça n'est jamais malade, c'est commode de ce côté-là. A la Bérésina et dans toute la retraite de Moscou, elle allait nu-tête. — Allons, ma fille, joue toujours, va, ne t'inquiète pas de nous; fais ta volonté, va, Laurette.

---

1. L'anniversaire de Napoléon tombant le 15 août, la solde du mois d'août était doublée, à titre de récompense, pour certains officiers de la Garde impériale.

Elle lui prit la main qu'il appuyait sur son épaule, une grosse main noire et ridée; elle la porta timidement à ses lèvres et la baisa comme une pauvre esclave. Je me sentis le cœur serré par ce baiser, et je tournai bride violemment.

— Voulons-nous continuer notre marche, Commandant? lui dis-je; la nuit viendra avant que nous soyons à Béthune.

Le Commandant racla soigneusement avec le bout de son sabre la boue jaune qui chargeait ses bottes; ensuite il monta sur le marchepied de la charrette, ramena sur la tête de Laure le capuchon de drap d'un petit manteau qu'elle avait. Il ôta sa cravate de soie noire et la mit autour du cou de sa fille adoptive ; après quoi il donna le coup de pied au mulet, fit son mouvement d'épaule et dit : — En route, mauvaise troupe! — Et nous repartîmes.

La pluie tombait toujours tristement; le ciel gris *a* et la terre grise s'étendaient sans fin, une sorte de lumière terne, un pâle soleil, tout mouillé, s'abaissait derrière de grands moulins qui ne tournaient pas. Nous retombâmes dans un grand silence.

Je regardais mon vieux Commandant; il marchait à grands pas, avec une vigueur toujours soutenue, tandis que son mulet n'en pouvait plus et que mon cheval même commençait à baisser la tête. Ce brave homme ôtait de temps à autre son schako pour essuyer son front chauve et quelques cheveux gris de sa tête, ou ses gros sourcils, ou ses moustaches blanches, d'où tombait la pluie. Il ne s'inquiétait pas de l'effet qu'avait pu faire sur moi son récit. Il ne s'était fait ni meilleur ni plus mauvais qu'il n'était. Il n'avait pas daigné se dessiner. Il ne pensait pas à lui-même et, au bout d'un quart d'heure, il entama, sur le même ton, une histoire bien plus longue sur une campagne du maréchal Masséna, où il avait formé son bataillon en carré contre je ne sais quelle cavalerie. Je ne l'écoutai pas, quoiqu'il s'échauffât pour me démontrer la supériorité du fantassin sur le cavalier.

La nuit vint, nous n'allions pas vite. La boue devenait plus épaisse et plus profonde. Rien sur la route et rien au bout. Nous nous arrêtâmes au pied d'un arbre mort, le

seul arbre du chemin. Il donna d'abord ses soins à son
mulet, comme moi à mon cheval. Ensuite il regarda dans la
charrette, comme une mère dans le berceau de son enfant.
Je l'entendais qui disait : — Allons, ma fille, mets cette
redingote sur tes pieds, et tâche de dormir. — Allons, c'est
bien ! elle n'a pas une goutte de pluie. — Ah ! diable ! elle a
cassé ma montre que je lui avais laissée au cou ! — Oh !
ma pauvre montre d'argent ! — Allons, c'est égal; mon
enfant, tâche de dormir. Voilà le beau temps qui va venir
bientôt. — C'est drôle ! elle a toujours la fièvre; les folles
sont comme ça. Tiens, voilà du chocolat pour toi, mon
enfant.

Il appuya la charrette à l'arbre, et nous nous assîmes sous
les roues, à l'abri de l'éternelle ondée, partageant un petit
pain à lui et un à moi : mauvais souper.

— Je suis fâché que nous n'ayons que ça, dit-il; mais ça
vaut mieux que du cheval cuit [a] sous la cendre avec de la
poudre dessus, en manière de sel, comme on en mangeait
en Russie. La pauvre petite femme, il faut bien que je lui
donne ce que j'ai de mieux. Vous voyez que je la mets [b]
toujours à part. Elle ne peut pas souffrir le voisinage d'un
homme depuis l'affaire de la lettre. Je suis vieux, et elle a
l'air de croire que je suis son père; malgré cela, elle m'étran-
glerait si je voulais l'embrasser seulement sur le front. L'éducation leur laisse toujours quelque chose, à ce qu'il paraît,
car je ne l'ai jamais vue oublier de se cacher [c] comme une
religieuse. — C'est drôle, hein?

Comme il parlait d'elle de cette manière, nous l'entendîmes soupirer et dire : *Otez ce plomb! ôtez-moi ce plomb!*
Je me levai [d], il me fit rasseoir.

— Restez, restez, me dit-il, ce n'est rien ; elle dit ça toute
sa vie, parce qu'elle croit toujours sentir une balle dans sa
tête. Ça ne l'empêche pas de faire tout ce qu'on lui dit, et
cela avec beaucoup de douceur.

Je me tus, en l'écoutant avec tristesse. Je me mis à calculer que, de 1797 à 1815, où nous étions, dix-huit années
s'étaient ainsi passées pour cet homme. — Je demeurai
longtemps en silence à côté de lui, cherchant à me rendre

compte de ce caractère et de cette destinée. Ensuite, à propos de rien, je lui donnai une poignée de main pleine d'enthousiasme. Il en fut étonné.

— Vous êtes un digne homme, lui dis-je. Il me répondit :

— Eh! pourquoi donc? Est-ce à cause de cette pauvre femme?... Vous sentez bien, mon enfant, que c'était un devoir. Il y a longtemps que j'ai fait Abnégation.

Et il me parla encore de Masséna.

Le lendemain, au jour, nous arrivâmes à Béthune, petite ville laide et fortifiée, où l'on dirait que les remparts, en resserrant leur cercle, ont pressé les maisons l'une sur l'autre. Tout y était en confusion, c'était le moment d'une alerte. Les habitants commençaient à retirer les drapeaux blancs des fenêtres et à coudre les trois couleurs dans leurs maisons. Les tambours battaient la générale; les trompettes sonnaient *à cheval*, par ordre de M. le duc de Berry. Les longues charrettes picardes portaient les Cent-Suisses [1] et leurs bagages; les canons des Gardes-du-Corps courant aux remparts, les voitures des princes, les escadrons des Compagnies-Rouges se formant encombraient la ville. La vue des Gendarmes du Roi et des Mousquetaires me fit oublier mon vieux compagnon de route. Je joignis ma compagnie, et je perdis dans la foule la petite charrette et ses pauvres habitants. A mon grand regret, c'était pour toujours que je les perdais.

Ce fut la première fois de ma vie que je lus au fond d'un vrai cœur de soldat. Cette rencontre me révéla une nature d'homme qui m'était inconnue, et que le pays connaît mal et ne traite pas bien; je la plaçai dès lors très haut dans mon estime. J'ai souvent cherché depuis autour de moi quelque homme semblable à celui-là et capable de cette abnégation de soi-même entière et insouciante. Or, durant quatorze

---

1. Les Cent-Suisses étaient un corps de cent vingt-sept hommes qui, avec les quatre Compagnies rouges, composaient la Maison du roi. On sait que les rois de France avaient traditionnellement une garde suisse. C'est cette garde qui fut massacrée aux Tuileries le 10 août 1792.

années que j'ai vécu dans l'armée, ce n'est qu'en elle, et surtout dans les rangs dédaignés et pauvres de l'infanterie, que j'ai retrouvé ces hommes de caractère antique, poussant le sentiment du devoir jusqu'à ses dernières conséquences, n'ayant ni remords de l'obéissance ni honte de la pauvreté, simples de mœurs et de langage, fiers de la gloire du pays, et insouciants de la leur propre, s'enfermant avec plaisir dans leur obscurité, et partageant avec les malheureux le pain noir qu'ils payent de leur sang.

J'ignorai longtemps ce qu'était devenu ce pauvre Chef de bataillon, d'autant plus qu'il ne m'avait pas dit son nom et que je ne le lui avais pas demandé. Un jour cependant, au café, en 1825, je crois, un vieux capitaine d'infanterie de ligne à qui je le décrivis, en attendant[a] la parade, me dit :

— Eh! pardieu, mon cher, je l'ai connu, le pauvre diable! C'était un brave homme; il a été *descendu* par un boulet à Waterloo. Il avait en effet laissé aux bagages une espèce de fille folle que nous menâmes à l'hôpital d'Amiens, en allant à l'armée de la Loire, et qui y mourut, furieuse, au bout de trois jours.

— Je le crois bien, lui dis-je; elle n'avait plus son père nourricier!

— Ah bah! *père!* qu'est-ce que vous dites donc? ajouta-t-il d'un air qu'il voulait rendre fin et licencieux.

— Je dis qu'on bat le rappel, repris-je en sortant. Et moi aussi, j'ai fait abnégation.

LIVRE DEUXIÈME

CHAPITRE I

Sur la responsabilité

Je me souviens encore de la consternation que cette histoire jeta dans mon âme ; ce fut peut-être là le principe de ma lente guérison pour cette maladie *a* de l'enthousiasme militaire. Je me sentis tout à coup humilié de courir des chances de crime, et de me trouver à la main un sabre d'Esclave au lieu d'une épée de Chevalier. Bien d'autres faits pareils vinrent à ma connaissance, qui flétrissaient à mes yeux cette noble espèce d'hommes que je n'aurais voulu voir consacrée qu'à la défense de la Patrie. Ainsi, à l'époque de la Terreur, il arriva qu'un autre capitaine de vaisseau reçut, comme toute la marine, l'ordre monstrueux du Comité de salut public de fusiller les prisonniers de guerre ; il eut le malheur de prendre un bâtiment anglais, et le malheur plus grand d'obéir à l'ordre du gouvernement. Revenu à terre, il rendit compte de sa honteuse exécution, se retira du service, et mourut de chagrin en peu de temps [1]. Ce capitaine commandait *la Boudeuse*, frégate qui la première fit le tour du monde sous les ordres de M. de Bougainville, mon parent. Ce grand navigateur en pleura, pour l'honneur de son vieux vaisseau.

---

1. Ce que nous savons du lieutenant Charbonnier qui commandait *la Boudeuse* (voir documents annexes) ne prouve pas que cet officier soit mort de chagrin.

Ne viendra-t-elle jamais, la loi qui, dans de telles occurrences, mettra d'accord le Devoir et la Conscience? La voix publique a-t-elle tort quand elle s'élève d'âge en âge pour absoudre et pour honorer la désobéissance du vicomte d'Orte, qui répondit à Charles IX, lui ordonnant d'étendre à Dax la Saint-Barthélemy parisienne :

« Sire, j'ai communiqué le commandement de Votre Majesté à ses fidèles habitants et gens de guerre; je n'ai trouvé que bons citoyens et braves soldats, et pas un bourreau [1]. »

Et s'il eut raison de refuser l'obéissance, comment vivons-nous sous des lois que nous trouvons raisonnables de donner la mort à qui refuserait cette même obéissance aveugle? Nous admirons le libre arbitre et nous le tuons; l'absurde ne peut régner ainsi longtemps. Il faudra bien que l'on en vienne à régler les circonstances où la délibération sera permise à l'homme armé, et jusqu'à quel rang sera laissée libre l'intelligence, et avec elle l'exercice de la Conscience et de la Justice... Il faudra bien un jour sortir de là.

Je ne me dissimule point que c'est là une question d'une extrême difficulté, et qui touche à la base même de toute discipline. Loin de vouloir affaiblir cette discipline, je pense qu'elle a besoin d'être corroborée sur beaucoup de points parmi nous, et que, devant l'ennemi, les lois ne peuvent être trop draconiennes. Quand l'armée tourne sa poitrine de fer du côté de l'étranger, qu'elle marche et agisse comme un seul homme, cela doit être; mais lorsqu'elle s'est retournée et qu'elle n'a plus devant elle que la

---

1. Vigny a toujours eu en horreur le fanatisme religieux. Il le montre odieux et ridicule dans le premier épisode de *Cinq-Mars*, et douze ans plus tard, dans *Daphné,* il en fait le propre des Barbares les plus grossiers et les plus stupides. En 1828, il dénonce les atrocités de la Saint-Barthélemy dans *Madame de Soubise.* En un sens, l'intrigue de ce récit en vers prépare l'aventure de Laurette et de son mari puisque le jeune duc de Soubise meurt de ses blessures au moment même où il vient de se marier; la duchesse de Soubise ne devient pas folle, mais se retire dans un couvent.

mère-patrie, il est bon qu'alors, du moins, elle trouve des lois prévoyantes qui lui permettent d'avoir des entrailles filiales. Il est à souhaiter aussi que des limites immuables soient posées une fois pour toujours à ces ordres absolus donnés aux Armées par le souverain Pouvoir, si souvent tombé en indignes mains, dans notre histoire. Qu'il ne soit jamais possible à quelques aventuriers parvenus à la Dictature de transformer en assassins quatre cent mille hommes d'honneur, par une loi d'un jour comme leur règne [1].

Souvent, il est vrai, je vis, dans les coutumes du service, que, grâce peut-être à l'incurie française et à la facile bonhomie de notre caractère, comme compensation, et tout à côté de cette misère de la Servitude militaire, il régnait dans les Armées une sorte de liberté d'esprit qui adoucissait l'humiliation de l'obéissance passive; et, remarquant dans tout homme de guerre quelque chose d'ouvert et de noblement dégagé, je pensai que cela venait d'une âme reposée et soulagée du poids énorme de la responsabilité. J'étais fort enfant alors, et j'éprouvai peu à peu que ce sentiment allégeait ma conscience; il me sembla voir dans chaque général en chef une sorte de Moïse, qui devait seul rendre ses terribles comptes à Dieu, après avoir dit aux fils de Lévi : « Passez et repassez au travers du camp; que chacun tue son frère, son fils, son ami et celui qui lui est le plus proche. » Et il y eut vingt-trois mille hommes de tués, dit l'Exode (C. xxxii, v. 27). Car je savais la Bible par cœur, et ce livre et moi étions tellement inséparables que dans les plus longues marches il me suivait toujours [a]. On voit quelle fut la première consolation qu'il me donna. Je pensai qu'il faudrait que j'eusse bien du malheur pour qu'un de mes Moïses galonnés d'or m'ordonnât de tuer

---

1. Après Lamennais, Vigny préconise ici une armée délibérante; mais il limite au temps de paix ce droit de délibération, alors que l'auteur des *Paroles d'un croyant* semble bien le demander aussi pour le temps de guerre. Vigny, d'autre part, qui parle en homme de métier, ne se cache pas les difficultés extrêmes d'une semblable organisation; Lamennais au contraire n'en dit rien.

toute ma famille; et en effet cela ne m'arriva pas, comme je l'avais fort sagement conjecturé. Je pensais aussi que, quand même régnerait sur la terre l'impraticable paix de l'abbé de Saint-Pierre [1], et quand lui-même serait chargé de régulariser cette liberté et cette égalité universelles, il lui faudrait pour cette œuvre quelques régiments de Lévites à qui il pût dire de ceindre l'épée, et à qui leur soumission attirerait la bénédiction du Seigneur. Je cherchais ainsi à capituler avec les monstrueuses résignations de l'*obéissance passive*, en considérant à quelle source [a] elle remontait, et comme tout ordre social semblait appuyé sur l'obéissance; mais il me fallut bien des raisonnements et des paradoxes pour parvenir à lui faire prendre quelque place dans mon âme. J'aimais fort à l'infliger, mais peu à la subir; je la trouvais admirablement sage sous mes pieds, mais absurde sur ma tête. J'ai vu depuis bien des hommes raisonner ainsi, qui n'avaient pas l'excuse que j'avais alors : j'étais un Lévite de seize ans.

Je n'avais pas alors étendu mes regards sur la patrie entière de notre France, et sur cette autre patrie qui l'entoure, l'Europe; et de là sur la patrie de l'humanité, le globe, qui devient heureusement plus petit chaque jour, resserré dans la main de la civilisation. Je ne pensais pas combien le cœur de l'homme de guerre serait plus léger encore dans sa poitrine, s'il sentait en lui deux hommes,

---

1. En 1717, l'abbé de Saint-Pierre avait publié un *Projet de Paix perpétuelle,* en trois volumes, dont il donna une édition abrégée douze ans plus tard. Antérieur à la diffusion des idées philosophiques, ce traité ne faisait pas appel aux valeurs que proclamera la Révolution française, liberté, égalité, droit des peuples à disposer d'eux-mêmes. L'abbé prévoyait une *Grande Alliance* des souverains qui s'engageraient à maintenir le statu quo dans le respect des derniers traités, et une action offensive commune contre celui des souverains qui prendrait l'initiative d'une conquête. C'est en somme ce projet qui inspira en 1815 l'organisation de la Sainte-Alliance sur l'initiative du tsar. Certes, la Sainte-Alliance était dirigée contre les aspirations révolutionnaires des peuples bien plus que contre l'impérialisme des souverains. Elle réussit pourtant à maintenir la paix générale en Europe, moyennant quelques interventions contre-révolutionnaires comme l'expédition du duc d'Angoulême en Espagne.

dont l'un obéirait à l'autre; s'il savait qu'après son rôle tout rigoureux dans la guerre, il aurait droit à un rôle tout bienfaisant et non moins glorieux dans la paix; si, à un grade déterminé, il avait des droits d'élection; si, après avoir été longtemps muet dans les camps, il avait sa voix dans la Cité; s'il était exécuteur, dans l'une, des lois qu'il aurait faites dans l'autre, et, si pour voiler le sang de l'épée, il avait la toge. Or, il n'est pas impossible que tout cela n'advienne un jour.

Nous sommes vraiment sans pitié de vouloir qu'un homme soit assez fort pour répondre lui seul de cette nation armée qu'on lui met dans la main. C'est une chose nuisible aux gouvernements mêmes; car l'organisation actuelle, qui suspend ainsi à un seul doigt toute cette chaîne électrique de l'obéissance passive, peut, dans tel cas donné, rendre par trop simple le renversement total d'un État. Telle révolution, à demi formée et recrutée, n'aurait qu'à gagner un ministre de la guerre pour se compléter entièrement. Tout le reste suivrait nécessairement, d'après nos lois, sans que nul anneau se pût soustraire à la commotion donnée d'en haut [a].

Non, j'en atteste les soulèvements de conscience de tout homme qui a vu couler ou fait couler le sang de ses concitoyens, ce n'est pas assez d'une seule tête pour porter un poids aussi lourd que celui de tant de meurtres; ce ne serait pas trop d'autant de têtes qu'il y a de combattants. Pour être responsables de la loi de sang qu'elles exécutent, il serait juste qu'elles l'eussent au moins bien comprise. Mais les institutions meilleures, réclamées ici, ne seront elles-mêmes que très passagères, car, encore une fois, les armées et la guerre n'auront qu'un temps; car, malgré les paroles d'un sophiste que j'ai combattu ailleurs, il n'est point vrai que, même contre l'étranger, la guerre soit *divine;* il n'est point vrai que *la terre soit avide de sang.* La guerre est maudite de Dieu et des hommes mêmes qui la font et qui ont d'elle une secrète horreur, et la terre ne crie au ciel que pour lui demander l'eau fraîche de ses fleuves et la rosée pure de ses nuées.

Ce n'est pas, du reste, dans la première jeunesse, toute donnée à l'action, que j'aurais pu me demander s'il n'y avait pas des pays modernes où l'homme de la guerre fût le même que l'homme de la paix, et non un homme séparé de la famille et placé comme son ennemi. Je n'examinais pas ce qu'il nous serait bon de prendre aux anciens sur ce point; beaucoup de projets d'une organisation plus sensée des armées ont été enfantés inutilement. Bien loin d'en mettre aucun à exécution, ou seulement en lumière, il est probable que le Pouvoir, quel qu'il soit, s'en éloignera toujours de plus en plus, ayant intérêt à s'entourer de gladiateurs dans la lutte sans cesse menaçante; cependant l'idée se fera jour et prendra sa forme, comme fait tôt ou tard toute idée nécessaire [1].

Dans l'état actuel, que de bons sentiments à conserver qui pourraient s'élever encore par le sentiment d'une haute dignité personnelle! J'en ai recueilli bien des exemples dans ma mémoire; j'avais autour de moi, prêts à me les fournir, d'innombrables amis intimes, si gaiement résignés à leur insouciante soumission, si libres d'esprit dans l'esclavage de leur corps, que cette insouciance me gagna un moment comme eux, et, avec elle, ce calme parfait du soldat et de l'officier, calme qui est précisément celui du cheval mesurant noblement son allure entre la bride et l'éperon, et fier de n'être nullement responsable. Qu'il me soit donc permis de donner, dans la simple histoire d'un brave homme et d'une famille de soldat que je ne fis qu'entrevoir, un exemple, plus doux que le premier, de ces longues résignations de toute la vie, pleines d'honnêteté, de pudeur et de bonhomie, très communes dans notre Armée, et dont la vue repose l'âme quand on vit en même temps, comme je le faisais, dans un monde élégant, d'où

---

1. Jusqu'ici, ce chapitre est beaucoup moins une introduction à *la Veillée de Vincennes* qu'une conclusion de *Laurette*. Non seulement Vigny revient au problème de la responsabilité qu'il se posait sur la route de Flandre, mais, s'appuyant sur certaines idées de Lamennais, il rompt avec les thèses essentielles de Maistre qu'il acceptait encore en 1815.

l'on descend avec plaisir pour étudier des mœurs plus naïves, tout arriérées qu'elles sont.

Telle qu'elle est [a], l'Armée est un bon livre à ouvrir pour connaître l'humanité; on y apprend à mettre la main à tout, aux choses les plus basses comme aux plus élevées; les plus délicats et les plus riches sont forcés de voir vivre de près la pauvreté et de vivre avec elle, de lui mesurer son gros pain et de lui peser sa viande. Sans l'Armée, tel fils de grand seigneur ne soupçonnerait pas [b] comment un soldat vit, grandit, engraisse toute l'année avec neuf sous par jour et une cruche d'eau fraîche, portant sur le dos un sac dont le contenant et le contenu coûtent quarante francs à sa patrie.

Cette simplicité de mœurs, cette pauvreté insouciante et joyeuse de tant de jeunes gens, cette vigoureuse et saine existence, sans fausse politesse ni fausse sensibilité, cette allure mâle donnée à tout, cette uniformité de sentiments imprimés par la discipline, sont des liens d'habitude grossiers, mais difficiles à rompre, et qui ne manquent pas d'un certain charme inconnu aux autres professions. J'ai vu des officiers prendre cette existence en passion au point de ne pouvoir la quitter quelque temps sans ennui, même pour retrouver les plus élégantes et les plus chères coutumes de leur vie. — Les régiments sont des couvents d'hommes, mais des couvents nomades; partout ils portent leurs usages empreints de gravité, de silence, de retenue. On y remplit bien les vœux de Pauvreté et d'Obéissance [c].

Le caractère de ces reclus est indélébile comme celui des moines, et jamais je n'ai revu l'uniforme d'un de mes régiments sans un battement de cœur.

LA VEILLÉE DE VINCENNES [a]

CHAPITRE II

Les scrupules d'honneur d'un soldat

Un soir de l'été de 1819 [b], je me promenais à Vincennes dans l'intérieur de la forteresse, où j'étais en garnison, avec Timoléon d'Arc***, lieutenant de la Garde comme moi; nous avions fait, selon l'habitude, la promenade au polygone, assisté à l'étude du tir à ricochet [1], écouté et raconté paisiblement les histoires de guerre, discuté sur l'école Polytechnique, sur sa formation, son utilité, ses défauts, et sur les hommes au teint jaune qu'avait fait pousser ce terroir géométrique. La couleur pâle de l'école [c], Timoléon l'avait aussi sur le front. Ceux qui l'ont connu se rappelleront comme moi sa figure régulière et un peu amaigrie, ses grands yeux noirs et les sourcils arqués qui les couvraient, et le sérieux si doux et rarement troublé de son visage Spartiate [d]; il était fort préoccupé ce soir-là de notre conversation très longue sur le système des probabilités de Laplace [e]. Je me souviens qu'il tenait sous le bras ce livre, que nous avions en grande estime, et dont il était souvent tourmenté.

La nuit tombait, ou plutôt s'épanouissait; une belle nuit d'août. Je regardais avec plaisir la chapelle construite

---

1. Il s'agit d'une sorte de tir inventé par Vauban en 1688. Les projectiles n'atteignent leur objectif qu'après avoir ricoché en heurtant le sol.

par saint Louis, et cette couronne de tours moussues et à demi ruinées qui servait alors de parure à Vincennes; le donjon s'élevait au-dessus d'elles comme un roi au milieu de ses gardes [1]. Les petits croissants de la chapelle brillaient parmi les premières étoiles, au bout de leurs longues flèches. L'odeur fraîche et suave du bois nous parvenait par-dessus les remparts, et il n'y avait pas jusqu'au gazon des batteries qui n'exhalât une haleine de soir d'été. Nous nous assîmes sur un grand canon de Louis XIV, et nous regardâmes en silence quelques jeunes soldats qui essayaient leur force en soulevant tour à tour une bombe au bout du bras, tandis que les autres rentraient lentement et passaient le pont-levis deux par deux ou quatre par quatre, avec toute la paresse du désœuvrement militaire. Les cours étaient remplies de caissons de l'artillerie, ouverts et chargés de poudre, préparés pour la revue du lendemain. A notre côté, près de la porte du bois, un vieil Adjudant d'artillerie ouvrait et refermait souvent, avec inquiétude, la porte très légère d'une petite tour, poudrière et arsenal, appartenant à l'artillerie à pied, et remplie de barils de poudre, d'armes et de munitions de guerre. Il nous salua en passant. C'était un homme d'une taille élevée, mais un peu voûtée. Ses cheveux étaient rares et blancs, sa moustache blanche [a] et épaisse, son air ouvert, robuste et frais encore, heureux, doux et sage. Il tenait trois grands registres à la main, et y vérifiait de longues colonnes de chiffres. Nous lui demandâmes pourquoi il travaillait si tard, contre sa [b] coutume. Il nous répondit, avec le ton de respect et de calme des vieux soldats, que c'était le lendemain un jour d'inspection générale à cinq heures du matin; qu'il était responsable des poudres, et qu'il ne cessait de les examiner et de recommencer vingt fois ses comptes, pour être à l'abri du plus léger

---

1. Quand le château de Vincennes, ancienne résidence des premiers Valois, devint caserne en 1804, on entreprit d'araser les tours au niveau des remparts. Des neuf tours qui flanquaient la forteresse, il n'en reste qu'une aujourd'hui, celle du Village, qui domine la porte d'entrée. En 1819, trois tours étaient encore intactes.

reproche de négligence; qu'il avait voulu aussi profiter des dernières lueurs du jour, parce que la consigne était sévère et défendait d'entrer la nuit dans la poudrière avec un flambeau ou même une lanterne sourde; qu'il était désolé de n'avoir pas eu le temps de tout voir, et qu'il lui restait encore quelques obus à examiner; qu'il voudrait bien pouvoir revenir dans la nuit; et il regardait avec un peu d'impatience le grenadier que l'on posait en faction à la porte, et qui devait l'empêcher d'y rentrer.

Après nous avoir donné ces détails, il se mit à genoux et regarda sous la porte s'il n'y restait pas une traînée de poudre. Il craignait que les éperons ou les fers des bottes [a] des officiers ne vinssent à y mettre le feu le lendemain.

— Ce n'est pas cela qui m'occupe le plus, dit-il en se relevant, mais ce sont mes registres; et il les regardait avec regret.

— Vous êtes trop scrupuleux, dit Timoléon.

— Ah! mon lieutenant, quand on est dans la Garde on ne peut pas l'être trop sur son honneur. Un de nos maréchaux-des-logis s'est brûlé la cervelle lundi dernier, pour avoir été mis à la salle de police. Moi, je dois donner l'exemple aux sous-officiers. Depuis que je sers dans la Garde je n'ai pas eu un reproche de mes chefs et une punition me rendrait bien malheureux.

Il est vrai que ces braves soldats, pris dans l'armée parmi l'élite de l'élite, se croyaient déshonorés pour la plus légère faute.

— Allez, vous êtes tous les puritains de l'honneur, lui dis-je en lui frappant sur l'épaule.

Il salua et se retira vers la caserne où était son logement; puis, avec une innocence de mœurs particulière à l'honnête race des soldats, il revint apportant du chènevis dans le creux de ses mains à une poule qui élevait ses douze poussins sous le vieux canon de bronze où nous étions assis.

C'était bien la plus charmante poule que j'aie connue de ma vie; elle était toute blanche, sans une seule tache; et ce brave homme, avec ses gros doigts mutilés à Marengo et à Austerlitz, lui avait collé sur la tête une petite aigrette rouge, et sur la poitrine un petit collier d'argent avec une plaque à son chiffre. La bonne poule en était fière et reconnaissante à la fois. Elle savait que les sentinelles la faisaient toujours respecter, et elle n'avait peur de personne, pas même d'un petit cochon de lait et d'une chouette qu'on avait logés auprès d'elle sous le canon voisin. La belle poule faisait le bonheur des canonniers ; elle recevait de nous tous des miettes de pain et du sucre [a] tant que nous étions en uniforme ; mais elle avait horreur de l'habit [b] bourgeois, et ne nous reconnaissant plus sous ce déguisement, elle s'enfuyait avec sa famille sous le canon de Louis XIV. Magnifique canon sur lequel était gravé l'éternel soleil avec son *Nec pluribus impar*, et *l'Ultima ratio Regum*. Et il logeait une poule là-dessous !

Le bon Adjudant nous parla d'elle en fort bons termes. Elle fournissait des œufs à lui et à sa fille avec une générosité sans pareille ; et il l'aimait tant, qu'il n'avait pas eu le courage de tuer un seul de ses poulets, de peur de l'affliger. Comme il racontait ses bonnes mœurs, les tambours et les trompettes battirent et sonnèrent à la fois l'appel du soir. On allait lever les ponts, et les concierges en faisaient résonner les chaînes. Nous n'étions pas de service, et nous sortîmes par la porte du bois. Timoléon, qui n'avait cessé de faire des angles sur le sable avec le bout de son épée, s'était levé du canon en regrettant ses triangles comme moi je regrettais ma poule blanche et mon adjudant.

Nous tournâmes à gauche, en suivant les remparts ; et, passant ainsi devant le tertre de gazon élevé au duc d'Enghien sur son corps fusillé et sur sa tête écrasée par un pavé, nous côtoyâmes les fossés en y regardant le petit chemin blanc qu'il avait suivi pour arriver à cette fosse [1].

Il y a deux sortes d'hommes qui peuvent très bien se promener ensemble cinq heures de suite sans se parler :

---

1. Le 20 mars 1804, le duc d'Enghien qui avait été enlevé cinq jours auparavant à Ettenheim, en face de Strasbourg, en territoire étranger, fut incarcéré dans le Pavillon du roi à Vincennes. Après un jugement

ce sont les prisonniers et les officiers. Condamnés à se voir toujours, quand ils sont tous réunis, chacun est seul. Nous allions en silence, les bras derrière le dos. Je remarquai que Timoléon tournait et retournait sans cesse une lettre au clair de la lune; c'était une petite lettre de forme longue; j'en connaissais la figure et l'auteur féminin, et j'étais accoutumé à le voir rêver tout un jour sur cette petite écriture fine et élégante. Aussi nous étions arrivés au village en face du [a] château, nous avions monté l'escalier de notre petite maison blanche; nous allions nous séparer sur le carré de nos appartements voisins, que je n'avais pas dit une parole. Là seulement, il me dit tout à coup :

— Elle veut absolument que je donne ma démission; qu'en pensez-vous?

— Je pense, dis-je, qu'elle est belle comme un ange, parce que je l'ai vue; je pense que vous l'aimez comme un fou, parce que je vous vois depuis deux ans tel que ce soir; je pense que vous avez une assez belle fortune, à en juger par vos chevaux et votre train; je pense que vous avez fait assez vos preuves pour vous retirer, et qu'en temps de paix ce n'est pas un grand sacrifice; mais je pense aussi à une seule chose...

— Laquelle? dit-il en souriant assez amèrement, parce qu'il devinait.

— C'est qu'elle est mariée, dis-je plus gravement; vous le savez mieux que moi, mon pauvre ami.

— C'est vrai, dit-il, pas d'avenir.

— Et le service sert à vous faire oublier cela quelquefois, ajoutai-je.

— Peut-être, dit-il; mais il n'est pas probable que mon étoile change à l'armée. Remarquez dans ma vie que jamais je

---

sommaire, il était fusillé à trois heures du matin, au pied de la tour de la Reine, pour complicité avec les émigrés. Son corps enterré sur place sera exhumé en 1816 sur l'ordre de Louis XVIII et placé dans la chapelle du château. Vigny note dans son *Journal* que l'assassinat du duc d'Enghien lui a donné « la première idée des crimes politiques ». C'est à la suite du même événement que Chateaubriand rompit avec Bonaparte.

n'ai rien fait de bien qui ne restât inconnu ou mal interprété.

— Vous liriez Laplace toutes les nuits, dis-je, que vous ne trouveriez pas de remède à cela.

Et je m'enfermai chez moi pour écrire un poème sur le Masque de fer, poème que j'appelai : La Prison [1].

---

1. Si l'on en croit la date mise au bas de *la Prison,* ce poème a été écrit en 1821. Vigny était toujours à Vincennes à cette époque. Il n'est pas impossible, Vigny composant très lentement, que la rédaction de *la Prison* s'étende sur plusieurs années, et que 1821 soit seulement la date d'achèvement. Il se peut aussi que l'auteur, peu soucieux de chronologie exacte, veuille rattacher à la condition militaire une œuvre qui présente l'existence humaine comme une éternelle captivité. Ce qui confirme cette interprétation, c'est que, à deux reprises dans *Servitude,* le soldat est comparé au Masque de fer.

CHAPITRE III

Sur l'amour du danger

L'isolement ne saurait être trop complet pour les hommes que je ne sais quel démon poursuit par les illusions de poésie. Le silence était profond, et l'ombre épaisse sur les tours du vieux Vincennes. La garnison dormait depuis neuf heures du soir. Tous les feux s'étaient éteints à dix heures [a] par ordre des tambours. On n'entendait que la voix des sentinelles placées sur le rempart et s'envoyant et répétant, l'une après l'autre, leur cri long et mélancolique : *Sentinelle, prenez garde à vous!* Les corbeaux des tours répondaient plus tristement encore, et, ne s'y croyant plus en sûreté, s'envolaient plus haut jusqu'au donjon. Rien ne pouvait plus me troubler, et pourtant quelque chose me troublait, qui n'était ni bruit ni lumière [b]. Je voulais et ne pouvais pas écrire. Je sentais quelque chose dans ma pensée, comme une tache dans une émeraude; c'était l'idée que quelqu'un auprès de moi veillait aussi, et veillait sans consolation, profondément tourmenté. Cela me gênait. J'étais sûr qu'il avait besoin de se confier, et j'avais fui brusquement sa confidence par désir de me livrer à mes idées favorites. J'en étais puni maintenant par le trouble de ces idées mêmes. Elles ne volaient pas librement et largement, et il me semblait que leurs ailes étaient appesanties, mouillées peut-être par une larme secrète d'un ami délaissé.

Je me levai de mon fauteuil. J'ouvris la fenêtre, et je me mis à respirer l'air embaumé de la nuit. Une odeur de forêt venait à moi, par-dessus les murs, un peu mélangée d'une faible odeur de poudre; cela me rappela ce volcan sur lequel vivaient et dormaient trois mille hommes dans une sécurité parfaite. J'aperçus sur la grande muraille du fort, séparée du village par un chemin de quarante pas tout au plus, une lueur projetée par la lampe de mon jeune voisin; son ombre passait et repassait sur la muraille, et je vis à ses épaulettes qu'il n'avait pas même songé à se coucher. Il était minuit. Je sortis brusquement de ma chambre et j'entrai chez lui *a*. Il ne fut nullement étonné de me voir, et dit tout de suite que s'il était encore debout, c'était pour finir une lecture de Xénophon qui l'intéressait fort. Mais, comme il n'y avait pas un seul livre ouvert *b* dans sa chambre et qu'il tenait encore à la main son petit billet de femme, je ne fus pas sa dupe; mais j'en eus l'air. Nous nous mîmes à la fenêtre, et je lui dis, essayant d'approcher mes idées des siennes :

— Je travaillais aussi de mon côté, et je cherchais à me rendre compte de cette sorte d'aimant qu'il y a pour nous dans l'acier d'une épée. C'est une attraction irrésistible qui nous retient au service malgré nous, et fait que nous attendons toujours un événement ou une guerre. Je ne sais pas (et je venais vous en parler) s'il ne serait pas vrai de dire et d'écrire qu'il y a dans les armées une passion qui leur est particulière et qui leur donne la vie; une passion qui ne tient ni de l'amour de la gloire, ni de l'ambition; c'est une sorte de combat corps à corps contre la destinée *c*, une lutte qui est la source de mille voluptés inconnues au reste des hommes, et dont les triomphes intérieurs sont remplis de magnificence; enfin c'est l'AMOUR DU DANGER !

— C'est vrai, me dit Timoléon. Je poursuivis :

— Que serait-ce donc qui soutiendrait le marin sur la mer ? qui le consolerait dans cet ennui d'un homme qui ne voit que des hommes? Il part, et dit adieu à la terre; adieu au sourire des femmes, adieu à leur amour ; adieu aux amitiés choisies et aux tendres habitudes de la vie; adieu aux bons vieux parents ; adieu à la belle nature des campagnes, aux arbres, aux gazons, aux fleurs qui sentent bon, aux rochers sombres *d*, aux bois mélancoliques pleins d'animaux silencieux et sauvages; adieu aux grandes villes, au travail perpétuel des arts, à l'agitation sublime de toutes les pensées dans l'oisiveté de la vie *e*, aux relations élégantes, mystérieuses et passionnées du monde ; il dit adieu à tout, et part. Il va trouver trois ennemis : l'eau, l'air *a* et l'homme ; et toutes les minutes de sa vie vont en avoir un à combattre. Cette magnifique inquiétude le délivre de l'ennui. Il vit dans une perpétuelle victoire ; c'en est une que de passer seulement sur l'Océan, et de ne pas s'engloutir en sombrant ; c'en est une que d'aller où il veut, et de s'enfoncer dans les bras du vent contraire ; c'en est une que de courir devant l'orage, et de s'en faire suivre comme d'un valet ; c'en est une que d'y dormir et d'y établir son cabinet d'étude. Il se couche avec le sentiment de sa royauté, sur le dos de l'Océan, comme saint Jérôme sur son lion *b*, et jouit de la solitude, qui est aussi son épouse [1].

— C'est grand, dit Timoléon ; et je remarquai qu'il posait la lettre sur la table.

— Et c'est l'AMOUR DU DANGER qui le nourrit, qui fait que jamais il n'est un moment désœuvré, qu'il se sent en lutte, et qu'il a un but. C'est la lutte qu'il nous faut toujours ; si nous étions en campagne, vous ne souffririez pas tant.

---

1. On peut s'étonner que Vigny célèbre le bonheur du marin pour convaincre Timoléon de rester dans l'infanterie, d'autant que l'armée de mer, sans jamais être le sujet du livre, se trouve à l'honneur dans chacun des récits de *Servitude*. Vigny était « d'une famille de tritons », comme lui disait sa tante la chanoinesse, et l'on peut croire que, dans son enfance, il a rêvé davantage d'égaler son grand-père Baraudin, l'un des vainqueurs d'Ouessant, que son père, simple capitaine dans la malheureuse guerre de Sept Ans. Le sort du marin, d'autre part, lui permettait d'introduire dans ses rêves un de ces refuges mobiles qu'il s'est toujours complu à imaginer, le bateau. Il lui permettait même de concevoir un héroïsme sans massacre conformément à la pente de son caractère. On remarquera en effet qu'il n'est nullement question d'un combat contre l'homme dans la première rédaction de ce passage, qui traite de l'amour du danger, mais seulement d'une lutte contre les éléments. L'évocation de saint Jérôme, traducteur de la Bible, tend même à faire du marin un homme de pensée autant et plus qu'un homme de guerre. En 1834 ou 1835, d'ailleurs, Vigny reprend dans son *Journal* une note de 1828 relative à l'enseigne Bisson, mort sur son bateau alors qu'il s'occupait de résoudre un problème scientifique. Au terme de cette transformation apparaît naturellement le héros de *la Bouteille à la Mer*.

— Qui sait? dit-il.

— Vous êtes aussi heureux que vous pouvez l'être; vous ne pouvez pas avancer dans votre bonheur. Ce bonheur-là est une impasse véritable.

— Trop vrai! trop vrai! l'entendis-je murmurer.

— Vous ne pouvez pas empêcher qu'elle n'ait un jeune mari et un enfant, et vous ne pouvez pas conquérir plus de liberté que vous n'en avez; voilà votre supplice, à vous!

Il me serra la main : — Et toujours mentir! dit-il. — Croyez-vous que nous ayons la guerre?

— Je n'en crois pas un mot, répondis-je.

— Si je pouvais seulement savoir si elle est au bal ce soir! Je lui avais bien défendu d'y aller.

— Je me serais bien aperçu, sans ce que vous me dites là, qu'il est minuit, lui dis-je; vous n'avez pas besoin d'Austerlitz, mon ami, vous êtes assez occupé; vous pouvez dissimuler et mentir encore pendant plusieurs années. Bonsoir [a] [1].

---

1. Une fois de plus, Vigny pose ici le problème de l'adultère qui l'a toujours tourmenté. Lorsqu'il rédige ce passage, très vraisemblablement dans le courant de 1833, il vient d'écrire sur le même sujet *Quitte pour la peur*. Il est clair que Vigny, en 1833, hésite encore à justifier l'adultère puisqu'il refuse à Timoléon la liberté de mœurs qu'il accorde au héros de son proverbe mondain. C'est que cette pièce, l'auteur insiste beaucoup sur ce point, se déroule dans le monde exceptionnellement libre du XVIIIe siècle. C'est seulement en 1834 que Vigny conçoit délibérément l'honneur comme une solution capable de résoudre, en toutes circonstances, les difficultés que pose la mésentente conjugale.

CHAPITRE IV

LE CONCERT DE FAMILLE

Comme j'allais me retirer, je m'arrêtai, la main sur la clef de sa porte, écoutant avec étonnement une musique assez rapprochée et venue du château même. Entendue de la fenêtre, elle nous sembla formée de deux voix d'homme, d'une voix de femme et d'un piano. C'était pour moi une douce surprise, à cette heure de la nuit. Je proposai à mon camarade de l'aller écouter de plus près. Le petit pont-levis, parallèle au grand, et destiné à laisser passer le gouverneur et les officiers pendant une partie de la nuit, était ouvert encore. Nous rentrâmes dans le fort, et, en rôdant par les cours, nous fûmes guidés par le son jusque sous des fenêtres *a* ouvertes que je reconnus pour celles du bon vieux Adjudant *b* d'artillerie.

Ces grandes fenêtres étaient au rez-de-chaussée, et, nous arrêtant en face, nous découvrîmes, jusqu'au fond de l'appartement, la simple famille de cet honnête soldat.

Il y avait, au fond de la chambre, un petit piano de bois d'acajou, garni de vieux ornements de cuivre. L'Adjudant (tout âgé et tout modeste *c* qu'il nous avait paru d'abord) était assis devant le clavier, et jouait une suite d'accords, d'accompagnements et de modulations simples, mais harmonieusement unies entre elles. Il tenait les yeux élevés au ciel, et n'avait point de musique devant lui; sa bouche était entrouverte avec délices sous l'épaisseur de ses longues moustaches blanches. Sa fille, debout à sa droite, allait chanter, ou venait de s'interrompre; car elle regardait avec inquiétude, la bouche entrouverte encore, comme lui. A sa gauche, un jeune sous-officier d'artillerie légère de la Garde, vêtu de l'uniforme sévère de ce beau corps, regardait cette jeune personne comme s'il n'eût pas cessé de l'écouter.

Rien de si calme que leurs poses, rien de si décent que leur maintien, rien de si heureux que leurs visages. Le rayon qui tombait d'en haut sur ces trois fronts n'y éclairait pas une expression soucieuse; et le doigt de Dieu n'y avait écrit que bonté, amour et pudeur [1].

Le froissement de nos épées sur le mur les avertit que nous étions là. Le brave homme nous vit, et son front chauve en rougit de surprise et, je pense aussi, de satisfaction. Il se leva avec empressement et, prenant un des trois chandeliers qui l'éclairaient, vint nous ouvrir et nous fit asseoir. Nous le priâmes de continuer son concert de famille; et avec une simplicité noble, sans s'excuser et sans demander indulgence, il dit à ces enfants :

— Où en étions-nous?

Et les trois voix s'élevèrent en chœur avec une indicible harmonie.

Timoléon écoutait et restait sans mouvement; pour moi, cachant ma tête et mes yeux, je me mis à rêver avec un attendrissement qui, je ne sais pourquoi, était douloureux. Ce qu'ils chantaient emportait mon âme dans des régions de larmes et de mélancoliques félicités, et, poursuivi peut-être par l'importune idée de mes travaux du

---

1. Il n'est pas exclu que cette scène soit issue d'un souvenir personnel. Mais son caractère édifiant rappelle Greuze et la sensibilité du xviiie siècle; peut-être même faut-il rapprocher ce tableau d'un passage de *Delphine,* le concert chez Mme de Belmont. Trois personnes, le père, la mère et la petite fille chantent en s'accompagnant au piano; comme dans *Servitude,* la scène se déroule dans un milieu de bon ton mais fort modeste car Mme de Belmont a perdu toute sa fortune; les sentiments des personnages, enfin, sont à peu près les mêmes dans les deux cas : « La petite fille levait ses beaux yeux vers sa mère en chantant ses paroles; son visage était tout innocence (...). Il y eut dans le regard de Mme de Belmont quelque chose de si passionné, et tant de modestie succéda bientôt à ce mouvement, que je me sentis pénétré de respect et d'enthousiasme (...). Leurs voix étaient d'une parfaite justesse; celle du mari, grave et sonore, mêlait une dignité mâle aux doux accents de sa femme; leur situation, l'expression de leur visage, tout était en harmonie avec la sensibilité la plus pure. » (*Delphine,* Paris, 1809, t. II, p. 125.)

soir, je changeais en mobiles images les mobiles modulations des voix. Ce qu'ils chantaient était un de ces chœurs écossais, une des anciennes mélodies des Bardes que chante encore l'écho sonore des Orcades. Pour moi, ce chœur mélancolique s'élevait lentement et s'évaporait tout à coup comme les brouillards des montagnes d'Ossian ; ces brouillards qui se forment sur l'écume mousseuse des torrents de l'Arven, s'épaississent lentement et semblent se gonfler et se grossir, en montant, d'une foule innombrable de fantômes tourmentés et tordus par les vents. Ce sont des guerriers qui rêvent toujours, le casque appuyé sur la main, et dont les larmes et le sang tombent goutte à goutte dans les eaux noires des rochers ; ce sont des beautés pâles dont les cheveux s'allongent en arrière, comme les rayons d'une lointaine comète, et se fondent dans le sein humide de la lune : elles passent vite, et leurs pieds s'évanouissent enveloppés dans les plis vaporeux de leurs robes blanches ; elles n'ont pas d'ailes, et volent. Elles volent en tenant des harpes, elles volent les yeux baissés et la bouche entrouverte avec innocence ; elles jettent un cri en passant et se perdent, en montant, dans la douce lumière qui les appelle. Ce sont des navires aériens qui semblent se heurter contre des rives sombres, et se plonger dans des flots épais ; les montagnes se penchent pour les pleurer, et les dogues noirs élèvent leurs têtes difformes et hurlent longuement, en regardant le disque qui tremble au ciel, tandis que la mer secoue les colonnes blanches des Orcades qui sont rangées comme les tuyaux d'un orgue immense et répandent, sur l'Océan, une harmonie déchirante et mille fois prolongée dans la caverne où les vagues sont enfermées.

La musique se traduisait ainsi en sombres images dans mon âme, bien jeune encore, ouverte à toutes les sympathies et comme amoureuse de ses douleurs fictives [1].

---

1. Si l'on considère l'ensemble de son œuvre, Vigny n'a vraiment subi l'influence d'Ossian qu'au temps où il écrit les *Mystères*, et notamment *Éloa*. On peut donc le croire quand il place en 1819 la rêverie ossianique que lui inspire le concert de l'adjudant. En matière de

C'était, d'ailleurs, revenir à la pensée de celui qui avait inventé ces chants tristes et puissants, que de les sentir de la sorte. La famille heureuse éprouvait elle-même la forte émotion qu'elle donnait, et une vibration profonde faisait quelquefois trembler les trois voix.

Le chant cessa, et un long silence lui succéda. La jeune personne, comme fatiguée, s'était appuyée sur l'épaule de son père; sa taille était élevée et un peu ployée, comme par faiblesse; elle était mince, et paraissait avoir grandi trop vite, et sa poitrine, un peu amaigrie, en paraissait affectée [a]. Elle baisait le front chauve, large et ridé de son père, et abandonnait sa main au jeune sous-officier, qui la pressait sur ses lèvres.

Comme je me serais bien gardé, par amour-propre, d'avouer tout haut mes rêveries intérieures, je me contentai de dire froidement :

— Que le Ciel accorde de longs jours et toutes sortes de bénédictions à ceux qui ont le don de traduire la musique littéralement! Je ne puis trop admirer un homme qui trouve à une symphonie le défaut d'être trop Cartésienne, et à une autre de pencher vers le système de Spinosa; qui se récrie sur le panthéisme d'un trio et l'utilité d'une ouverture à l'amélioration de la classe la plus nombreuse. Si j'avais le bonheur de savoir comme quoi un bémol de plus à la clef peut rendre un quatuor de flûtes et de bassons plus partisan du Directoire que du Consulat et de l'Empire,

---

musique, Vigny était un amateur éclairé, et il jouait agréablement de la flûte. Il ne s'attache pourtant pas, comme le ferait un compositeur, à l'analyse des ressources techniques; il écoute en poète. La musique lui procure une émotion globale, crée en lui une certaine ambiance affective, et déclenche sa rêverie. Comme on ne peut guère rêver en l'absence d'images visuelles, la musique, en fin de compte, lui suggère des tableaux humains qui mettent en jeu la fonction fabulatrice; il change, comme ici, « en mobiles images les mobiles modulations des voix ». Le son du cor lui suggère non seulement des paysages pyrénéens mais le récit de la mort de Roland; en écoutant un concert de Fétis, il voit passer « ces belles princesses aux yeux baissés et aux longues robes traînantes, se tenant droites et recevant des aveux d'amour avec réserve » (*J.*, 983).

je ne parlerais plus, je chanterais éternellement; je foulerais aux pieds des mots et des phrases, qui ne sont bons *a* tout au plus que pour une centaine de départements, tandis que j'aurais le bonheur de dire mes idées fort clairement à tout l'univers avec mes sept notes [1]. Mais, dépourvu de cette science comme je suis, ma conversation musicale serait si bornée que mon seul parti à prendre est de vous dire, en langue vulgaire, la satisfaction que me cause surtout votre vue et le spectacle de l'accord plein de simplicité et de bonhomie qui règne dans votre famille. C'est au point que ce qui me plaît le plus dans votre petit concert, c'est le plaisir que vous y prenez; vos âmes me semblent plus belles encore que la plus belle musique que le Ciel ait jamais entendue monter à lui, de notre misérable terre, toujours gémissante.

Je tendais la main avec effusion à ce bon père, et il la serra avec l'expression d'une reconnaissance grave. Ce n'était qu'un vieux soldat; mais il y avait dans son langage et ses manières je ne sais quoi de l'ancien bon ton du monde. La suite me l'expliqua.

— Voici, mon lieutenant, me dit-il, la vie que nous menons ici. Nous nous reposons en chantant, ma fille, moi et mon gendre futur.

Il regardait en même temps ces beaux jeunes gens avec une tendresse toute rayonnante de bonheur.

---

1. Cette digression sur les significations possibles de la musique se rattache directement à *Stello*, aussi bien par son humour un peu laborieux que par le sujet traité. Au moment où le romantisme se fait politique et même social sous l'influence des saint-simoniens, Vigny, dans *Paris* et surtout dans *Stello*, affirme que le poète a le devoir de ne pas s'engager, car ce serait s'asservir. « Qu'il ne craigne pas l'inutilité de son œuvre », dit le Docteur Noir, « si elle est belle, elle sera utile par cela seul ». Cette volonté d'indépendance à l'égard des partis avait provoqué de vives critiques dans les milieux socialistes. Peut-être faut-il voir ici une réponse à ces critiques; Vigny choisissant à dessein la musique, le moins significatif de tous les arts. Une note de 1835 revient à la poésie : « Un article de Carrel avance que le poète n'est durable dans sa gloire qu'autant qu'il combat ou aide le mouvement politique. Mais Dante, Milton, Horace, Montaigne, Newton, Klopstock, Gœthe, quelle tendance politique avaient-ils? » (*J.*, 1026.)

— Voici, ajouta-t-il d'un air plus grave, en nous montrant un petit portrait, la mère de ma fille.

Nous regardâmes la muraille blanchie de plâtre de la modeste chambre, et nous y vîmes en effet une miniature qui représentait la plus gracieuse, la plus fraîche petite paysanne que jamais Greuze ait douée de grands yeux bleus et de bouche en forme de cerise.

— Ce fut une bien grande dame qui eut autrefois la bonté de faire ce portrait-là, me dit l'Adjudant, et c'est une histoire curieuse que celle de la dot de ma pauvre petite femme.

Et à nos premières prières de raconter son mariage, il nous parla ainsi, autour de trois verres d'absinthe verte qu'il eut soin de nous offrir préalablement et cérémonieusement.

CHAPITRE V

Histoire de l'adjudant

Les enfants de Montreuil et le tailleur de pierres

Vous saurez, mon lieutenant, que j'ai été élevé au village de Montreuil par monsieur le curé de Montreuil lui-même. Il m'avait fait apprendre quelques notes du plain-chant dans le plus heureux temps de ma vie : le temps où j'étais enfant de chœur, où j'avais de grosses joues fraîches et rebondies, que tout le monde tapait en passant; une voix claire, des cheveux blonds poudrés, une blouse et des sabots. Je ne me regarde pas souvent, mais je m'imagine que je ne ressemble plus guère à cela. J'étais fait ainsi pourtant, et je ne pouvais me résoudre à quitter une sorte de clavecin aigre et discord que le vieux curé avait chez lui. Je l'accordais avec assez de justesse d'oreille, et le bon père qui, autrefois, avait été renommé à Notre-Dame pour chanter et enseigner le faux-bourdon, me faisait apprendre un vieux solfège. Quand il était content, il me pinçait les joues à me les rendre bleues, et me disait : — Tiens, Mathurin, tu n'es que le fils d'un paysan et d'une paysanne; mais si tu sais bien ton catéchisme et ton solfège, et que tu renonces à jouer avec le fusil rouillé de la maison, on pourra faire de toi un maître de musique. Va toujours. — Cela me donnait bon courage, et je frappais de tous mes poings sur les deux pauvres claviers, dont les dièses étaient presque tous muets.

Il y avait des heures où j'avais la permission de me promener et de courir; mais la récréation la plus douce était d'aller m'asseoir au bout du parc de Montreuil et de manger mon pain avec les maçons et les ouvriers qui construisaient sur l'avenue de Versailles, à cent pas de la barrière, un petit pavillon de musique, par ordre de la Reine.

C'était un lieu charmant, que vous pourrez voir à droite de la route de Versailles, en arrivant. Tout à l'extrémité du parc de Montreuil, au milieu d'une pelouse de gazon entourée de grands arbres, si vous distinguez un pavillon qui ressemble à une mosquée et à une bonbonnière, c'est cela que j'allais regarder bâtir.

Je prenais par la main une petite fille de mon âge, qui s'appelait Pierrette, que monsieur le curé faisait chanter aussi parce qu'elle avait une jolie voix. Elle emportait une grande tartine que lui donnait la bonne du curé, qui était sa mère, et nous allions regarder bâtir la petite maison que faisait faire la Reine pour la donner à Madame.

Pierrette et moi, nous avions environ treize ans. Elle était déjà si belle, qu'on l'arrêtait sur son chemin pour lui faire compliment, et que j'ai vu de belles dames descendre de carrosse pour lui parler et l'embrasser! Quand elle avait un fourreau rouge relevé dans ses poches et bien serré de la ceinture, on voyait bien ce que sa beauté serait un jour. Elle n'y pensait pas, et elle m'aimait comme son frère.

Nous sortions toujours en nous tenant par la main depuis notre petite enfance, et cette habitude était si bien prise, que de ma vie je ne lui donnai le bras. Notre coutume d'aller visiter les ouvriers nous fit faire la connaissance d'un jeune tailleur de pierres, plus âgé que nous de huit ou dix ans. Il nous faisait asseoir sur un moellon ou par terre à côté de lui et, quand il avait une grande pierre *a* à scier, Pierrette jetait de l'eau sur la scie, et j'en prenais l'extrémité pour l'aider; aussi ce fut mon meilleur ami dans ce *b* monde. Il était d'un caractère très paisible, très doux, et quelquefois *c* un peu gai, mais pas souvent. Il avait fait une petite chanson sur les pierres qu'il taillait, et sur ce qu'elles étaient plus dures que le cœur de Pierrette, et il jouait en cent façons sur ces mots *d* de Pierre, de Pierrette, de Pierrerie, de Pierrier, de Pierrot, et cela nous faisait beaucoup rire tous trois. C'était un grand garçon grandissant encore, tout pâle et dégingandé, avec de longs bras et de grandes jambes et qui quelquefois avait l'air de ne pas penser à ce qu'il faisait. Il aimait son métier, disait-il, parce qu'il pouvait gagner sa journée en conscience, ayant songé à autre chose jusqu'au coucher du soleil. Son père, architecte, s'était si bien ruiné, je ne sais comment, qu'il fallait que le fils reprît *a* son état par le commencement, et il s'y était fort paisiblement résigné. Lorsqu'il taillait un gros bloc, ou le sciait en long, il commençait toujours une petite chanson dans laquelle il y avait toute une historiette qu'il bâtissait à mesure qu'il allait, en vingt ou trente couplets, plus ou moins.

Quelquefois il me disait de me promener devant lui avec Pierrette, et il nous faisait chanter ensemble, nous apprenant à chanter en parties *b*; ensuite il s'amusait à me faire mettre à genoux devant Pierrette, la main sur mon cœur *c*, et il faisait les paroles d'une petite scène qu'il nous fallait redire après lui. Cela ne l'empêchait pas de bien connaître son état, car il ne fut pas un an sans devenir maître maçon. Il avait à nourrir, avec son équerre et son marteau, sa pauvre mère et deux petits frères qui venaient le regarder travailler avec nous *d*. Quand il voyait autour de lui tout son petit monde, cela lui donnait du courage et de la gaieté. Nous l'appelions Michel; mais, pour vous dire tout de suite la vérité, il s'appelait Michel-Jean Sédaine.

CHAPITRE VI

Un soupir

— Hélas ! dis-je, voilà un poète bien à sa place.

La jeune personne et le sous-officier se regardèrent, comme affligés de voir interrompre leur bon père ; mais le digne Adjudant [a] reprit la suite de son histoire, après avoir relevé de chaque côté la cravate noire qu'il portait doublée d'une cravate blanche, attachée militairement [1].

---

1. Composer un chapitre entier avec un développement de quelques lignes rappelle évidemment la manière de Sterne dont l'influence est manifeste sur les deux premiers récits de *Stello*. La puérilité voulue qui donne son style à l'aventure de Pierrette et de Mathurin est très sensible déjà dans l'histoire de Mlle de Coulanges. L'intervention de Sédaine, enfin, contraint de gagner sa vie comme tailleur de pierres, illustre la condition du poète plus que celle du soldat. Comme *l'Actrice de village* est annoncée dans le *Journal* en mai 1832, on peut croire que ce récit a été inventé dans le sillage de *Stello* avant de prendre place dans la deuxième nouvelle de *Servitude*.

CHAPITRE VII

La dame rose

— C'est une chose qui me paraît bien certaine, mes chers enfants, dit-il en se tournant du côté de sa fille, que le soin que la Providence a daigné prendre de composer ma vie comme elle l'a été. Dans les orages sans nombre qui l'ont agitée, je puis dire, en face de toute la terre, que je n'ai jamais manqué de me fier à Dieu et d'en attendre du secours, après m'être aidé de toutes mes forces. Aussi, vous dis-je, en marchant sur les flots agités, je n'ai pas mérité d'être appelé *homme de peu de foi,* comme le fut l'apôtre; et quand mon pied s'enfonçait, je levais les yeux, et j'étais relevé.

(Ici je regardai Timoléon. — Il vaut mieux que nous, dis-je tout bas). — Il poursuivit :

— Monsieur le curé de Montreuil m'aimait beaucoup, j'étais traité par lui avec une amitié si paternelle, que j'avais oublié entièrement que j'étais né, comme il ne cessait de me le rappeler, d'un pauvre paysan et d'une pauvre paysanne, enlevés presque en même temps de la petite vérole, que [a] je n'avais même pas vus. A seize ans, j'étais sauvage et sot, mais je savais un peu de latin, beaucoup de musique, et, dans toute sorte de travaux de jardinage, on me trouvait assez adroit. Ma vie était fort douce et fort heureuse, [b] parce que Pierrette était toujours là, et que je la regardais toujours en travaillant, sans lui parler beaucoup cependant.

Un jour que je taillais les branches d'un des hêtres du parc et que je liais un petit fagot, Pierrette me dit :

— Oh! Mathurin, j'ai peur. Voilà deux jolies dames qui viennent devers nous par le bout de l'allée. Comment allons-nous faire?

Je regardai, et en effet, je vis deux jeunes femmes qui marchaient vite sur les feuilles sèches, et ne se donnaient pas le bras. Il y en avait une un peu plus grande que l'autre, vêtue d'une petite robe de soie rose. Elle courait presque en marchant, et l'autre, tout en l'accompagnant, marchait presque en arrière. Par instinct, je fus saisi d'effroi comme un pauvre petit paysan que j'étais, et je dis à Pierrette :

— Sauvons-nous !

Mais bah ! nous n'eûmes pas le temps, et ce qui redoubla ma peur, ce fut de voir la dame rose faire signe à Pierrette, qui devint toute rouge et n'osa pas bouger, et me prit bien vite par la main pour se raffermir. Moi, j'ôtai mon bonnet et je m'adossai contre l'arbre, tout saisi.

Quand la dame rose fut tout à fait arrivée sur nous, elle alla tout droit à Pierrette, et sans façon, elle lui prit le menton, pour la montrer à l'autre dame, en disant :

— Eh ! je vous le disais bien : c'est tout mon costume de laitière pour jeudi. — La jolie petite fille que voilà ! Mon enfant, tu donneras tous tes habits, comme les voici, aux gens qui viendront te les demander de ma part, n'est-ce pas ? je t'enverrai les miens en échange.

— Oh ! madame, dit Pierrette en reculant.

L'autre jeune dame se mit à sourire d'un air fin, tendre et mélancolique, dont l'expression touchante est ineffaçable pour moi. Elle s'avança, la tête penchée, et, prenant doucement le bras nu de Pierrette, elle lui dit de s'approcher, et qu'il fallait que tout le monde fît la volonté de cette dame-là [1].

---

1. La princesse de Lamballe, Marie-Thérèse de Savoie-Carignan, était l'amie intime et dévouée de Marie-Antoinette. Enfermée à la Force, elle fut tuée pendant les massacres de Septembre; son corps traîné dans les rues, violé, dépecé; son cœur arraché et mangé, dit-on, par un septembriseur; sa tête présentée au bout d'une pique devant la fenêtre de la reine, au Temple. Cet épisode a certainement joué un rôle dans la conception que Vigny se fait du pouvoir populaire, et même du pouvoir en général, car toute autorité, dans son œuvre, n'est pas seulement tyrannique et odieuse, mais tortionnaire et sadique. Une autre allusion à Mme de Lamballe se trouve dans *Stello* quand

— Ne va pas t'aviser de rien changer à ton costume, ma belle petite, reprit la dame rose, en la menaçant d'une petite canne de jonc à pomme d'or qu'elle tenait à la main. Voilà un grand garçon qui sera soldat, et je vous marierai.

Elle était si belle, que je me souviens de la tentation incroyable que j'eus de me mettre à genoux; vous en rirez et j'en ai ri souvent depuis en moi-même; mais, si vous *a* l'aviez vue, vous auriez compris ce que je dis. Elle avait l'air d'une petite fée bien bonne.

Elle parlait vite et gaiement, et, en donnant une petite tape sur la joue de Pierrette, elle nous laissa là tous les deux tout interdits et tout imbéciles, ne sachant que faire; et nous vîmes les deux dames suivre l'allée du côté de Montreuil, et s'enfoncer dans le parc derrière le petit bois.

Alors nous nous regardâmes, et, en nous tenant toujours par la main, nous rentrâmes chez monsieur le curé; nous ne disions rien, mais nous étions bien contents.

Pierrette était toute rouge, et moi je baissais la tête. Il nous demanda ce que nous avions; je lui dis d'un grand sérieux :

— Monsieur le curé, je veux être soldat.

Il pensa en tomber à la renverse, lui qui m'avait appris le solfège!

— Comment, mon cher enfant, me dit-il, tu veux me quitter! Ah! mon Dieu! Pierrette, qu'est-ce qu'on lui a donc fait, qu'il veut être soldat? Est-ce que tu ne m'aimes plus, Mathurin? Est-ce que tu n'aimes plus Pierrette non plus? Qu'est-ce que nous t'avons donc fait, dis? et que vas-tu faire de la belle éducation que je t'ai donnée? C'était bien du temps perdu assurément. Mais réponds donc, méchant sujet! ajoutait-il en me secouant le bras.

Je me grattais la tête, et je disais toujours en regardant mes sabots :

— Je veux être soldat.

---

le Docteur-Noir découvre dans la cour de Saint-Lazare Mlle de Coigny : « Elle ressemblait tant à la belle princesse de Lamballe que je détournai la tête. Ce souvenir m'était odieux. »

La mère de Pierrette apporta un grand verre d'eau froide à monsieur le curé, parce qu'il était devenu tout rouge, et elle se mit à pleurer.

Pierrette pleurait aussi et n'osait rien dire; mais elle n'était pas fâchée contre moi, parce qu'elle savait bien que c'était pour l'épouser que je voulais partir.

Dans ce moment-là, deux grands laquais poudrés entrèrent avec une femme de chambre qui avait l'air d'une dame *a*, et ils demandèrent si la petite avait préparé les hardes *b* que la Reine et madame la princesse de Lamballe lui avaient demandées.

Le pauvre curé se leva si troublé qu'il ne put se tenir une minute debout, et Pierrette et sa mère tremblèrent si *c* fort qu'elles n'osèrent pas ouvrir une cassette, qu'on leur envoyait en échange du fourreau et du bavolet, et elles allèrent à la toilette à peu près comme on va se faire fusiller.

Seul avec moi, le curé me demanda ce qui s'était passé, et je le lui dis comme je vous l'ai conté, mais un peu plus brièvement.

— Et c'est pour cela que tu veux partir, mon fils? me dit-il en me prenant les deux mains; mais songe donc que la plus grande dame de l'Europe n'a parlé ainsi à un petit paysan comme toi que par distraction, et ne sait seulement pas ce qu'elle t'a dit. Si on lui racontait que tu as pris cela pour un ordre ou pour un horoscope, elle dirait que tu es un grand benêt, et que tu peux être jardinier toute la vie, que cela lui est égal. Ce que tu gagnes en jardinant, et ce que tu gagnerais en enseignant la musique vocale, t'appartiendrait, mon ami; au lieu que ce que tu gagneras dans un régiment ne t'appartiendra pas, et tu auras mille occasions de le dépenser en plaisirs défendus par la religion et la morale; tu perdras tous les bons principes que je t'ai donnés, et tu me forceras à rougir de toi. Tu reviendras (si tu reviens) avec un autre caractère que celui que tu as reçu en naissant. Tu étais doux, modeste, docile; tu seras rude, impudent et tapageur. La petite Pierrette ne se soumettra certainement pas à être la femme d'un mauvais garnement, et sa mère l'en empêcherait quand elle le voudrait; et moi, que pourrai-je faire pour toi, si tu oublies tout à fait la Providence? Tu l'oublieras, vois-tu, la Providence, je t'assure que tu finiras par là.

Je demeurai les yeux fixés sur mes sabots et les sourcils froncés en faisant la moue, et je dis, en me grattant la tête :

— C'est égal, je veux être soldat.

Le bon curé n'y tint pas et, ouvrant la porte toute grande, il me montra le grand chemin *a* avec tristesse. Je compris sa pantomime, et je sortis. J'en aurais fait autant à sa place, assurément. Mais, je le pense à présent, et ce jour-là je ne le pensais pas. Je mis mon bonnet de coton sur l'oreille droite, je relevai le collet de ma blouse, je pris mon bâton et je m'en allai tout droit à un petit cabaret, sur l'avenue de Versailles, sans dire adieu à personne [1].

---

1. On mesurera mieux le mélange d'humour et de sensibilité discrète qui caractérise l'art de Vigny si l'on rapproche cette scène du tableau de Greuze, pathétique et grandiloquent, *le Fils ingrat ou la Malédiction paternelle,* qui traite en somme du même sujet.

CHAPITRE VIII

La position du premier rang

Dans ce petit cabaret, je trouvai trois braves dont les chapeaux étaient galonnés d'or, l'uniforme blanc, les revers roses, les moustaches cirées de noir, les cheveux tout poudrés à frimas, et qui parlaient aussi vite que des vendeurs d'orviétan. Ces trois braves étaient d'honnêtes racoleurs. Ils me dirent que je n'avais qu'à m'asseoir à table avec eux pour avoir une idée juste du bonheur parfait que l'on goûtait éternellement dans le Royal-Auvergne. Ils me firent manger du poulet, du chevreuil et des perdreaux, boire du vin de Bordeaux et de Champagne [a], et du café excellent; ils me jurèrent sur leur honneur que, dans le Royal-Auvergne, je n'en aurais jamais d'autres.

Je vis bien depuis qu'ils avaient dit vrai.

Ils me jurèrent aussi, car ils juraient infiniment, que l'on jouissait de la plus douce liberté dans le Royal-Auvergne; que les soldats y étaient incomparablement plus heureux [b] que les capitaines des autres corps; qu'on y jouissait d'une société fort agréable en hommes et en belles dames, et qu'on y faisait beaucoup de musique, et surtout qu'on y appréciait fort ceux qui jouaient du *piano*. Cette dernière circonstance me décida.

Le lendemain j'avais donc l'honneur d'être soldat au Royal-Auvergne. C'était un assez beau corps, il est vrai; mais je ne voyais plus ni Pierrette, ni monsieur le curé. Je demandai du poulet à dîner, et l'on me donna à manger cet agréable mélange de pommes de terre, de mouton et de pain qui se nommait, se nomme et sans doute se nommera toujours la *Ratatouille*. On me fit apprendre la position du soldat sans armes avec une perfection si grande, que je servis de modèle, depuis, au dessinateur qui fit les planches de l'ordonnance de 1791, ordonnance qui, vous le savez, mon lieutenant, est un chef-d'œuvre de précision. On m'apprit l'école du soldat et l'école de peloton de manière à exécuter les charges en douze temps, les charges précipitées et les charges à volonté, en comptant ou sans compter les mouvements, aussi parfaitement que le plus roide[a] des caporaux du roi de Prusse, Frédéric le Grand, dont les vieux se souvenaient encore avec l'attendrissement de gens qui aiment ceux qui les battent. On me fit l'honneur de me promettre que, si je me comportais bien, je finirais par être admis dans la première compagnie de grenadiers. — J'eus bientôt une queue poudrée qui tombait sur ma veste blanche assez noblement; mais je ne voyais plus jamais ni Pierrette, ni sa mère, ni monsieur le curé de Montreuil, et je ne faisais point de musique.

Un beau jour, comme j'étais consigné à la caserne même où nous voici[1], pour avoir fait trois fautes dans le maniement d'armes, on me plaça dans la position des feux du premier rang, un genou sur le pavé, ayant en face de moi un soleil éblouissant et superbe que j'étais forcé de coucher en joue, dans une immobilité parfaite, jusqu'à ce que la fatigue me fît ployer les bras à la saignée; et j'étais encouragé à soutenir mon arme par la présence d'un honnête caporal, qui, de temps en temps, soulevait ma baïonnette avec sa crosse quand elle s'abaissait; c'était une petite punition de l'invention de M. de Saint-Germain[2].

---

1. En fait, le château de Vincennes ne servit de caserne qu'à partir de 1804. A la fin de l'ancien régime, il était devenu prison. Diderot y fut enfermé et Rousseau vint l'y voir. Toutefois, en 1743, Louis XV installa à Vincennes une école de Cadets, qui devint par la suite l'École militaire.

2. Élève du maréchal de Saxe, le comte de Saint-Germain devint, sur la recommandation de Turgot, ministre de la Guerre de Louis XVI. Il entreprit de réorganiser l'armée française où il tenta inutilement d'introduire les peines corporelles; il dut quitter son poste après l'échec de cette initiative.

Les premières aventures militaires de Mathurin, la rencontre des racoleurs, leurs promesses, ses déceptions, la punition qu'on lui

Il y avait vingt minutes que je m'appliquais à atteindre le plus haut degré de pétrification possible dans cette attitude, lorsque je vis au bout de mon fusil la figure douce et paisible de mon bon ami Michel, le tailleur de pierres.

— Tu viens bien à propos, mon ami, lui dis-je, et tu me rendrais un grand service si tu voulais bien, sans qu'on s'en aperçût, mettre un moment ta canne sous ma baïonnette. Mes bras s'en trouveraient mieux, et ta canne ne s'en trouverait pas plus mal.

— Ah! Mathurin, mon ami, me dit-il, te voilà bien puni d'avoir quitté Montreuil; tu n'as plus les conseils et les lectures du bon curé; et tu vas oublier tout à fait cette musique que tu aimais tant, et celle de la parade ne la vaudra certainement pas.

— C'est égal, dis-je, en élevant le bout du canon de mon fusil, et le dégageant de sa canne, par orgueil; c'est égal, on a son idée.

— Tu ne cultiveras plus les espaliers et les belles pêches de Montreuil avec ta Pierrette, qui est bien aussi fraîche qu'elles, et dont la lèvre porte aussi comme elles un petit duvet [1].

— C'est égal, dis-je encore, j'ai mon idée.

— Tu passeras bien longtemps [a] à genoux, à tirer sur rien, avec une pierre de bois, avant d'être seulement caporal.

---

inflige, jusqu'à une certaine ironie du narrateur, tout rappelle l'histoire de Candide quand il est incorporé dans l'armée des Bulgares (*Candide,* ch. II). Mais la verve corrosive de Voltaire fait place, chez Vigny, à un ton presque amusé. Mathurin n'a pas de rancune contre l'armée, il garde même un excellent souvenir du Royal-Auvergne.

1. Il est probable que Vigny commet ici une confusion. Le Montreuil qui était autrefois célèbre par ses pêches en espaliers est Montreuil-sous-Bois, village situé à l'est de Paris, juste au nord de Vincennes. Or le Montreuil où grandissent Pierrette et Mathurin se trouve à l'entrée de Versailles quand on vient de Paris. Le château de Montreuil, ancienne demeure de Mme Élisabeth, se trouvait sur la droite, et l'on peut voir encore le pavillon de musique de Madame, construit en 1784, auquel Vigny fait allusion, et qu'il put admirer à loisir quand il tenait garnison à Versailles.

— C'est égal, dis-je encore, si j'avance lentement, toujours est-il vrai que j'avancerai; tout vient à point à qui sait attendre, comme on dit, et quand je serai sergent, je serai quelque chose, et j'épouserai Pierrette. Un sergent, c'est un seigneur, et à tout seigneur tout honneur.

Michel soupira.

— Ah! Mathurin! Mathurin! me dit-il, tu n'es pas sage, et tu as trop d'orgueil et d'ambition, mon ami; n'aimerais-tu pas mieux être remplacé, si quelqu'un payait pour toi, et venir épouser ta petite Pierrette?

— Michel! Michel! lui dis-je, tu t'es beaucoup gâté dans le monde; je ne sais pas ce que tu y fais, et tu ne m'as plus l'air d'y être maçon, puisque au lieu d'une veste tu as un habit noir de taffetas *a*; mais tu ne m'aurais pas dit ça dans le temps où tu répétais toujours : Il faut faire son sort soi-même. — Moi, je ne veux pas l'épouser avec l'argent des autres, et je fais moi-même mon sort, comme tu vois. — D'ailleurs, c'est la Reine qui m'a mis ça dans la tête, et la Reine ne peut pas se tromper en jugeant ce qui est bien à faire. Elle a dit elle-même : Il sera soldat, et je les marierai; elle n'a pas dit : Il reviendra après avoir été soldat.

— Mais, me dit Michel, si par hasard la Reine te voulait donner de quoi l'épouser, le prendrais-tu?

— Non, Michel, je ne prendrais pas son argent, si par impossible elle le voulait.

— Et si Pierrette gagnait elle-même sa dot? reprit-il.

— Oui, Michel, je l'épouserais tout de suite, dis-je. Ce bon garçon avait l'air tout attendri.

— Eh bien! reprit-il, je dirai cela à la Reine.

— Est-ce que tu es fou, lui dis-je, ou domestique dans sa maison?

— Ni l'un ni l'autre, Mathurin, quoique je ne taille plus la pierre *b*.

— Que tailles-tu donc? disais-je.

— Hé! je taille des pièces, du papier et des plumes.

— Bah! dis-je, est-il possible?

— Oui, mon enfant, je fais de petites pièces toutes simples, et bien aisées à comprendre. Je te ferai voir tout ça.

En effet, dit Timoléon en interrompant l'Adjudant, les ouvrages de ce bon Sédaine ne sont pas construits sur des questions bien difficiles; on n'y trouve aucune synthèse sur le fini et l'infini, sur les causes finales, l'association des idées et l'identité personnelle; on n'y tue pas des rois et des reines par le poison ou l'échafaud; ça ne s'appelle pas de noms sonores environnés de leur traduction philosophique; mais ça se nomme *Blaise, l'Agneau perdu, le Déserteur;* ou bien *le Jardinier et son Seigneur, la Gageure imprévue;* ce sont des gens tout simples, qui parlent vrai, qui sont *philosophes sans le savoir,* comme Sédaine lui-même, que je trouve plus grand qu'on ne l'a fait.

Je ne répondis pas.

L'Adjudant reprit :

— Eh ben, tant mieux! dis-je, j'aime autant te voir travailler ça que tes pierres de taille.

— Ah! ce que je bâtissais valait mieux que ce que je construis à présent. Ça ne passait pas de mode et ça restait plus longtemps debout. Mais en tombant, ça pouvait écraser quelqu'un; au lieu qu'à présent, quand ça tombe, ça n'écrase personne.

— C'est égal, je suis toujours bien aise, dis-je... c'est-à-dire, aurais-je dit; car le caporal vint donner un si terrible coup de crosse dans la canne de mon ami Michel, qu'il l'envoya là-bas, tenez, là-bas, près de la poudrière.

En même temps il ordonna six jours de salle de police pour le factionnaire qui avait laissé entrer un bourgeois.

Sédaine comprit bien qu'il fallait s'en aller; il ramassa paisiblement sa canne, et, en sortant du côté du bois, il me dit :

— Je t'assure, Mathurin, que je conterai tout ceci à la Reine.

CHAPITRE IX

UNE SÉANCE

Ma petite Pierrette était une belle petite fille [a], d'un caractère décidé, calme et honnête. Elle ne se déconcertait pas trop facilement, et depuis qu'elle avait parlé à la Reine elle ne se laissait plus aisément [b] faire la leçon ; elle savait bien dire à monsieur le curé et à sa bonne qu'elle voulait épouser Mathurin, et elle se levait la nuit pour travailler à son trousseau, tout comme si je n'avais pas été mis à la porte pour longtemps, sinon pour toute ma vie.

Un jour (c'était le lundi de Pâques, elle s'en était toujours souvenue, la pauvre Pierrette, et me l'a raconté souvent) ; un jour donc qu'elle était assise devant la porte de monsieur le curé, travaillant et chantant comme si de rien n'était, elle vit arriver vite, vite, un beau carrosse dont les six chevaux trottaient dans l'avenue, d'un train merveilleux, montés par deux petits postillons poudrés et roses, très jolis et si petits qu'on ne voyait de loin que leurs grosses bottes à l'écuyère. Ils portaient de gros bouquets à leur jabot, et les chevaux portaient aussi de gros bouquets sur l'oreille.

Ne voilà-t-il pas que l'écuyer qui courait en avant des chevaux [c] s'arrêta précisément devant la porte de monsieur le curé, où la voiture eut la bonté de s'arrêter aussi, et daigna s'ouvrir toute grande. Il n'y avait personne dedans. Comme Pierrette regardait avec de grands yeux, l'écuyer ôta son chapeau très poliment et la pria de vouloir bien monter en carrosse.

Vous croyez peut-être que Pierrette fit des façons ? Point du tout ; elle avait trop de bon sens pour cela. Elle ôta simplement ses deux sabots, qu'elle laissa sur le pas de la porte, mit ses souliers à boucles d'argent, ploya proprement son ouvrage, et monta dans le carrosse en s'appuyant sur le bras du valet de pied, comme si elle n'eût fait autre chose de sa vie, parce que, depuis qu'elle avait changé de robe avec la Reine, elle ne doutait plus de rien.

Elle m'a dit souvent qu'elle avait eu deux grandes frayeurs dans la voiture : la première, parce qu'on allait si vite que les arbres de l'avenue de Montreuil lui paraissaient courir comme des fous l'un après l'autre; la seconde, parce qu'il lui semblait qu'en s'asseyant sur les coussins blancs du carrosse, elle y laisserait une tache bleue et jaune de la couleur de son jupon. Elle le releva dans ses poches, et se tint toute droite au bord du coussin, nullement tourmentée de son aventure et devinant bien qu'en pareille circonstance, il est bon de faire ce que tout le monde veut, franchement et sans hésiter.

D'après ce sentiment juste de sa position que lui donnait une nature heureuse, douce et disposée au bien et au vrai en toute chose, elle se laissa parfaitement donner le bras par l'écuyer et conduire à Trianon, dans les appartements dorés, où seulement elle eut soin de marcher sur la pointe du pied, par égard pour les parquets de bois de citron et de bois des Indes qu'elle craignait de rayer avec ses clous.

Quand elle entra dans la dernière chambre, elle entendit un petit rire joyeux de deux voix très douces, ce qui l'intimida bien un peu et lui fit battre le cœur assez vivement; mais, en entrant, elle se trouva rassurée tout de suite, ce n'était que son amie la Reine.

Madame de Lamballe était avec elle, mais assise dans une embrasure de fenêtre et établie devant un pupitre de peintre en miniature. Sur le tapis vert du pupitre, un ivoire tout préparé; près de l'ivoire, des pinceaux; près des pinceaux, un verre d'eau.

— Ah ! la voilà ! dit la Reine d'un air de fête, et elle courut lui prendre les deux mains.

— Comme elle est fraîche, comme elle est jolie ! Le joli petit modèle que cela fait pour vous ! Allons, ne la manquez pas, madame de Lamballe ! — Mets-toi là, mon enfant.

Et la belle Marie-Antoinette la fit asseoir de force sur une chaise. Pierrette était tout à fait interdite, et sa chaise si haute que ses petits pieds pendaient et se balançaient.

— Mais voyez donc, comme elle se tient bien, continuait la Reine, elle ne se fait pas dire deux fois ce qu'on veut, je gage qu'elle a de l'esprit. Tiens-toi droite, mon enfant, et écoute-moi. Il va venir deux messieurs ici. Que tu les connaisses ou non, cela ne fait rien, et cela ne te regarde pas. Tu feras tout ce qu'ils te diront de faire. Je sais que tu chantes, tu chanteras. Quand ils te diront d'entrer et de sortir, d'aller et de venir, tu entreras, tu sortiras, tu iras, tu viendras, bien exactement, entends-tu? Tout cela c'est pour ton bien. Madame et moi nous les aiderons à t'enseigner quelque chose que je sais bien, et nous ne te demandons pour nos peines que de poser tous les jours une heure devant madame; cela ne t'afflige pas trop fort, n'est-ce pas?

Pierrette ne répondait qu'en rougissant et en pâlissant à chaque parole; mais elle était si contente qu'elle aurait voulu embrasser la petite Reine comme sa camarade.

Comme elle posait, les yeux tournés vers la porte, elle vit entrer deux hommes, l'un gros et l'autre grand. Quand elle vit le grand, elle ne put s'empêcher de crier : — Tiens! c'est...

Mais elle se mordit le doigt pour se faire taire.

— Eh bien! comment la trouvez-vous, messieurs? dit la Reine; me suis-je trompée?

— N'est-ce pas que c'est *Rose* même? dit Sédaine.

— Une seule note, Madame, dit le plus gros des deux, et je saurai si c'est la Rose de Monsigny [1], comme elle est celle de Sédaine.

---

1. Monsigny (1729-1817) est un des créateurs de l'opéra-comique français. Sa musique, fraîche et gracieuse, lui valut un grand succès auprès du public; mais sa culture musicale manquait d'ampleur. Nommé inspecteur des études au Conservatoire en 1800, il dut se démettre deux ans plus tard pour incapacité.

— Voyons, ma petite, répétez cette gamme, dit *a* Grétry [1] en chantant *ut, ré, mi, fa, sol.*

Pierrette la répéta.

— Elle a une voix divine, Madame, dit-il.

La Reine frappa des mains et sauta.

— Elle gagnera sa dot, dit-elle.

---

1. Grétry (1742-1813), né à Liège, fut la grande gloire de l'opéra-comique français au XVIIIe siècle. Protégé de Marie-Antoinette, ami des philosophes, il put voir, plusieurs années avant sa mort, sa statue érigée à l'Opéra-Comique.

CHAPITRE X

Une belle soirée

Ici l'honnête Adjudant goûta un peu de son petit verre d'absinthe, en nous engageant à l'imiter, et, après avoir essuyé sa moustache blanche avec un mouchoir rouge et l'avoir tournée un instant dans ses gros doigts, il poursuivit ainsi :

— Si je savais faire des surprises, mon lieutenant, comme on en fait dans les livres, et faire attendre la fin d'une histoire en tenant la dragée haute aux auditeurs, et puis la faire goûter du bout des lèvres, et puis la relever, et puis la donner tout entière à manger, je trouverais une manière nouvelle de vous dire la suite de ceci; mais je vais de fil en aiguille, tout simplement comme a été ma vie de jour en jour, et je vous dirai que depuis le jour où mon pauvre Michel était venu me voir ici à Vincennes, et m'avait trouvé dans la position du premier rang, je maigris d'une manière ridicule, parce que je n'entendis plus parler de notre petite famille de Montreuil, et que je vins à penser que Pierrette m'avait oublié tout à fait. Le régiment d'Auvergne était à Orléans depuis trois mois, et le mal du pays commençait à m'y prendre. Je jaunissais à vue d'œil et je ne pouvais plus soutenir mon fusil. Mes camarades commençaient à me prendre en grand mépris, comme on prend ici toute maladie, vous le savez.

Il y en avait qui me dédaignaient parce qu'ils me croyaient très malade, d'autres parce qu'ils soutenaient que je faisais semblant de l'être et, dans ce dernier cas, il ne me restait d'autre parti que de mourir pour prouver que je disais vrai, ne pouvant pas me rétablir tout à coup ni être assez mal pour me coucher; fâcheuse position [1]...

Un jour, un officier de ma compagnie vint me trouver, et me dit :

— Mathurin, toi qui sais lire, lis un peu cela.

Et il me conduisit sur la place de Jeanne-d'Arc, place qui m'est chère, où je lus une grande affiche de spectacle sur laquelle on avait imprimé ceci :

PAR ORDRE

« Lundi prochain, représentation extraordinaire d'*IRÈNE*, pièce nouvelle de M. de VOLTAIRE, et de *ROSE ET COLAS*, par M. SÉDAINE, musique de M. MONSIGNY, au bénéfice de mademoiselle Colombe, célèbre cantatrice de la Comédie-Italienne, laquelle paraîtra dans la seconde pièce. SA MAJESTÉ LA REINE a daigné promettre qu'elle honorerait le spectacle de sa présence [2]. »

— Eh bien! dis-je, mon capitaine, qu'est-ce que cela peut me faire, ça!

— Tu es un bon sujet, me dit-il, tu es beau garçon: je te ferai poudrer et friser pour te donner un peu meilleur air, et tu seras placé en faction à la porte de la loge [a] de la Reine.

Ce qui fut dit fut fait. L'heure du spectacle venue, me voilà dans le corridor, en grande tenue du régiment d'Au-

---

1. Plusieurs notes du *Journal* prouvent que Vigny nous donne ici le fruit de son expérience personnelle. Le poids excessif des armes, en particulier, est signalé à propos de Jephté, du mari de Dolorida, de Richelieu, du duc de Soubise, et du mameluck dans *l'Almeh*.

2. Comme à son habitude, Vigny montre ici une belle indifférence à la chronologie. C'est en 1756, en effet, que Sédaine fait ses débuts au théâtre; or *Irène* date de 1778. S'il fallait en croire ces dates, Mathurin aurait donc attendu près de vingt-deux ans entre la visite que Sédaine lui rend à la caserne et la représentation qui permet à Pierrette de gagner sa dot. Mlle Colombe, de son vrai nom Marie-Thérèse Rombocoli, connut un succès très vif à la Comédie-Italienne dans les quinze ans qui précèdent la Révolution.

vergne, sur un tapis bleu, au milieu des guirlandes de fleurs en festons qu'on avait disposées partout, et des lys épanouis, sur chaque marche des escaliers du théâtre. Le directeur courait de tous côtés avec un air tout joyeux et agité. C'était un petit homme gros et rouge [a], vêtu d'un habit de soie bleu de ciel, avec un jabot florissant et faisant la roue. Il s'agitait en tout sens, et ne cessait de se mettre à la fenêtre en disant :

— Ceci est la livrée de madame la duchesse de Montmorency ; ceci, le coureur de M. le duc de Lauzun ; M. le prince de Guéménée vient d'arriver ; M. de Lambesc vient après. Vous avez vu ? vous savez ? Qu'elle est bonne, la Reine ! Que la Reine est bonne !

Il passait et repassait effaré, cherchant Grétry, et le rencontra nez à nez dans le corridor, précisément en face de moi.

— Dites-moi, monsieur Grétry, mon cher monsieur Grétry, dites-moi, je vous en supplie, s'il ne m'est pas possible de parler à cette célèbre cantatrice que vous m'amenez. Certainement il n'est pas permis à un ignare et non-lettré comme moi d'élever le plus léger doute sur son talent, mais encore voudrais-je bien apprendre de vous qu'il n'y a pas à craindre que la Reine ne soit mécontente. On n'a pas répété.

— Hé ! hé ! répondit Grétry d'un air de persiflage, il m'est impossible [b] de vous répondre là-dessus, mon cher monsieur ; ce que je puis vous assurer, c'est que vous ne la verrez pas. Une actrice comme celle-là, monsieur, c'est une enfant gâtée. Mais vous la verrez quand elle entrera en scène. D'ailleurs, quand ce serait une autre que mademoiselle Colombe, qu'est-ce que cela vous fait ?

— Comment, monsieur, moi, directeur du théâtre d'Orléans, je n'aurais pas le droit ?... reprit-il en se gonflant les joues.

— Aucun droit, mon brave directeur, dit Grétry. Eh ! comment se fait-il que vous doutiez un moment d'un talent dont Sédaine et moi avons répondu, poursuivit-il avec plus de sérieux.

Je fus bien aise d'entendre ce nom cité avec autorité, et je prêtai plus d'attention.

Le directeur, en homme qui savait son métier, voulut profiter de la circonstance.

— Mais on me compte donc pour rien? disait-il; mais de quoi ai-je l'air? J'ai prêté mon théâtre avec un plaisir infini, trop heureux de voir l'auguste princesse qui...

— A propos, dit Grétry, vous savez que je suis chargé de vous annoncer que ce soir la Reine vous fera remettre une somme égale à la moitié de la recette générale.

Le directeur saluait avec une indignation profonde en reculant toujours, ce qui prouvait le plaisir que lui faisait cette nouvelle.

— Fi donc! monsieur, fi donc! je ne parle pas de cela, malgré le respect avec lequel je recevrai cette faveur; mais vous ne m'avez rien fait espérer qui vînt de votre génie, et...

— Vous savez aussi qu'il est question de vous pour diriger la Comédie-Italienne à Paris?

— Ah! monsieur Grétry...

— On ne parle que de votre mérite à la cour; tout le monde vous y aime beaucoup, et c'est pour cela que la Reine a voulu voir votre théâtre. Un directeur est l'âme de tout; de lui vient le génie des auteurs, celui des compositeurs, des acteurs, des décorateurs, des dessinateurs, des allumeurs et des balayeurs; c'est le principe et la fin de tout; la Reine le sait bien. Vous avez triplé vos places, j'espère?

— Mieux que cela, monsieur Grétry, elles sont à un louis; je ne pouvais pas manquer de respect à la cour au point de les mettre à moins.

En ce moment même tout retentit d'un grand bruit de chevaux et de grands cris de joie, et la Reine entra si vite, que j'eus à peine le temps de présenter les armes, ainsi que la sentinelle placée devant moi. De beaux seigneurs parfumés la suivaient, et une jeune femme, que je reconnus pour celle qui l'accompagnait à Montreuil.

Le spectacle commença tout de suite. Le Kain et cinq autres acteurs de la Comédie-Française étaient venus jouer

la tragédie d'*Irène*, et je m'aperçus que cette tragédie allait
toujours son train, parce que la Reine parlait et riait tout
le temps qu'elle dura. On n'applaudissait pas, par respect
pour elle, comme c'est l'usage encore, je crois, à la cour.
Mais quand vint l'opéra-comique, elle ne dit plus rien, et
personne ne souffla dans sa loge.

Tout d'un coup j'entendis une grande voix de femme
qui s'élevait de la scène, et qui me remua les entrailles[a];
je tremblai, et je fus forcé de m'appuyer sur mon fusil. Il
n'y avait qu'une voix comme celle-là dans le monde, une
voix venant du cœur, et résonnant dans la poitrine comme
une harpe, une voix de passion.

J'écoutai, en appliquant mon oreille contre la porte, et
à travers le rideau de gaze de la petite lucarne de la loge,
j'entrevis les comédiens et la pièce qu'ils jouaient; il y
avait une petite personne[b] qui chantait :

> Il était un oiseau gris
> Comme un' souris,
> Qui, pour loger ses petits,
> Fit un p'tit
> Nid.

Et disait à son amant :

> Aimez-moi, aimez-moi, mon p'tit roi.

Et, comme il était assis sur la fenêtre, elle avait peur que
son père endormi ne se réveillât et ne vît Colas; et elle
changeait le refrain de sa chanson, et elle disait :

> Ah ! r'montez vos jambes, car on les voit.

J'eus un frisson extraordinaire par tout le corps quand
je vis à quel point cette Rose ressemblait à Pierrette; c'était
sa taille, c'était son même habit, son fourreau[c] rouge et
bleu, son jupon blanc, son petit air délibéré et naïf, sa
jambe si bien faite, et ses petits souliers à boucles d'argent
avec ses bas rouges et bleus.

Mon Dieu, me disais-je, comme il faut que ces actrices

soient habiles pour prendre ainsi tout de suite l'air des autres! Voilà cette fameuse mademoiselle Colombe, qui loge dans un bel hôtel, qui est venue ici en poste, qui a plusieurs laquais, et qui va dans Paris vêtue comme une duchesse, et elle ressemble autant que cela à Pierrette! mais on voit bien tout de même que ce n'est pas elle. Ma pauvre Pierrette ne chantait pas si bien, quoique sa voix soit au moins aussi jolie.

Je ne pouvais pas cependant cesser de regarder à travers la glace, et j'y restai jusqu'au moment où l'on me poussa brusquement la porte sur le visage. La Reine avait trop chaud, et voulait que sa loge fût ouverte. J'entendis sa voix; elle parlait vite et haut.

— Je suis bien contente, le Roi s'amusera bien de notre aventure. Monsieur le premier gentilhomme de la chambre peut dire à mademoiselle Colombe qu'elle ne se repentira pas de m'avoir laissée faire les honneurs de son nom. Oh! que cela m'amuse!

— Ma chère princesse, disait-elle à madame de Lamballe, nous avons attrapé tout le monde ici... Tout ce qui est là fait une bonne action sans s'en douter. Voilà ceux de la bonne ville d'Orléans enchantés de la grande cantatrice, et toute la cour qui voudrait l'applaudir. Oui, oui, applaudissons.

En même temps elle donna le signal des applaudissements, et toute la salle, ayant les mains déchaînées, ne laissa plus passer un mot de *Rose* sans l'applaudir à tout rompre. La charmante Reine était ravie.

— C'est ici, dit-elle à M. de Biron, qu'il y a trois mille amoureux; mais ils le sont de Rose, et non de moi, cette fois.

La pièce finissait et les femmes en étaient à jeter leurs bouquets sur Rose.

— Et le véritable amoureux, où est-il donc? dit la Reine à M. le duc de Lauzun. Il sortit de la loge et fit signe à mon capitaine, qui rôdait dans le corridor.

Le tremblement me reprit; je sentais qu'il allait m'arriver quelque chose, sans oser le prévoir ou le comprendre, ou seulement y penser.

Mon capitaine salua profondément et parla bas à M. de Lauzun. La Reine me regarda; je m'appuyai sur le mur pour ne pas tomber. On montait l'escalier et je vis Michel Sédaine suivi de Grétry et du directeur important et sot; ils conduisaient Pierrette, la vraie Pierrette, ma Pierrette à moi, ma sœur, ma femme, ma Pierrette de Montreuil.

Le directeur cria de loin : — Voici une belle soirée de dix-huit mille francs!

La Reine se retourna, et, parlant hors de sa loge d'un air tout à la fois plein de franche gaieté et d'une bienfaisante finesse, elle prit la main de Pierrette.

— Viens, mon enfant, dit-elle, il n'y a pas d'autre état qui fasse gagner sa dot en une heure de temps sans péché. Je reconduirai demain mon élève [a] à monsieur le curé de Montreuil, qui nous absoudra toutes les deux [b], j'espère. Il te pardonnera bien d'avoir joué la comédie une fois dans ta vie, c'est le moins que puisse faire une femme honnête [c].

Ensuite elle me salua. Me saluer! moi, qui étais plus d'à moitié mort [d], quelle cruauté!

— J'espère, dit-elle, que M. Mathurin voudra bien accepter à présent la fortune de Pierrette; je n'y ajoute rien, elle l'a gagnée elle-même.

CHAPITRE XI

Fin de l'histoire de l'adjudant

Ici le bon Adjudant se leva pour prendre le portrait, qu'il nous fit passer encore une fois de main en main.

— La voilà, disait-il, dans le même costume, ce bavolet et ce mouchoir au cou ; la voilà telle que voulut bien la peindre madame la princesse de Lamballe. C'est ta mère, mon enfant, disait-il à la belle personne qu'il avait près de lui et qu'il fit asseoir sur son genou *a* ; elle ne joua plus la comédie, car elle ne put jamais savoir que ce rôle de *Rose et Colas*, enseigné par la Reine *b*.

Il était ému. Sa vieille moustache blanche tremblait un peu, et il y avait une larme dessus.

— Voilà une enfant qui a tué sa pauvre mère en naissant, ajouta-t-il ; il faut bien l'aimer pour lui pardonner cela ; mais enfin tout ne nous est pas donné à la fois. Ç'aurait été trop, apparemment, pour moi, puisque la Providence ne l'a pas voulu. J'ai roulé depuis avec les canons de la République et de l'Empire, et je peux dire que, de Marengo à la Moscowa, j'ai vu de bien belles affaires ; mais je n'ai pas eu de plus beau jour dans ma vie que celui que je vous ai raconté là. Celui où je suis entré dans la Garde Royale a été aussi un des meilleurs. J'ai repris avec tant de joie la cocarde blanche que j'avais dans le Royal-Auvergne ! Et aussi, mon lieutenant, je tiens à faire mon devoir, comme vous l'avez vu. Je crois que je mourrais de honte, si, demain à l'inspection, il me manquait une gargousse seulement ; et je crois qu'on a pris un baril au dernier exercice à feu, pour les cartouches de l'infanterie. J'aurais presque envie d'y aller voir, si ce n'était la défense d'y entrer avec des lumières.

Nous le priâmes de se reposer et de rester avec ses enfants,

qui le détournèrent de son projet; et, en achevant son petit
verre, il nous dit encore quelques traits indifférents de sa
vie : il n'avait pas eu d'avancement parce qu'il avait toujours trop aimé les corps d'élite et s'était trop attaché à
son régiment. Canonnier dans la Garde *a* des consuls,
sergent dans la Garde Impériale, lui avaient toujours paru
de plus hauts grades qu'officier de la ligne. J'ai vu beaucoup
de *grognards* pareils. Au reste *b*, tout ce qu'un soldat peut
avoir de dignités, il l'avait : fusil *d'honneur* à capucines
d'argent, croix d'honneur pensionnée, et surtout beaux et
nobles états de service, où la colonne des actions d'éclat était
pleine. C'était ce qu'il ne racontait pas.

Il était deux heures du matin. Nous fîmes cesser la veillée
en nous levant et en serrant cordialement la main de ce
brave homme, et nous le laissâmes heureux des émotions
de sa vie, qu'il avait renouvelées dans son âme honnête et
bonne.

— Combien de fois, dis-je, ce vieux soldat vaut-il mieux
avec sa résignation, que nous autres, jeunes officiers, avec
nos ambitions folles ! Cela nous donna à penser.

— Oui, je crois bien, continuai-je, en passant le petit
pont qui fut levé après nous; je crois que ce qu'il y a de plus
pur dans nos temps, c'est l'âme d'un soldat pareil, scrupuleux sur son honneur et le croyant souillé pour la moindre
tache d'indiscipline ou de négligence; sans ambition, sans
vanité, sans luxe, toujours esclave et toujours fier et content de sa Servitude, n'ayant de cher dans sa vie qu'un souvenir de reconnaissance.

— Et croyant que la Providence a les yeux sur lui ! me
dit Timoléon, d'un air profondément frappé, et me quittant
pour se retirer chez lui.

CHAPITRE XII

LE RÉVEIL

Il y avait une heure que je dormais; il était quatre heures du matin; c'était le 17 août, je ne l'ai pas oublié. Tout à coup mes deux fenêtres s'ouvrirent à la fois, et toutes leurs vitres cassées tombèrent dans ma chambre avec un petit bruit argentin fort joli à entendre. J'ouvris les yeux, et je vis une fumée blanche qui entrait doucement chez moi et venait jusqu'à mon lit en formant mille couronnes [a]. Je me mis à la considérer avec des regards un peu surpris [b], et je la reconnus aussi vite à sa couleur qu'à son odeur. Je courus à la fenêtre. Le jour commençait à poindre [c], et éclairait de lueurs tendres tout ce vieux château immobile et silencieux encore, et qui semblait dans la stupeur du premier coup qu'il venait de recevoir. Je n'y vis rien remuer. Seulement le vieux grenadier placé sur le rempart, et enfermé là au verrou, selon l'usage, se promenait très vite, l'arme au bras, en regardant du côté des cours [d]. Il allait comme un lion dans sa cage.

Tout se taisant encore, je commençais à croire qu'un essai d'armes fait dans les fossés avait été cause de cette commotion, lorsqu'une explosion plus violente se fit entendre. Je vis naître en même temps un soleil qui n'était pas celui du ciel, et qui se levait sur la dernière tour du côté du bois. Ses rayons étaient rouges, et, à l'extrémité de chacun d'eux, il y avait un obus qui éclatait; devant eux un brouillard de poudre. Cette fois le donjon, les casernes, les tours, les remparts, les villages et les bois tremblèrent et parurent glisser de gauche à droite, et revenir comme un tiroir ouvert et refermé sur-le-champ. Je compris en ce moment les tremblements de terre. Un cliquetis pareil à celui que feraient toutes les porcelaines de Sèvres jetées par la fenêtre, me fit parfaitement comprendre que de tous les vitraux de la chapelle, de toutes les glaces du château, de toutes les vitres des casernes et du bourg, il ne restait pas un morceau de verre attaché au mastic. La fumée blanche se dissipa en petites couronnes.

— La poudre est très bonne quand elle fait des couronnes comme celles-là, me dit Timoléon, en entrant tout habillé et armé dans ma chambre *a*.

— Il me semble, dis-je, que nous sautons.

— Je ne dis pas le contraire, me répondit-il froidement. Il n'y a rien à faire jusqu'à présent.

En trois minutes je fus comme lui habillé et armé, et nous regardâmes en silence le silencieux château.

Tout d'un coup vingt tambours battirent la générale; les murailles sortaient de leur stupeur et de leur impassibilité, et appelaient à leur secours. Les bras du pont-levis commencèrent à s'abaisser lentement, et descendirent leurs pesantes chaînes sur l'autre bord du fossé; c'était pour faire entrer les officiers et sortir les habitants. Nous courûmes à la herse : elle s'ouvrait pour recevoir les forts et rejeter les faibles.

Un singulier spectacle nous frappa : toutes les femmes se pressaient à la porte, et en même temps tous les chevaux de la garnison. Par un juste instinct du danger, ils avaient rompu leurs licols à l'écurie ou renversé leurs cavaliers, et attendaient en piaffant que la campagne leur fût ouverte. Ils couraient par les cours, à travers les troupeaux de femmes, hennissant avec épouvante, la crinière hérissée, les narines ouvertes, les yeux rouges, se dressant debout contre les murs, respirant la poudre avec horreur, et cachant dans le sable leurs naseaux brûlés.

Une jeune et belle personne, roulée dans les draps de son lit, suivie de sa mère à demi vêtue et portée par un soldat, sortit la première, et toute la foule suivit. Dans ce moment cela me parut une précaution bien inutile, la terre n'était sûre qu'à six lieues de là.

Nous entrâmes en courant, ainsi que tous les officiers

logés dans le bourg. La première chose qui me frappa fut la contenance calme de nos vieux grenadiers de la garde, placés au poste d'entrée. L'arme au pied, appuyés sur cette arme, ils regardaient du côté de la poudrière en connaisseurs, mais sans dire un mot ni quitter l'attitude prescrite, la main sur la bretelle du fusil. Mon ami Ernest d'Hanache les commandait; il nous salua avec le sourire à la Henri IV qui lui était naturel; je lui donnai la main. Il ne devait perdre la vie que dans la dernière Vendée, où il vient de mourir noblement [1]. Tous ceux que je nomme dans ces souvenirs encore récents sont déjà morts.

En courant, je heurtai quelque chose qui faillit me faire tomber : c'était un pied humain. Je ne pus m'empêcher de m'arrêter à le regarder.

— Voilà comme votre pied *a* sera tout à l'heure, me dit un officier en passant et en riant de tout son cœur.

Rien n'indiquait que ce pied eût jamais été chaussé. Il était comme embaumé et conservé à la manière des momies; brisé à deux pouces au-dessus de la cheville, comme les pieds de statues en étude dans les ateliers; poli, veiné comme du marbre noir, et n'ayant de rose que les ongles. Je n'avais pas le temps de le dessiner : je continuai ma course jusqu'à la dernière cour, devant les casernes.

Là nous attendaient nos soldats. Dans leur première surprise, ils avaient cru le château attaqué, ils s'étaient jetés du lit au râtelier d'armes et s'étaient réunis dans la cour, la plupart en chemise *b* avec leur fusil au bras. Presque tous avaient les pieds ensanglantés et coupés par le verre brisé. Ils restaient muets et sans action devant un ennemi qui n'était pas un homme, et virent avec joie arriver leurs officiers.

---

1. Compagnon de Vigny au 5e de la Garde, cet officier quitta l'armée après la révolution de 1830. Il était suspect au régime de Juillet si l'on en juge par les notes secrètes qui sont portées sur son dossier personnel : « Courtisan, peu ou point militaire. Ne peut plus servir. Dangereux. » Il prit part à l'insurrection de la duchesse de Berry, et fut tué au combat du Chêne en juin 1832.

Pour nous, ce fut au cratère même du volcan que nous courûmes. Il fumait encore, et une troisième éruption était imminente.

La petite tour de la poudrière était éventrée et, par ses flancs ouverts, on voyait une lente fumée s'élever en tournant.

Toute la poudre de la tourelle était-elle brûlée? en restait-il assez pour nous enlever tous? C'était la question. Mais il y en avait une autre qui n'était pas incertaine, c'est que tous les caissons de l'artillerie, chargés et entrouverts dans la cour voisine, sauteraient si une étincelle y arrivait, et que le donjon renfermant quatre cents milliers de poudre à canon, Vincennes, son bois, sa ville, sa campagne, et une partie du faubourg Saint-Antoine, devaient faire jaillir ensemble les pierres, les branches, la terre, les toits et les têtes humaines les mieux attachées.

Le meilleur auxiliaire que puisse trouver la discipline, c'est le danger. Quand tous sont exposés, chacun se tait et se cramponne au premier homme qui donne un ordre ou un exemple salutaire.

Le premier qui se jeta sur les caissons fut Timoléon. Son air sérieux et contenu n'abandonnait pas son visage; mais, avec une agilité qui me surprit, il se précipita *a* sur une roue près de s'enflammer. À défaut d'eau, il l'éteignit en l'étouffant avec son habit, ses mains, sa poitrine qu'il y appuyait. On le crut d'abord perdu; mais, en l'aidant, nous trouvâmes la roue noircie et éteinte, son habit brûlé, sa main gauche un peu poudrée de noir; du reste, toute sa personne intacte et tranquille. En un moment tous les caissons furent arrachés de la cour dangereuse et conduits hors du fort, dans la plaine du polygone. Chaque canonnier, chaque soldat, chaque officier s'attelait, tirait, roulait, poussait les redoutables chariots des mains, des pieds, des épaules et du front.

Les pompes inondèrent la petite poudrière par la noire ouverture de sa poitrine; elle était fendue de tous les côtés, elle se balança deux fois en avant et en arrière, puis ouvrit ses flancs comme l'écorce d'un grand arbre, et, tombant à la renverse, découvrit une sorte de four noir et fumant où rien n'avait forme reconnaissable, où toute arme, tout projectile était réduit en poussière rougeâtre et grise, délayée dans une eau bouillonnante [a]; sorte de lave où le sang, le fer et le feu [b] s'étaient confondus en mortier vivant, et qui s'écoula dans les cours en brûlant l'herbe sur son passage. C'était la fin du danger; restait à se reconnaître et à se compter.

— On a dû entendre cela de Paris, me dit Timoléon en me serrant la main; je vais lui écrire pour la rassurer. Il n'y a plus rien à faire ici.

Il ne parla plus à personne, et retourna dans notre petite maison blanche, aux volets verts, comme s'il fût revenu de la chasse [c].

CHAPITRE XIII

Un dessin au crayon

Quand les périls sont passés, on les mesure et on les trouve grands. On s'étonne de sa fortune; on pâlit de la peur qu'on aurait pu avoir; on s'applaudit de ne s'être laissé surprendre à aucune faiblesse [a], et l'on sent une sorte d'effroi réfléchi et calculé auquel on n'avait pas songé dans l'action.

La poudre fait des prodiges incalculables, comme ceux de la foudre.

L'explosion avait fait des miracles, non pas de force, mais d'adresse. Elle paraissait avoir mesuré ses coups et choisi son but. Elle avait joué avec nous; elle nous avait dit : — J'enlèverai celui-ci, mais non ceux-là qui sont auprès. Elle avait arraché de terre une arcade de pierres de taille, et l'avait envoyée tout entière avec sa forme sur le gazon, dans les champs, se coucher comme une ruine noircie par le temps. Elle avait enfoncé trois bombes à six pieds sous terre, broyé des pavés sous des boulets, brisé un canon de bronze par le milieu, jeté dans toutes les chambres toutes les fenêtres et toutes les portes, enlevé sur les toits les volets de la grande poudrière, sans un grain de sa poudre; elle avait roulé dix grosses bornes de pierre comme les pions d'un échiquier renversé; elle avait cassé les chaînes de fer qui les liaient, comme on casse des fils de soie, et en avait tordu les anneaux comme on tord le chanvre; elle avait labouré sa cour avec les affûts brisés, et incrusté dans les pierres les pyramides de boulets, et, sous le canon le plus prochain de la poudrière détruite, elle avait laissé vivre la poule blanche que nous avions remarquée la veille [1]. Quand cette pauvre poule sortit paisiblement de son lit avec ses petits, les cris de joie de nos bons soldats l'accueillirent comme une ancienne amie, et ils se mirent à la caresser avec l'insouciance des enfants.

Elle tournait en coquetant, rassemblant ses petits et portant toujours son aigrette rouge et son collier d'argent. Elle avait l'air d'attendre le maître qui lui donnait à manger, et courait tout effarée entre nos jambes, entourée de ses poussins. En la suivant, nous arrivâmes à quelque chose d'horrible.

Au pied de la chapelle étaient couchées la tête et la poitrine du pauvre Adjudant, sans corps et sans bras. Le pied que j'avais heurté avec mon pied en arrivant, c'était le sien. Ce malheureux, sans doute, n'avait pas résisté au désir de visiter encore ses barils de poudre et de compter ses obus et, soit le fer de ses bottes, soit un caillou roulé, quelque mouvement avait tout enflammé.

Comme la pierre d'une fronde, sa tête avait été lancée avec sa poitrine sur le mur de l'église, à soixante pieds d'élévation, et la poudre dont ce buste effroyable était imprégné avait gravé sa forme en traits durables sur la

---

1. Comme le remarque Bonnefoy, Vigny a toujours éprouvé à l'égard des catastrophes une espèce de curiosité qui se manifeste dans sa correspondance autant que dans son œuvre. Mais, depuis l'église en feu qui s'écroule sur les combattants dans *Héléna* jusqu'au naufrage qui ouvre *la Bouteille à la Mer,* en passant par le déluge, l'orage de *Cinq-Mars,* l'explosion de la poudrière, le saccage du temple dans *Daphné,* le déraillement de Versailles dans *la Maison du Berger,* il ne cherche jamais dans la description d'une catastrophe des effets pittoresques d'une exceptionnelle ampleur, il ne cherche pas non plus à créer une épouvante qui submergerait la conscience du lecteur. Ce n'est pas son imagination qui est stimulée, mais son intelligence ; on le voit en effet dans ce passage de *Servitude :* au déchaînement des forces matérielles, il oppose un surcroît de lucidité, il les domine en les observant de sang-froid. C'est la décision de tuer, c'est la volonté humaine de mettre à mort qui provoquent en lui une sorte d'affolement comme il apparaît dans *Cinq-Mars* et dans *Stello ;* mais devant les violences de la matière, il retrouve la sérénité du marin qui « toise » et « mesure » l'ampleur des vagues, qui les domine par l'esprit, « en sachant qu'il en est écrasé ».

muraille au pied de laquelle il retomba. Nous le contemplâmes longtemps, et personne ne dit un mot de commisération. Peut-être parce que le plaindre eût été se prendre soi-même en pitié pour avoir couru le même danger. Le chirurgien-major, seulement, dit : — Il n'a pas souffert.

Pour moi, il me sembla qu'il souffrait encore; mais, malgré cela, moitié par une curiosité invincible, moitié par bravade d'officier, je le dessinai.

Les choses se passent ainsi dans une société d'où la sensibilité est retranchée. C'est un des côtés mauvais [a] du métier des armes que cet excès de force où l'on prétend toujours guinder son caractère. On s'exerce à durcir son cœur, on se cache de la pitié, de peur qu'elle ne ressemble à la faiblesse; on se fait effort pour dissimuler le sentiment divin de la compassion, sans songer qu'à force d'enfermer un bon sentiment on étouffe le prisonnier.

Je me sentis en ce moment très haïssable. Mon jeune cœur était gonflé du chagrin de cette mort [b], et je continuai pourtant avec une tranquillité obstinée le dessin que j'ai conservé, et qui tantôt m'a donné des remords de l'avoir fait, tantôt m'a rappelé le récit que je viens d'écrire et la vie modeste de ce brave soldat.

Cette noble tête n'était plus qu'un objet d'horreur, une sorte de tête de Méduse; sa couleur était celle du marbre noir; les cheveux hérissés, les sourcils relevés vers le haut du front, les yeux fermés, la bouche béante comme jetant un cri. On voyait, sculptée sur ce buste noir, l'épouvante des flammes subitement sorties de terre. On sentait qu'il avait eu le temps de cet effroi aussi rapide que la poudre, et peut-être le temps d'une incalculable souffrance.

— A-t-il eu le temps de penser à la Providence? me dit la voix paisible de Timoléon d'Arc***, qui, par-dessus mon épaule, me regardait dessiner avec un lorgnon.

En même temps un joyeux soldat, frais, rose et blond, se baissa pour prendre à ce tronc enfumé sa cravate de soie noire :

— Elle est encore bien bonne, dit-il.

C'était un honnête garçon de ma compagnie, nommé

Muguet *a*, qui avait deux chevrons sur le bras, point de scrupule ni de mélancolie, et, *au demeurant, le meilleur fils du monde* [1]. Cela rompit nos idées.

Un grand fracas de chevaux nous vint enfin distraire. C'était le Roi. Louis XVIII venait en calèche remercier sa garde de lui avoir conservé ses vieux soldats et son vieux château. Il considéra longtemps l'étrange lithographie de la muraille. Toutes les troupes étaient en bataille. Il éleva sa voix forte et claire pour demander au chef de bataillon quels officiers ou quels soldats s'étaient distingués.

— Tout le monde a fait son devoir, sire! répondit simplement M. de Fontanges [2], le plus chevaleresque et le plus aimable officier que j'aie connu, l'homme du monde qui m'a le mieux donné l'idée de ce que pouvaient être dans leurs manières le duc de Lauzun et le chevalier de Grammont.

Là-dessus, au lieu de croix d'honneur, le Roi ne tira de sa calèche que des rouleaux d'or qu'il donna à distribuer pour les soldats, et, traversant Vincennes, sortit par la porte du bois.

Les rangs étaient rompus, l'explosion oubliée; personne ne songea à être mécontent et ne crut avoir mieux mérité qu'un autre. Au fait, c'était un équipage sauvant son navire pour se sauver lui-même, voilà tout. Cependant j'ai vu depuis de moindres bravoures se faire mieux valoir.

Je pensai à la famille du pauvre Adjudant. Mais j'y

---

1. C'est le vers 12 de la célèbre épître de Marot : *Au Roi... étant malade à Paris*. Rabelais avait déjà repris cette expression dans son portrait de Panurge.
2. M. de Fontanges était, en 1819, major au 5ᵉ régiment de la Garde à pied. Il devint colonel du 55ᵉ régiment d'infanterie où Vigny le suivit de Strasbourg à Oloron. M. de Fontanges mourut en 1826 à Saint-Sébastien; sa femme, qui avait joué un rôle important dans le mariage de Vigny avec miss Bunbury, était restée en relations avec la famille du poète; il existe encore une lettre de 1830 où la veuve du colonel de Fontanges recommande à Vigny un jeune poète, Théophile Gautier.

pensai seul. En général, quand les princes passent quelque part, ils passent trop vite[1].

---

1. La visite de Louis XVIII à Vincennes, au lendemain de l'accident, est confirmée par un article du *Moniteur* daté du 18 août :
« Hier, Sa Majesté a dirigé sa promenade vers le château de Vincennes. Sa Majesté s'est fait rendre compte par M. le commandant de l'artillerie de l'événement du matin. Cet officier a exposé au roi avec quelle intrépidité les canonniers, la plupart en chemise, ont éloigné les caissons, et tout ce qui était matière inflammable, du lieu de l'incendie, au moment où l'artifice était tout en feu et que le danger le plus imminent régnait encore. « Je reconnais bien là des Français », a dit S. M. en s'adressant aux canonniers qui l'entouraient. S. M., en se retirant, a laissé à ces braves des marques de sa munificence royale. »

SOUVENIRS

DE

GRANDEUR MILITAIRE

LIVRE TROISIÈME

CHAPITRE I

QUE de fois nous vîmes ainsi finir par des accidents obscurs de modestes existences qui auraient été soutenues et nourries par la gloire collective de l'Empire! Notre Armée avait recueilli les invalides de la Grande Armée, et ils mouraient dans nos bras, en nous laissant le souvenir de leurs caractères primitifs et singuliers. Ces hommes nous paraissaient les restes d'une race gigantesque qui s'éteignait homme par homme et pour toujours. Nous aimions ce qu'il y avait de bon et d'honnête dans leurs mœurs; mais notre génération plus studieuse ne pouvait s'empêcher de surprendre parfois en eux quelque chose de puéril et d'un peu arriéré que l'oisiveté de la paix faisait ressortir à nos yeux. L'Armée nous semblait un corps sans mouvement. Nous étouffions enfermés dans le ventre de ce cheval de bois qui ne s'ouvrait jamais dans aucune Troie. Vous vous en souvenez, vous, mes Compagnons, nous ne cessions d'étudier les *Commentaires* de César, Turenne et Frédéric II, et nous lisions sans cesse la vie de ces généraux de la République si purement épris de la gloire; ces héros candides et pauvres comme Marceau, Desaix et Kléber, jeunes gens de vertu antique; et, après avoir examiné leurs manœuvres de guerre et leurs campagnes, nous tombions dans une amère tristesse en mesurant notre destinée à la leur, et en calculant que leur élévation était devenue telle parce qu'ils avaient mis le pied tout d'abord, et à vingt ans, sur le haut de cette échelle de grades dont chaque degré nous coûtait huit ans à gravir. Vous que j'ai tant vus souffrir des langueurs et des dégoûts de la Servitude militaire, c'est pour vous surtout que j'écris ce livre. Aussi, à côté de ces souvenirs où j'ai montré quelques traits de ce qu'il y a de bon et d'honnête dans les armées, mais où j'ai détaillé quelques-unes des petitesses pénibles de cette vie, je veux placer les souvenirs qui peuvent relever nos fronts par la recherche et la considération de ses grandeurs.

La Grandeur guerrière, ou la beauté de la vie des armes, me semble être de deux sortes : il y a celle du commandement et celle de l'obéissance. L'une, tout extérieure, active, brillante, fière, égoïste, capricieuse, sera de jour en jour plus rare et moins désirée, à mesure que la civilisation deviendra plus pacifique; l'autre, tout intérieure, passive, obscure, modeste, dévouée, persévérante, sera chaque jour plus honorée; car, aujourd'hui que dépérit l'esprit des conquêtes, tout ce qu'un caractère élevé peut apporter de grand dans le métier des armes me paraît être moins encore dans la gloire de combattre que dans l'honneur de souffrir en silence et d'accomplir avec constance des devoirs souvent odieux [1].

Si le mois de juillet 1830 eut ses héros, il eut en vous ses

---

1. Cette phrase annonce directement le conseil qui termine *la Mort du Loup* :

> Fais énergiquement ta longue et lourde tâche
> Dans la voie où le Sort a voulu t'appeler.
> Puis après, comme moi, souffre et meurs sans parler.

Il faut noter chez Vigny le caractère constamment pénible, odieux et souvent criminel du devoir. C'est la grande différence qui sépare l'héroïsme de Vigny et celui de Corneille. Jephté a le devoir de sacrifier sa fille, le commandant a le devoir de fusiller le mari de Laurette, Renaud a le devoir de faire la guerre avec énergie; or ce sont autant de crimes à leurs yeux. Vigny est divisé entre le Bien tel que le conçoit sa conscience autonome et le Devoir que lui imposent le Sort, la Fatalité, toutes les autorités, religieuses, militaires ou politiques. Disons qu'il subsiste en lui et malgré lui une morale qui lui vient de ses éducateurs, de la société, des autres, et qu'il ne parvient pas à rejeter alors même qu'il la condamne.

martyrs, ô mes braves Compagnons ! — Vous voilà tous
à présent séparés et dispersés. Beaucoup parmi vous se
sont retirés en silence, après l'orage, sous le toit de leur
famille ; quelque pauvre qu'il fût, beaucoup l'ont préféré
à l'ombre d'un autre drapeau que le leur. D'autres ont
voulu chercher leurs fleurs de lys dans les bruyères de la
Vendée, et les ont encore une fois arrosées de leur sang ;
d'autres sont allés mourir pour des rois étrangers ; d'autres,
encore saignants des blessures des trois jours, n'ont point
résisté aux tentations de l'épée : ils l'ont reprise pour la
France, et lui ont encore conquis des citadelles [1]. Partout
même habitude de se donner corps et âme, même besoin
de se dévouer, même désir de porter et d'exercer quelque
part l'art de bien souffrir et de bien mourir.

Mais partout se sont trouvés à plaindre ceux qui n'ont
pas eu à combattre là où ils se trouvaient jetés. Le combat
est la vie de l'armée. Où il commence, le rêve devient
réalité, la science devient gloire, et la Servitude service.
La guerre console par son éclat des peines inouïes que la
léthargie de la paix cause aux esclaves de l'Armée ; mais,
je le répète, ce n'est pas dans les combats que sont ses
plus pures grandeurs. Je parlerai de vous souvent aux
autres ; mais je veux une fois, avant de fermer ce livre,
vous parler de vous-mêmes, et d'une vie et d'une mort qui
eurent à mes yeux un grand caractère de force et de candeur.

---

1. L'année 1832 a vu quelques faits d'armes : prise de Bône et
de Bougie succédant à la conquête d'Alger, occupation d'Ancône
contre l'intervention autrichienne en Italie, prise d'Anvers pour
assurer contre la Hollande l'indépendance de la Belgique.

LA VIE ET LA MORT
DU CAPITAINE RENAUD
OU
LA CANNE DE JONC

CHAPITRE II

UNE NUIT MÉMORABLE

L A nuit du 27 juillet 1830 fut silencieuse et solennelle. Son souvenir est, pour moi, plus présent que celui de quelques tableaux plus terribles que la destinée m'a jetés sous les yeux. — Le calme de la terre et de la mer devant l'ouragan n'a pas plus de majesté que n'en avait celui de Paris devant la révolution [1]. Les boulevards étaient déserts. Je marchais seul, après minuit, dans toute leur longueur, regardant et écoutant avidement. Le ciel pur étendait sur le sol la blanche lueur de ses étoiles; mais les maisons étaient éteintes, closes et comme mortes. Tous les réverbères des rues étaient brisés. Quelques groupes d'ouvriers s'assemblaient encore près des arbres, écoutant un orateur mystérieux qui leur glissait des paroles secrètes à voix basse. Puis ils se séparaient en courant, et se jetaient dans des rues

---

1. On ne voit pas comment la mer pourrait rester calme devant l'ouragan; mais par son irréalisme même, cette image est significative et nous révèle un désir profond de Vigny : rester maître de soi pendant les orages. C'est l'attitude du Loup en face de la meute, celle de Renaud qui traverse les rues de Paris en révolution, celle de tous les combattants que Vigny met en scène. Nature passionnée et profondément émotive, comme le signale le baron Duplaa, Vigny, trop sensible à l'action des événements, aspire à une sérénité stoïcienne ou méprisante, celle que lui enseigne le Docteur Noir.

étroites et noires. Ils se collaient contre de petites portes
d'allées qui s'ouvraient comme des trappes et se refer-
maient sur eux. Alors rien ne remuait plus, et la ville
semblait n'avoir que des habitants morts et des maisons
pestiférées [1].

On rencontrait, de distance en distance, une masse
sombre, inerte, que l'on ne reconnaissait qu'en la touchant :
c'était un bataillon de la Garde, debout, sans mouvement,
sans voix. Plus loin, une batterie d'artillerie surmontée de
ses mèches allumées, comme de deux étoiles [2].

On passait impunément devant ces corps imposants et
sombres, on tournait autour d'eux, on s'en allait, on revenait sans en recevoir une question, une injure, un mot. Ils
étaient inoffensifs, sans colère, sans haine; ils étaient
résignés et ils attendaient.

Comme j'approchais de l'un des bataillons les plus nombreux, un officier s'avança vers moi, avec une extrême
politesse, et me demanda si les flammes que l'on voyait au
loin éclairer la porte Saint-Denis ne venaient point d'un
incendie; il allait se porter en avant avec sa compagnie,
pour s'en assurer. Je lui dis qu'elles sortaient de quelques
grands arbres que faisaient abattre et brûler des marchands,

---

1. Cette image est fréquente chez Vigny; ainsi dans *Stello* à propos
de la maison de Robespierre : « De temps à autre, la porte s'ouvrait
pour laisser sortir un gendarme, un Sans-Culotte ou un espion (souvent
femelle). Alors les groupes se séparaient et les parleurs rentraient
vite chez eux. (...) On avait jeté de la paille sur le pavé. On eût dit
que la peste y était. » (*Stello*, ch. xxx.) De même à Antioche quand
défilent les troupes de Julien : « Les coureurs de rues désœuvrés
et gorgés de vin étaient au plus fort de leurs chansons sur la barbe
de Julien, lorsque les trompettes ont résonné aux portes de la ville
et les chemins se sont vidés à l'instant (...). La ville était encore muette
de stupeur et ses rues aussi désertes que si la peste les eût dévastées. »
(*Daphné, O. C.*, Pléiade, t. II, pp. 794 et 796). Rappelons que Vigny
avait été le témoin et failli être la victime de la grande épidémie de
choléra qui sévit à Paris en 1832.

2. Ces deux mèches allumées qui brillent comme deux étoiles
dans une obscurité totale annoncent peut-être l'apparition du Loup :
J'aperçois tout à coup deux yeux qui flamboyaient.

profitant du trouble pour détruire ces vieux ormes qui cachaient leurs boutiques. Alors, s'asseyant sur l'un des bancs de pierre du boulevard, il se mit à faire des lignes et des ronds sur le sable avec une canne de jonc. Ce fut à quoi je le reconnus, tandis qu'il me reconnaissait à mon visage. Comme je restais debout devant lui, il me serra la main et me pria de m'asseoir à son côté.

Le capitaine Renaud était un homme d'un sens droit et sévère et d'un esprit très cultivé, comme la Garde en renfermait beaucoup à cette époque. Son caractère et ses habitudes nous étaient fort connus, et ceux qui liront ces souvenirs sauront bien sur quel visage sérieux ils doivent placer son nom de guerre donné par les soldats, adopté par les officiers et reçu indifféremment par l'homme. Comme les vieilles familles, les vieux régiments, conservés intacts par la paix, prennent des coutumes familières et inventent des noms caractéristiques pour leurs enfants. Une ancienne blessure à la jambe droite motivait cette habitude du capitaine de s'appuyer toujours sur cette *canne de jonc,* dont la pomme était assez singulière et attirait l'attention de tous ceux qui la voyaient pour la première fois. Il la gardait partout et presque toujours à la main. Il n'y avait, du reste, nulle affectation dans cette habitude : ses manières étaient trop simples et sérieuses. Cependant on sentait que cela lui tenait au cœur. Il était fort honoré dans la Garde. Sans ambition et ne voulant être que ce qu'il était, capitaine de grenadiers, il lisait toujours, ne parlait que le moins possible et par monosyllabes. — Très grand, très pâle et de visage mélancolique, il avait sur le front, entre les sourcils, une petite cicatrice assez profonde, qui souvent, de bleuâtre qu'elle était, devenait noire, et quelquefois donnait un air farouche à son visage habituellement froid et paisible.

Les soldats l'avaient en grande amitié; et surtout dans la campagne d'Espagne on avait remarqué la joie avec laquelle ils partaient quand les détachements étaient commandés par la *Canne-de-Jonc.* C'était bien véritablement la *Canne-de-Jonc* qui les commandait; car le capitaine Renaud ne mettait jamais l'épée à la main, même lorsque, à la tête des tirailleurs, il approchait assez l'ennemi pour courir le hasard de se prendre corps à corps avec lui [a].

Ce n'était pas seulement un homme expérimenté dans la guerre, il avait encore une connaissance si vraie des plus grandes affaires politiques de l'Europe sous l'Empire, que l'on ne savait comment se l'expliquer, et tantôt on l'attribuait à de profondes études, tantôt à de hautes relations fort anciennes, et que sa réserve perpétuelle empêchait de connaître [1].

Du reste, le caractère dominant des hommes d'aujourd'hui, c'est cette réserve même, et celui-ci ne faisait que porter à l'extrême ce trait général. A présent, une apparence de froide politesse couvre à la fois caractère et actions. Aussi je n'estime pas que beaucoup puissent se reconnaître aux portraits effarés que l'on fait de nous. L'affectation est ridicule en France plus que partout ailleurs, et c'est pour cela, sans doute, que, loin d'étaler sur ses traits et dans son langage l'excès de force que donnent les passions, chacun s'étudie à renfermer en soi les émotions violentes, les chagrins profonds ou les élans involontaires. Je ne pense point que la civilisation ait tout énervé, je vois qu'elle a tout masqué. J'avoue que c'est un bien, et j'aime le caractère contenu de notre époque. Dans cette froideur apparente il y a de la pudeur, et les sentiments vrais en ont besoin. Il y entre aussi du dédain, bonne monnaie pour payer les choses humaines. — Nous avons déjà perdu beaucoup d'amis dont la mémoire vit entre nous; vous vous les

---

1. Même si cette extrême réserve est dépourvue de toute affectation, elle implique cependant un certain goût du mystère et pique la curiosité. On peut reconnaître ici une influence lointaine de Byron. Il est vrai, d'ailleurs, que la destinée de Renaud, comme celle de Manfred ou de Lara, est marquée par un deuil inoubliable, et même par un crime à ses propres yeux, depuis la mort de l'enfant russe. Mais le mystère byronien réservé à des héros exceptionnels devient ici une règle valable pour tous (souci des convenances, pudeur, maîtrise de soi), excluant ainsi le goût de toute « tragique attitude » qui signale aux yeux les personnages de Byron. On notera la même évolution entre l'incrédulité ostentatoire du poète anglais et la quête d'une morale purement humaine qui anime Renaud.

rappelez, ô mes chers Compagnons d'armes ! Les uns sont morts par la guerre, les autres par le duel, d'autres par le suicide; tous hommes d'honneur et de ferme caractère, de passions fortes, et cependant d'apparence simple, froide et réservée. L'ambition, l'amour, le jeu, la haine, la jalousie, les travaillaient sourdement; mais ils n'en parlaient qu'à peine, et détournaient tout propos trop direct et prêt à toucher le point saignant de leur cœur. On ne les voyait jamais cherchant à se faire remarquer dans les salons par une tragique attitude; et si quelque jeune femme, au sortir d'une lecture de roman, les eût vus tout soumis et comme disciplinés aux saluts en usage et aux simples causeries à voix basse, elle les eût pris en mépris; et pourtant ils ont vécu et sont morts, vous le savez, en hommes aussi forts que la nature en produisit jamais. Les Caton et les Brutus ne s'en tirèrent pas mieux, tout porteurs de toges qu'ils étaient. Nos passions ont autant d'énergie qu'en aucun temps, mais ce n'est qu'à la trace de leurs fatigues que le regard d'un ami peut les reconnaître. Les dehors, les propos, les manières ont une certaine mesure de dignité froide qui est commune à tous, et dont ne s'affranchissent que quelques enfants qui se veulent grandir et faire valoir à toute force. A présent, la loi suprême des mœurs *a* c'est la Convenance [1].

Il n'y a pas de profession où la froideur des formes du langage et des habitudes contraste plus vivement avec l'activité de la vie que la profession des armes. On y pousse loin la haine de l'exagération, et l'on dédaigne

---

1. Cette affirmation est assez contestable si l'on songe à certaines liaisons tapageuses qui, après 1830, marquent la génération des lionnes, celles de George Sand, de Louise Colet, de Mme d'Agoult. En réalité, c'est sur Vigny lui-même que le souci des convenances a toujours été tyrannique. Le duc de *Quitte pour la peur* ne songe qu'à sauver les apparences : « Il est des cas, dit-il, où la dissimulation peut être sainte. » Quant à l'homme d'Honneur, dans un projet de 1834, il meurt dans le respect apparent du christianisme auquel il ne croit plus. Cette dualité de la conscience ferait facilement croire à une duplicité volontaire. En fait, le respect des convenances s'impose à Vigny comme un devoir, il relève de la pudeur, et atteste une invincible soumission à la morale qu'il tenait de son éducation.

le langage d'un homme qui cherche à outrer ce qu'il sent ou à attendrir sur ce qu'il souffre. Je le savais, et je me préparais à quitter brusquement le capitaine Renaud, lorsqu'il me prit le bras et me retint.

— Avez-vous vu ce matin la manœuvre des Suisses? me dit-il; c'était assez curieux. Ils ont fait le *feu de chaussée en avançant* avec une précision parfaite. Depuis que je sers, je n'en avais pas vu faire l'application : c'est une manœuvre de parade et d'Opéra; mais, dans les rues d'une grande ville, elle peut avoir son prix, pourvu que les sections de droite et de gauche se forment vite en avant du peloton qui vient de faire feu.

En même temps il continuait à tracer des lignes sur la terre avec le bout de sa canne; ensuite il se leva lentement; et comme il marchait le long du boulevard, avec l'intention de s'éloigner du groupe des officiers et des soldats, je le suivis, et il continua de me parler avec une sorte d'exaltation nerveuse et comme involontaire qui me captiva, et que je n'aurais jamais attendue de lui, qui était ce qu'on est convenu d'appeler un homme froid.

Il commença par une très simple demande, en prenant un bouton de mon habit :

— Me pardonnerez-vous, me dit-il, de vous prier de m'envoyer votre hausse-col de la Garde Royale [1], si vous l'avez conservé? J'ai laissé le mien chez moi, et je ne puis l'envoyer chercher ni y aller moi-même, parce qu'on nous tue dans les rues comme des chiens enragés; mais depuis trois ou quatre ans que vous avez quitté l'armée, peut-être ne l'avez-vous plus. J'avais aussi donné ma démission il y a quinze jours [a], car j'ai une grande lassitude de l'Armée; mais avant-hier, quand j'ai vu les ordonnances, j'ai dit : On va prendre les armes. J'ai fait un paquet de mon uni-

---

1. Au Moyen Age, le hausse-col était une plaque de métal fixée sur un capuchon de cotte de mailles qui protégeait le cou, la nuque et les épaules. Depuis le temps de Louvois, il se réduit à une plaque de cuivre en forme de croissant que les officiers portaient sur la poitrine au ras du col.

forme, de mes épaulettes et de mon bonnet à poil, et j'ai
été à la caserne retrouver ces braves gens-là qu'on va
faire tuer dans tous les coins, et qui certainement auraient
pensé, au fond du cœur, que je les quittais mal et dans un
moment de crise; c'eût été contre l'Honneur, n'est-il pas
vrai, entièrement contre l'Honneur?

— Aviez-vous prévu les ordonnances, dis-je, lors de
votre démission?

— Ma foi, non! je ne les ai pas même lues encore.

— Eh bien! que vous reprochiez-vous?

— Rien que l'apparence, et je n'ai pas voulu que l'apparence même fût contre moi.

— Voilà, dis-je, qui est admirable!

— Admirable! admirable! dit le capitaine Renaud en
marchant plus vite, c'est le mot actuel; quel mot puéril!
Je déteste l'admiration; c'est le principe de trop de mauvaises actions. On la donne à trop bon marché à présent,
et à tout le monde; nous devons bien nous garder d'admirer
légèrement.

L'admiration est corrompue et corruptrice. On doit
bien faire pour soi-même, et non pour le bruit [1]. D'ailleurs,
j'ai là-dessus mes idées, finit-il brusquement; et il allait me
quitter.

— Il y a quelque chose d'aussi beau qu'un grand homme,
c'est un homme d'Honneur, lui dis-je.

Il me prit la main avec affection. — C'est une opinion
qui nous est commune, me dit-il vivement; je l'ai mise

---

1. On peut voir ici un curieux exemple des contradictions qui
marquent la pensée de Vigny et qui ne seraient guère compréhensibles
si l'on n'admettait que la conscience du poète était naturellement
divisée contre elle-même. A quelques lignes de distance, Renaud
affirme deux principes de morale qui semblent bien s'exclure, d'abord
le souci des apparences, c'est-à-dire de l'opinion des autres, et d'autre
part le devoir de bien faire pour soi-même et non pour le bruit. Le
plus étrange, c'est que ces deux affirmations se suivent dans la bouche
de Renaud comme si elles naissaient logiquement l'une de l'autre.
En fait, nous voyons ici les deux aspects inséparables de Vigny,
à la fois esclave d'une morale intruse et aspirant à l'autonomie de
sa conduite.

en action toute ma vie, mais il m'en a coûté cher. Cela n'est pas si facile que l'on croit.

Ici le sous-lieutenant de sa compagnie vint lui demander un cigare. Il en tira plusieurs de sa poche, et les lui donna, sans parler : les officiers se mirent à fumer en marchant de long en large, dans un silence et un calme que le souvenir des circonstances présentes n'interrompait pas. Aucun ne daignant parler des dangers du jour, ni de son devoir, et connaissant à fond l'un et l'autre.

Le capitaine Renaud revint à moi. — Il fait beau, me dit-il en me montrant le ciel avec sa canne de jonc : je ne sais quand je cesserai de voir tous les soirs les mêmes étoiles; il m'est arrivé une fois de m'imaginer que je verrais celles de la mer du Sud, mais j'étais destiné à ne pas changer d'hémisphère. — N'importe! le temps est superbe : les Parisiens dorment ou font semblant. Aucun de nous n'a mangé ni bu depuis vingt-quatre heures; cela rend les idées très nettes. Je me souviens qu'un jour, en allant en Espagne, vous m'avez demandé la cause de mon peu d'avancement; je n'eus pas le temps de vous la conter; mais ce soir je me sens la tentation de revenir sur ma vie que je repassais dans ma mémoire. Vous aimez les récits, je me le rappelle [a], et, dans votre vie retirée, vous aimerez à vous souvenir de nous. — Si vous voulez vous asseoir sur ce parapet du boulevard avec moi, nous y causerons fort tranquillement, car on me paraît avoir cessé pour cette fois de nous ajuster par les fenêtres et les soupiraux de cave. — Je ne vous dirai que quelques époques de mon histoire, et je ne ferai que suivre mon caprice [b]. J'ai beaucoup vu et beaucoup lu, mais je crois bien que je ne saurais pas écrire. Ce n'est pas mon état, Dieu merci! et je n'ai jamais essayé. — Mais, par exemple, je sais vivre, et j'ai vécu comme j'en avais pris la résolution (dès que j'ai eu le courage de la prendre), et, en vérité, c'est quelque chose. — Asseyons-nous.

Je le suivis lentement, et nous traversâmes le bataillon pour passer à la gauche de ses beaux grenadiers. Ils étaient debout, gravement, le menton appuyé sur le canon de leurs fusils. Quelques jeunes gens s'étaient assis sur leurs sacs, plus fatigués de la journée que les autres. Tous se taisaient et s'occupaient froidement de réparer leur tenue et de la rendre plus correcte. Rien n'annonçait l'inquiétude ou le mécontentement. Ils étaient à leurs rangs, comme après un jour de revue, attendant les ordres.

Quand nous fûmes assis, notre vieux camarade prit la parole et, à sa manière, me raconta trois grandes époques qui me donnèrent le sens de sa vie et m'expliquèrent la bizarrerie de ses habitudes et ce qu'il y avait de sombre dans son caractère. Rien de ce qu'il m'a dit ne s'est effacé de ma mémoire, et je le répéterai presque mot pour mot.

CHAPITRE III

Malte

Je ne suis rien, dit-il d'abord, et c'est, à présent, un bonheur pour moi que de penser cela; mais si j'étais quelque chose, je pourrais dire comme Louis XIV : *J'ai trop aimé la guerre.* — Que voulez-vous? Bonaparte m'avait grisé dès l'enfance comme les autres, et sa gloire me montait à la tête si violemment, que je n'avais plus de place dans le cerveau pour une autre idée. Mon père, vieil officier supérieur toujours dans les camps, m'était tout à fait inconnu, quand un jour il lui prit fantaisie de me conduire en Égypte avec lui. J'avais douze ans, et je me souviens encore de ce temps comme si j'y étais, des sentiments de toute l'armée et de ceux qui prenaient déjà possession de mon âme. Deux esprits enflaient les voiles de nos vaisseaux, l'esprit de gloire et l'esprit de piraterie. Mon père n'écoutait pas plus le second que le vent de nord-ouest qui nous emportait; mais le premier bourdonnait si fort à mes oreilles, qu'il me rendit sourd pendant longtemps à tous les bruits du monde, hors à la musique de Charles XII, le canon. Le canon me semblait la voix de Bonaparte; et, tout enfant que j'étais, quand il grondait, je devenais rouge de plaisir, je sautais de joie, je lui battais des mains, je lui répondais par de grands cris. Ces premières émotions préparèrent l'enthousiasme exagéré qui fut le but et la folie de ma vie. Une rencontre, mémorable pour moi, décida cette sorte d'admiration fatale, cette adoration insensée à laquelle je voulus trop sacrifier [a].

La flotte venait d'appareiller depuis le 30 floréal an VI. Je passai le jour et la nuit sur le pont à me pénétrer du bonheur de voir la grande mer bleue et nos vaisseaux.

Je comptai cent bâtiments et je ne pus tout compter. Notre ligne militaire avait une lieue d'étendue, et le demi-cercle que formait le convoi en avait au moins six. Je ne disais rien. Je regardai passer la Corse tout près de nous, traînant la Sardaigne à sa suite, et bientôt arriva la Sicile à notre gauche. Car la *Junon,* qui portait mon père et moi, était destinée à éclairer la route et à former l'avant-garde avec trois autres frégates. Mon père me tenait la main, et me montra l'Etna tout fumant, et des rochers que je n'oubliai point : c'était la Favaniane et le mont Éryx. Marsala, l'ancienne Lilybée, passait à travers ses vapeurs ; je pris [a] ses maisons blanches pour des colombes perçant un nuage; et un matin, c'était..., oui, c'était le 24 prairial, je vis, au lever du jour, arriver devant moi un tableau qui m'éblouit pour vingt ans.

Malte était debout avec ses forts, ses canons à fleur d'eau, ses longues murailles luisantes au soleil comme des marbres nouvellement polis, et sa fourmilière de galères toutes minces courant sur de longues rames rouges. Cent quatre-vingt-quatorze bâtiments français l'enveloppaient de leurs grandes voiles et de leurs pavillons bleus, rouges et blancs, que l'on hissait, en ce moment, à tous les mâts, tandis que l'étendard de la religion s'abaissait lentement sur le *Gozo* et le fort Saint-Elme : c'était la dernière croix militante qui tombait. Alors la flotte tira cinq cents coups de canon [1].

---

1. Ce spectacle qui éblouit Renaud pour vingt ans est déjà esquissé dans *la Sérieuse* et repris dans *la Mille et deuxième Nuit.* Tous ces tableaux doivent probablement quelque chose à un souvenir de famille : « L'un de nos grands-oncles était commandeur de Malte et des dessins tracés et coloriés par une main assez habile et laissés au *Maine* (Giraud) (...) le montrent ramenant huit *galères* turques et quatre *maones avec ordonnance* dans la rade de Malte. On les voit rangées en demi-cercle autour de la galère capitane qui occupe le centre. On la reconnaît à son tillac doré, à la croix blanche de son pavillon rouge. A sa droite et à sa gauche sont rangées côte à côte douze galères de l'ordre. Leur taille élégante, leurs flancs minces et élancés, leurs longues rames teintes de rouge, leur donnent de loin la légèreté et la grâce de ces insectes fluviatiles qui volent, glissent

Le vaisseau *l'Orient* était en face, seul à l'écart, grand et immobile. Devant lui vinrent passer lentement, et l'un après l'autre, tous les bâtiments de guerre, et je vis de loin Desaix saluer Bonaparte. Nous montâmes près de lui à bord de l'*Orient*. Enfin pour la première fois je le vis.

Il était debout près du bord, causant avec Casa-Bianca, capitaine du ᵃ vaisseau (pauvre *Orient*), et il jouait avec les cheveux d'un enfant de dix ans, le fils du capitaine. Je fus jaloux de cet enfant sur-le-champ, et le cœur me bondit en voyant qu'il touchait le sabre du général. Mon père s'avança vers Bonaparte et lui parla longtemps. Je ne voyais pas encore son visage. Tout d'un coup il se retourna et me regarda ; je frémis de tout mon corps à la vue de ce front jaune entouré de longs cheveux pendants et comme sortant de la mer, tout mouillés ; de ces grands yeux gris, de ces joues maigres et de cette lèvre rentrée sur un menton aigu. Il venait de parler de moi, car il disait : « Écoute, mon brave, puisque tu le veux, tu viendras en Égypte, et le général Vaubois restera bien ici sans toi avec ses quatre mille hommes ; mais je n'aime pas qu'on emmène ses enfants ; je ne l'ai permis qu'à Casa-Bianca, et j'ai eu tort. Tu vas renvoyer celui-ci en France ; je veux qu'il soit fort en mathématiques, et s'il t'arrive quelque chose là-bas, je te réponds de lui, moi ; je m'en charge, et j'en ferai un bon soldat [1]. » En même temps il se baissa,

---

et nagent à la fois sur les eaux et que l'on nomme des demoiselles. » (*Mémoires,* p. 31.) Notons que Vigny n'a pas pu voir ces dessins avant son premier voyage au Maine-Giraud qui date de 1823.

1. Cette quasi-adoption de Renaud par Bonaparte s'explique, selon Auguste Dorchain, par un passage du *Mémorial de Sainte-Hélène.* Las Cases y note en effet le 4 juin 1816 :
« Je tiens de la bouche d'un jeune homme, qui me l'a raconté depuis mon retour en Europe, et encore avec les larmes de la reconnaissance, qu'ayant été assez heureux, sortant à peine de l'enfance, pour donner une preuve de dévouement qui avait été remarquée, l'Empereur lui demanda quelle carrière il voulait suivre ; et, sans attendre sa réponse, en désigna une lui-même. A quoi le jeune homme ayant fait observer que la fortune de son père ne le lui permettait pas :

et, me prenant sous les bras, m'éleva jusqu'à sa bouche et me baisa le front. La tête me tourna, je sentis qu'il était mon maître et qu'il enlevait mon âme à mon père, que du reste je connaissais à peine parce qu'il vivait à l'armée éternellement. Je crus éprouver l'effroi de Moïse, berger, voyant Dieu dans le buisson. Bonaparte m'avait soulevé libre, et quand ses bras me redescendirent doucement sur le pont, ils y laissèrent un esclave de plus.

La veille, je me serais jeté dans la mer si l'on m'eût enlevé à l'armée; mais je me laissai emmener quand on voulut *a*. Je quittai mon père avec indifférence, et c'était pour toujours ! Mais nous sommes si mauvais dès l'enfance, et, hommes ou enfants, si peu de chose nous prend et nous enlève aux bons sentiments naturels ! Mon père n'était plus mon maître parce que j'avais vu le sien, et que de celui-là seul me semblait émaner toute autorité de la terre.

— O rêves d'autorité et d'esclavage *b* ! O pensées corruptrices du Pouvoir, bonnes à séduire les enfants ! Faux enthousiasmes ! poisons subtils, quel antidote pourra-t-on jamais trouver contre vous ! — J'étais étourdi, enivré; je voulais travailler, et je travaillai, à en devenir fou ! Je calculai nuit et jour, et je pris l'habit, le savoir et, sur mon visage, la couleur jaune de l'école. De temps en temps le canon m'interrompait, et cette voix du demi-dieu m'apprenait la conquête de l'Égypte, Marengo, le 18 brumaire, l'Empire..., et l'Empereur me tint parole. — Quant à mon

---

« Que vous importe, reprit vivement Napoléon, *ne suis-je pas aussi votre père ?* » Ceux qui l'ont connu dans son intérieur, ou ont vécu près de sa personne, peuvent citer mille traits de la sorte. »

Derrière cette explication anecdotique, il faut probablement en chercher une autre, d'un caractère plus intime. Quand Napoléon, à la chapelle des Tuileries, remarqua Vigny enfant (voir documents annexes) celui-ci, d'après Eugène de Mirecourt, ne vit plus que l'empereur. Or il est banal, à cet âge, qu'on aime à s'imaginer le fils de parents prestigieux. Il est donc fort possible que Vigny, dans ses premières années, ait désiré pour lui-même l'espèce d'adoption dont Renaud est ici l'objet. Cette trahison filiale, en vérité bien innocente, expliquerait l'intensité du remords qui saisit Renaud quand il découvre la grandeur de son père.

père, je ne savais plus ce qu'il était devenu, lorsqu'un jour m'arriva cette lettre que voici.

Je la porte toujours dans ce vieux portefeuille, autrefois rouge, et je la relis souvent pour bien me convaincre de l'inutilité des avis que donne une génération à celle qui la suit, et réfléchir sur l'absurde entêtement de mes illusions.

Ici le Capitaine, ouvrant son uniforme, tira de sa poitrine : son mouchoir premièrement, puis un petit portefeuille qu'il ouvrit avec soin, et nous entrâmes dans un café encore éclairé, où il me lut ces fragments de lettre, qui me sont restés entre les mains, on saura bientôt comment.

CHAPITRE IV

A bord du vaisseau anglais *Le Culloden,*
devant Rochefort, 1804.

Sent to France, with admiral Collingwood's permission.

« Il est inutile, mon enfant, que tu saches comment
t'arrivera cette lettre, et par quels moyens j'ai pu connaître
ta conduite et ta position actuelle. Qu'il te suffise d'apprendre
que je suis content de toi, mais que je ne te reverrai sans
doute jamais. Il est probable que cela t'inquiète peu. Tu
n'as connu ton père que dans l'âge où la mémoire n'est
pas née encore et où le cœur n'est pas encore éclos. Il
s'ouvre plus tard en nous qu'on ne le pense généralement,
et c'est de quoi je me suis souvent étonné; mais qu'y
faire? — Tu n'es pas plus mauvais qu'un autre, ce me
semble. Il faut bien que je m'en contente. Tout ce que j'ai
à te dire, c'est que je suis prisonnier des Anglais depuis le
14 thermidor an VI (ou le 2 août 1798, vieux style, qui,
dit-on, redevient à la mode aujourd'hui). J'étais allé à bord
de l'*Orient* pour tâcher de persuader à ce brave Brueys
d'appareiller pour Corfou. Bonaparte avait déjà envoyé [a]
son pauvre aide de camp Julien, qui eut la sottise de se
laisser enlever par les Arabes [1]. Moi, j'arrivai, mais [b] inuti-

---

1. L'édition de 1857 porte : « Bonaparte m'avait déjà envoyé »,
ce qui se comprend mal; et nous croyons pertinente la remarque
faite par Auguste Dorchain :
« Tous les textes portent : *m'*avait envoyé. La phrase, ainsi, présente
un non-sens : en réalité, Bonaparte avait envoyé à Brueys (et non

lement. Brueys était entêté comme une mule. Il disait qu'on allait trouver la passe d'Alexandrie pour faire entrer ses vaisseaux; mais il ajouta quelques mots assez fiers qui me firent bien voir qu'au fond il était un peu jaloux de l'armée de terre. — Nous prend-on pour des *passeurs d'eau?* me dit-il, et croit-on que nous ayons peur des Anglais? — Il aurait mieux valu pour la France qu'il en eût peur. Mais, s'il a fait des fautes, il les a glorieusement expiées; et je puis dire que j'expie ennuyeusement celle que je fis de rester à son bord quand on l'attaqua. Brueys fut d'abord blessé à la tête et à la main. Il continua le combat jusqu'au moment où un boulet lui arracha les entrailles. Il se fit mettre dans un sac de son et mourut sur son banc de quart [a]. Nous vîmes clairement que nous allions sauter vers les dix heures du soir. Ce qui restait de l'équipage descendit dans les chaloupes et se sauva, excepté Casa-Bianca. Il demeura le dernier, bien entendu, mais son fils, un beau garçon, que tu as entrevu, je crois, vint me trouver et me dit : « Citoyen, qu'est-ce que l'Honneur veut que je fasse? » — Pauvre petit! Il avait dix ans, je crois, et cela parlait d'Honneur dans un tel moment! Je le pris sur mes genoux dans le canot et je l'empêchai de voir sauter son père avec le pauvre *Orient,* qui s'éparpilla en l'air comme

---

pas à Renaud, qui raconte le fait) son aide de camp qui fut enlevé; Renaud, envoyé à son tour, arriva, lui, mais inutilement.

« Erreur perpétuée d'édition en édition, quoique manifeste, car elle n'est pas de celles qui frappent nécessairement l'esprit d'un correcteur d'épreuves, fût-il l'auteur lui-même : au lieu de *m'* le mot *lui* s'impose ici. »

Quelle que soit la valeur de cette remarque, cependant il est dangereux d'introduire un mot qui n'a jamais été imprimé du vivant de Vigny. Il nous paraît donc préférable de revenir au texte des premières éditions : « *Bonaparte avait déjà envoyé* »; le pronom sous-entendu étant évidemment *lui,* comme le juge Auguste Dorchain.

Le mouillage d'Aboukir étant peu sûr, Brueys reçut l'ordre d'appareiller pour Corfou ou pour le port d'Alexandrie. Les hésitations de Brueys permirent à Nelson de le surprendre à Aboukir et de remporter une victoire écrasante; deux frégates françaises seulement purent échapper au désastre.

une gerbe de feu. Nous ne sautâmes pas, nous, mais nous fûmes pris, ce qui est bien plus douloureux [1], et je vins à Douvres, sous la garde d'un brave capitaine anglais nommé Collingwood, qui commande à présent le *Culloden* [2]. C'est un galant homme s'il en fut, qui, depuis 1761 qu'il sert dans la marine, n'a quitté la mer que pendant deux années, pour se marier et mettre au monde ses deux filles. Ces enfants [a], dont il parle sans cesse, ne le connaissent pas, et sa femme ne connaît guère que par ses lettres son beau caractère. Mais je sens bien que la douleur de cette défaite d'Aboukir a abrégé mes jours, qui n'ont été que trop longs, puisque j'ai vu un tel désastre et la mort de mes glorieux amis. Mon grand âge a touché [b] tout le monde ici ; et, comme le climat de l'Angleterre m'a fait tousser beaucoup et a renouvelé toutes mes blessures au point de me priver entièrement de l'usage d'un bras, le bon capitaine Collingwood a demandé et obtenu pour moi (ce qu'il n'aurait pu obtenir pour lui-même à qui la terre était défendue) la grâce d'être transféré en Sicile, sous un soleil plus chaud et un ciel plus pur. Je crois bien que j'y vais finir ; car soixante-dix-huit ans, sept blessures, des chagrins profonds et la captivité sont des maladies incurables. Je n'avais à te laisser que mon épée, pauvre enfant ! à présent je n'ai même plus cela, car un prisonnier n'a pas d'épée. Mais j'ai au moins un conseil à te donner, c'est de te défier de ton enthousiasme pour les hommes qui parviennent vite, et surtout pour Bonaparte. Tel que je te connais, tu serais un *Séide*, et il faut se garantir du *Séidisme* quand on est Français, c'est-à-dire très susceptible d'être atteint de ce

---

1. Casa-Bianca, ancien conventionnel, mourut en effet dans l'explosion de l'*Orient ;* mais son fils, âgé de dix ans, mourut avec lui, contrairement à ce qu'affirme Vigny. Pourquoi cette entorse délibérée à l'Histoire ? Peut-être l'auteur ne veut-il pas gaspiller prématurément et sur un détail secondaire l'effet pathétique qu'il réserve pour la prise du corps de garde russe. Il se peut même que l'idée de faire tuer un enfant par Renaud lui ait été suggérée par la mort du jeune Casa-Bianca.

2. Sur l'amiral Collingwood, voir les documents annexes.

mal contagieux. C'est une chose merveilleuse que la quantité de petits et de grands tyrans qu'il a produits. Nous aimons les fanfarons à un point extrême et nous nous donnons à eux de si bon cœur que nous ne tardons pas à nous en mordre les doigts ensuite. La source de ce défaut est un grand besoin d'action et une grande paresse de réflexion. Il s'ensuit que nous aimons infiniment mieux nous donner corps et âme à celui qui se charge de penser pour nous et d'être responsable, quitte à rire, après, de nous et de lui [1].

Bonaparte est un bon enfant, mais il est vraiment par trop charlatan. Je crains qu'il ne devienne fondateur, parmi nous, d'un nouveau genre de jonglerie; nous en avons bien assez en France. — Le charlatanisme est insolent et corrupteur, et il a donné de tels exemples dans notre siècle et a mené si grand bruit du tambour et de la baguette sur la place publique, qu'il s'est glissé dans toute profession, et qu'il n'y a si petit homme qu'il n'ait gonflé. — Le nombre est incalculable des grenouilles qui crèvent. Je désire bien vivement que mon fils n'en soit pas.

Je suis bien aise qu'il m'ait tenu parole en se *chargeant de toi*, comme il dit; mais ne t'y fie pas trop. Peu de temps après la triste manière dont je quittai l'Égypte, voici la scène que l'on m'a contée et qui se passa à un certain dîner; je veux te la dire afin [a] que tu y penses souvent.

Le 1er vendémiaire an VII, étant au Caire, Bonaparte, membre de l'Institut, ordonna une fête civique pour l'anniversaire de l'établissement de la République. La garnison d'Alexandrie célébra la fête autour de la colonne de Pompée, sur laquelle on planta le drapeau tricolore; l'aiguille de Cléopâtre fut illuminée assez mal; et les troupes de la Haute-Égypte célébrèrent la fête, le mieux qu'elles purent, entre les pylônes, les colonnes, les cariatides de Thèbes, sur les genoux du colosse de Memnon,

---

1. Sur le séidisme, voir les documents annexes. On remarquera que Vigny condamne ici la démission de soi et la crainte de la responsabilité dont il s'accommodait en 1815 sur la route des Flandres.

aux pieds des figures de Tâma et Châma [1]. Le premier corps d'armée fit au Caire ses manœuvres, ses courses et ses feux d'artifice. Le général en chef avait invité à dîner tout l'état-major, les ordonnateurs, les savants, le kiaya du pacha, l'émir, les membres du divan et les agas [2], autour d'une table de cinq cents couverts dressée dans la salle basse de la maison qu'il occupait sur la place d'El-Béquier; le bonnet de la Liberté et le croissant s'entrelaçaient amoureusement; les couleurs turques et françaises formaient un berceau et un tapis fort agréables sur lesquels se mariaient le Koran et la Table des Droits de l'Homme. Après que les convives eurent bien mangé avec leurs doigts des poulets et du riz assaisonnés de safran, des pastèques et des fruits, Bonaparte, qui ne disait rien, jeta un coup d'œil très prompt sur eux tous. Le bon Kléber, qui était couché à côté de lui, parce qu'il ne pouvait pas ployer à la turque ses longues

---

1. Vigny utilise ici une documentation qu'il avait en grande partie déjà rassemblée en 1828 pour écrire *l'Almeh. La colonne de Pompée,* élevée en l'honneur de Dioclétien (son nom actuel remonte seulement à l'époque des Croisades), est un fût monolithique de vingt-cinq mètres de haut et de trois mètres de diamètre. *L'aiguille de Cléopâtre* est un obélisque élevé devant le temple d'Auguste à Alexandrie. Les *pylônes* sont les portes massives et monumentales des temples égyptiens. *Cariatides* est un mot grec; puisque Vigny les place à Thèbes, ces cariatides désignent sans doute les statues colossales qui sont adossées au temple de Sésostris, ou Ramsès II, comme Vigny le signale dans *l'Almeh.* Memnon est l'un des colosses élevés par Aménophis III devant un temple de Thèbes aujourd'hui disparu. Les Grecs crurent reconnaître dans cette statue l'image de Memnon, fils de l'Aurore, parce qu'au lever du soleil, sous l'effet de l'évaporation peut-être, elle faisait entendre, paraît-il, des sons harmonieux. Quant à *Tâma* et *Châma,* ce sont les noms indigènes des deux colosses de Thèbes; Tâma est la statue de Memnon. Vigny signale donc trois statues là où il n'y en a que deux. Comme la même erreur est déjà commise dans les *Lettres édifiantes* du Père Picard, nous avons la preuve que Vigny s'est documenté auprès de cet écrivain.

2. Le pacha était le représentant du sultan en Égypte; son autorité restait toute théorique sur la féodalité militaire des Mamelucks. Le kiaya était son huissier; l'émir était le commandant en chef des troupes du pacha; les agas étaient les officiers supérieurs; quant au divan, c'était une sorte de conseil municipal.

jambes, donna un grand coup de coude à Abdallah-Menou, son voisin [1], et lui dit avec son accent demi-allemand :

— Tiens ! voilà Ali-Bonaparte qui va nous faire une des siennes.

Il l'appelait comme cela, parce que, à la fête de Mahomet, le général s'était amusé à prendre le costume oriental, et qu'au moment où il s'était déclaré protecteur de toutes les religions, on lui avait pompeusement décerné le nom de gendre du prophète, et on l'avait nommé Ali-Bonaparte.

Kléber n'avait pas fini de parler, et passait encore sa main dans ses grands cheveux blonds, que le petit Bonaparte était déjà debout; et, approchant son verre de son menton maigre et de sa grosse cravate, il dit d'une voix brève, claire et saccadée :

— Buvons à l'an trois cent de la République française !

Kléber se mit à rire dans l'épaule de Menou, au point de lui faire verser son verre sur un vieil Aga, et Bonaparte les regarda tous deux de travers, en fronçant le sourcil.

Certainement, mon enfant, il avait raison; parce que, en présence d'un général en chef, un général de division ne doit pas se tenir indécemment, fût-ce un gaillard comme Kléber; mais eux, ils n'avaient pas tout à fait tort non plus, puisque Bonaparte, à l'heure qu'il est, s'appelle l'Empereur et que tu es son page. »

....

— En effet, dit le capitaine Renaud, en reprenant la lettre de mes mains, je venais d'être nommé page de l'Empereur en 1804. — Ah ! la terrible année que celle-là ! de quels événements elle était chargée quand elle nous arriva, et comme je l'aurais considérée avec attention, si j'avais su alors considérer quelque chose ! Mais je n'avais pas d'yeux pour voir, pas d'oreilles pour entendre autre chose que les actions de l'Empereur, la voix de l'Empereur, les gestes de l'Empereur, les pas de l'Empereur. Son approche

---

1. Le général Menou, qui devait commander en chef après l'assassinat de Kléber, avait épousé une Égyptienne, s'était converti à l'islamisme et avait pris le nom d'Abdallah.

m'enivrait, sa présence me magnétisait. La gloire d'être
attaché à cet homme me semblait la plus grande chose qui
fût au monde, et jamais un amant n'a senti l'ascendant de sa
maîtresse avec des émotions plus vives et plus écrasantes
que celles que sa vue me donnait chaque jour. — L'admiration d'un chef militaire devient une passion, un fanatisme,
une frénésie, qui font de nous des esclaves, des furieux,
des aveugles. — Cette pauvre lettre que je viens de vous
donner à lire ne tint dans mon esprit que la place de ce que
les écoliers nomment un *sermon,* et je ne sentis que le soula-
gement impie des enfants qui se trouvent délivrés de l'autorité naturelle et se croient libres parce qu'ils ont choisi
la chaîne que l'entraînement général leur a fait river à leur
col *a*. Mais un reste de bons sentiments natifs me fit conserver cette écriture sacrée, et son autorité sur moi a grandi
à mesure que diminuaient mes rêves d'héroïque sujétion.
Elle est restée toujours sur mon cœur, et elle a fini par y
jeter des racines invisibles, aussitôt que le bon sens a
dégagé ma vue des nuages qui la couvraient alors. Je n'ai
pu m'empêcher, cette nuit, de la relire avec vous, et je me
prends en pitié en considérant combien a été lente la
courbe que mes idées ont suivie pour revenir à la base la
plus solide et la plus simple de la conduite d'un homme.
Vous verrez à combien peu elle se réduit; mais, en vérité,
monsieur, je pense que cela suffit à la vie d'un honnête
homme, et il m'a fallu bien du temps pour arriver à trouver
la source de la véritable Grandeur qu'il peut y avoir dans
la profession presque barbare des armes.

Ici le capitaine Renaud fut interrompu par un vieux
sergent de grenadiers, qui vint se placer à la porte du café [1],

---

1. Sainte-Beuve remarque avec raison que lorsqu'il faut de la
lumière au capitaine Renaud pour lire la lettre de son père, il entre,
comme si la chose allait de soi, dans un café encore ouvert et éclairé;
or Vigny nous a dit d'abord que tout était éteint dans les rues de
Paris, que toutes les boutiques étaient fermées, que la ville semblait
frappée de la peste. De même, Renaud nous est d'abord présenté
comme capitaine de la Garde, mais nous apprendrons plus loin qu'il

portant son arme en sous-officier et tirant une lettre écrite sur papier gris placée dans la bretelle de son fusil. Le Capitaine se leva paisiblement et ouvrit l'ordre qu'il recevait.

— Dites à Béjaud de copier cela sur le livre d'ordres, dit-il au sergent.

— Le sergent-major n'est pas revenu de l'arsenal, dit le sous-officier, d'une voix douce comme celle d'une jeune fille [a], et baissant les yeux, sans même daigner dire comment son camarade avait été tué.

— Le fourrier le remplacera, dit le Capitaine, sans rien demander; et il signa son ordre sur le dos du sergent, qui lui servit de pupitre.

Il toussa un peu, et reprit avec tranquillité :

---

n'a jamais voulu être autre chose qu'officier dans l'infanterie de ligne. De même encore, au début du récit, aucun des soldats n'a mangé ni bu depuis vingt-quatre heures; à la fin, au contraire, grâce à leur capitaine, ils ont trouvé dans des casernes abandonnées la nourriture que leur refusaient les maisons ennemies. On peut juger les remarques de ce genre bien mesquines. Elles ont pourtant l'intérêt de montrer que le mépris du réel, chez Vigny, ne porte pas seulement sur les grands événements de l'Histoire. Les faits et les choses sont toujours ductiles sous les doigts du poète; plus ou moins visiblement, ils se plient aux exigences de son imagination.

CHAPITRE V

Le dialogue inconnu

— La lettre de mon pauvre père, et sa mort, que j'appris peu de temps après, produisirent en moi, tout enivré que j'étais et tout étourdi du bruit de mes éperons, une impression assez forte pour donner un grand ébranlement à mon ardeur aveugle, et je commençai à examiner de plus près et avec plus de calme ce qu'il y avait de surnaturel dans l'éclat qui m'enivrait. Je me demandai, pour la première fois, en quoi consistait l'ascendant que nous laissions *a* prendre sur nous aux hommes d'action revêtus d'un pouvoir absolu, et j'osai tenter quelques efforts intérieurs pour tracer des bornes, dans ma pensée, à cette donation volontaire de tant d'hommes à un homme. Cette première secousse me fit entrouvrir la paupière, et j'eus l'audace de regarder en face l'aigle éblouissant qui m'avait enlevé, tout enfant, et dont les ongles me pressaient les reins.

Je ne tardai pas à trouver des occasions de l'examiner de plus près, et d'épier l'esprit du grand homme, dans les actes obscurs de sa vie privée.

On avait osé créer des pages, comme je vous l'ai dit; mais nous portions l'uniforme d'officiers, en attendant la livrée verte à culottes rouges que nous devions prendre au sacre. Nous servions d'écuyers, de secrétaires et d'aides de camp jusque-là, selon la volonté du maître qui prenait ce qu'il trouvait sous sa main. Déjà il se plaisait à peupler ses antichambres; et comme le besoin de dominer le suivait partout, il ne pouvait s'empêcher de l'exercer dans les plus petites choses et tourmentait autour de lui ceux qui l'entouraient, par l'infatigable maniement d'une volonté toujours présente. Il s'amusait de ma timidité; il jouait avec mes terreurs et mon respect. — Quelquefois il m'appelait brusquement; et me voyant entrer pâle et balbutiant, il s'amusait à me faire parler longtemps pour voir mes étonnements et troubler mes idées [a]. Quelquefois, tandis que j'écrivais sous sa dictée, il me tirait l'oreille tout d'un coup, à sa manière, et me faisait une question imprévue sur quelque vulgaire connaissance comme la géographie ou l'algèbre, me posant le plus facile problème d'enfant; il me semblait alors que la foudre tombait sur ma tête. Je savais mille fois ce qu'il me demandait; j'en savais plus qu'il ne le croyait, j'en savais même souvent plus que lui, mais son œil me paralysait. Lorsqu'il était hors de la chambre, je pouvais respirer, le sang commençait à circuler dans mes veines, la mémoire me revenait et avec elle une honte inexprimable; la rage me prenait, j'écrivais ce que j'aurais dû lui répondre; puis je me roulais sur le tapis, je pleurais, j'avais envie de me tuer.

— Quoi! me disais-je, il y a donc des têtes assez fortes pour être sûres de tout et n'hésiter devant personne? Des hommes qui s'étourdissent par l'action sur toute chose, et dont l'assurance écrase les autres en leur faisant penser que la clef de tout savoir et de tout pouvoir, clef qu'on ne cesse de chercher, est dans leur poche, et qu'ils n'ont qu'à l'ouvrir pour en tirer lumière et autorité infaillibles!
— Je sentais pourtant que c'était là une force fausse et usurpée. Je me révoltais, je criais : « Il ment! Son attitude, sa voix, son geste, ne sont qu'une pantomime d'acteur, une misérable parade de souveraineté, dont il doit savoir la vanité. Il n'est pas possible qu'il croie en lui-même aussi sincèrement! Il nous défend à tous de lever le voile, mais il se voit nu par-dessous. Et que voit-il? un pauvre ignorant comme nous tous et, sous tout cela, la créature faible! »
— Cependant je ne savais comment voir le fond de cette âme déguisée. Le pouvoir et la gloire le défendaient sur tous les points; je tournais autour sans réussir à y rien surprendre, et ce porc-épic toujours armé se roulait devant moi, n'offrant de tous côtés que des pointes acérées. —

Un jour pourtant, le hasard, notre maître à tous, les entrouvrit, et, à travers ces piques et ces dards, fit pénétrer une
lumière d'un moment. — Un jour, ce fut peut-être le seul
de sa vie, il rencontra plus fort que lui et recula un instant
devant un ascendant plus grand que le sien. — J'en fus
témoin, et me sentis vengé. — Voici comment cela m'arriva :
  Nous étions à Fontainebleau. Le Pape venait d'arriver.
L'Empereur l'avait attendu impatiemment pour le sacre,
et l'avait reçu en voiture, montant de chaque côté, au
même instant, avec une étiquette en apparence négligée,
mais profondément calculée de manière à ne céder ni
prendre le pas, ruse italienne. Il revenait au château, tout
y était en rumeur; j'avais laissé plusieurs officiers dans
la chambre qui précédait celle de l'Empereur, et j'étais
resté seul dans la sienne. — Je considérais une longue
table qui portait, au lieu de marbre, des mosaïques
romaines, et que surchargeait un amas énorme de placets.
J'avais vu souvent Bonaparte rentrer et leur faire subir
une étrange épreuve. Il ne les prenait ni par ordre, ni au
hasard; mais quand leur nombre l'irritait, il passait sa
main sur la table de gauche à droite et de droite à gauche,
comme un faucheur, et les dispersait jusqu'à ce qu'il en
eût réduit le nombre à cinq ou six qu'il ouvrait. Cette
sorte de jeu dédaigneux m'avait ému singulièrement. Tous
ces papiers de deuil et de détresse repoussés et jetés sur
le parquet, enlevés comme par un vent colère, ces implo-
rations inutiles des veuves et des orphelins n'ayant pour
chance de secours que la manière dont les feuilles volantes
étaient balayées par le chapeau consulaire; toutes ces
feuilles gémissantes, mouillées par des larmes de famille,
traînant au hasard sous ses bottes et sur lesquelles il marchait comme sur ses morts du champ de bataille, me repré-
sentaient la destinée présente de la France comme une
loterie sinistre, et, toute grande qu'était la main indifférente et rude qui tirait les lots, je pensais qu'il n'était
pas juste de livrer ainsi au caprice de ses coups de poing
tant de fortunes obscures qui eussent été peut-être un
jour aussi grandes que la sienne, si un point d'appui leur

eût été donné. Je sentis mon cœur battre contre Bonaparte et se révolter, mais honteusement, mais en cœur
d'esclave qu'il était. Je considérais ces lettres abandonnées;
des cris de douleur inentendus s'élevaient de leurs plis
profanés; et les prenant pour les lire, les rejetant ensuite,
moi-même je me faisais juge entre ces malheureux et le
maître qu'ils s'étaient donné, et qui allait aujourd'hui
s'asseoir plus solidement que jamais sur leurs têtes. Je
tenais dans ma main l'une de ces pétitions méprisées,
lorsque le bruit des tambours qui battaient *aux champs*
m'apprit l'arrivée subite de l'Empereur. Or, vous savez
que de même que l'on voit la lumière du canon avant
d'entendre sa détonation, on le voyait toujours en même
temps qu'on était frappé du bruit de son approche, tant
ses allures étaient promptes et tant il semblait pressé de
vivre et de jeter ses actions les unes sur les autres. Quand
il entrait à cheval dans la cour d'un palais, ses guides
avaient peine à le suivre, et le poste n'avait pas le temps
de prendre les armes, qu'il était déjà descendu de cheval
et montait l'escalier. Cette fois il avait quitté la voiture
du Pape pour revenir seul, en avant et au galop. J'entendis [a] ses talons résonner en même temps que le tambour.
J'eus le temps à peine de me jeter dans l'alcôve d'un grand
lit de parade qui ne servait à personne, fortifié d'une balus-
trade de prince et fermé, heureusement plus qu'à demi,
par des rideaux semés d'abeilles.

L'Empereur était fort agité; il marcha seul dans la
chambre comme quelqu'un qui attend avec impatience, et
fit en un instant trois fois sa longueur, puis s'avança vers
la fenêtre et se mit à y tambouriner une marche avec les
ongles. Une voiture roula dans la cour [b], il cessa de battre,
frappa des pieds deux ou trois fois comme impatienté
de la vue de quelque chose qui se faisait avec lenteur,
puis il alla brusquement à la porte et l'ouvrit au Pape.

Pie VII entra seul. Bonaparte se hâta de refermer la
porte derrière lui, avec une promptitude de geôlier. Je
sentis une grande terreur, je l'avoue, en me voyant en
tiers avec de telles gens. Cependant je restai sans voix

et sans mouvement, regardant et écoutant de toute la puissance de mon esprit.

Le Pape était d'une taille élevée; il avait un visage allongé, jaune, souffrant, mais plein d'une noblesse sainte et d'une bonté sans bornes. Ses yeux noirs étaient grands et beaux, sa bouche *a* était entrouverte par un sourire bienveillant auquel son menton avancé donnait une expression de finesse très spirituelle et très vive, sourire qui n'avait rien de la sécheresse politique, mais tout de la bonté chrétienne *b*. Une calotte blanche couvrait ses cheveux longs, noirs, mais sillonnés de larges mèches argentées. Il portait négligemment sur ses épaules courbées un long camail de velours rouge, et sa robe traînait sur ses pieds. Il entra lentement, avec la démarche calme et prudente d'une femme âgée. Il vint s'asseoir, les yeux baissés, sur un des grands fauteuils romains dorés et chargés d'aigles, et attendit ce que lui allait dire l'autre Italien.

Ah! monsieur, quelle scène! quelle scène! je la vois encore. — Ce ne fut pas le génie de l'homme qu'elle me montra, mais ce fut son caractère; et si son vaste esprit ne s'y déroula pas, du moins son cœur y éclata. — Bonaparte n'était pas alors ce que vous l'avez vu depuis; il n'avait point ce ventre de financier, ce visage joufflu et malade, ces jambes de goutteux, tout cet infirme embonpoint que l'art a malheureusement saisi pour en faire un *type,* selon le langage actuel, et qui a laissé de lui, à la foule, je ne sais quelle forme populaire et grotesque qui le livre aux jouets d'enfants et le laissera peut-être un jour fabuleux et impossible comme l'informe Polichinelle. — Il n'était point ainsi alors, monsieur, mais nerveux et souple, mais leste, vif et élancé, convulsif dans ses gestes, gracieux dans quelques moments [1], recherché dans ses ma-

---

1. Signalons ici la correction proposée par Auguste Dorchain qu'il justifie ainsi lui-même :

« Tous les textes portent : *moments;* mais ce substantif, placé entre *gestes* et *manières,* jure avec celui qui le précède et celui qui le suit; il n'est point du même ordre, et ce ne peut être ce mot qu'a voulu mettre à cette place Alfred de Vigny. *Mouvement* semble trop indiqué

nières; la [a] poitrine plate et rentrée entre les épaules, et tel encore que je l'avais vu à Malte, le visage mélancolique et effilé.

Il ne cessa point de marcher dans la chambre quand le Pape fut entré; il se mit à rôder autour du fauteil comme un chasseur prudent et, s'arrêtant tout à coup en face de lui dans l'attitude raide et immobile d'un caporal, il reprit une suite de la conversation commencée dans leur voiture, interrompue par l'arrivée, et qu'il lui tardait de poursuivre [b].

— Je vous le répète, Saint-Père, je ne suis point un esprit fort, moi, et je n'aime pas les raisonneurs et les idéologues [1]. Je vous assure que, malgré mes vieux républicains, j'irai à la messe.

Il jeta ces derniers mots brusquement au Pape comme un coup d'encensoir lancé au visage, et s'arrêta pour en attendre l'effet, pensant que les circonstances tant soit peu impies qui avaient précédé l'entrevue devaient donner à cet aveu subit et net une valeur extraordinaire. — Le Pape baissa les yeux et posa ses deux mains sur les têtes d'aigle qui formaient les bras de son fauteuil. Il parut, par cette attitude de statue romaine, qu'il disait clairement : Je me résigne d'avance à écouter toutes les choses profanes qu'il lui plaira de me faire entendre.

---

pour qu'on hésite à corriger une faute certaine de la première impression, perpétuée par les suivantes. » Cette argumentation ne manque pas de valeur. Il ne semble pourtant pas qu'elle s'impose. *Mouvement,* après *gestes,* fait presque un pléonasme; il nous paraît plus prudent de suivre le texte imprimé du temps de Vigny.

1. Les idéologues ont composé à la fin du XVIIIe siècle et au début du XIXe une remarquable école de savants, plus ou moins fidèles au sensualisme de Condillac, et qui étudièrent les phénomènes dans un esprit tout positif, en rejetant toute considération métaphysique. Les principaux idéologues sont Condorcet, Sieyès, Lakanal, Volney, Laplace, Cabanis et Destutt de Tracy. Napoléon, qui se souciait surtout d'affermir son autorité et qui considérait la religion comme le fondement le plus sûr des pouvoirs temporels, ne pardonnait pas aux idéologues de prolonger la pensée du XVIIIe siècle, libérale et irréligieuse.

Bonaparte fit le tour de la chambre et du fauteuil qui se trouvait au milieu, et je vis, au regard qu'il jetait de côté sur le vieux pontife, qu'il n'était content ni de lui-même ni de son adversaire, et qu'il se reprochait d'avoir trop lestement débuté dans cette reprise de conversation. Il se mit donc à parler avec plus de suite, en marchant circulairement et jetant à la dérobée des regards perçants dans les glaces de l'appartement où se réfléchissait la figure grave du Saint-Père, et le regardant en profil quand il passait près de lui, mais jamais en face, de peur de sembler trop inquiet de l'impression de ses paroles.

— Il y a quelque chose, dit-il, qui me reste sur le cœur, Saint-Père, c'est que vous consentez au sacre de la même manière que l'autre fois au concordat, comme si vous y étiez forcé. Vous avez un air de martyr devant moi, vous êtes là comme résigné, comme offrant au Ciel vos douleurs. Mais, en vérité, ce n'est pas là votre situation, vous n'êtes pas prisonnier, par Dieu *a* ! vous êtes libre comme l'air.

Pie VII sourit avec tristesse et le regarda en face. Il sentait ce qu'il y avait de prodigieux dans les exigences de ce caractère despotique, à qui, comme à tous les esprits de même nature, il ne suffisait pas de se faire obéir si, en obéissant, on ne semblait encore avoir désiré ardemment ce qu'il ordonnait *b*.

— Oui, reprit Bonaparte avec plus de force, vous êtes parfaitement libre ; vous pouvez vous en retourner à Rome, la route vous est ouverte, personne ne vous retient.

Le Pape soupira et leva sa main droite et ses yeux au ciel sans répondre ; ensuite il laissa retomber très lentement son front ridé et se mit à considérer la croix d'or suspendue à son col *c*.

Bonaparte continua à parler en tournoyant plus lentement. Sa voix devint douce et son sourire plein de grâce.

— Saint-Père, si la gravité de votre caractère ne m'en empêchait, je dirais, en vérité, que vous êtes un peu ingrat. Vous ne paraissez pas vous souvenir assez des bons services que la France vous a rendus. Le conclave de Venise, qui vous a élu Pape, m'a un peu l'air d'avoir été inspiré par ma campagne d'Italie et par un mot que j'ai dit sur vous. L'Autriche ne vous traita pas bien alors, et j'en fus très affligé. Votre Sainteté fut, je crois, obligée de revenir par mer à Rome, faute de pouvoir passer par les terres autrichiennes [1].

Il s'interrompit pour attendre la réponse du silencieux hôte qu'il s'était donné; mais Pie VII ne fit qu'une inclination de tête presque imperceptible, et demeura comme plongé dans un abattement qui l'empêchait d'écouter.

Bonaparte alors poussa du pied une chaise près du grand fauteuil du Pape. — Je tressaillis, parce qu'en venant chercher ce siège, il avait effleuré de son épaulette le rideau de l'alcôve où j'étais caché.

— Ce fut, en vérité, continua-t-il, comme catholique que cela m'affligea. Je n'ai jamais eu le temps d'étudier beaucoup la théologie, moi; mais j'ajoute encore une grande foi à la puissance de l'Église; elle a une vitalité prodigieuse, Saint-Père. Voltaire vous a bien un peu entamés, mais je ne l'aime pas, et je vais lâcher sur lui un vieil oratorien défroqué [2]. Vous serez content, allez. Tenez, nous pourrions, si vous vouliez, faire bien des choses à l'avenir [a].

Il prit un air d'innocence et de jeunesse très caressant.

— Moi, je ne sais pas, j'ai beau chercher, je ne vois pas bien, en vérité, pourquoi vous auriez de la répugnance à siéger à Paris pour toujours! Je vous laisserais, ma foi,

---

1. Le futur Pie VII, alors qu'il n'était encore qu'évêque d'Imola, avait connu Bonaparte pendant les campagnes d'Italie, et s'était laissé séduire par les projets politiques du futur empereur. Il fut élu pape en 1800 par le conclave de Venise, malgré les pressions de l'Autriche, dans l'espoir d'une coopération avec le gouvernement français. Effectivement, Bonaparte signa le Concordat en juin 1801, et entreprit, contre les idéologues, une politique religieuse favorable au christianisme.

2. Allusion possible à Fouché, ancien oratorien, devenu ministre de la Police et duc d'Otrante. Rappelons cependant que Fouché, comme Talleyrand, appartenait au parti des idéologues, et s'opposa de son mieux à la signature du Concordat.

les Tuileries, si vous vouliez. Vous y trouverez déjà votre chambre de Monte-Cavallo qui vous attend. Moi, je n'y séjourne guère. Ne voyez-vous pas bien, *Padre,* que c'est là la vraie capitale du monde? Moi, je ferais tout ce que vous voudriez; d'abord, je suis meilleur enfant qu'on ne croit [a]. — Pourvu que la guerre et la politique fatigante me fussent laissées, vous arrangeriez l'Église comme il vous plairait [b]. Je serais votre soldat tout à fait. Voyez, ce serait vraiment beau; nous aurions nos conciles comme Constantin et Charlemagne, je les ouvrirais et les fermerais; je vous mettrais ensuite dans la main les vraies clefs du monde, et comme Notre-Seigneur a dit : Je suis venu avec l'épée, je garderais l'épée, moi; je vous la rapporterais seulement à bénir après chaque succès de nos armes.

Il s'inclina légèrement en disant ces derniers mots.

Le Pape, qui jusque-là n'avait cessé de demeurer sans mouvement, comme une statue égyptienne, releva lentement sa tête à demi baissée, sourit avec mélancolie, leva ses yeux en haut et dit, après un soupir paisible, comme s'il eût confié sa pensée à son ange gardien invisible :

— *Commediante* [c] !

Bonaparte sauta de sa chaise et bondit comme un léopard blessé. Une vraie colère le prit; une de ses colères jaunes. Il marcha d'abord sans parler, se mordant les lèvres jusqu'au sang. Il ne tournait plus en cercle autour de sa proie avec des regards fins et une marche cauteleuse; mais il allait droit et ferme, en long et en large, brusquement, frappant du pied et faisant sonner ses talons éperonnés [d]. La chambre tressaillit; les rideaux frémirent comme les arbres à l'approche du tonnerre; il me semblait qu'il allait arriver quelque terrible et grande chose; mes cheveux me firent mal et j'y portai la main malgré moi. Je regardai le Pape, il ne remua pas, seulement il serra de ses deux mains les têtes d'aigle des bras du fauteuil.

La bombe éclata tout à coup.

— Comédien ! Moi ! Ah ! je vous donnerai des comédies à vous faire tous pleurer comme des femmes et des enfants.

— Comédien! — Ah! vous n'y êtes pas, si vous croyez qu'on puisse avec moi faire du sang-froid insolent! Mon théâtre, c'est le monde; le rôle que j'y joue, c'est celui de maître et d'auteur; pour comédiens, j'ai vous tous, Pape, Rois, Peuples! et le fil par lequel je vous remue, c'est la peur! — Comédien! Ah! il faudrait être d'une autre taille que la vôtre pour m'oser applaudir ou siffler, *signor Chiaramonti!* — Savez-vous bien que vous ne seriez qu'un pauvre curé, si je le voulais? Vous et votre tiare, la France vous rirait au nez, si je ne gardais mon air sérieux en vous saluant.

Il y a quatre ans seulement, personne n'eût osé parler tout haut du Christ. Qui donc eût parlé du Pape, s'il vous plaît? — Comédien! Ah! messieurs, vous prenez vite pied chez nous! Vous êtes de mauvaise humeur parce que je n'ai pas été assez sot pour signer, comme Louis XIV, la désapprobation des libertés Gallicanes! — Mais on ne me pipe pas ainsi. — C'est moi qui vous tiens dans mes doigts; c'est moi qui vous porte du Midi au Nord comme des marionnettes; c'est moi qui fais semblant de vous compter pour quelque chose parce que vous représentez une vieille idée que je veux ressusciter; et vous n'avez pas l'esprit de voir cela et de faire comme si vous ne vous en aperceviez pas. — Mais non! il faut tout vous dire! il faut vous mettre le nez sur les choses pour que vous les compreniez. Et vous croyez bonnement que l'on a besoin de vous, et vous relevez la tête, et vous vous drapez dans vos robes de femme! — Mais sachez bien qu'elles ne m'en imposent nullement, et que, si vous continuez, vous! je traiterai la vôtre comme Charles XII celle du grand vizir : je la déchirerai d'un coup d'éperon [1].

Il se tut. Je n'osais pas respirer. J'avançai la tête, n'entendant plus sa voix tonnante, pour voir si le pauvre vieillard

---

1. Voltaire raconte cette anecdote à la fin du chapitre v de son *Histoire de Charles XII*. Chez Voltaire, cependant, le geste du roi de Suède est moins l'expression de la brutalité toute-puissante qu'une sorte de gaminerie inspirée au vaincu par la colère.

était mort d'effroi. Le même calme dans l'attitude, le même calme sur le visage. Il leva une seconde fois les yeux au ciel et, après avoir encore jeté un profond soupir, il sourit avec amertume et dit :

— *Tragediante* [a] !

Bonaparte, en ce moment, était au bout de la chambre, appuyé sur la cheminée de marbre aussi haute que lui. Il partit comme un trait, courant sur le vieillard; je crus qu'il l'allait tuer. Mais il s'arrêta court, prit, sur la table, un vase de porcelaine de Sèvres, où le château Saint-Ange et le Capitole étaient peints, et le jetant sur les chenets et le marbre, le broya sous ses pieds. Puis tout d'un coup il s'assit et demeura dans un silence profond et une immobilité formidable [1].

Je fus soulagé, je sentis que la pensée réfléchie lui était revenue et que le cerveau avait repris l'empire sur les bouillonnements du sang. Il devint triste, sa voix fut sourde et mélancolique, et dès sa première parole je compris qu'il était dans le vrai, et que ce Protée, dompté par deux mots, se montrait lui-même.

— Malheureuse vie! dit-il d'abord. — Puis il rêva, déchira le bord de son chapeau, sans parler pendant une

---

1. La veille du jour où fut signé le traité de Campo-Formio, Bonaparte avait brisé une porcelaine précieuse qui appartenait à l'un des négociateurs autrichiens, Cobentzel, en disant avec beaucoup de calme : « Avant trois mois, je briserai votre monarchie comme je brise cette porcelaine. » Vigny transforme donc les données de l'histoire et impose à la scène un schéma qui est propre à son imagination. Les gestes de Napoléon qui « bondit comme un léopard », brise un vase sous ses pieds, puis demeure immobile, rappellent d'autres scènes de violence. Dans *Héléna* (ch. III, v. 24-26), les Turcs sont comparés à un tigre qui saisit un chevreuil « dans ses bonds », puis disperse sa chair, broie ses os, « et s'endort sur sa proie ». Dans *Éloa* (ch. III, v. 194-199), Satan « bondit » « comme un tigre », puis « rétablit la paix sur son front ». Le déluge lui-même, après avoir tout arraché du fond des catacombes, s'arrête dans son élan, et brise « les membres arrachés au cadavre du Monde » (*Déluge*, v. 178). Le même schéma de violence apparaît encore dans *le Trappiste* (v. 37) à propos de la contre-révolution espagnole, et dans *Paris* (v. 175) à propos de la catastrophe céleste qui menace la capitale.

minute encore, et reprit, se parlant à lui seul, au réveil :
— C'est vrai! Tragédien ou Comédien. — Tout est
rôle, tout est costume pour moi depuis longtemps et pour
toujours. Quelle fatigue! quelle petitesse! Poser! toujours
poser! de face pour ce parti, de profil pour celui-là, selon
leur idée. Leur paraître ce qu'ils aiment que l'on soit, et
deviner juste leurs rêves d'imbéciles. Les placer tous entre
l'espérance et la crainte. — Les éblouir par des dates et
des bulletins, par des prestiges de distance et des prestiges
de nom. Être leur maître à tous et ne savoir qu'en faire.
Voilà tout, ma foi! — Et après ce tout, s'ennuyer autant
que je fais, c'est trop fort. — Car, en vérité, poursuivit-il
en se croisant les jambes et en se couchant [a] dans un fauteuil, je m'ennuie énormément. — Sitôt que je m'assieds,
je crève d'ennui. — Je ne chasserais pas trois jours à Fontainebleau sans périr de langueur. — Moi, il faut que j'aille
et que je fasse aller. Si je sais où, je veux être pendu, par
exemple. Je vous parle à cœur ouvert. J'ai des plans pour
la vie de quarante empereurs, j'en fais un tous les matins
et un tous les soirs; j'ai une imagination infatigable; mais
je n'aurais pas le temps d'en remplir deux, que je serais
usé de corps et d'âme; car notre pauvre lampe ne brûle
pas longtemps. Et franchement, quand tous mes plans
seraient exécutés, je ne jurerais pas que le monde s'en
trouvât beaucoup plus heureux; mais il serait plus beau,
et une unité majestueuse régnerait sur lui. — Je ne suis
pas un philosophe, moi, et je ne sais que notre secrétaire
de Florence [b] qui ait eu le sens commun [1]. Je n'entends
rien à certaines théories. La vie est trop courte pour s'arrêter. Sitôt que j'ai pensé, j'exécute. On trouvera assez d'explications de mes actions après moi pour m'agrandir si je
réussis et me rapetisser si je tombe. Les paradoxes sont
là tout prêts, ils abondent en France; je les fais taire de
mon vivant, mais après il faudra voir. — N'importe, mon

---

1. Il s'agit de Machiavel, secrétaire de la république de Florence,
dont le livre *le Prince* reste le bréviaire des hommes politiques pour
qui la fin justifie les moyens.

affaire est de réussir, et je m'entends à cela. Je fais mon Iliade en action, moi, et tous les jours.

Ici il se leva avec une promptitude gaie et quelque chose d'alerte et de vivant; il était naturel et vrai dans ce moment-là, il ne songeait point à se dessiner comme il fit depuis dans ses dialogues de Sainte-Hélène; il ne songeait point à s'idéaliser, et ne composait point son personnage de manière à réaliser les plus belles conceptions philosophiques; il était lui, lui-même mis au dehors. — Il revint près du Saint-Père, qui n'avait pas fait un mouvement, et marcha devant lui. Là, s'enflammant, riant à moitié avec ironie, il débita ceci, à peu près, tout mêlé de trivial et de gran-diose, selon son usage, en parlant avec une volubilité inconcevable, expression rapide de ce génie facile et prompt qui devinait tout, à la fois, sans étude.

— La naissance est tout, dit-il; ceux qui viennent au monde pauvres et nus sont toujours des désespérés. Cela tourne en action ou en suicide, selon le caractère des gens. Quand ils ont le courage, comme moi, de mettre la main à tout, ma foi! ils font le diable. Que voulez-vous? Il faut vivre. Il faut trouver sa place et faire son trou. Moi, j'ai fait le mien comme un boulet de canon. Tant pis pour ceux qui étaient devant moi. — Les uns se contentent de peu, les autres n'ont jamais assez. — Qu'y faire? Chacun mange selon son appétit; moi, j'avais grand'faim! — Tenez, Saint-Père, à Toulon, je n'avais pas de quoi acheter une paire d'épaulettes, et au lieu d'elles j'avais une mère et je ne sais combien de frères sur les épaules. Tout cela est placé à présent, assez convenablement, j'espère. Joséphine m'avait épousé, comme par pitié, et nous allons la couronner à la barbe de Raguideau, son notaire, qui disait que je n'avais que la cape et l'épée [1]. Il n'avait, ma foi! pas tort. — Man-

---

1. Cette anecdote vient directement des *Mémoires* du maréchal de Bourrienne : « La porte du cabinet de Raguideau étant mal fermée, Bonaparte l'entendit très distinctement qui faisait tous ses efforts pour détourner Mme de Beauharnais du mariage qu'elle allait contrac-ter : Vous avez le plus grand tort, lui disait-il, vous vous en repentirez,

teau impérial, couronne, qu'est-ce que tout cela? Est-ce à moi? — Costume! costume d'acteur! Je vais l'endosser pour une heure, et j'en aurai assez. Ensuite je reprendrai mon petit habit d'officier, et je monterai à cheval. — Toujours à cheval; toute la vie à cheval! — Je ne serai pas assis un jour sans courir le risque d'être jeté à bas du fauteuil. Est-ce donc bien à envier? Hein?

Je vous le dis, Saint-Père; il n'y a au monde que deux classes d'hommes : ceux qui ont et ceux qui gagnent [1].

Les premiers se couchent, les autres se remuent. Comme j'ai compris cela de bonne heure et à propos, j'irai loin, voilà tout. Il n'y en a que deux qui soient arrivés en commençant à quarante ans : Cromwell et Jean-Jacques; si vous aviez donné à l'un une ferme, et à l'autre douze cents francs et sa servante, ils n'auraient ni prêché, ni commandé, ni écrit. Il y a des ouvriers en bâtiments, en couleurs, en formes et en phrases; moi, je suis ouvrier en batailles. C'est mon état. — A trente-cinq ans, j'en ai déjà fabriqué dix-huit qui s'appellent : Victoires. — Il faut bien qu'on me paye

---

vous faites une folie, vous allez épouser un homme qui n'a que la cape et l'épée. » Bourrienne ajoute qu'à la veille du sacre, Napoléon fit venir Raguideau, et lui rappela ses propres paroles en lui montrant le manteau et l'épée d'empereur qui étaient prêts pour la cérémonie.

1. Ce paragraphe et le suivant sont expressément commentés dans le *Journal*. Citons d'abord ce fragment rédigé en 1847 : « Il n'y a dans le monde, à vrai dire, que deux sortes d'hommes, ceux qui ont et ceux qui gagnent. J'ai toujours été si convaincu de cette vérité que je l'ai mise dans la bouche de Bonaparte, afin que le prestige de ce nom m'aidât à la conserver. » (*J.*, 1261.)

Signalons surtout une remarque faite en 1830, à la fin de l'année, quand Vigny médite sur le secret des grandes réussites politiques : « CARACTÈRES ET DESTINÉE ». — Marat — se pousse au pouvoir, au sang, pour se sauver.

Rousseau — lutte pour avoir six cents francs et sa servante.

Byron — parce que sa nourrice l'avait laissé tomber et blessé au pied.

Mirabeau — criblé de dettes.

Bonaparte ayant ses frères à nourrir. » (*J.*, 930.)

Ce passage qui explique la réussite humaine par un désir de surcompensation offre l'intérêt supplémentaire de présenter la destinée comme une conséquence du caractère de chacun.

mon ouvrage. Et le payer d'un trône, ce n'est pas trop cher.
— D'ailleurs je travaillerai toujours. Vous en verrez bien
d'autres. Vous verrez toutes les dynasties dater de la mienne,
tout parvenu que je suis, et élu. Élu, comme vous, Saint-
Père, et tiré de la foule. Sur ce point, nous pouvons nous
donner la main.

Et, s'approchant, il tendit sa main blanche et brusque
vers la main décharnée et timide du bon Pape, qui, peut-
être attendri par le ton de bonhomie de ce dernier mouvement de l'Empereur, peut-être par un retour secret sur sa
propre destinée et une triste pensée sur l'avenir des sociétés
chrétiennes, lui donna doucement le bout de ses doigts,
tremblants encore, de l'air d'une grand-mère qui se raccommode avec un enfant qu'elle avait eu le chagrin de gronder
trop fort. Cependant il secoua la tête avec tristesse, et je vis
rouler de ses beaux yeux une larme qui glissa rapidement
sur sa joue livide et desséchée. Elle me parut le dernier
adieu du Christianisme mourant qui abandonnait la terre
à l'égoïsme et au hasard.

Bonaparte jeta un regard furtif sur cette larme arrachée
à ce pauvre cœur, et je surpris même, d'un côté de sa
bouche, un mouvement rapide qui ressemblait à un sourire
de triomphe. — En ce moment, cette nature toute-puissante
me parut moins élevée et moins exquise que celle de son
saint adversaire; cela me fit rougir, sous mes rideaux, de
tous mes enthousiasmes passés; je sentis une tristesse toute
nouvelle en découvrant combien la plus haute grandeur
politique pouvait devenir petite dans ses froides ruses de
vanité, ses pièges misérables et ses noirceurs de roué. Je vis
qu'il n'avait rien voulu de son prisonnier, et que c'était
une joie tacite qu'il s'était donnée de n'avoir pas faibli
dans ce tête-à-tête, et s'étant laissé surprendre à l'émotion
de la colère, de faire fléchir le captif sous l'émotion de
la fatigue, de la crainte et de toutes les faiblesses qui
amènent un attendrissement inexplicable sur la paupière
d'un vieillard. — Il avait voulu avoir le dernier et sortit,
sans ajouter un mot, aussi brusquement qu'il était entré.
Je ne vis pas s'il avait salué le Pape. Je ne le crois pas [a].

CHAPITRE VI

Un homme de mer

Sitôt que l'Empereur fut sorti de l'appartement, deux ecclésiastiques vinrent auprès du Saint-Père, et l'emmenèrent en le soutenant sous chaque bras, atterré, ému et tremblant.

Je demeurai jusqu'à la nuit dans l'alcôve d'où j'avais écouté cet entretien. Mes idées étaient confondues, et la terreur de cette scène n'était pas ce qui les dominait. J'étais accablé de ce que j'avais vu; et sachant à présent à quels calculs mauvais l'ambition toute personnelle pouvait faire descendre le génie, je haïssais cette passion qui venait de flétrir, sous mes yeux, le plus brillant des Dominateurs, celui qui donnera peut-être son nom au siècle pour l'avoir arrêté dix ans dans sa marche [1]. — Je sentis que c'était folie de se dévouer à un [a] homme, puisque l'autorité despotique ne peut manquer de rendre mauvais nos faibles cœurs; mais je ne savais à quelle idée me donner désormais. Je vous l'ai dit, j'avais dix-huit ans alors, et je n'avais encore en moi qu'un instinct vague du Vrai, du Bon et du Beau,

---

1. Napoléon a-t-il retardé la marche de l'Histoire? On peut discuter sur ce point. Ce qui n'est pas douteux en revanche, c'est que Vigny signale les plus énergiques de ses personnages par leur faculté de résister aux événements. A Perpignan, dans *Cinq-Mars*, Richelieu empêche d'abord ses soldats de livrer bataille. Dans *Paris*, la roue de la capitale est assez forte pour arrêter les engrenages de la nation. Dans *Stello*, Blaireau est grand pour avoir fait reculer la révolution. Dans *Daphné*, Julien, « impérial Josué », a fait reculer le soleil de deux années. Vigny n'est pas fait pour agir; l'action qu'il imagine est en fait la réaction à une initiative des autres. A propos de Napoléon, Ballanche avait écrit dans son *Traité de Palingénésie* : « Bonaparte (...) voulut faire rétrograder les sociétés humaines » (t. I, p. 195).

mais assez obstiné pour m'attacher sans cesse à cette recherche. C'est la seule chose que j'estime en moi.

Je jugeai qu'il était de mon devoir de me taire sur ce que
j'avais vu ; mais j'eus lieu de croire que l'on s'était aperçu
de ma disparition momentanée de la suite de l'Empereur,
car voici ce qui m'arriva. Je ne remarquai dans les manières
du maître aucun changement à mon égard. Seulement, je
passai peu de jours près de lui, et l'étude attentive que j'avais
voulu faire de son caractère fut brusquement arrêtée. Je
reçus un matin l'ordre de partir sur-le-champ pour le camp
de Boulogne, et à mon arrivée, l'ordre de m'embarquer
sur un des bateaux plats que l'on essayait en mer.

Je partis avec moins de peine que si l'on m'eût annoncé
ce voyage avant la scène de Fontainebleau. Je respirai en
m'éloignant de ce vieux château et de sa forêt, à ce soula-
gement involontaire, je sentis que mon *Séidisme* était mordu
au cœur. Je fus attristé d'abord de cette première découverte,
et je tremblai pour l'éblouissante illusion qui faisait pour
moi un devoir de mon dévouement aveugle. Le grand
égoïste s'était montré à nu devant moi ; mais à mesure que
je m'éloignai de lui je commençai à le contempler dans ses
œuvres, et il reprit encore sur moi, par cette vue, une partie
du magique ascendant par lequel il avait fasciné le monde.

— Cependant ce fut plutôt l'idée gigantesque de la guerre
qui désormais m'apparut, que celle de l'homme qui la
représentait d'une si redoutable façon, et je sentis à cette
grande vue un enivrement insensé redoubler en moi pour
la gloire des combats, m'étourdissant sur le maître qui les
ordonnait, et regardant avec orgueil le travail perpétuel des
hommes qui ne me parurent tous que ses humbles ouvriers.

Le tableau était homérique en effet et bon à prendre des
écoliers par l'étourdissement des actions multipliées.
Quelque chose de faux s'y démêlait pourtant et se montrait
vaguement à moi, mais sans netteté encore, et je sentais le
besoin d'une vue meilleure que la mienne qui me fît découvrir le fond de tout cela. Je venais d'apprendre à mesurer
le Capitaine, il me fallait sonder la guerre. — Voici quel
nouvel événement me donna cette seconde leçon : car

j'ai reçu trois rudes enseignements dans ma vie, et je vous les raconte après les avoir médités tous les jours. Leurs secousses me furent violentes et la dernière acheva de renverser l'idole de mon âme.

L'apparente démonstration de conquête et de débarquement en Angleterre, l'évocation des souvenirs de Guillaume le Conquérant, la découverte du camp de César, à Boulogne, le rassemblement subit de neuf cents bâtiments dans ce port, sous la protection d'une flotte de cinq cent voiles, toujours annoncée; l'établissement des camps de Dunkerque et d'Ostende, de Calais, de Montreuil et de Saint-Omer, sous les ordres de quatre maréchaux; le trône militaire d'où tombèrent les premières étoiles de la Légion d'honneur, les revues, les fêtes, les attaques partielles, tout cet éclat réduit, selon le langage géométrique, à sa plus simple expression, eut trois buts : inquiéter l'Angleterre, assoupir l'Europe, concentrer et enthousiasmer l'armée.

Ces trois points dépassés, Bonaparte laissa tomber pièce à pièce la machine artificielle qu'il avait fait jouer à Boulogne. Quand j'y arrivai, elle jouait à vide comme celle de Marly [1]. Les généraux y faisaient encore les faux mouvements d'une ardeur simulée dont ils n'avaient pas la conscience. On continuait à jeter encore à la mer quelques malheureux bateaux dédaignés par les Anglais et coulés par eux de temps à autre. Je reçus un commandement sur l'une de ces embarcations, dès le lendemain de mon arrivée.

---

1. Tout ce développement sur le camp de Boulogne résume ce qu'en dit le maréchal de Bourrienne dans ses *Mémoires,* notamment les nombres cités à propos des bateaux, les allusions à la Légion d'honneur, à Guillaume le Conquérant et au camp de César.
Marly est situé sur les bords de la Seine à huit kilomètres de Versailles. En 1685, Louis XIV fit construire à Marly une machine qui devait amener au château de Versailles les eaux de la Seine. Cette machine, extrêmement compliquée, pouvait débiter jusqu'à 12 000 m^3 par jour. A partir de 1793, le château de Versailles n'étant plus occupé, on cessa d'entretenir la machine dont le débit baissa progressivement. Ce qu'on avait considéré comme la huitième merveille du monde fut démoli en 1805 et remplacé par une machine à vapeur. La machine actuelle date du second Empire.

Ce jour-là, il y avait en mer une seule frégate anglaise. Elle courait des bordées avec une majestueuse lenteur, elle allait, elle venait, elle virait, elle se penchait, elle se relevait, elle se mirait, elle glissait, elle s'arrêtait, elle jouait au soleil comme un cygne qui se baigne. Le misérable bateau plat de nouvelle et mauvaise invention s'était risqué fort avant avec quatre autres bâtiments pareils; et nous étions tout fiers de notre audace, lancés ainsi depuis le matin, lorsque nous découvrîmes tout à coup les paisibles jeux de la frégate. Ils nous eussent sans doute paru fort gracieux et poétiques vus de la terre ferme, ou seulement si elle se fût amusée à prendre ses ébats entre l'Angleterre et nous; mais c'était, au contraire, entre nous et la France. La côte de Boulogne était à plus d'une lieue. Cela nous rendit pensifs. Nous fîmes force de nos mauvaises voiles et de nos plus mauvaises rames et, pendant que nous nous démenions, la paisible frégate continuait à prendre son bain de mer et à décrire mille contours agréables autour de nous, faisant le manège, changeant *a* de main comme un cheval bien dressé, et dessinant des S et des Z sur l'eau de la façon la plus aimable. Nous remarquâmes qu'elle eut la bonté de nous laisser passer plusieurs fois devant elle sans tirer un coup de canon, et même tout d'un coup elle les retira tous dans l'intérieur et ferma tous ses sabords. Je crus d'abord que c'était une manœuvre toute pacifique et je ne comprenais rien à cette politesse. — Mais un gros vieux marin me donna un coup de coude et me dit : Voici *b* qui va mal. En effet, après nous avoir bien laissés courir *c* devant elle comme des souris devant un chat, l'aimable et belle frégate arriva sur nous à toutes voiles sans daigner faire feu, nous heurta de sa proue comme un cheval du poitrail, nous brisa, nous écrasa, nous coula, et passa joyeusement par-dessus nous, laissant quelques canots pêcher les prisonniers, desquels je fus, moi dixième, sur deux cents hommes que nous étions au départ. La belle frégate se nommait la *Naïade* et, pour ne pas perdre l'habitude française des jeux de mots, vous pensez bien que nous ne manquâmes jamais de l'appeler depuis *la Noyade.*

J'avais pris un bain si violent que l'on était sur le point de me rejeter comme mort dans la mer, quand un officier qui visitait mon portefeuille y trouva la lettre de mon père que vous venez de lire et la signature de lord Collingwood. Il me fit donner des soins plus attentifs; on me trouva quelques signes de vie, et quand je repris connaissance, ce fut, non à bord de la gracieuse *Naïade*, mais sur *la Victoire (the Victory)*. Je demandai qui commandait cet autre navire. On me répondit laconiquement : Lord Collingwood. Je crus qu'il était fils de celui qui avait connu mon père; mais quand on me conduisit à lui, je fus détrompé. C'était le même homme.

Je ne pus contenir ma surprise quand il me dit, avec une bonté toute paternelle, qu'il ne s'attendait pas à être le gardien du fils après l'avoir été du père, mais qu'il espérait qu'il ne s'en trouverait pas plus mal; qu'il avait assisté aux derniers moments de ce vieillard, et qu'en apprenant mon nom il avait voulu m'avoir à son bord; il me parlait le meilleur français avec une douceur mélancolique dont l'expression ne m'est jamais sortie de la mémoire. Il m'offrit de rester à son bord, sur parole de ne faire aucune tentative d'évasion. J'en donnai ma parole d'honneur, sans hésiter, à la manière des jeunes gens de dix-huit ans, et me trouvant beaucoup mieux à bord de *la Victoire* que sur quelque ponton; étonné de ne rien voir qui justifiât les préventions qu'on nous donnait contre les Anglais, je fis connaissance assez facilement avec les officiers du bâtiment, que mon ignorance de la mer et de leur langue amusait beaucoup, et qui se divertirent à me faire connaître l'une et l'autre, avec une politesse d'autant plus grande que leur amiral me traitait comme son fils. Cependant une grande tristesse me prenait quand je voyais de loin les côtes blanches de la Normandie, et je me retirais pour ne pas pleurer. Je résistais à l'envie que j'en avais, parce que j'étais jeune et courageux; mais ensuite, dès que ma volonté ne surveillait plus mon cœur, dès que j'étais couché et endormi, les larmes sortaient de mes yeux malgré moi et trempaient mes joues et la toile de mon lit au point de me réveiller.

Un soir surtout, il y avait eu une prise nouvelle d'un brick français; je l'avais vu périr de loin, sans que l'on pût sauver un seul homme de l'équipage, et, malgré la gravité et la retenue des officiers, il m'avait fallu entendre les cris et les hourras des matelots qui voyaient avec joie l'expédition s'évanouir et la mer engloutir goutte à goutte cette avalanche qui menaçait d'écraser leur patrie. Je m'étais retiré et caché tout le jour dans le réduit que lord Collingwood m'avait fait donner près de son appartement, comme pour mieux déclarer sa protection, et, quand la nuit fut venue, je montai seul sur le pont. J'avais senti l'ennemi autour de moi plus que jamais, et je me mis à réfléchir sur ma destinée si tôt arrêtée, avec une amertume plus grande. Il y avait un mois déjà que j'étais prisonnier de guerre, et l'amiral Collingwood, qui, en public, me traitait avec tant de bienveillance, ne m'avait parlé qu'un instant en particulier, le premier jour de mon arrivée à son bord; il était bon, mais froid, et, dans ses manières, ainsi que dans celles des officiers anglais, il y avait un point où tous les épanchements s'arrêtaient et où la politique compassée se présentait comme une barrière sur tous les chemins. C'est à cela que se fait sentir la vie en pays étranger. J'y pensais avec une sorte de terreur en considérant l'abjection de ma position qui pouvait durer jusqu'à la fin de la guerre, et je voyais comme inévitable le sacrifice de ma jeunesse, anéantie dans la honteuse inutilité du prisonnier. La frégate marchait rapidement, toutes voiles dehors, et je ne la sentais pas aller. J'avais appuyé mes deux mains à un câble et mon front sur mes deux mains, et, ainsi penché, je regardais dans l'eau de la mer. Ses profondeurs vertes et sombres me donnaient une sorte de vertige, et le silence de la nuit n'était interrompu que par des cris anglais. J'espérais un moment que le navire m'emportait bien loin de la France et que je ne verrais plus, le lendemain, ces côtes droites et blanches, coupées dans la bonne terre chérie de mon pauvre pays. — Je pensais que je serais ainsi délivré du désir perpétuel que me donnait cette vue et que je n'aurais pas, du moins, ce supplice de ne pouvoir même songer à m'échapper sans déshonneur, supplice de Tantale, où une soif avide de la Patrie devait me dévorer pour longtemps. J'étais accablé de ma solitude et je souhaitais une prochaine occasion de me faire tuer. Je rêvais à composer ma mort habilement et à la manière grande et grave des anciens. J'imaginais une fin héroïque et digne de celles qui avaient été le sujet de tant de conversations de pages et d'enfants guerriers, l'objet de tant d'envie parmi mes compagnons. J'étais dans ces rêves, qui à dix-huit ans, ressemblent plutôt à une continuation d'action et de combat qu'à une sérieuse méditation, lorsque je me sentis doucement tirer par le bras, et, en me retournant, je vis, debout derrière moi, le bon amiral Collingwood.

Il avait à la main sa lunette de nuit et il était vêtu de son grand uniforme avec la rigide tenue anglaise. Il me mit une main sur l'épaule d'une façon paternelle, et je remarquai un air de mélancolie profonde dans ses grands yeux noirs et sur son front. Ses cheveux blancs, à demi poudrés, tombaient assez négligemment sur ses oreilles, et il y avait, à travers le calme inaltérable de sa voix et de ses manières, un fond de tristesse qui me frappa ce soir-là surtout, et me donna pour lui, tout d'abord, plus de respect et d'attention.

— Vous êtes déjà triste, mon enfant, me dit-il. J'ai quelques petites choses à vous dire; voulez-vous causer un peu avec moi?

Je balbutiai quelques paroles vagues de reconnaissance et de politesse qui n'avaient pas le sens commun probablement, car il ne les écouta pas, et s'assit sur un banc, me tenant une main. J'étais debout devant lui.

— Vous n'êtes prisonnier que depuis un mois, reprit-il, et je le suis depuis trente-trois ans. Oui, mon ami, je suis prisonnier de la mer; elle me garde de tous côtés, toujours des flots et des flots; je ne vois qu'eux, je n'entends qu'eux. Mes cheveux ont blanchi sous leur écume, et mon dos s'est un peu voûté sous leur humidité. J'ai passé si peu de temps en Angleterre, que je ne la connais que par la carte. La patrie est un être idéal que je n'ai fait qu'entrevoir, mais que je sers en esclave et qui augmente pour moi de rigueur à mesure que je lui deviens plus nécessaire. C'est le sort commun et c'est même ce que nous devons le plus souhaiter que d'avoir de telles chaînes; mais elles sont quelquefois bien lourdes [1].

Il s'interrompit un instant et nous nous tûmes tous deux, car je n'aurais pas osé dire un mot, voyant qu'il allait poursuivre.

— J'ai bien réfléchi, me dit-il, et je me suis interrogé sur mon devoir quand je vous ai eu à mon bord. J'aurais pu vous laisser conduire en Angleterre, mais vous auriez pu y tomber dans une misère dont je vous garantirai toujours, et dans un désespoir dont j'espère aussi vous sauver; j'avais pour votre père une amitié bien vraie, et je lui en donnerai ici une preuve; s'il me voit, il sera content de moi, n'est-ce pas?

L'Amiral se tut encore et me serra la main. Il s'avança même dans la nuit et me regarda attentivement pour voir ce que j'éprouvais à mesure qu'il me parlait. Mais j'étais trop interdit pour lui répondre. Il poursuivit plus rapidement :

— J'ai déjà écrit à l'Amirauté pour qu'au premier échange vous fussiez renvoyé en France. Mais cela pourra être long, ajouta-t-il, je ne vous le cache pas; car, outre que Bonaparte s'y prête mal, on nous fait peu de prisonniers. — En attendant, je veux vous dire que je vous verrais avec plaisir étudier la langue de vos ennemis, vous voyez que nous savons la vôtre. Si vous voulez, nous travaillerons ensemble et je vous prêterai Shakspeare et le capitaine Cook. — Ne

---

1. On remarquera que Collingwood, en raison même de sa grandeur, est maintenu dans une sorte de prison par l'autorité militaire, comblé d'honneurs sans doute, mais définitivement séparé de ceux qu'il aime le mieux. Variation évidente sur un thème qu'illustrent également le sort de Moïse qui vit seul au milieu de son peuple, sans connaître l'amour ni l'amitié, celui du Masque de fer, traité en prince, mais condamné a une détention perpétuelle, et, plus généralement, celui de l'Homme, éternel prisonnier du Destin, tel que Vigny le présente dans les multiples notes qui préparent la deuxième Consultation, de 1832 à 1837.

vous affligez pas, vous serez libre avant moi, car, si l'Empereur ne fait la paix, j'en ai pour toute ma vie.

Ce ton de bonté, par lequel il s'associait à moi et nous faisait camarades, dans sa prison flottante, me fit de la peine pour lui; je sentis que, dans cette vie sacrifiée et isolée, il avait besoin de faire du bien pour se consoler secrètement de la rudesse de sa mission toujours guerroyante.

— Milord, lui dis-je, avant de m'enseigner les mots d'une langue nouvelle, apprenez-moi les pensées par lesquelles vous êtes parvenu à ce calme parfait, à cette égalité d'âme qui ressemble à du bonheur, et qui cache un éternel ennui... Pardonnez-moi ce que je vais vous dire, mais je crains que cette vertu ne soit qu'une dissimulation perpétuelle.

— Vous vous trompez grandement, dit-il, le sentiment du Devoir finit par dominer tellement l'esprit, qu'il entre dans le caractère et devient un de ses traits principaux, justement comme une saine nourriture, perpétuellement reçue, peut changer la masse du sang et devenir un des principes de notre constitution. J'ai éprouvé, plus que tout homme peut-être, à quel point il est facile d'arriver à s'oublier complètement. Mais on ne peut dépouiller l'homme tout entier, et il y a des choses qui tiennent plus au cœur que l'on ne voudrait.

Là, il s'interrompit et prit sa longue lunette. Il la plaça sur mon épaule pour observer une lumière lointaine qui glissait à l'horizon, et, sachant à l'instant au mouvement ce que c'était : — Bateaux pêcheurs, dit-il, et il se plaça près de moi, assis sur le bord du navire. Je voyais qu'il avait depuis longtemps quelque chose à me dire qu'il n'abordait pas.

— Vous ne me parlez jamais de votre père, me dit-il tout à coup; je suis étonné que vous ne m'interrogiez pas sur lui, sur ce qu'il a souffert, sur ce qu'il a dit, sur ses volontés.

Et comme la nuit était très claire, je vis encore que j'étais attentivement observé par ses grands yeux noirs.

— Je craignais d'être indiscret... lui dis-je avec embarras.

Il me serra le bras, comme pour m'empêcher de parler davantage.

— Ce n'est pas cela, dit-il, *my child,* ce n'est pas cela.

Et il secouait la tête avec doute et bonté.

— J'ai trouvé peu d'occasions de vous parler, milord.

— Encore moins, interrompit-il; vous m'auriez parlé de cela tous les jours, si vous l'aviez voulu.

Je remarquai de l'agitation et un peu de reproche dans son accent. C'était là ce qui lui tenait au cœur. Je m'avisai encore d'une autre sotte réponse pour me justifier; car rien ne rend aussi niais que les mauvaises excuses.

— Milord, lui dis-je, le sentiment humiliant de la captivité absorbe plus que vous ne pouvez croire. — Et je me souviens que je crus prendre en disant cela un air de dignité et une contenance de Régulus, propres à lui donner un grand respect pour moi [a].

— Ah! pauvre garçon! pauvre enfant! — *poor boy!* me dit-il, vous n'êtes pas dans le vrai. Vous ne descendez pas en vous-même. Cherchez bien, et vous trouverez une indifférence dont vous n'êtes pas comptable, mais bien la destinée militaire de votre pauvre père.

Il avait ouvert le chemin à la vérité, je la laissai partir.

— Il est certain, dis-je, que je ne connaissais pas mon père, je l'ai à peine vu à Malte, une fois.

— Voilà le vrai! cria-t-il. Voilà le cruel, mon ami! Mes deux filles diront un jour comme cela. Elles diront : *Nous ne connaissons pas notre père!* Sarah et Mary diront cela! et cependant je les aime avec un cœur ardent et tendre, je les élève de loin, je les surveille de mon vaisseau, je leur écris tous les jours, je dirige leurs lectures, leurs travaux, je leur envoie des idées et des sentiments, je reçois en échange leurs confidences d'enfants; je les gronde, je m'apaise, je me réconcilie avec elles; je sais tout ce qu'elles font! je sais quel jour elles ont été au temple avec de trop belles robes. Je donne a leur mère de continuelles instructions pour elles, je prévois d'avance qui les aimera, qui les demandera, qui les épousera; leurs maris seront mes fils; j'en fais des femmes pieuses et simples : on ne peut pas être plus père que je ne le suis... Eh bien! tout cela n'est rien, parce qu'elles ne me voient pas.

Il dit ces derniers mots d'une voix émue, au fond de laquelle on sentait des larmes. Après un moment de silence, il continua :

— Oui, Sarah ne s'est jamais assise sur mes genoux que lorsqu'elle avait deux ans, et je n'ai tenu Mary dans mes bras que lorsque ses yeux n'étaient pas ouverts encore. Oui, il est juste que vous ayez été indifférent pour votre père et qu'elles le deviennent un jour pour moi. On n'aime pas un invisible. — Qu'est-ce pour elles que leur père? une lettre de chaque jour. Un conseil plus ou moins froid. — On n'aime pas un conseil, on aime un être, — et un être qu'on ne voit pas n'est pas, on ne l'aime pas, — et quand il est mort, il n'est pas plus absent qu'il n'était déjà, — et on ne le pleure pas [1].

Il étouffait, et il s'arrêta. — Ne voulant pas aller plus loin dans ce sentiment de douleur devant un étranger, il s'éloigna, il se promena quelque temps et marcha sur le pont de long en large. Je fus d'abord très touché de cette vue, et ce fut un remords qu'il me donna de n'avoir pas assez senti ce que vaut un père, et je dus à cette soirée la première émotion bonne, naturelle, sainte, que mon cœur ait éprouvée. A ces regrets profonds, à cette tristesse insurmontable au milieu du plus brillant éclat militaire, je compris tout ce que j'avais perdu en ne connaissant pas l'amour du foyer qui pouvait laisser dans un grand cœur de si cuisants regrets; je compris tout ce qu'il y avait de factice dans notre éducation barbare et brutale, dans notre besoin insatiable d'action étourdissante; je vis, comme par une révélation soudaine du cœur, qu'il y avait une vie adorable et regret-

---

1. « L'absence est le plus grand des maux »; ce vers de La Fontaine a trouvé un terrain d'élection dans la sensibilité de Vigny. Déjà Cinq-Mars craint l'absence plus que la mort (*O. C.*, édit. Pléiade, t. II, p. 46), et le 19 juin 1838, Vigny écrit à Eva : « La présence, la présence! chose divine et bienfaisante. Nécessaire vue qui soutient l'amour par une perpétuelle contemplation de l'objet chéri. La présence qui rassure sur chaque chose. Sur la mort à laquelle on ne croit plus quand on voit tant de vie, sur l'oubli que démentent les yeux et la parole. Sur l'infidélité même qui ne semble plus possible. »(*J.*, 1101.)

table dont j'avais été arraché violemment, une vie véritable d'amour paternel, en échange de laquelle on nous faisait une vie fausse, toute composée de haines et de toutes sortes de vanités puériles ; je compris qu'il n'y avait qu'une chose plus belle que la famille et à laquelle on pût saintement l'immoler : c'était l'autre famille, la Patrie. Et tandis que le vieux brave, s'éloignant de moi, pleurait parce qu'il était bon, je mis ma tête dans mes deux mains, et je pleurai de ce que j'avais été jusque-là si mauvais.

Après quelques minutes, l'Amiral revint à moi :

— J'ai à vous dire, reprit-il d'un ton plus ferme, que nous ne tarderons pas à nous rapprocher de la France. Je suis une éternelle sentinelle placée devant vos ports. Je n'ai qu'un mot à ajouter, et j'ai voulu que ce fût seul à seul : souvenez-vous que vous êtes ici sur votre parole, et que je ne vous surveillerai point ; mais, mon enfant, plus le temps passera, plus l'épreuve sera forte. Vous êtes bien jeune encore ; si la tentation devient trop grande pour que votre courage y résiste, venez me trouver quand vous craindrez de succomber, et ne vous cachez pas de moi ; je vous sauverai d'une action déshonorante que, par malheur pour leurs noms, quelques officiers ont commise. Souvenez-vous qu'il est permis de rompre une chaîne de galérien, si l'on peut, mais non une parole d'honneur. — Et il me quitta sur ces derniers mots en me serrant la main.

Je ne sais si vous avez remarqué, en vivant, monsieur, que les révolutions qui s'accomplissent dans notre âme dépendent souvent d'une journée, d'une heure, d'une conversation mémorable et imprévue qui nous ébranle et jette en nous comme des germes tout nouveaux qui croissent lentement, dont le reste de nos actions est seulement la conséquence et le naturel développement. Telles furent pour moi la matinée de Fontainebleau et la nuit du vaisseau anglais. L'amiral Collingwood me laissa en proie à un combat nouveau. Ce qui n'était en moi qu'un ennui profond de la captivité et une immense et juvénile impatience d'agir, devint un besoin effréné de la Patrie ; à voir quelle douleur minait à la longue un homme toujours séparé de la terre maternelle, je me sentis une grande hâte de connaître et d'adorer la mienne; je m'inventai des liens [a] passionnés qui ne m'attendaient pas en effet; je m'imaginai une famille et me mis à rêver à des parents que j'avais à peine connus et que je me reprochais de n'avoir pas assez chéris, tandis qu'habitués à me compter pour rien, ils vivaient dans leur froideur et leur égoïsme, parfaitement indifférents à mon existence abandonnée et manquée. Ainsi le bien même tourna au mal en moi; ainsi le sage conseil que le brave Amiral avait cru devoir me donner, il me l'avait apporté tout entouré d'une émotion qui lui était propre et qui parlait plus haut que lui; sa voix troublée m'avait plus touché que la sagesse de ses paroles; et tandis qu'il croyait resserrer ma chaîne, il avait excité plus vivement en moi le désir effréné de la rompre. — Il en est ainsi presque toujours de tous les conseils écrits ou parlés. L'expérience seule et le raisonnement qui sort de nos propres réflexions peuvent nous instruire. Voyez, vous qui vous en mêlez, l'inutilité des belles-lettres. A quoi servez-vous? qui convertissez-vous? et de qui êtes-vous jamais compris, s'il vous plaît? Vous faites presque toujours réussir la cause contraire à celle que vous plaidez. Regardez, il y en a un qui fait de Clarisse le plus beau poème épique possible sur la vertu de la femme; — qu'arrive-t-il? On prend le contre-pied et l'on se passionne pour Lovelace, qu'elle écrase pourtant de sa splendeur virginale, que le viol même n'a pas ternie; pour Lovelace, qui se traîne en vain à genoux pour implorer la grâce de sa victime sainte, et ne peut fléchir cette âme que la chute de son corps n'a pu souiller [1]. Tout tourne mal

---

1. Les romans de Richardson, *Pamela* et *Clarisse Harlowe,* eurent un succès considérable en Angleterre et sur le continent pendant la deuxième moitié du XVIIIe siècle. Par leur caractère sentimental et édifiant, ils ont joué un grand rôle dans le triomphe de la sensibilité. *Clarisse Harlowe,* en 1748, met en scène une héroïne, dont la vertu exemplaire et un peu prédicante est supérieure à tous les dangers. Pour accroître les mérites de Clarisse, Richardson l'imagine en butte aux poursuites d'un séducteur sans scrupules, Lovelace, qui passa longtemps pour le type même du roué. Lovelace est même si séduisant

dans les enseignements. Vous ne servez à rien qu'à remuer
des vices, qui, fiers, de ce que vous les peignez, viennent
se mirer dans votre tableau et se trouver beaux. — Il est
vrai que cela vous est égal; mais mon simple et bon Collingwood m'avait pris vraiment en amitié, et ma conduite ne
lui était pas indifférente. Aussi trouva-t-il d'abord beaucoup
de plaisir à me voir livré à des études sérieuses et constantes.
Dans ma retenue habituelle et mon silence il trouvait aussi
quelque chose qui sympathisait avec la gravité anglaise, et
il prit l'habitude de s'ouvrir à moi dans mainte occasion et
de me confier des affaires qui n'étaient pas sans importance.
Au bout de quelque temps on me considéra comme son
secrétaire et son parent, et je parlais assez bien l'anglais pour
ne plus paraître trop étranger.

Cependant c'était une vie cruelle que je menais, et je
trouvais bien longues les journées mélancoliques de la mer.
Nous ne cessâmes, durant des années entières, de rôder
autour de la France, et sans cesse je voyais se dessiner à
l'horizon des côtes de cette terre que Grotius [1] a nommée :
— le plus beau royaume après celui du ciel; — puis nous
retournions à la mer, et il n'y avait plus autour de moi,
pendant des mois entiers, que des brouillards et des montagnes d'eau. Quand un navire passait près de nous ou loin
de nous, c'est qu'il était anglais; aucun autre n'avait permission de se livrer au vent, et l'Océan n'entendait plus
une parole qui ne fût anglaise. Les Anglais même en étaient
attristés et se plaignaient qu'à présent l'Océan fût devenu
un désert où ils se rencontraient éternellement, et l'Europe
une forteresse qui leur était fermée. — Quelquefois ma

---

qu'on accusa l'auteur de l'avoir peint avec trop de complaisance.
Pour répondre à ces critiques, Richardson écrivit l'histoire d'un homme
de bien, sir Charles Grandisson.

1. Grotius (1583-1646), de son vrai nom Hugues De Groot, est
un jurisconsulte hollandais qui s'est rendu célèbre par son traité
Du droit de guerre ou de paix. Il passa une bonne partie de son existence
en France où il fut, pendant les dix dernières années de sa vie, ambassadeur de la reine Christine de Suède.

prison de bois s'avançait si près de la terre, que je pouvais distinguer des hommes et des enfants qui marchaient sur le rivage. Alors le cœur me battait violemment, et une rage intérieure me dévorait avec tant de violence, que j'allais me cacher à fond de cale, pour ne pas succomber au désir de me jeter à la nage; mais quand je revenais auprès de l'infatigable Collingwood, j'avais honte de mes faiblesses d'enfant, je ne pouvais me lasser d'admirer comment à une tristesse si profonde il unissait un courage si agissant. Cet homme qui *a*, depuis quarante ans, ne connaissait que la guerre et la mer, ne cessait jamais de s'appliquer à leur étude comme à une science inépuisable. Quand un navire était las, il en montait un autre comme un cavalier impitoyable; il les usait et les tuait sous lui. Il en fatigua sept avec moi. Il passait les nuits tout habillé, assis sur ses canons, ne cessant de calculer l'art de tenir son navire immobile, en sentinelle, au même point de la mer, sans être à l'ancre, à travers les vents et les orages; exerçait sans cesse ses équipages et veillait sur eux et pour eux; cet homme n'avait joui d'aucune richesse; et, tandis qu'on le nommait pair d'Angleterre, il aimait sa soupière d'étain comme un matelot; puis, redescendu chez lui, il redevenait père de famille et écrivait à ses filles de ne pas être *b* de belles dames, de lire, non des romans, mais l'histoire des voyages, des essais et Shakspeare tant qu'il leur plairait *(as often as they please);* il écrivait : — Nous avons combattu le jour de la naissance de ma petite Sarah, — après la bataille de Trafalgar, que j'eus la douleur de lui voir gagner, et dont il avait tracé le plan avec son ami Nelson à qui il succéda. — Quelquefois il sentait sa santé s'affaiblir, il demandait grâce à l'Angleterre; mais l'inexorable lui répondait : *Restez en mer,* et lui envoyait une dignité ou une médaille d'or par chaque belle action; sa poitrine en était surchargée. Il écrivait encore : « Depuis que j'ai quitté mon pays, je n'ai pas passé *dix jours* dans un port, mes yeux s'affaiblissent; quand je pourrai voir mes enfants, la mer m'aura rendu aveugle. Je gémis de ce que sur tant d'officiers il est si difficile de me trouver un remplaçant supérieur en habileté. » L'Angleterre répondait : *Vous resterez en mer, toujours en mer.* Et il y resta jusqu'à sa mort.

Cette vie romaine et imposante m'écrasait par son élévation et me touchait par sa simplicité, lorsque je l'avais contemplée un jour seulement *ᵃ*, dans sa résignation grave et réfléchie. Je me prenais en grand mépris, moi qui n'étais rien comme citoyen, rien comme père, ni comme fils, ni comme frère, ni homme de famille, ni homme public, de me plaindre quand il ne se plaignait pas *ᵇ*. Il ne s'était laissé deviner qu'une fois malgré lui, et moi, enfant inutile, moi, fourmi d'entre les fourmis que foulait aux pieds le sultan de la France, je me reprochais mon désir secret de retourner me livrer au hasard de ses caprices et de redevenir un des grains de cette poussière qu'il pétrissait dans le sang. — La vue de ce vrai citoyen dévoué, non comme je l'avais été, à un homme, mais à la Patrie et au Devoir, me fut une heureuse rencontre, car j'appris, à cette école sévère, quelle est la véritable Grandeur que nous devons désormais chercher dans les armes, et combien, lorsqu'elle est ainsi comprise, elle élève notre profession au-dessus de toutes les autres, et peut laisser digne d'admiration la mémoire de quelques-uns de nous, quel que soit l'avenir de la guerre et des armées. Jamais aucun homme ne posséda, à un plus haut degré, cette paix intérieure qui naît du sentiment du Devoir sacré, et la modeste insouciance d'un soldat à qui il importe peu que son nom soit célèbre, pourvu que la chose publique prospère. Je lui vis écrire un jour : — « Maintenir l'indépendance de mon pays est la première volonté de ma vie, et j'aime mieux que mon corps soit ajouté au rempart de la Patrie que traîné dans une pompe inutile, à travers une foule oisive. — Ma vie et mes forces sont dues à l'Angleterre. — Ne parlez pas de ma blessure dernière, on croirait que je me glorifie de mes dangers. » Sa tristesse était profonde, mais pleine de Grandeur; elle n'empêchait pas son activité perpétuelle, et il me donna la mesure de ce que doit être l'homme de guerre intelligent, exerçant, non en ambitieux, mais en artiste, *l'art de la guerre,* tout en le jugeant de haut et en le méprisant maintes fois, comme ce Montecuculli qui, Turenne étant tué, se retira, ne dai-

gnant plus engager la partie contre un joueur ordinaire [1].
Mais j'étais trop jeune encore pour comprendre tous les
mérites de ce caractère, et ce qui me saisit le plus fut l'ambition de tenir, dans mon pays, un rang pareil au sien.
Lorsque je voyais les Rois du Midi lui demander sa protection, et Napoléon même s'émouvoir de l'espoir que Collingwood était dans les mers de l'Inde, j'en venais jusqu'à
appeler de tous mes vœux l'occasion de m'échapper, et je
poussai la hâte de l'ambition que je nourrissais toujours
jusqu'à être près de manquer à ma parole. Oui, j'en vins
jusque-là.

Un jour, le vaisseau *l'Océan,* qui nous portait, vint
relâcher à Gibraltar. Je descendis à terre avec l'Amiral,
et en me promenant seul par la ville je rencontrai un officier du 7e de hussards qui avait été fait prisonnier dans la
campagne d'Espagne, et conduit à Gibraltar avec quatre
de ses camarades. Ils avaient la ville pour prison, mais ils y
étaient surveillés de près. J'avais connu cet officier en
France. Nous nous retrouvâmes avec plaisir, dans une situation à peu près semblable. Il y avait si longtemps qu'un
Français ne m'avait parlé français, que je le trouvai éloquent,
quoiqu'il fût parfaitement sot, et, au bout d'un quart
d'heure, nous nous ouvrîmes l'un à l'autre sur notre posi-

---

1. Raymond de Montecuculi (1608-1681), d'origine italienne
— il était né à Modène — fut l'un des grands hommes de guerre du
xviie siècle au service de l'Autriche. C'est lui qui remporta sur les
Turcs la victoire du Saint-Gothard en 1664. Opposé à Turenne sur
le Rhin, il apprit la mort du général français à Salzbach le 27 juillet 1675;
« Je ne saurais trop regretter un homme au-dessus de l'homme »,
dit-il, « un homme qui faisait honneur à l'humanité ». Cette estime
réciproque entre adversaires, qui fait de la guerre une sorte de tournoi
dont la haine est exclue, répondait à une aspiration profonde de Vigny.
En 1827, selon Ratisbonne, il note déjà le projet que voici :
« TURENNE.
I. *Camp de Montecuculi.* — Un canonnier ivre joue avec ses camarades
et met le feu à la mèche.
II. *Camp français.* — Turenne médite les plans les plus profonds,
élève son âme jusqu'aux plus hautes pensées, est frappé, tombe.
III. *Camp de Montecuculi.* — Le canonnier demande au général sa
récompense. — Mépris. » (*J.,* 885.)

tion. Il me dit tout de suite franchement qu'il allait se sauver avec ses camarades; qu'ils avaient trouvé une occasion excellente, et qu'il ne se le ferait pas dire deux fois pour les suivre. Il m'engagea fort à en faire autant. Je lui répondis qu'il était bien heureux d'être gardé; mais que moi, qui ne l'étais pas, je ne pouvais pas me sauver sans déshonneur, et que lui, ses compagnons et moi n'étions point dans le même cas. Cela lui parut trop subtil.

— Ma foi! je ne suis pas casuiste, me dit-il, et si tu veux je t'enverrai un évêque qui t'en dira son opinion. Mais à ta place je partirais. Je ne vois que deux choses, être libre ou ne pas l'être. Sais-tu bien que ton avancement est perdu, depuis plus de cinq ans que tu traînes dans ce sabot anglais? Les lieutenants du même temps que toi sont déjà colonels.

Là-dessus ses compagnons survinrent, et m'entraînèrent dans une maison d'assez mauvaise mine, où ils buvaient du vin de Xérès, et là ils me citèrent tant de capitaines devenus généraux, et de sous-lieutenants vice-rois, que la tête m'en tourna, et je leur promis de me trouver, le surlendemain à minuit, dans le même lieu. Un petit canot devait nous y prendre, loué à d'honnêtes contrebandiers qui nous conduiraient à bord d'un vaisseau français, chargé de mener des blessés de notre armée à Toulon. L'invention me parut admirable, et mes bons compagnons, m'ayant fait boire force rasades pour calmer les murmures de ma conscience, terminèrent leurs discours par un argument victorieux, jurant sur leur tête qu'on pourrait avoir, à la rigueur, quelques égards pour un honnête homme qui vous avait bien traité, mais que tout les confirmait dans la certitude qu'un Anglais n'était pas un homme [1].

---

1. Vigny qui a profondément subi l'influence de la littérature anglaise (Milton, Moore, Shakespeare), qui a épousé une Anglaise, qui a incarné le plus douloureux de lui-même dans un poète anglais, Chatterton, dont le caractère, enfin, correspond assez bien à ce que nous considérons comme l'essentiel du caractère britannique, supportait impatiemment l'hostilité et l'incompréhension que la légende napoléonienne entretenait en France à l'égard de l'Angleterre. Un développement rédigé après son voyage à Londres de 1838, et conservé

Je revins assez pensif à bord de l'*Océan* et, lorsque j'eus dormi, et que je vis clair dans ma position en m'éveillant, je me demandai si mes compatriotes ne s'étaient point moqués de moi. Cependant le désir de la liberté et une ambition toujours poignante et excitée depuis mon enfance, me poussaient à l'évasion, malgré la honte que j'éprouvais de fausser mon serment. Je passai un jour entier près de l'Amiral sans oser le regarder en face, et je m'étudiai à le trouver inférieur et d'intelligence étroite *a*. — Je parlai tout haut à table, avec arrogance, de la grandeur de Napoléon; je m'exaltai, je vantai son génie universel, qui devinait les lois en faisant les codes, et l'avenir en faisant des événements. J'appuyai avec insolence sur la supériorité de ce génie, comparée au médiocre talent des hommes de tactique et de manœuvre. J'espérais être contredit; mais, contre mon attente, je trouvai dans les officiers anglais plus d'admiration encore pour l'Empereur que je ne pouvais en montrer pour leur implacable ennemi. Lord Collingwood surtout, sortant de son silence triste et de ses méditations continuelles, le loua dans des termes si justes, si énergiques, si précis, faisant considérer à la fois, à ses officiers, la grandeur des prévisions de l'Empereur, la promptitude magique de son exécution, la fermeté de ses ordres, la certitude de son jugement, sa pénétration dans les négociations, sa justesse d'idées dans les conseils, sa grandeur dans les batailles, son calme dans les dangers, sa constance dans la préparation des entreprises, sa fierté dans l'attitude donnée à la France, et enfin toutes les qualités qui composent le grand homme, que je me demandai ce que l'histoire pourrait jamais ajouter à cet éloge, et je fus atterré, parce que j'avais cherché à m'irriter contre l'Amiral *b*, espérant lui entendre proférer des accusations injustes.

J'aurais voulu, méchamment, le mettre dans son tort, et qu'un mot inconsidéré ou insultant de sa part servît de justification à la déloyauté que je méditais. Mais il sem-

à la bibliothèque Lovenjoul, reprend longuement cette remarque de *Servitude*.

blait qu'il prît à tâche, au contraire, de redoubler de bontés et, son empressement faisant supposer aux autres que j'avais quelque nouveau chagrin dont il était juste de me consoler, ils furent tous pour moi plus attentifs et plus indulgents que jamais. J'en pris de l'humeur et je quittai la table.

L'Amiral me conduisit encore à Gibraltar le lendemain, pour mon malheur. Nous y devions passer huit jours. — Le soir de l'évasion arriva. — Ma tête bouillonnait et je délibérais toujours. Je me donnais de spécieux motifs et je m'étourdissais sur leur fausseté; il se livrait en moi un combat violent; mais, tandis que mon âme se tordait et se roulait sur elle-même, mon corps, comme s'il eût été arbitre entre l'ambition et l'honneur, suivait, à lui tout seul, le chemin de la fuite. J'avais fait, sans m'en apercevoir moi-même, un paquet de mes hardes, et j'allais me rendre, de la maison de Gibraltar où nous étions, à celle du rendez-vous, lorsque tout à coup je m'arrêtai, et je sentis que cela était impossible. — Il y a dans les actions honteuses quelque chose d'empoisonné qui se fait sentir aux lèvres d'un homme de cœur sitôt qu'il touche les bords du vase de perdition. Il ne peut même pas y goûter sans être prêt à en mourir. — Quand je vis ce que j'allais faire et que j'allais manquer à ma parole, il me prit une telle épouvante que je crus que j'étais devenu fou. Je courus sur le rivage et m'enfuis de la maison fatale comme d'un hôpital de pestiférés, sans oser me retourner pour la regarder. — Je me jetai à la nage et j'abordai, dans la nuit, l'*Océan*, notre vaisseau, ma flottante prison. J'y montai ^a avec emportement, me cramponnant à ses câbles; et quand je fus arrivé sur le pont, je saisis le grand mât, je m'y attachai avec passion, comme à un asile qui me garantissait du déshonneur, et, au même instant, le sentiment de la Grandeur de mon sacrifice me déchirant le cœur, je tombai à genoux, et, appuyant mon front sur les cercles de fer du grand mât, je me mis à fondre en larmes comme un enfant. — Le capitaine de l'*Océan*, me voyant dans cet état, me crut ou fit semblant de me croire malade, et me fit porter dans ma chambre. Je le suppliai à grands cris de mettre une sentinelle à ma porte pour m'empêcher de sortir. On m'enferma et je respirai, délivré enfin du supplice d'être mon propre geôlier. Le lendemain, au jour, je me vis en pleine mer, et je jouis d'un peu plus de calme *a* en perdant de vue la terre, objet de toute tentation malheureuse dans ma situation. J'y pensais avec plus de résignation, lorsque ma petite porte s'ouvrit, et le bon Amiral entra seul.

— Je viens vous dire adieu, commença-t-il d'un air moins grave que de coutume; vous partez pour la France demain matin.

— Oh! mon Dieu! Est-ce pour m'éprouver que vous m'annoncez cela, milord?

— Ce serait un jeu bien cruel, mon enfant, reprit-il; j'ai déjà eu envers vous un assez grand tort. J'aurais dû vous laisser en prison dans le *Northumberland* en pleine terre et vous rendre votre parole. Vous auriez pu conspirer sans remords contre vos gardiens et user d'adresse, sans scrupule, pour vous échapper. Vous avez souffert davantage, ayant plus de liberté; mais, grâce à Dieu! vous avez résisté hier à une occasion qui vous déshonorait. — C'eût été échouer au port, car depuis quinze jours je négociais votre échange, que l'amiral Rosily vient de conclure. — J'ai tremblé pour vous hier, car je savais le projet de vos camarades. Je les ai laissés s'échapper à cause de vous, dans la crainte qu'en les arrêtant on ne vous arrêtât. Et comment aurions-nous fait pour cacher cela? Vous étiez perdu, mon enfant, et, croyez-moi, mal reçu des vieux braves de Napoléon. Ils ont le droit d'être difficiles en Honneur.

J'étais si troublé que je ne savais comment le remercier; il vit mon embarras et, se hâtant de couper les mauvaises phrases par lesquelles j'essayais de balbutier que je le regrettais :

— Allons, allons, me dit-il, pas de ce que nous appelons *French compliments:* nous sommes contents l'un de l'autre, voilà tout; et vous avez, je crois, un proverbe qui dit : *Il n'y a pas de belle prison.* — Laissez-moi mourir dans la mienne, mon ami; je m'y suis accoutumé, moi, il l'a bien fallu. Mais cela ne durera plus bien longtemps ; je sens mes jambes trembler sous moi et s'amaigrir. Pour la quatrième fois, j'ai demandé le repos à lord Mulgrave [1], et il m'a encore refusé ; il m'écrit qu'il ne sait comment me remplacer. Quand je serai mort, il faudra bien qu'il trouve quelqu'un cependant, et il ne ferait pas mal de prendre ses précautions. — Je vais rester en sentinelle dans la Méditerranée ; mais vous, *my child*, ne perdez pas de temps. Il y a là un *sloop* qui doit vous conduire. Je n'ai qu'une chose à vous recommander, c'est de vous dévouer à un Principe plutôt qu'à un Homme. L'amour de votre Patrie en est un assez grand pour remplir tout un cœur et occuper toute une intelligence.

— Hélas ! dis-je, milord, il y a des temps où l'on ne peut pas aisément savoir ce que veut la Patrie. Je vais le demander à la mienne.

Nous nous dîmes encore une fois adieu, et, le cœur serré, je quittai ce digne homme, dont j'appris la mort peu de temps après. — Il mourut en pleine mer, comme il avait vécu durant quarante-neuf ans, sans se plaindre ni se glorifier, et sans avoir revu ses deux filles. Seul et sombre comme un de ces vieux dogues d'Ossian qui gardent éternellement les côtes d'Angleterre dans les flots et les brouillards.

J'avais appris, à son école, tout ce que les exils de la guerre peuvent faire souffrir, et tout ce que le sentiment du Devoir peut dompter dans une grande âme ; bien pénétré de cet exemple et devenu plus grave [a] par mes souffrances et le spectacle des siennes, je vins à Paris me présenter, avec l'expérience de ma prison, au maître tout-puissant que j'avais quitté.

---

1. Lord Mulgrave était alors ministre de la Marine britannique.

CHAPITRE VII

RÉCEPTION

Ici le capitaine Renaud s'étant interrompu, je regardai l'heure à ma montre. Il était deux heures après minuit. Il se leva, et nous marchâmes au milieu des grenadiers. Un silence profond régnait partout. Beaucoup s'étaient assis sur leurs sacs et s'y étaient endormis. Nous nous plaçâmes à quelques pas de là, sur le parapet, et il continua son récit après avoir rallumé^a son cigare à la pipe d'un soldat. Il n'y avait pas une maison qui donnât signe de vie.

— Dès que je fus arrivé à Paris, je voulus voir l'Empereur. J'en eus occasion au spectacle de la cour, où me conduisit un de mes anciens camarades, devenu colonel. C'était là-bas, aux Tuileries. Nous nous plaçâmes dans une petite loge, en face de la loge impériale, et nous attendîmes. Il n'y avait encore dans la salle que les Rois. Chacun d'eux, assis dans une loge, aux premières, avait autour de lui sa cour, et devant lui, aux galeries, ses aides de camp et ses généraux familiers. Les Rois de Westphalie, de Saxe et de Wurtemberg, tous les princes de la confédération du Rhin, étaient placés au même rang. Près d'eux, debout, parlant haut et vite, Murat, Roi de Naples, secouant ses cheveux noirs, bouclés comme une crinière, et jetant des regards de lion. Plus haut, le Roi d'Espagne, et seul, à l'écart, l'ambassadeur de Russie, le prince Kourakim, chargé d'épaulettes de diamants. Au parterre, la foule des généraux, des ducs, des princes, des colonels et des sénateurs. Partout en haut, les bras nus et les épaules découvertes des femmes de la cour.

La loge que surmontait l'aigle était vide encore; nous

la regardions sans cesse. Après peu de temps, les Rois
se levèrent et se tinrent debout. L'Empereur entra seul dans
sa loge, marchant vite, se jeta vite sur son fauteuil et lorgna
en face de lui, puis se souvint que la salle entière était debout
et attendait un regard, secoua la tête deux fois, brusquement
et de mauvaise grâce, se retourna vite, et laissa les Reines
et les Rois s'asseoir. Ses chambellans, habillés de rouge,
étaient debout, derrière lui. Il leur parlait sans les regarder
et, de temps à autre, étendant la main pour recevoir une
boîte d'or que l'un d'eux lui donnait et reprenait. Crescentini [1] chantait *les Horaces*, avec une voix de séraphin qui
sortait d'un visage étique et ridé. L'orchestre était doux et
faible, par ordre de l'Empereur; voulant peut-être, comme
les Lacédémoniens, être apaisé plutôt qu'excité par la
musique. Il lorgna devant lui, et très souvent de mon
côté. Je reconnus ses grands yeux d'un gris vert, mais je
n'aimai pas la graisse jaune qui avait englouti ses traits
sévères. Il posa sa main gauche sur son œil gauche, pour
mieux voir, selon sa coutume; je sentis qu'il m'avait
reconnu. Il se retourna brusquement, ne regarda que la
scène, et sortit bientôt. J'étais déjà sur son passage. Il
marchait vite dans le corridor, et ses jambes grasses, serrées
dans des bas de soie blancs, sa taille gonflée, sous son habit
vert, me le rendaient presque méconnaissable. Il s'arrêta
court devant moi, et parlant au colonel qui me présentait,
au lieu de m'adresser directement la parole :

— Pourquoi ne l'ai-je vu nulle part? — encore lieutenant?

— Il était prisonnier depuis 1804.

— Pourquoi ne s'est-il pas échappé?

— J'étais sur parole, dis-je à demi-voix.

---

1. Ce célèbre soprano italien, né à Urbino en 1769, mort à Naples
en 1846, était maître de chant à la cour d'Autriche quand Napoléon
lui offrit d'être à Paris le premier chanteur de sa cour. Crescentini
accepta, s'interdisant dès lors de chanter ailleurs qu'aux Tuileries
pour l'empereur. *Les Horaces* sont une tragédie lyrique composée
en 1786 par Guillard.

— Je n'aime pas les prisonniers, dit-il; on se fait tuer. — Il me tourna le dos. Nous restâmes immobiles en haie; et, quand toute sa suite eut défilé :

— Mon cher, me dit le colonel, tu vois bien que tu es un imbécile; tu as perdu ton avancement, et on ne t'en sait pas plus de gré.

CHAPITRE VIII

LE CORPS DE GARDE RUSSE

— Est-il possible? dis-je en frappant du pied. Quand j'entends de pareils récits, je m'applaudis de ce que l'officier est mort en moi depuis plusieurs années. Il n'y reste plus que l'écrivain solitaire et indépendant *a* qui regarde ce que va devenir sa liberté, et ne veut pas la défendre contre ses anciens amis[1].

Et je crus trouver dans le capitaine Renaud des traces d'indignation, au souvenir de ce qu'il me racontait; mais il souriait *b* avec douceur et d'un air content.

— C'était tout simple *c*, reprit-il. Ce colonel était le plus brave homme du monde; mais il y a des gens qui sont, comme dit le mot célèbre, des *fanfarons de crimes* et de dureté *d*. Il voulait me maltraiter parce que l'Empereur en avait donné l'exemple. Grosse flatterie de corps de garde. Mais quel bonheur ce fut pour moi! — Dès ce jour, je

---

1. Cette phrase est ainsi annoncée ou reprise dans le *Journal* en 1835 : « Quand vint la révolution de juillet, le soldat était mort en moi depuis quatre ans : il ne restait que l'écrivain, regardant si la liberté serait tuée ou sauvée. » (*J.*, 1021.) Ce qui, dans le *Journal*, s'explique par une parfaite indifférence en matière politique, devient dans *Servitude* un de ces cas de conscience insolubles où Vigny se plaît à enfermer ses héros. Vigny désire la liberté, mais il ne veut pas la défendre contre ses anciens compagnons d'armes. Rappelons que dans *Cinq-Mars*, déjà, de Thou se trouvait pris entre le devoir civique de dénoncer un complot qui menaçait le premier ministre et le devoir, que l'amitié lui imposait, de ne pas trahir Cinq-Mars. Cette complaisance pour les situations sans issue est vraisemblablement la ressource d'un esprit qui craint d'agir et se multiplie à lui-même les scrupules pour éluder l'action.

commençai à m'estimer intérieurement, à avoir confiance en moi, à sentir mon caractère s'épurer, se former, se compléter, s'affermir. Dès ce jour, je vis clairement que les événements ne sont rien, que l'homme intérieur est tout, je me plaçai bien au-dessus de mes juges. Enfin je sentis ma conscience, je résolus de m'appuyer uniquement sur elle, de considérer les jugements publics, les récompenses éclatantes, les fortunes rapides, les réputations de bulletin, comme de ridicules forfanteries *a* et un jeu de hasard qui ne valait pas la peine qu'on s'en occupât.

J'allai vite à la guerre me plonger dans les rangs inconnus, l'infanterie de ligne, l'infanterie de bataille, où les paysans de l'armée se faisaient faucher par mille à la fois, aussi pareils, aussi égaux que les blés d'une grasse prairie de la Beauce. — Je me cachai là comme un chartreux dans son cloître; et du fond de cette foule armée, marchant à pied comme les soldats, portant un sac et mangeant leur pain, je fis les grandes guerres de l'Empire tant que l'Empire fut debout. — Ah! si vous saviez comme je me sentis à l'aise dans ces fatigues inouïes! Comme j'aimais cette obscurité et quelles joies sauvages me donnèrent les grandes batailles! La beauté de la guerre est au milieu des soldats, dans la vie du camp, dans la boue des marches et du bivouac. Je me vengeais de Bonaparte en servant la Patrie, sans rien tenir de Napoléon; et quand il passait devant mon régiment, je me cachais, de crainte d'une faveur[1]. L'expérience m'avait fait mesurer les dignités et le Pouvoir à leur juste

---

1. Si Vigny a toujours eu le respect des apparences, il est vrai aussi qu'il a toujours eu, selon le mot de Pascal, son idée de derrière la tête. En fait, Renaud sert Napoléon et contribue aux victoires impériales; mais au fond de lui-même, c'est pour la France qu'il se bat ou même pour le simple plaisir de se battre. Cette révolte toute mentale, ce souci de diriger son intention marquent en somme une revanche de l'esprit sur les événements inévitables. Pareille autonomie du vouloir s'accompagne chez Libanius d'une lucidité intellectuelle presque prophétique. S'il conseille de passer au christianisme, ce n'est pas qu'il croie à cette religion nouvelle, il la méprise au contraire, mais il est seul à prévoir qu'elle deviendra, sans même s'en douter, le véhicule de la civilisation hellénique (cf. *Daphné*).

valeur; je n'aspirais plus à rien qu'à prendre de chaque
conquête de nos armes la part d'orgueil qui devait me
revenir selon mon propre sentiment; je voulais être citoyen,
où il était encore permis de l'être, et à ma manière. Tantôt
mes services étaient inaperçus, tantôt élevés au-dessus
de leur mérite, et moi je ne cessai de les tenir dans l'ombre,
de tout mon pouvoir, redoutant surtout que mon nom
fût trop prononcé. La foule était si grande de ceux qui
suivaient une marche contraire, que l'obscurité me fut
aisée, et je n'étais encore que lieutenant de la Garde Impériale en 1814, quand je reçus au front cette blessure que
vous voyez, et qui, ce soir, me fait souffrir plus qu'à l'ordinaire.

Ici le capitaine Renaud passa plusieurs fois la main sur
son front, et, comme il semblait vouloir se taire, je le pressai
de poursuivre, avec assez d'instance pour qu'il cédât.
Il appuya sa tête sur la pomme de sa canne de jonc.

— Voilà qui est singulier, dit-il, je n'ai jamais raconté
tout cela, et ce soir j'en ai envie. — Bah! n'importe!
j'aime à m'y laisser aller avec un ancien camarade. Ce sera
pour vous [a] un objet de réflexions sérieuses quand vous
n'aurez rien de mieux à faire. Il me semble que cela n'en
est pas indigne. Vous me croirez bien faible ou bien fou;
mais c'est égal. Jusqu'à l'événement, assez ordinaire pour
d'autres, que je vais vous dire et dont je recule le récit
malgré moi, parce qu'il me fait mal, mon amour de la
gloire des armes était devenu sage, grave, dévoué, et parfaitement pur, comme est le sentiment simple et unique
du devoir; mais, à dater de ce jour-là, d'autres idées
vinrent assombrir encore ma vie.
C'était en 1814; c'était le commencement de l'année
et la fin de cette sombre guerre où notre pauvre armée
défendait l'Empire et l'Empereur, et où la France regardait
le combat avec découragement. Soissons venait de se
rendre au Prussien Bulow. Les armées de Silésie et du Nord
y avaient fait leur jonction. Macdonald avait quitté Troyes

et abandonné le bassin de l'Yonne pour établir sa ligne de défense de Nogent à Montereau, avec trente mille hommes.

Nous devions attaquer Reims, que l'Empereur voulait reprendre. Le temps était sombre et la pluie continuelle. Nous avions perdu la veille un officier supérieur qui conduisait des prisonniers. Les Russes l'avaient surpris et tué dans la nuit précédente, et ils avaient délivré leurs camarades. Notre colonel, qui était ce qu'on nomme un *dur à cuire*, voulut prendre sa revanche. Nous étions près d'Épernay et nous tournions les hauteurs qui l'environnent. Le soir venait, et, après avoir occupé le jour entier à nous refaire, nous passions près d'un joli château blanc à tourelles, nommé Boursault, lorsque le colonel m'appela [1]. Il m'emmena à part, pendant qu'on formait les faisceaux, et me dit de sa vieille voix enrouée :

— Vous voyez bien là-haut une grange, sur cette colline coupée à pic; là où se promène ce grand nigaud de factionnaire russe avec son bonnet d'évêque?

— Oui, oui, dis-je, je vois parfaitement le grenadier et la grange.

— Eh bien, vous qui êtes un ancien, il faut que vous sachiez que c'est là le point que les Russes ont pris avant-hier et qui occupe le plus l'Empereur, pour le quart d'heure. Il me dit que c'est la clef de Reims, et ça pourrait bien être. En tout cas, nous allons jouer un tour à Woronzoff. A onze heures du soir, vous prendrez deux cents de vos lapins, vous surprendrez le corps de garde qu'ils ont établi dans cette grange. Mais, de peur de donner l'alarme, vous enlèverez ça à la baïonnette.

Il prit et m'offrit une prise de tabac, et, jetant le reste

---

1. Le château de Boursault se trouve sur une hauteur qui domine la rive gauche de la Marne à sept kilomètres d'Épernay sur la route qui conduit à Dormans. Vigny ne parle évidemment pas du château de style Louis XIII qui fut construit entre 1842 et 1848, mais du « vieux château » de Boursault qui remonte au XVIIᵉ siècle, et qui souffrit beaucoup de l'invasion prussienne pendant la campagne de France. Toute cette région fut le théâtre de violents combats dans la première quinzaine de mars 1814.

peu à peu, comme je fais là, il me dit, en prononçant un mot à chaque grain semé au vent :

— Vous sentez bien que je serai par là, derrière vous, avec ma colonne. — Vous n'aurez guère perdu que soixante hommes, vous aurez les six pièces qu'ils ont placées là... Vous les tournerez du côté de Reims... A onze heures... onze heures et demie la position sera à nous. Et nous dormirons jusqu'à trois heures pour nous reposer un peu... de la petite affaire de Craonne, qui n'était pas, comme on dit, piquée des vers [1].

— Ça suffit, lui dis-je; et je m'en allai, avec mon lieutenant en second, préparer un peu notre soirée. L'essentiel, comme vous voyez, était de ne pas faire de bruit. Je passai l'inspection des armes et je fis enlever, avec le tire-bourre, les cartouches de toutes celles qui étaient chargées. Ensuite, je me promenai quelque temps avec mes sergents, en attendant l'heure. A dix heures et demie, je leur fis mettre leur capote sur l'habit et le fusil caché sous la capote, car, quelque chose qu'on fasse, comme vous voyez ce soir, la baïonnette se voit toujours, et quoiqu'il fît autrement sombre qu'à présent, je ne m'y fiais pas [2]. J'avais observé [a] les petits sentiers bordés de haies qui conduisaient au corps de garde russe, et j'y fis monter les plus déterminés gaillards que j'aie jamais commandés. — Il y en a encore là, dans les rangs, deux qui y étaient et s'en souviennent bien. — Ils avaient l'habitude des Russes, et savaient comment les prendre. Les factionnaires que nous rencontrâmes en montant disparurent sans bruit, comme des roseaux que l'on couche par terre avec la main. Celui qui était devant les armes demandait plus de soin. Il était immobile, l'arme au pied, et le menton sur son fusil; le pauvre diable se balançait comme un homme qui s'endort de fatigue et

---

1. Le 7 mars 1814.

2. On remarquera combien ces préparatifs, nécessaires dans un coup de main militaire, annoncent ceux que prennent les chasseurs de *la Mort du Loup;* mais les mêmes précautions s'expliquent moins dans une partie de chasse.

va tomber. Un de mes grenadiers le prit dans ses bras en le serrant à l'étouffer, et deux autres, l'ayant bâillonné, le jetèrent dans les broussailles. J'arrivai lentement et je ne pus me défendre, je l'avoue, d'une certaine émotion que je n'avais jamais éprouvée au moment des autres combats. C'était la honte d'attaquer des gens couchés. Je les voyais, roulés dans leurs manteaux, éclairés par une lanterne sourde, et le cœur me battit violemment. Mais tout à coup, au moment d'agir, je craignis que ce ne fût une faiblesse qui ressemblât à celle des lâches, j'eus peur d'avoir senti la peur une fois, et prenant mon sabre caché sous mon bras, j'entrai le premier, brusquement, donnant l'exemple à mes grenadiers [1]. Je leur fis un geste qu'ils comprirent; ils se jetèrent d'abord sur les armes, puis sur les hommes, comme des loups sur un troupeau. Oh! ce fut une boucherie sourde et horrible! la baïonnette perçait, la crosse assommait, le genou étouffait, la main étranglait. Tous les cris à peine poussés étaient éteints sous les pieds de nos soldats, et nulle tête ne se soulevait sans recevoir le coup mortel. En entrant, j'avais frappé au hasard un coup terrible, devant moi, sur quelque chose de noir que j'avais traversé d'outre en outre; un vieil officier [a], homme grand et fort, la tête chargée de cheveux blancs, se leva comme [b] un fantôme, jeta un cri affreux en voyant ce que j'avais fait, me frappa à la figure d'un coup d'épée violent, et tomba mort à l'instant sous les baïonnettes. Moi, je tombai assis à côté de lui, étourdi du coup porté entre les yeux, et j'entendis sous moi la voix mourante et tendre d'un enfant qui disait : Papa...

Je compris alors mon œuvre, et j'y regardai avec un empressement frénétique. Je vis un de ces officiers de

---

1. Puisque l'amour du danger donne des « triomphes intérieurs », on peut croire que Vigny cherche dans le danger une occasion de se vaincre lui-même, de vaincre sa peur naturelle de la mort. Au reste, il cite à plusieurs reprises dans son *Journal* la formule d'Épictète : « Ayez peur de la peur ». *La Mort du Loup* marque surtout un effort pour atteindre au stoïcisme; or qui n'aurait pas peur de mourir n'aurait aucun besoin de cultiver cette sagesse austère.

quatorze ans si nombreux dans les armées Russes qui nous envahirent à cette époque, et que l'on traînait à cette terrible école. Ses longs cheveux bouclés tombaient sur sa poitrine, aussi blonds, aussi soyeux que ceux d'une femme, et sa tête s'était penchée comme s'il n'eût fait que s'endormir une seconde fois. Ses lèvres roses, épanouies comme celles d'un nouveau-né, semblaient encore engraissées par le lait de la nourrice, et ses grands yeux bleus entrouverts avaient une beauté de forme candide, féminine et caressante [1]. Je le soulevai sur un bras, et sa joue tomba sur ma joue ensanglantée, comme s'il allait cacher sa tête entre le menton et l'épaule de sa mère pour se réchauffer [a]. Il semblait se blottir sous ma poitrine pour fuir ses meurtriers. La tendresse filiale, la confiance et le repos d'un sommeil délicieux reposaient sur sa figure morte, et il paraissait me dire : Dormons en paix.

— Était-ce là un ennemi? m'écriai-je. — Et ce que Dieu a mis de paternel dans les entrailles de tout homme s'émut et tressaillit en moi; je le serrais contre ma poitrine, lorsque je sentis que j'appuyais sur moi la garde de mon sabre qui traversait son cœur et qui avait tué cet ange endormi. Je voulus pencher ma tête sur sa tête, mais mon sang le couvrit de larges taches; je sentis la blessure de mon front, et je me souvins qu'elle m'avait été faite par son père. Je regardai honteusement de côté, et je ne vis qu'un amas de corps que mes grenadiers tiraient par les pieds et jetaient dehors, ne leur prenant que des cartouches. En ce moment, le colonel entra suivi de la colonne, dont j'entendis le pas et les armes.

— Bravo! mon cher, me dit-il, vous avez enlevé ça lestement. Mais vous êtes blessé?

---

1. Tel qu'il est décrit, yeux bleus, cheveux blonds, soyeux et bouclés, cet enfant russe rappelle directement le portrait de Vigny enfant que l'auteur nous donne dans ses *Mémoires* (pp. 13, 45, 46, 56, 162, 200) et dans ses lettres à Augusta (*Lettres d'un dernier amour,* p. 26). Il rappelle aussi le portrait des enfants de Kitty Bell, dans *Stello,* et même la momie de *Daphné.*

— Regardez cela, dis-je; quelle différence y a-t-il enti
moi et un assassin?

— Eh! sacrédié, mon cher, que voulez-vous? c'est l
métier.

— C'est juste, répondis-je, et je me levai pour alle
reprendre mon commandement. L'enfant retomba dan:
les plis de son manteau dont je l'enveloppai, et sa petite
main ornée de grosses bagues laissa échapper une canne
de jonc, qui tomba sur ma main comme s'il me l'eût
donnée. Je la pris; je résolus, quels que fussent mes périls
à venir, de n'avoir plus d'autre arme, et je n'eus pas l'audace de retirer de sa poitrine mon sabre d'égorgeur.

Je sortis à la hâte de cet antre qui puait le sang, et quand
je me trouvai au grand air, j'eus la force d'essuyer mon
front rouge et mouillé. Mes grenadiers étaient à leurs
rangs; chacun essuyait froidement sa baïonnette dans le
gazon et raffermissait sa pierre à feu dans la batterie.
Mon sergent-major, suivi du fourrier, marchait devant
les rangs, tenant sa liste à la main, et lisant à la lueur d'un
bout de chandelle planté dans le canon de son fusil comme
dans un flambeau; il faisait paisiblement l'appel. Je m'appuyai contre un arbre, et le chirurgien-major vint me bander
le front. Une large pluie de mars tombait sur ma tête et me
faisait quelque bien. Je ne pus m'empêcher de pousser
un profond soupir :

— Je suis las de la guerre, dis-je au chirurgien.

— Et moi aussi, dit une voix grave que je connaissais.

Je soulevai le bandage de mes sourcils, et je vis, non
pas Napoléon empereur, mais Bonaparte soldat. Il était
seul, triste, à pied, debout devant moi, ses bottes enfoncées
dans la boue, son habit déchiré, son chapeau ruisselant
la pluie par les bords; il sentait ses derniers jours venus,
et regardait autour de lui ses derniers soldats.

Il me considérait attentivement. — Je t'ai vu quelque
part, dit-il, grognard?

A ce dernier mot, je sentis qu'il ne me disait là qu'une
phrase banale, je savais que j'avais vieilli de visage plus

que d'années, et que fatigues, moustaches et blessures
me déguisaient assez.

— Je vous ai vu partout, sans être vu, répondis-je.

— Veux-tu de l'avancement?

Je dis : — Il est bien tard.

Il croisa les bras un moment sans répondre, puis :

— Tu as raison, va, dans trois jours, toi et moi nous
quitterons le service.

Il me tourna le dos et remonta sur son cheval, tenu
à quelques pas. En ce moment, notre tête de colonne
avait attaqué et l'on nous lançait des obus. Il en tomba
un devant le front de ma compagnie, et quelques hommes
se jetèrent en arrière, par un premier mouvement dont
ils eurent honte. Bonaparte s'avança seul sur l'obus qui
brûlait et fumait devant son cheval, et lui fit flairer cette
fumée. Tout se tut et resta sans mouvement; l'obus éclata
et n'atteignit personne [1]. Les grenadiers sentirent la
leçon terrible qu'il leur donnait; moi j'y sentis de plus quelque chose qui tenait du désespoir. La France lui manquait,
et il avait douté un instant de ses vieux braves. Je me trouvai trop vengé et lui trop puni de ses fautes par un si grand
abandon. Je me levai avec effort, et, m'approchant de lui,
je pris et serrai la main qu'il tendait à plusieurs d'entre
nous. Il ne me reconnut point, mais ce fut pour moi une
réconciliation tacite entre le plus obscur et le plus illustre
des hommes de notre siècle [a]. On battit la charge, et,
le lendemain au jour, Reims fut repris par nous. Mais
quelques jours après, Paris l'était par d'autres [2].

Le capitaine Renaud se tut longtemps après ce récit,
et demeura la tête baissée sans que je voulusse interrompre sa rêverie. Je considérais ce brave homme avec

---

1. Vigny n'a pas inventé cet incident, mais l'interprétation qu'il
en donne situe Napoléon parmi les personnages qui, dans l'œuvre
de Vigny, se suicident ou du moins se laissent tuer parce qu'au fond
ils aspirent à la mort : Cinq-Mars, Chatterton, Samson, etc.

2. Reims fut repris le 14 mars 1814, et Paris le 31 du même mois.

vénération, et j'avais suivi attentivement, tandis qu'il avait parlé, les transformations lentes de cette âme bonne et simple, toujours repoussée dans ses donations expansives d'elle-même, toujours écrasée par un ascendant invincible, mais parvenue à trouver le repos dans le plus humble et le plus austère Devoir. — Sa vie inconnue me paraissait un spectacle intérieur aussi beau que la vie éclatante de quelque homme d'action que ce fût. — Chaque vague de la mer ajoute un voile blanchâtre aux beautés d'une perle, chaque flot travaille lentement à la rendre plus parfaite, chaque flocon d'écume qui se balance sur elle lui laisse une teinte mystérieuse à demi dorée, à demi transparente, où l'on peut seulement deviner un rayon intérieur qui part de son cœur; c'était tout à fait ainsi que s'était formé ce caractère dans de vastes bouleversements et au fond des plus sombres et perpétuelles épreuves. Je savais que jusqu'à la mort de l'Empereur il avait regardé comme un devoir de ne point servir, respectant, malgré toutes les instances de ses amis, ce qu'il nommait les convenances; et, depuis, affranchi du lien de son ancienne promesse à un maître qui ne le connaissait plus, il était revenu commander, dans la Garde Royale, les restes de sa vieille Garde; et comme il ne parlait jamais de lui-même, on n'avait point pensé à lui et il n'avait point eu d'avancement. — Il s'en souciait peu, et il avait coutume de dire qu'à moins d'être général à vingt-cinq ans, âge où l'on peut mettre en œuvre son imagination, il valait mieux demeurer simple capitaine, pour vivre avec les soldats en père de la famille, en prieur du couvent.

— Tenez, me dit-il après ce moment de repos, regardez notre vieux grenadier Poirier, avec ses yeux sombres et louches, sa tête chauve et ses coups de sabre sur la joue, lui que les maréchaux de France s'arrêtent à admirer quand il leur présente les armes à la porte du roi; voyez Beccaria avec son profil de vétéran romain, Fréchou, avec sa moustache blanche; voyez tout ce premier rang décoré, dont les bras portent trois chevrons! qu'auraient-ils dit, ces vieux moines de la vieille armée qui ne voulurent jamais être autre chose que grenadiers, si je leur avais manqué ce matin, moi qui les commandais encore il y a quinze jours? — Si j'avais pris depuis plusieurs années des habitudes de foyer et de repos, ou un autre état, c'eût été différent; mais ici, je n'ai en vérité que le mérite qu'ils ont. D'ailleurs, voyez comme tout est calme ce soir à Paris; calme comme l'air, ajouta-t-il en se levant ainsi que moi. Voici le jour qui va venir; on ne recommencera pas sans doute à casser les lanternes, et demain nous rentrerons au quartier. Moi, dans quelques jours [a], je serai probablement retiré dans un petit coin de terre que j'ai quelque part en France, où il y a une petite tourelle, dans laquelle j'achèverai d'étudier Polybe, Turenne, Folard et Vauban, pour m'amuser [1]. Presque tous mes camarades ont été tués à la Grande Armée, ou sont morts depuis; il y a longtemps que je ne cause plus avec personne, et vous savez par quel chemin je suis arrivé à haïr la guerre, tout en la faisant avec énergie.

Là-dessus il me secoua vivement la main et me quitta en me demandant encore le hausse-col qui lui manquait, si le mien n'était pas rouillé et si je le trouvais chez moi. Puis il me rappela et me dit :

— Tenez, comme il n'est pas entièrement impossible que l'on fasse encore feu sur nous de quelque fenêtre, gardez-moi, je vous prie, ce portefeuille plein de vieilles lettres, qui m'intéressent, moi seul, et que vous brûleriez si nous ne nous retrouvions plus.

Il nous est venu plusieurs de nos anciens camarades, et nous les avons priés de se retirer chez eux. — Nous ne faisons point la guerre civile, nous. Nous sommes

---

1. Par sa modestie même, le mot tourelle évoque la maison du Maine-Giraud que Vigny possédait en Charente et qu'il présente un peu abusivement comme une forteresse dans ses *Mémoires* (p. 11). Les auteurs cités par Renaud offrent tous un certain intérêt pour les théoriciens de l'art militaire. Le chevalier de Folard (1669-1752) après avoir combattu contre les Turcs, puis sous les ordres de Charles XII, écrivit des *Commentaires sur Polybe* qui lui assurèrent une réputation durable dans toutes les écoles de guerre d'Europe.

calmes comme des pompiers dont le devoir est d'éteindre l'incendie. On s'expliquera ensuite, cela ne nous regarde pas.

Et il me quitta en souriant.

CHAPITRE IX

UNE BILLE

Quinze jours après cette conversation que la révolution même ne m'avait point fait oublier, je réfléchissais seul à l'héroïsme modeste et au désintéressement, si rares tous les deux! Je tâchais d'oublier le sang pur qui venait de couler, et je relisais dans l'histoire d'Amérique comment, en 1783, l'armée Anglo-Américaine toute victorieuse, ayant posé les armes et délivré la Patrie, fut prête à se révolter contre le congrès qui, trop pauvre pour lui payer sa solde, s'apprêtait à la licencier; Washington, généralissime et vainqueur, n'avait qu'un mot à dire ou un signe de tête à faire pour être Dictateur; il fit ce que lui seul avait le pouvoir d'accomplir : il licencia l'armée et donna sa démission. — J'avais posé le livre et je comparais cette grandeur sereine à nos ambitions inquiètes. J'étais triste et me rappelais toutes les âmes guerrières et pures, sans faux éclat, sans charlatanisme [a], qui n'ont aimé le Pouvoir et le commandement que pour le bien public, l'ont gardé sans orgueil, et n'ont su ni le tourner contre la Patrie, ni le convertir en or; je songeais à tous les hommes qui ont fait la guerre avec l'intelligence de ce qu'elle vaut, je pensais au bon Collingwood, si résigné, et enfin à l'obscur capitaine Renaud, lorsque je vis entrer un homme de haute taille, vêtu d'une longue capote bleue en assez mauvais état. A ses moustaches blanches, aux cicatrices de son visage cuivré, je reconnus un des grenadiers de sa compagnie; je lui demandai s'il était vivant encore, et l'émotion de ce brave homme me fit voir qu'il était arrivé malheur. Il s'assit, s'essuya le front, et quand il se fut remis, après quelques soins et un peu de temps, il me dit ce qui lui était arrivé.

Pendant les deux jours du 28 et du 29 juillet, le capitaine Renaud n'avait fait autre chose que marcher en colonne, le long des rues, à la tête de ses grenadiers; il se plaçait devant la première section de sa colonne, et allait paisiblement au milieu d'une grêle de pierres et de coups de fusil qui partaient des cafés, des balcons et des fenêtres. Quand il s'arrêtait, c'était pour faire serrer les rangs ouverts par ceux qui tombaient, et pour regarder si ses guides de gauche se tenaient à leurs distances et à leurs chefs de file. Il n'avait pas tiré son épée et marchait la canne à la main. Les ordres lui étaient d'abord parvenus exactement; mais, soit que les aides de camp fussent tués en route, soit que l'état-major ne les eût pas envoyés, il fut laissé, dans la nuit du 28 au 29 [1], sur la place de la Bastille, sans autre instruction que de se retirer sur Saint-Cloud en détruisant les barricades sur son chemin. Ce qu'il fit sans tirer un coup de fusil. Arrivé au pont d'Iéna, il s'arrêta pour faire l'appel de sa compagnie. Il lui manquait moins de monde qu'à toutes celles de la Garde qui avaient été détachées, et ses hommes étaient aussi moins fatigués. Il avait eu l'art de les faire reposer à propos et à l'ombre, dans ces brûlantes journées, et de leur trouver, dans les casernes abandonnées, la nourriture que refusaient les maisons ennemies; la contenance de sa colonne était telle, qu'il avait trouvé déserte chaque barricade et n'avait eu que la peine de la faire démolir.

Il était donc debout, à la tête du pont d'Iéna, couvert de poussière, et secouant ses pieds; il regardait, vers la barrière, si rien ne gênait la sortie de son détachement, et désignait les éclaireurs pour envoyer en avant. Il n'y

---

1. Notons ici une étourderie de l'auteur qui a échappé à Sainte-Beuve. Si Renaud a passé les deux jours du 28 et du 29 juillet à parcourir les rues de Paris, comme il est dit un peu plus haut, il n'a pas pu être blessé pendant la nuit du 28 au 29, mais au plus tôt dans la nuit du 29 au 30 juillet.

avait personne dans le Champ-de-Mars, que deux maçons qui paraissaient dormir, couchés sur le ventre, et un petit garçon d'environ quatorze ans, qui marchait pieds nus et jouait des castagnettes avec deux morceaux de faïence cassée. Il les raclait de temps en temps sur le parapet du pont, et vint ainsi, en jouant, jusques à la borne où se tenait Renaud. Le capitaine montrait en ce moment les hauteurs de Passy avec sa canne. L'enfant s'approcha de lui, le regardant avec de grands yeux étonnés, et tirant de sa veste un pistolet d'arçon, il le prit des deux mains et le dirigea vers la poitrine du capitaine. Celui-ci détourna le coup avec sa canne, et l'enfant ayant fait feu, la balle porta dans le haut de la cuisse. Le capitaine tomba assis, sans dire mot, et regarda avec pitié ce singulier ennemi. Il vit ce jeune garçon qui tenait toujours son arme des deux mains, et demeurait tout effrayé de ce qu'il avait fait. Les grenadiers étaient en ce moment appuyés tristement sur leurs fusils; ils ne daignèrent pas faire un geste contre ce petit drôle. Les uns soulevèrent leur capitaine, les autres se contentèrent de tenir cet enfant par le bras et de l'amener à celui qu'il avait blessé. Il se mit à fondre en larmes; et quand il vit le sang couler à flots de la blessure de l'officier sur son pantalon blanc, effrayé de cette boucherie, il s'évanouit. On emporta en même temps l'homme et l'enfant dans une petite maison proche de Passy, où tous deux étaient encore. La colonne, conduite par le lieutenant, avait poursuivi sa route pour Saint-Cloud, et quatre grenadiers, après avoir quitté leurs uniformes, étaient restés dans cette maison hospitalière à soigner leur vieux commandant. L'un (celui qui me parlait) avait pris de l'ouvrage comme ouvrier armurier à Paris, d'autres comme maîtres d'armes, et apportant leur journée au capitaine, ils l'avaient empêché de manquer de soins jusqu'à ce jour. On l'avait amputé; mais la fièvre était ardente et mauvaise; et comme il craignait un redoublement dangereux, il m'envoyait chercher. Il n'y avait pas de temps à perdre. Je partis sur-le-champ avec le digne soldat qui m'avait raconté ces détails les yeux humides et la voix tremblante, mais sans mur-

mure, sans injure, sans accusation, répétant seulement :
C'est un grand malheur pour nous.

Le blessé avait été porté chez une petite marchande qui
était veuve et qui vivait seule dans une petite boutique,
et dans une rue *a* écartée du village, avec des enfants en
bas âge. Elle n'avait pas eu la crainte, un seul moment,
de se compromettre, et personne n'avait eu l'idée de l'inquiéter à ce sujet. Les voisins, au contraire, s'étaient empres-
sés de l'aider dans les soins qu'elle prenait du malade.
Les officiers de santé qu'on avait appelés ne l'ayant pas
jugé transportable, après l'opération, elle l'avait gardé,
et souvent elle avait passé la nuit près de son lit. Lorsque
j'entrai, elle vint au-devant de moi avec un air de reconnaissance et de timidité qui me firent peine. Je sentis combien
d'embarras à la fois elle avait cachés par bonté naturelle
et par bienfaisance. Elle était fort pâle, et ses yeux étaient
rougis et fatigués. Elle allait et venait vers une arrière-
boutique très étroite que j'apercevais de la porte, et je
vis, à sa précipitation, qu'elle arrangeait la petite chambre
du blessé et mettait une sorte de coquetterie à ce qu'un
étranger la trouvât convenable. — Aussi j'eus soin de ne
pas marcher vite, et je lui donnai tout le temps dont elle
eut besoin.

— Voyez, monsieur, il a bien souffert, allez! me dit-elle
en ouvrant la porte.

Le capitaine Renaud était assis sur un petit lit à rideaux
de serge, placé dans un coin de la chambre, et plusieurs
traversins soutenaient son corps. Il était d'une maigreur
de squelette, et les pommettes des joues d'un rouge ardent;
la blessure de son front était noire. Je vis qu'il n'irait pas
loin, et son sourire me le dit aussi. Il me tendit la main
et me fit signe de m'asseoir. Il y avait à sa droite un jeune
garçon qui tenait un verre d'eau gommée et le remuait
avec la cuillère. Il se leva et m'apporta sa chaise. Renaud
le prit, de son lit, par le bout de l'oreille et me dit doucement, d'une voix affaiblie :

— Tenez, mon cher, je vous présente mon vainqueur.

Je haussai les épaules, et le pauvre enfant baissa les yeux

en rougissant. — Je vis une grosse larme rouler sur sa joue.

— Allons! allons! dit le capitaine en passant la main dans ses cheveux. Ce n'est pas sa faute. Pauvre garçon! il avait rencontré deux hommes qui lui avaient fait boire de l'eau-de-vie, l'avaient payé, et l'avaient envoyé me tirer son coup de pistolet. Il a fait cela comme il aurait jeté une bille au coin de la borne. — N'est-ce pas, Jean?

Et Jean se mit à trembler et prit une expression de douleur si déchirante qu'elle me toucha. Je le regardai de plus près : c'était un fort bel enfant.

— C'était bien une bille aussi, me dit la jeune marchande. Voyez, monsieur. — Et elle me montrait ^a une petite bille d'agate, grosse comme les plus fortes balles de plomb, et avec laquelle on avait chargé le pistolet de calibre qui était là.

— Il n'en faut pas plus que ça pour retrancher une jambe d'un capitaine, me dit Renaud.

— Vous ne devez pas le faire parler beaucoup, me dit timidement la marchande.

Renaud ne l'écoutait pas :

— Oui, mon cher, il ne me reste pas assez de jambe pour y faire tenir une jambe de bois.

Je lui serrais la main sans répondre, humilié de voir que pour tuer un homme qui avait tant vu et tant souffert, dont la poitrine était bronzée par vingt campagnes et dix blessures, éprouvée à la glace et au feu, passée à la baïonnette et à la lance, il n'avait fallu que le soubresaut d'une de ces grenouilles des ruisseaux de Paris qu'on nomme : *Gamins.*

Renaud répondit à ma pensée. Il pencha sa joue sur le traversin, et, me serrant la main :

— Nous étions en guerre, me dit-il; il n'est pas plus assassin que je ne le fus à Reims, moi. Quand j'ai tué l'enfant russe, j'étais peut-être aussi un assassin? — Dans la grande guerre d'Espagne, les hommes qui poignardaient nos sentinelles ne se croyaient pas des assassins, et, étant en guerre, ils ne l'étaient peut-être pas. Les catholiques et les huguenots s'assassinaient-ils ou non? — De combien

d'assassinats se compose une grande bataille? — Voilà
un des points où notre raison se perd et ne sait que dire. —
C'est la guerre qui a tort et non pas nous. Je vous assure
que ce petit bonhomme est fort doux et fort gentil, il lit
et écrit déjà très bien. C'est un enfant trouvé. — Il était
apprenti menuisier. — Il n'a pas quitté ma chambre depuis
quinze jours, et il m'aime beaucoup, ce pauvre garçon.
Il annonce des dispositions pour le calcul; on peut en
faire quelque chose.

Comme il parlait plus péniblement et s'approchait de
mon oreille, je me penchai, et il me donna un petit papier
plié qu'il me pria de parcourir. J'entrevis un court testament par lequel il laissait une sorte de métairie misérable
qu'il possédait, à la pauvre marchande qui l'avait recueilli,
et, après elle, à Jean, qu'elle devait faire élever, sous condition qu'il ne serait jamais militaire; il stipulait la somme
de son remplacement, et donnait ce petit bout de terre
pour asile à ses quatre vieux grenadiers. Il chargeait de
tout cela un notaire de sa province. Quand j'eus le papier
dans les mains, il parut plus tranquille et prêt à s'assoupir.
Puis il tressaillit, et, rouvrant les yeux, il me pria de prendre
et de garder sa canne de jonc. — Ensuite il s'assoupit
encore. Son vieux soldat secoua la tête et lui prit une main.
Je pris l'autre, que je sentis glacée. Il dit qu'il avait froid
aux pieds, et Jean coucha et appuya sa petite poitrine
d'enfant sur le lit pour le réchauffer. Alors le capitaine
Renaud commença à tâter ses draps avec les mains, disant
qu'il ne les sentait plus, ce qui est un signe fatal. Sa voix
était caverneuse. Il porta péniblement une main à son front,
regarda Jean attentivement et dit encore :

— C'est singulier! — Cet enfant-là ressemble à l'enfant
russe! — Ensuite il ferma les yeux, et me serrant la main
avec une présence d'esprit renaissante :

— Voyez-vous! me dit-il, voilà le cerveau qui se prend,
c'est la fin.

Son regard était différent et plus calme. Nous comprîmes
cette lutte d'un esprit ferme qui se jugeait contre la douleur qui l'égarait, et ce spectacle, sur un grabat misérable,

était pour moi plein d'une majesté solennelle. Il rougit de nouveau et dit très haut :

— Ils avaient quatorze ans... — tous deux... — Qui sait si ce n'est pas cette jeune âme revenue dans cet autre jeune corps pour se venger *a* [1]?...

Ensuite il tressaillit *b*, il pâlit, et me regarda tranquillement et avec attendrissement :

— Dites-moi !... ne pourriez-vous me fermer la bouche? Je crains de parler... on s'affaiblit... Je ne voudrais plus parler *c*... J'ai soif.

On lui donna quelques cuillerées, et il dit :

— J'ai fait mon devoir. Cette idée-là fait du bien.

Et il ajouta :

— Si le pays se trouve mieux de tout ce qui s'est fait, nous n'avons rien à dire; mais vous verrez...

Ensuite il s'assoupit et dormit une demi-heure environ. Après ce temps, une femme vint à la porte timidement, et fit signe que le chirurgien était là; je sortis sur la pointe du pied pour lui parler, et, comme j'entrais avec lui dans le petit jardin, m'étant arrêté auprès d'un puits pour l'interroger, nous entendîmes un grand cri. Nous courûmes et nous vîmes un drap sur la tête de cet honnête homme, qui n'était plus *d*...

---

1. Ces dernières réflexions de Renaud sont ainsi annoncées dans le plan du 24 juin 1835 : « Métempsycose. — Expiation. Idées vagues. » Vigny n'a jamais porté d'intérêt véritable aux théories illuministes ou occultistes qui étaient fort à la mode chez ses contemporains. Il reconnaît sans doute leurs vertus poétiques, mais il est incapable d'y croire; « Swedenborg », écrit-il dans son *Journal,* « était à demi fou » (*J.,* 1225). Si un vague désir de croire à la métempsycose se manifeste d'ailleurs chez Renaud, c'est au moment (il le dit lui-même) où son « cerveau (...) se prend ». Il s'agit surtout pour l'auteur de nous révéler quel remords pèse sur la conscience du capitaine depuis la mort de l'enfant russe. En décrivant les derniers moments de Renaud, Vigny pensait peut-être à ceux de son père qui manifesta une lucidité et un courage pareils à ceux du Loup : « Mon enfant, me dit-il, (...) je sens que je vais mourir; c'est une vieille machine qui se détraque. (...) L'horrible douleur de l'agonie le redressa violemment; il mourut droit, sans se plaindre, héroïquement. » (*J.,* 1092.)

CHAPITRE X

Conclusion

L'époque qui m'a laissé ces souvenirs épars est close aujourd'hui. Son cercle s'ouvrit en 1814 par la bataille de Paris, et se ferma par les trois jours de Paris en 1830. C'était le temps où, comme je l'ai dit, l'armée de l'Empire venait expirer dans le sein de l'armée naissante alors, et mûrie aujourd'hui. Après avoir, sous plusieurs formes, expliqué la nature et plaint la condition du Poète dans notre société, j'ai voulu montrer ici celle du Soldat, autre Paria moderne.

Je voudrais que ce livre fût pour lui ce qu'était pour un soldat Romain un autel à la Petite Fortune.

Je me suis plu à ces récits, parce que je mets au-dessus de tous les dévouements celui qui ne cherche pas à être regardé. Les plus illustres sacrifices ont quelque chose en eux qui prétend à l'illustration et que l'on ne peut s'empêcher d'y voir malgré soi-même. On voudrait en vain les dépouiller de ce caractère qui vit en eux et fait comme leur force et leur soutien, c'est l'os de leurs chairs et la moelle de leurs os. Il y avait peut-être quelque chose du combat et du spectacle qui fortifiait les Martyrs; le rôle était si grand dans cette scène, qu'il pouvait doubler l'énergie de la sainte victime. Deux idées soutenaient ses bras de chaque côté, la canonisation de la terre et la béatification du ciel. Que ces immolations antiques à une conviction sainte soient adorées pour toujours; mais ne méritent-ils pas d'être aimés, quand nous les devinons, ces dévouements ignorés qui ne cherchent même pas [a] à se faire voir de ceux qui en sont l'objet; ces sacrifices modestes, silencieux, sombres, abandonnés, sans espoir de

nulle couronne humaine ou divine? — Ces muettes résignations dont les exemples, plus multipliés qu'on ne le
croit, ont en eux un mérite si puissant, que je ne sais
nulle vertu qui leur soit comparable?

Ce n'est pas sans dessein que j'ai essayé de tourner les
regards de l'Armée vers cette GRANDEUR PASSIVE, qui
repose toute dans l'*abnégation* et la *résignation* ᵃ. Jamais elle
ne peut être comparable en éclat à la Grandeur de l'action
où se développent largement d'énergiques facultés; mais
elle sera longtemps la seule à laquelle puisse prétendre
l'homme armé, car il est armé presque inutilement aujour-
d'hui. Les Grandeurs éblouissantes des conquérants sont
peut-être éteintes pour toujours. Leur éclat passé s'affaiblit,
je le répète, à mesure que s'accroît, dans les esprits, le
dédain de la guerre, et, dans les cœurs, le dégoût de ses
cruautés froides. Les Armées permanentes embarrassent
leurs maîtres. Chaque souverain regarde son Armée tristement; ce colosse assis à ses pieds, immobile et muet, le
gêne et l'épouvante; il n'en sait que faire, et craint qu'il
ne se tourne contre lui. Il le voit dévoré d'ardeur et ne
pouvant se mouvoir. Le besoin d'une circulation impossible ne cesse de tourmenter le sang de ce grand corps,
ce sang qui ne se répand pas et bouillonne sans cesse. De
temps à autre, des bruits de grandes guerres s'élèvent
et grondent comme un tonnerre éloigné; mais ces nuages
impuissants s'évanouissent, ces trombes se perdent en
grains de sable, en traités, en protocoles, que sais-je !
— La philosophie a heureusement rapetissé la guerre; les
négociations la remplacent; la mécanique achèvera de
l'annuler par ses inventions [1].

Mais en attendant que le monde, encore enfant, se dé-

---

1. Ce généreux optimisme caractérise la monarchie de Juillet.
Vigny le partage avec Lamartine, Hugo, les saint-simoniens, Ballanche,
Tocqueville. *De la démocratie en Amérique* que Vigny tenait en haute
estime et qui a joué un rôle dans l'élaboration de *la Sauvage* affirmait
en 1834 que les passions guerrières deviendraient plus rares et moins
vives chez les peuples civilisés.

livre de ce jouet féroce, en attendant cet accomplissement bien lent, qui me semble infaillible, le Soldat, l'homme des Armées, a besoin d'être consolé de la rigueur de sa condition. Il sent que la Patrie, qui l'aimait à cause des gloires dont il la couronnait, commence à le dédaigner pour son oisiveté, ou le haïr à cause des guerres civiles dans lesquelles on l'emploie à frapper sa mère. — Ce Gladiateur, qui n'a plus même les applaudissements du cirque, a besoin de prendre confiance en lui-même, et nous avons besoin de le plaindre pour lui rendre justice, parce que, je l'ai dit, il est aveugle et muet; jeté où l'on veut qu'il aille, en combattant aujourd'hui telle cocarde, il se demande s'il ne la mettra pas demain à son chapeau.

Quelle idée le soutiendra, si ce n'est celle du Devoir et de la parole jurée? Et dans les incertitudes de sa route, dans ses scrupules et ses repentirs pesants, quel sentiment doit l'enflammer et peut l'exalter dans nos jours de froideur et de découragement?

Que nous reste-t-il de sacré?

Dans le naufrage universel des croyances, quels débris où se puissent rattacher encore les mains généreuses? Hors l'amour du *bien-être* et du luxe d'un jour, rien ne se voit à la surface de l'abîme. On croirait que l'égoïsme a tout submergé; ceux mêmes qui cherchent à sauver les âmes et qui plongent avec courage se sentent prêts à être engloutis. Les chefs des partis politiques prennent aujourd'hui le Catholicisme comme un mot d'ordre et un drapeau; mais quelle foi ont-ils dans ses merveilles, et comment suivent-ils sa loi dans leur vie? — Les artistes le mettent en lumière comme une précieuse médaille, et se plongent dans ses dogmes comme dans une source épique de poésie; mais combien y en a-t-il qui se mettent à genoux dans l'église qu'ils décorent? — Beaucoup de philosophes embrassent sa cause et la plaident, comme des avocats généreux celle d'un client pauvre et délaissé; leurs écrits et leurs paroles aiment à s'empreindre de ses couleurs et de ses formes, leurs livres aiment à s'orner de ses dorures gothiques, leur travail entier se plaît à faire serpenter, autour de la croix, le labyrinthe habile de leurs arguments; mais il est rare que cette croix soit à leur côté dans la solitude [1]. — Les hommes de guerre combattent et meurent sans presque se souvenir de Dieu. Notre Siècle sait qu'il est ainsi, voudrait [a] être autrement et ne le peut pas. Il se considère d'un œil morne, et aucun autre n'a mieux senti combien est malheureux un siècle qui se voit.

A ces signes funestes quelques étrangers nous ont crus tombés dans un état semblable à celui du Bas-Empire, et des hommes graves se sont demandé si le caractère national n'allait pas se perdre pour toujours. Mais ceux qui ont su nous voir de plus près ont remarqué ce caractère de mâle détermination qui survit en nous à tout ce que le frottement des sophismes a usé déplorablement. Les actions viriles n'ont rien perdu, en France, de leur vigueur antique. Une prompte résolution gouverne des sacrifices aussi grands, aussi entiers que jamais. Plus froidement calculés, les combats s'exécutent avec une violence savante. — La moindre pensée produit des actes aussi grands que jadis la foi la plus fervente. Parmi nous, les croyances sont faibles, mais l'homme est fort. Chaque fléau trouve cent Belzunces [2]. La jeunesse actuelle ne cesse de défier la mort par devoir ou par caprice, avec un sourire de Spartiate, sourire d'autant plus grave [b], que tous ne croient pas au festin des dieux.

Oui, j'ai cru apercevoir sur cette sombre mer un point

---

1. Dans le sillage de Rousseau et de Chateaubriand, le romantisme a d'abord été une réaction religieuse et plus précisément catholique contre l'esprit philosophique du xviii[e] siècle. Les artistes auxquels Vigny fait allusion ici sont Chateaubriand, Lamartine, et les poètes de *la Muse française* parmi lesquels on avait compté Vigny lui-même. Quant aux philosophes qui se réclament du christianisme, ils sont nombreux à cette époque, Joseph de Maistre, Ballanche, de Bonald, Lamennais, etc.

2. Pendant la peste qui ravagea Marseille en 1720 et 1721, l'évêque François de Belsunce manifesta un courage sans défaillance dans une ville encombrée de cadavres et d'où la plupart des médecins avaient fui. Chateaubriand parle de lui dans ses *Mémoires d'outre-tombe* (édit. Pléiade, t. II, p. 533).

qui m'a paru solide. Je l'ai vu d'abord avec incertitude, et, dans le premier moment, je n'y ai pas cru. J'ai craint de l'examiner, et j'ai longtemps détourné de lui mes yeux. Ensuite, parce que j'étais tourmenté du souvenir de cette première vue, je suis revenu malgré moi à ce point visible, mais incertain. Je l'ai approché, j'en ai fait le tour, j'ai vu sous lui et au-dessus de lui, j'y ai posé la main, je l'ai trouvé assez fort pour servir d'appui dans la tourmente, et j'ai été rassuré.

Ce n'est pas une foi neuve, un culte de nouvelle invention, une pensée confuse; c'est un sentiment né avec nous [a], indépendant des temps, des lieux, et même des religions; un sentiment fier, inflexible, un instinct d'une incomparable beauté, qui n'a trouvé que dans les temps modernes un nom digne de lui, mais qui déjà produisait de sublimes grandeurs dans l'antiquité, et la fécondait comme ces beaux fleuves qui, dans leur source et leurs premiers détours, n'ont pas encore d'appellation. Cette foi, qui me semble rester à tous encore et régner en souveraine dans les armées, est celle de l'Honneur.

Je ne vois point qu'elle se soit affaiblie et que rien l'ait usée. Ce n'est point une idole, c'est, pour la plupart des hommes, un dieu et un dieu autour duquel bien des dieux supérieurs sont tombés. La chute de tous leurs temples n'a pas ébranlé sa statue.

Une vitalité indéfinissable anime cette vertu bizarre, orgueilleuse, qui se tient debout au milieu de tous nos vices, s'accordant même avec eux au point de s'accroître de leur énergie. — Tandis que toutes les vertus semblent descendre du ciel pour nous donner la main et nous élever, celle-ci paraît venir de nous-mêmes et tendre à monter jusqu'au ciel. — C'est une vertu tout humaine que l'on peut croire née de la terre, sans palme céleste après la mort; c'est la vertu de la vie.

Telle qu'elle est, son culte, interprété de manières diverses, est toujours incontesté. C'est une Religion mâle, sans symbole et sans images, sans dogme et sans cérémonies, dont les lois ne sont écrites nulle part; — et comment se fait-il que tous les hommes aient le sentiment de sa sérieuse puissance? Les hommes actuels, les hommes de l'heure où j'écris sont sceptiques et ironiques pour toute chose hors pour elle. Chacun devient grave lorsque son nom est prononcé. — Ceci n'est point théorie, mais observation. — L'homme, au nom d'Honneur, sent remuer quelque chose en lui qui est comme une part de lui-même, et cette secousse réveille toutes les forces de son orgueil et de son énergie primitive. Une fermeté invincible le soutient contre tous et contre lui-même à cette pensée de veiller sur ce tabernacle pur, qui est dans sa poitrine comme un second cœur où siégerait un dieu. De là lui viennent des consolations intérieures d'autant plus belles, qu'il en ignore la source et la raison véritables; de là aussi des révélations soudaines du Vrai, du Beau, du Juste : de là une lumière qui va devant lui.

L'Honneur, c'est la conscience, mais la conscience exaltée. — C'est le respect de soi-même et de la beauté de sa vie porté jusqu'à la plus pure élévation et jusqu'à la passion la plus ardente. Je ne vois, il est vrai, nulle unité dans son principe; et toutes les fois que l'on a entrepris de le définir, on s'est perdu dans les termes; mais je ne vois pas qu'on ait été plus précis dans la définition de Dieu. Cela prouve-t-il contre une existence que l'on sent universellement [1]?

C'est peut-être là le plus grand mérite de l'Honneur [a] d'être si puissant et toujours beau, quelle que soit sa source!... Tantôt il porte l'homme à ne pas survivre à un affront, tantôt à le soutenir avec un éclat et une grandeur qui le réparent et en effacent la souillure. D'autres fois il sait cacher ensemble l'injure et l'expiation. En d'autres temps il invente de grandes entreprises, des luttes magnifiques et persévérantes, des sacrifices inouis lentement accomplis et plus beaux par leur patience et leur obscu-

---

1. Il est difficile de savoir dans quelle mesure cette dernière affirmation engage Vigny, car plusieurs notes du *Journal*, depuis janvier 1834, impliquent le rejet de toute croyance religieuse.

rité que les élans d'un enthousiasme subit, ou d'une violente indignation; il produit des actes de bienfaisance que l'évangélique charité ne surpassa jamais; il a des tolérances merveilleuses, de délicates bontés, des indulgences divines et de sublimes pardons. Toujours et partout il maintient dans toute sa beauté la dignité personnelle de l'homme.

L'Honneur, c'est la pudeur virile [a] [1].

La honte de manquer de cela est tout pour nous. C'est donc la chose sacrée que cette chose inexprimable?

Pesez ce que vaut, parmi nous, cette expression populaire, universelle, décisive et simple cependant : — Donner sa parole d'honneur.

Voilà que la parole humaine cesse d'être l'expression des idées seulement, elle devient la parole par excellence, la parole sacrée entre toutes les paroles, comme si elle était née avec le premier mot qu'ait dit la langue de l'homme; et comme si, après elle, il n'y avait plus un mot digne d'être prononcé, elle devient la promesse de l'homme à l'homme, bénie par tous les peuples; elle devient le serment même, parce que vous y ajoutez le mot : Honneur.

Dès lors, chacun a sa parole et s'y attache comme à sa vie. Le joueur a la sienne, l'estime sacrée, et la garde; dans le désordre des passions, elle est donnée, reçue, et, toute profane qu'elle est, on la tient saintement. Cette parole est belle partout, et partout consacrée. Ce principe, que l'on peut croire inné, auquel rien n'oblige que l'assentiment intérieur de tous, n'est-il pas surtout d'une souveraine beauté lorsqu'il est exercé par l'homme de guerre?

La parole, qui trop souvent n'est qu'un mot pour l'homme de haute politique, devient un fait terrible pour l'homme d'armes; ce que l'un dit légèrement ou avec perfidie, l'autre l'écrit sur la poussière avec son sang, et c'est pour cela qu'il est honoré de tous, par-dessus tous,

---

1. Ajoutons ici cette autre définition donnée dans le *Journal* et à peu près contemporaine, semble-t-il, de la publication de *Servitude* : « L'honneur, c'est la poésie du devoir. » (*J.,* 1021.)

et que beaucoup doivent baisser les yeux devant lui.

Puisse, dans ces nouvelles phases, la plus pure des Religions ne pas tenter de nier ou d'étouffer ce sentiment de l'Honneur qui veille en nous comme une dernière lampe dans un temple dévasté ! qu'elle se l'approprie plutôt, et qu'elle l'unisse à ses splendeurs en la posant, comme une lueur de plus, sur son autel, qu'elle veut rajeunir. C'est là une œuvre divine à faire *a*. — Pour moi, frappé de ce signe heureux, je n'ai voulu et ne pouvais faire qu'une œuvre bien humble et tout humaine, et constater simplement ce que j'ai cru voir de vivant encore en nous. — Gardons-nous de dire de ce dieu antique de l'Honneur que c'est un faux dieu, car la pierre de son autel est peut-être celle du Dieu inconnu. L'aimant magique de cette pierre attire et attache les cœurs d'acier, les cœurs des forts. — Dites si cela n'est pas, vous, mes braves Compagnons, vous à qui j'ai fait ces récits, ô nouvelle légion Thébaine [1], vous dont la tête se fit écraser sur cette pierre du Serment, dites-le, vous tous, Saints et Martyrs de la religion de l'Honneur !

Écrit à Paris, 20 août 1835.

---

1. A la fin du IIIe siècle après Jésus-Christ, une légion ou plutôt une cohorte auxiliaire composée de soldats chrétiens recrutés dans la Thébaïde refusa de prendre part à une persécution ou simplement de sacrifier aux idoles ; elle fut deux fois décimée et, pour finir, entièrement massacrée. Le chef de cette légion, saint Maurice, donna son nom à la localité du Valais qui fut le théâtre de cet événement. Cette tradition est d'ailleurs contestée.

DOCUMENTS ANNEXES *

I. Le Journal de *Servitude et Grandeur militaires*.

II. Intentions et influences.

III. Réalités et fictions.

IV. Corrections et états du texte.

V. La « deuxième partie » de *Servitude et Grandeur militaires*.

* Nous remercions très vivement les éditions Conard et celles de la N. R. F. qui nous ont permis de composer cette étude critique en nous autorisant à citer des fragments importants du *Journal* et les variantes de *Servitude*.

I — LE JOURNAL DE
SERVITUDE ET GRANDEUR MILITAIRES

Nous empruntons ici au Journal, *à la correspondance et aux autres œuvres de Vigny les passages qui permettent de suivre la genèse de Servitude. Quelques-uns de ces textes sont déjà cités dans l'Introduction.*

1) *LES JOURNÉES DE JUILLET.*

« *Mardi, 27 juillet.* Aujourd'hui commencent les soulèvements populaires. — Les ordonnances du 25 en sont la cause. — Le roi va à Compiègne et laisse les ministres faire feu sur le peuple. — On l'entend pendant que j'écris. — Je me sens heureux d'avoir quitté l'armée; treize ans de services mal récompensés m'ont acquitté envers les Bourbons. — Dès l'avènement de Charles X, j'avais prédit qu'il tenterait d'arriver au gouvernement absolu. Il hait la Charte et ne la comprend pas. Les vieilles femmes de la cour et les favoris le gouvernent. Il est arrivé à mettre M. de Polignac au ministère et veut l'y maintenir malgré tout. — Il s'est cru insulté par le renvoi des deux cent vingt-et-un à la Chambre; il croit pouvoir faire le Bonaparte : Bonaparte était debout derrière ses canons à Saint-Roch. Charles X est à Compiègne. Il a dit : « Mon frère a tout cédé, il est tombé; je résisterai et ne tomberai pas. » Il se trompe. Louis XVI est tombé à gauche et Charles X à droite. C'est toute la différence. »

Mercredi 28. Je ne puis plus traverser Paris. Les ouvriers sont lâchés, brisent les réverbères, enfoncent les boutiques, tuent, et sont fusillés et poursuivis par la Garde. — Le

5o[e] de ligne a (dit-on) refusé de faire feu sur le peuple. (....)
Les ministres sont *outlaws,* hors la loi, et y ont placé le
roi. — Pourquoi n'est-il pas à Paris ? Pourquoi le Dauphin
est-il absent ?...

L'article 14 de la Charte, qui a servi de prétexte aux
ordonnances, dit : « Le roi... fait les règlements et ordonnances nécessaires pour *l'exécution des lois* et la sûreté de
l'État. » Il est évident que le membre de phrase, *la sûreté de
l'État* est le complément du premier. L'État, *c'est la loi
armée ;* la sûreté de l'État est la sûreté de la loi dans son cours.
— Cela ne peut être entendu autrement que par une escobarderie de jésuite ou d'avocat.

De mercredi à jeudi 29. Depuis ce matin, on se bat. Les
ouvriers sont d'une bravoure de Vendéens; les soldats,
d'un courage de garde impériale : Français partout. Ardeur
et intelligence d'un côté, honneur de l'autre. — Quel est
mon devoir? Protéger ma mère et ma femme. Que suis-je?
Capitaine réformé. J'ai quitté le service depuis cinq ans.
La cour ne m'a rien donné durant mes services. Mes
écrits lui déplaisaient; elle les trouvait séditieux. Louis XIII
était peint de manière à me faire dire souvent : *Vous qui êtes
libéral.* J'ai reçu des Bourbons un grade par *ancienneté,*
au 5e de la Garde, le seul, car j'étais entré lieutenant.
Et pourtant, si le roi revient aux Tuileries et si le Dauphin
se met à la tête des troupes, j'irai me faire tuer avec eux.
— Le tocsin. — J'ai vu l'incendie de la fenêtre des toits.
— La confusion viendra donc par le feu? — Pauvre peuple,
grand peuple, tout guerrier !

J'ai préparé mon vieil uniforme. Si le roi appelle tous les
officiers, j'irai. — Et sa cause est mauvaise, il est en enfance,
ainsi que toute sa famille; en enfance pour notre temps
qu'il ne comprend pas. — Pourquoi ai-je senti que je me
devais à cette mort? Cela est absurde. Il ne saura ni mon
nom ni ma fin. Mais mon père, quand j'étais encore enfant,
me faisait baiser la croix de Saint-Louis, sous l'Empire :
superstition, superstition politique, sans racine, puérile,
vieux préjugé de fidélité noble, d'attachement de famille,

sorte de vasselage, de parenté du serf au seigneur. Mais comment ne pas y aller demain matin s'il nous appelle tous? J'ai servi treize ans le roi. Ce mot : le roi, qu'est-ce donc? Et quitter ma vieille mère et ma femme jeune qui comptent sur moi! Je les quitterai, c'est bien injuste, mais il le faudra. La nuit est presque achevée. — Encore le canon.

Jeudi 29. Ils ne viennent pas à Paris, on meurt pour eux. Race de Stuarts! Oh! je garde ma famille.

Attaque des casernes de la rue Verte et de la Pépinière. Bravoure incomparable des ouvriers serruriers. (...) En vingt minutes, les deux casernes prises.

Vendredi 30. Pas un prince n'a paru. Les pauvres braves de la Garde sont abandonnés sans ordres, sans pain depuis deux jours, traqués partout et se battant toujours. — O guerre civile, ces obstinés dévots t'ont amenée!

Chassés de partout. Paris est libre.

Samedi 31. Donc en trois jours, ce vieux trône sapé!

J'en ai fini pour toujours avec les gênantes superstitions politiques. Elles seules pouvaient troubler mes idées par leurs mouvements d'instinct. — Si le duc d'Enghien eût été là ou seulement le duc de Berry, j'y serais mort. C'eût peut-être été dommage. Qui sait ce que je ferai!

Mardi, 3 (août). La Destinée emporte tout à elle seule; il n'y a pas un lutteur qui lui résiste. (...) la Restauration était tellement incompatible avec la Nation et y avait jeté si peu de racines qu'elle a été renversée par une poignée d'ouvriers braves, lancés en tirailleurs.

9 août. Le duc d'Orléans est roi des Français et les Français sont Républicains. Je le suis moi-même plus que tous à présent que la faiblesse de Charles X et du Dauphin, qui n'ont pas su se battre, m'a dégagé de ma superstition d'attachement pour eux.

11 août. On ne parle pas des officiers de la Garde qui ont fait de nobles traits de bravoure. — Un lieutenant au 6e de la Garde, ayant reçu l'ordre de faire feu, a refusé parce que la rue était pleine de femmes et d'enfants. Le colonel réitère l'ordre de faire feu et le menace de le faire arrêter, il prend un pistolet et se brûle la cervelle.

Le Motheux, capitaine au premier régiment, avait envoyé sa démission le jour des ordonnances folles de M. de Polignac. — Le soir, on se bat; il va trouver son colonel et le prie de regarder sa démission comme non avenue. — Sa compagnie est traquée à la Madeleine, dans les colonnes de l'église que l'on élève; on lui crie de se rendre, il refuse et est tué.

Ces deux exemples peuvent servir de symbole parfait pour exprimer la situation d'âme de la Garde royale. — Elle a fait noblement son devoir, mais à contre-cœur. — Tant qu'une armée existera, l'obéissance passive doit être honorée. — Mais c'est une chose déplorable qu'une armée. »

***

2) *LES VAINQUEURS DE JUILLET.*

« *Samedi 21 août.* Tous les journalistes ont espéré des places; quelques-uns ont donné ou vendu leur opinion au roi Louis-Philippe I er dans cet espoir. — Comme tous les intrigants ont *espéré* jusqu'à présent, ils ont été d'accord.

12 novembre. J'ai dîné dimanche dernier chez le roi. (...) Le roi a de la dignité dans le visage comme dans les façons; sa figure tient de Louis XIV et ses façons d'un paysan parvenu.

11 décembre. Je hais les emplois publics; convaincu qu'il n'y a de véritable grandeur dans l'homme que lorsqu'il la puise en lui-même dans son caractère ou dans son génie, et non dans les mérites du commandement ou de l'obéissance.

19 décembre. Valentin de La Pelouze, chef du *Courrier français* et d'un bataillon de ma Légion, m'a confié ce matin les mêmes tristesses que Benjamin Constant avait livrées à la tribune. A travers ses confidences perçait le désir d'être au ministère : « *J'ai été vingt-deux ans chef de division aux*

Finances. — *J'aimerais assez* Villèle *aux Finances; c'est un homme d'affaires sans conviction.* » (...) Inconséquence des hommes, absurde charlatanisme! Il [*M. de Marmier*] se réjouissait hier de ce que les troupes de ligne étaient disposées à faire feu, et la cendre des soldats de la Garde est maudite par lui tous les jours.

— Je reste à Paris par honneur et pour ne pas avoir l'air de fuir un danger, et je vais voir lutter, sous le prétexte du jugement *(le jugement des ministres de Charles X)*, des ambitieux orléanistes qui veulent conserver leurs places et des ambitieux républicains qui veulent en acquérir, à travers tous, quelques niais, payés ou enivrés. Le mépris m'étouffera quelque jour. »

La répugnance que Louis-Philippe inspire à Vigny est longuement analysée dans la deuxième partie des Mémoires *intitulée* la Monarchie de Juillet (Mémoires, *pp. 73 à 135).*

**

3) *LE PREMIER PROJET.*

Septembre 1830. « Si je faisais le roman que je projette de *la Vie et la Mort d'un soldat.* Pensée. — L'obéissance passive, — le martyre d'un soldat. — Je placerais entre lui et le second personnage une actrice qui le suit partout et qui lui raconte la vie de son frère, qui a suivi une carrière politique d'avocat, toute magnifique, et toute pleine *de trahisons et de récompenses.*

vue. — L'État, c'est la justice armée.

L'homme de guerre est le martyr des idées politiques, l'homme d'état et l'écrivain quels qu'ils soient n'en sont que les avocats.

Une pensée est élevée à son exaltation par le poète lyrique; plaidée par l'auteur dramatique, ou l'écrivain philosophique; mise en œuvre par l'homme d'État dans ses détails.

Elle est soutenue et prouvée par le sang du soldat. — Victime sociale. » (*J.*, 919.)

*
* *

4) *LE PLAN DE 1832.*

Voici le premier plan que Fernand Baldensperger a retrouvé dans le manuscrit de Servitude :

« Un livre comme l'*Imitation.*

Caractère sacré de la servitude militaire [*d'abord* : Servitude et Sacrifice militaire]. Du caractère social des armées modernes. Du caractère sacré des armées.

De la pauvreté et de l'obéissance. (Douceur de caractère que donne l'obéissance.)

C. 1. Le caractère des armées est sacré.
     Les militaires sont des enfants armés.

C. 2. [L'Armée est aveugle et muette. Elle frappe comme un seul homme.]

C. 3. Le guerrier est beau et sublime parce qu'il ne sait pas ce qu'il fait et joue sa tête sans savoir à quel jeu et sans s'en informer.

C. 4. Combien au-dessus de celui qui le fait agir. Exemples : Marceau, Hoche obéissant à Marat, La Rochejacquelin, d'Elbée, L'Escure obéissant à des ordres transmis par d'intrigants diplomates de Coblentz.

C. 5. *Ou trop haut ou trop bas* sont placées les armées dans l'opinion. Le sentiment éternel qu'elles doivent inspirer est la vénération que l'on a pour les victimes dévouées.
Les gladiateurs mourants.

C. 6. Histoire des armées modernes.

C. 7. La guerre est un art qui a des maîtres. Montecuculli. Ses élèves et où l'on oublie que le sang humain est l'instrument.

C. 8. Le soldat mercenaire aura toujours le même esprit tant que la nation entière ne sera pas armée.

C. 9. Le soldat et le général ont le même esprit.

C. 10. Le soldat est indifférent aux événements.

C. 11. La solde est immorale 1º en ce qu'elle rend l'homme cruel et indifférent aux guerres de sentiment, guerres nationales. Il les confond avec les guerres de tactique; 2º en ce que le soldat se méprise lui-même sachant son sang payé à tant la goutte.

C. 12. La mauvaise humeur est le trait dominant du caractère du guerrier soldé, l'ennui est le second.

C. 13. La profession du soldat est le martyre comme [celle] la race du noble.

C. 14. *(Ajouté ultérieurement.)* Que la religion de l'honneur est à présent celle qui vit dans les cœurs et que l'armée en est le tabernacle.

C. 13. On a dit que les armées mercenaires se changeraient en armées nationales, je pense au contraire que le soldat est la dernière transformation du guerrier et que l'homme de guerre cessera entièrement d'exister, mais dans un avenir très lointain.

C. 14. Le martyr éternel des armées me semble avoir un si magnifique caractère que je serais porté à croire que la Providence l'a créé pour toucher le cœur des nations et leur dire : quand cesserez-vous de vous immoler à vous-même ces magnifiques victimes. Vous faudra-t-il jeter longtemps encore des Turenne et des Desaix? Je vous ai donné la parole pour vous entendre et l'imprimerie pour la conserver, vous faut-il encore des armes.

C. 15. Martyre par l'ennui de la vie.
Histoire de *L'Amiral Collingwood.*

C. 16. Comment il faut supporter les changements de gouvernement dans la profession des armes.
Ex. Histoire de Monk.

C. 17. Que le martyre est d'autant plus grand qu'il force le soldat à être Bourreau.

C. 18. Qu'il me soit permis de raconter à ce propos une histoire qui me fut contée quand j'entrais au service.

C. 19, 20, 30, 40, etc. *Le Cachet rouge.*

C. 41. L'histoire du capitaine de *la Boudeuse* qui fut forcé par l'ordre du Comité de Salut public d'exécuter les prisonniers anglais.

C. 42. Considérer *depuis quelle époque* les armées sont dans une servitude avilissante. »

Tandis qu'il dresse ce premier plan, Vigny envisage déjà quelques projets de titres : « Servitude des armées modernes ». « De la servitude militaire et du gladiateur moderne. » « Du gladiateur et du soldat. » « De la Destinée des armées modernes. » « Caractère et Destinée. » *Il prévoit même une première épigraphe :* « Pardonnez-leur, car ils ne savent pas ce qu'ils font. (St Luc, XXIII, 34) ». *Cet extrait de l'Évangile est tôt remplacé par la citation de Suétone qui restera dans l'œuvre définitive :* « Ave Caesar, morituri te salutant ». *Vigny songe également à un alexandrin dont le sens seul se retrouve dans le livre de 1835 au début du chapitre III :* « Blâmer la servitude, admirer les esclaves ». *Mais si les esclaves sont admirables déjà dans* Laurette, *l'intention de blâmer la servitude ne s'affirme clairement qu'à partir de 1834; il se peut donc que cet alexandrin ait été rajouté à cette date.*

C'est encore en 1832, semble-t-il, qu'il amorce ce développement, directement inspiré par les événements de Juillet :

« Martyr de la garde aux trois jours. — Les combattants populaires pouvaient en effet se regarder comme des héros puisqu'ils avaient osé vous combattre et il n'y a qu'un nom plus beau que celui de héros c'est celui de martyr. — Je sais à quels cœurs je parle, je sais combien d'entre vous frapperont [la table] sur leurs genoux et diront il a raison. »

* *

Le passage qui suit traite du même sujet ; c'est pourquoi nous le donnons ici. Mais il est probablement postérieur à 1832. Un projet de poème relatif au suicide d'Éros (en réalité, Épaphrodite s'il s'agit de Néron, ou Marc Antoine s'il s'agit d'Éros) est daté dans le Journal *du 20 juin 1833 ; d'autre part, l'allusion à la nation armée inviterait plutôt à situer ce développement à l'automne 1834.*

« SUR LA GARDE ROYALE

Néron avait un esclave qui se tua pour lui montrer comment il fallait faire.

Ainsi, gardes royaux, vous mourûtes pour enseigner à vos maîtres comment ils devaient faire et plus lâches que Néron ils ne purent même vous imiter.

Sans vous on aurait cru que le serment était une chose morte en France. Vous n'espériez pas mais vous combattiez. Vous étiez six mille et vous conteniez Paris à vous seuls. Vous laissiez aux Princes le temps de venir. Vous mouriez en les attendant, pareils à cet esclave romain qui voyant que son maître hésitait à mourir fit essai du couteau et se tua devant lui pour lui donner du cœur.

L'armée Romaine était la nation armée. Sa discipline était sévère, mais [il lui fallait des idées] elle était intelligente et avant le combat il fallait la persuader.

Le général était toujours orateur et expliquait [aux Romains] à Rome armée ce qu'elle allait faire. »

* *

5) *LE CACHET ROUGE* et *LA VEILLÉE DE VINCENNES.*

La première ébauche relative à Laurette *est datée par Ratisbonne de 1825. Il n'est certes pas impossible que Vigny ait alors romancé l'anecdote qu'il tenait de Bougainville, même s'il ne songeait pas encore à en faire un usage précis. L'année précédente en effet, il avait pu voir à Pau quelle haine l'armée rencontrait dans l'opinion publique. Ce texte, cependant, n'annonce que Laurette et non le projet plus vaste de Servitude; il répond à la thèse de Maistre et non à la haine qui entoure le soldat.* Le Journal d'un Poète, *d'autre part, tel qu'il est publié par Ratisbonne, présente quelques erreurs si manifestes dans l'attribution des dates qu'il convient de les recevoir toutes avec prudence. Il n'est donc pas impossible que ce fragment ait été rédigé entre 1830 et 1832, malgré la date que lui assigne Ratisbonne.*

« Passage de Mer. — Un beau vaisseau partit de Brest un jour. — Le capitaine fit connaissance avec un passager, homme d'esprit; il lui dit : « Je n'ai jamais vu d'homme qui me fût aussi cher. »

Arrivés à la hauteur de Taïti, — sur la ligne, — le passager lui dit : « Qu'avez-vous donc là? — Une lettre que j'ai ordre de n'ouvrir qu'ici pour l'exécuter. » Il dit aux matelots d'armer leurs fusils et pâlit. « Feu ! » Il le fait fusiller. » (*J.*, 881.)

* * *

Entre le 6 et le 27 décembre 1832. « Laurette ou le Cachet rouge *faite en trois jours, destinée au dénouement d'un grand roman : c'est un sacrifice fait à la* Revue des deux Mondes. » (*J.*, 976.)

* * *

23 décembre 1832. « Je crois qu'il ne serait pas convenable de dire au public le titre du livre (car ce sera un livre) que je vais vous donner tout à coup. Ce titre lui apprendrait trop vite l'histoire qu'il croirait savoir.

J'ai d'ailleurs à vous parler longuement de cette publication. Si la Revue lui donne sa seconde forme d'in-8°, je désire que ce soit quinze jours après votre publication. Nous en parlerons : quand vous connaîtrez le sujet vous sentirez qu'il est important qu'il paraisse bientôt en forme de livre.

Je crois que vous ferez bien d'annoncer comme devant paraître le 15 janvier ou 1ᵉʳ février un ouvrage historique que je ne destinais pas à voir encore le jour, mais qui par son sujet pareil aux derniers événements de la France est de nature à exciter quelque intérêt. » *(Lettre à Buloz.)*

***

Ni dans le Journal, *ni dans la correspondance, on ne relève aucune allusion à* la Veillée de Vincennes, *sauf dans une liste d'ouvrages à faire qui date des premiers jours de mai 1832. C'est là qu'est annoncé :* l'Actrice du Village, roman, *avec ce sur-titre :* la Veillée de Vincennes. *En tête de la même liste se trouve annoncé un autre roman :* Histoire de Monk *qui, quelques mois plus tard, passe dans le premier plan de* Servitude *à l'appui du chapitre XVI :* « Comment il faut supporter les changements de gouvernements dans la profession des armes ». *Ce projet reparaît le 1ᵉʳ octobre 1834 dans le plan préparatoire d'une troisième Consultation consacrée aux hommes politiques :* « Janus ». *Monk, le général anglais qui permit la restauration des Stuarts, devait former une trilogie avec Marat et Julien l'Apostat (*J., *1013). Une note ultérieure de 1843 nous permet de retrouver dans ce projet le thème de l'ingratitude royale qui est cher à Vigny.*

« Éliacin est couronné par Joad, mais Joas couronné fait périr Joad. Charles II éloigne Monk. C'est l'histoire de toutes les restaurations. » *(J.,* 1198.)

***

6) *LE PREMIER VOLUME DE* SERVITUDE MILITAIRE

7 août 1834. « Terminé en quelques nuits le premier volume de mes *Souvenirs de Servitude militaire*. Peu à peu les raisonnements, les preuves, grandissant de volume en volume, feront sentir la barbarie des armées permanentes. » *(J.,* 1006.)

*
** *

Voici les développements, conservés dans le manuscrit de
Servitude, *qui datent vraisemblablement du début d'août 1834.*
    Le premier passage, qui prend le problème de très haut, n'a
pas laissé de traces sensibles dans l'œuvre de 1835. Si Vigny
déplore qu'il existe un esprit de servitude, il cherche encore à
l'excuser en le présentant comme un penchant universel, et même
à le justifier en invoquant les conséquences heureuses ou admirables
qu'il peut entraîner :

DE L'ESPRIT DE SERVITUDE

« Je pense qu'il serait plus honorable pour l'humanité
que l'Esprit de Liberté enfanté par l'activité, ne fût pas
balancé par l'esprit de Servitude qu'engendre la paresse.
Mais telle est la faiblesse de notre nature ; faiblesse qui fait
régner de toutes parts sur le monde tant d'absurdités
organisées.

L'Orient dont le climat énerve l'espèce humaine, est
aussi la patrie éternelle des esclaves. L'Occident et le Nord
éveillent l'activité de l'esprit contraire, mais seulement par
convulsions. Le paresseux désir de se soumettre à une
influence plus générale et plus puissante sur la majorité
des hommes. La paresse d'esprit et de corps est un penchant
presque universel. Les esprits actifs en profiteront toujours
pour régner, mais tous les moments d'ordre ont été les
fruits peut-être heureux de cet engourdissement général
de l'humanité, et comment se fait-il que de cet humiliant
instinct de servitude soient sorties tant de grandes actions ?
(grandes quoique toujours en sens inverse du progrès
social). »

*
** *

Le développement qui suit était prévu pour le chapitre III. En
fait, on en retrouvera les idées essentielles sous ces deux titres
de l'œuvre définitive : Pourquoi j'ai rassemblé ces souvenirs

et Sur la responsabilité. *L'épigraphe empruntée à Dante ne laisse aucun doute sur les sentiments de Vigny; il ne croit pas à la fin prochaine de la servitude militaire; disons qu'il juge encore utopique l'armée délibérante de Lamennais, et qu'il s'en tient aux thèmes prévus en 1832 pour les chapitres VIII et XIII.*

« chapitre III (De l'avenir des armées), Du caractère qu'elle enfante. *Lasciate ogni speranza.*

S'il y avait quelque espérance que cette misère des guerriers pût cesser prochainement, ce serait un devoir que de ne leur point montrer une commisération trop grande de crainte de les mal préparer à un état meilleur. Car rien ne se fait brusquement dans les révolutions humaines qui semblent les plus rapides et les plus brutales. Rien n'est tranché dans la nature. Un ordre de chose tient toujours plus qu'il ne le veut et ne le croit même de l'ordre qui l'a précédé. Comme l'esclavage survécut de quatre siècles au Polythéisme, bien des coutumes et des obligations cruelles pourront survivre à la servitude mercenaire du soldat. Mais je ne vois aucun espoir que cette servitude puisse recevoir le moindre adoucissement avant que tout n'ait été socialement renouvelé parmi nous. [Religion, Lois et par conséquent état social.]

C'est pourquoi, laissant aux Législateurs à venir le soin d'exécuter ce que j'essaie de préparer, je me contente de découvrir et de sonder dans ce livre l'une des blessures les plus sanglantes et les plus profondes du corps social.

Si je vois peu d'espoir de voir finir ce [mal] état de choses dépravé, c'est que depuis que l'Europe a fait succéder à l'armée féodale du noble et de l'homme d'armes, cette sorte d'armée qu'on nomme armée régulière, enfin depuis l'existence de la solde et du soldat toutes les formes de gouvernement ont été tentées et sitôt que la Liberté eut fondé quelque part une Autorité d'un jour, cette Autorité employa ce jour de vie à lâcher le soldat sur le citoyen.

À quoi bon les exemples de ces faits généraux, publics, historiques? Où voit-on un Empereur, un Roi, une Assemblée-Reine dont le palais ne soit entouré de canons, dont les grilles n'aient des pointes de baïonnettes? Quel Pouvoir est assez universellement consenti pour être sans force et quand finira le Pouvoir de quelques hommes sur tous? Quand l'ordre existera-t-il sans autorité? Quand la communauté des désirs et des intérêts sera-t-elle coulée et refondue dans un moule nouveau? Quel sera le moule d'où ne s'échappera jamais cette lave éternelle?

Jusque-là rien ne nous délivrera du gladiateur. »

*
* *

Nous plaçons ici un troisième fragment, non daté. Fernand Baldensperger qui l'a découvert dans le manuscrit de la Canne de jonc *le juge très antérieur à 1835. On y reconnaîtra l'ébauche de certaines phrases qu'on peut lire aujourd'hui dans le chapitre II :* Sur le caractère général des armées, *dans l'introduction et dans la conclusion de la troisième nouvelle. Par sa première comme par sa dernière phrase, ce passage se présente bien comme la conclusion d'une étude consacrée à la servitude militaire et dirigée contre l'antimilitarisme de Lamennais.*

« Pardonnez-moi, ô mes compagnons d'armes, si j'ai oublié encore dans ce tableau une multitude de peines qui ne cessent jamais pour vous.

Je fus gladiateur comme vous durant quatorze années, et armé pour être en spectacle dans de vaines parades à la nation inquiète et recevoir les coups qu'elle voulait donner à son gouvernement.

Je me souviens qu'alors regardant le Peuple, de vos rangs, j'avais pitié de lui connaissant la colère aveugle inspirée aux soldats par les fatigues, par l'ennui et par les assassinats de leurs compagnons.

A présent que je vous considère des rangs de la nation où je suis rentré, c'est pour vous que je sens cette pitié profonde qu'inspire l'idée de tout martyre.

[*En surcharge :* La France qui vous aimait à cause de la gloire dont vous la couronniez sous l'Empire commence

à vous haïr à cause des guerres civiles dans lesquelles vous
la frappez.]

Je me trouverai heureux si j'ai réussi à vous faire aimer
d'elle encore et si j'ai apaisé les haines et ralenti les ven-
geances que vos actes sévères amassent chaque jour sur
vos têtes.

Lorsque vous entendez éclater les malédictions contre
vous répondez ceci aux Peuples.

Que les Peuples cessent de se faire la guerre et qu'ils
vivent dans une fraternelle et pacifique intelligence. Ou
s'ils ne peuvent s'unir qu'ils s'arment tout entiers depuis
l'enfant de seize ans jusqu'au vieillard octogénaire.

Alors nous serons les frères de nos frères, les concitoyens des citoyens et nous cesserons d'être les acteurs
sanglants d'une éternelle tragédie que se font jouer les
nations.

O notre Peuple quand cesserons-nous de tomber avec
grâce sous vos yeux pour être applaudis de vos mains
qu'il nous faut blesser avec les armes que vous forgez
pour nous? Quand cesserons-nous de vous dire en passant :

Adieu César, ceux qui vont mourir te saluent?

FIN »

*
* *

*Le quatrième fragment a pris place, après modifications, dans
le cours du chapitre I :*

« Je ne saurais me revêtir de bonne grâce de la peau de
Lion. Et même toute belle qu'elle est je pense que chacun
doit lui préférer la sienne. Je ne sais si ce n'est pas de
J.-J. Rousseau que nous est venue cette contagieuse maladie
de poser aux yeux des lecteurs et des passants à la fois, dans
une attitude et une allure choisie artistement, détaillée avec
soin et péniblement conservée aux dépens de mille bonnes
inclinations naturelles et d'un penchant inné vers la vérité.
Du moins Rousseau ne posait-il qu'en Jean-Jacques,

mais les rôles d'aujourd'hui sont moins simples et aussi moins originaux, ce sont, hélas! des copies de personnages romanesques d'un autre siècle ou de personnages mal compris du nôtre, et les copies sont d'une grotesque pâleur dont le faux saute aux yeux. Nous avons eu de faux Pèlerins, des Chevaliers sans bataille et sans tournoi, des Lovelace et des D. Juan sans opulence et j'ai peine à voir comme la moue de Bonaparte et celle de Byron font grimacer tant de figures innocentes. »

* *

Automne 1834, de la mi-octobre à la fin novembre.

Vigny note dans son Journal : « *Que les officiers doivent avoir des droits de citoyens* » *(J.,* 1017*). Il semble donc qu'on doit situer à la même époque certains développements, rajoutés aux projets d'introduction, qui attestent une adhésion, peut-être passagère mais certaine, aux idées de Lamennais : Vigny cherche des solutions pratiques aux problèmes que pose le soldat, et il envisage que l'armée soit délibérante, au moins partiellement. Ces projets constitueront la conclusion de* Laurette *dans le chapitre* Sur la Responsabilité.

« ... s'endorment et s'engourdissent des éléments admirables d'intelligence et de force qui ne demandent qu'à être développés par un autre genre de vie. Ce que je dis est déjà senti, puisque des projets de grands travaux dans l'intérieur du pays ont été présentés. Ainsi pourront être mis en œuvre ces trésors d'instruction et de zèle que versent les écoles militaires dans les régiments. Mais est-ce assez encore pour remplacer les grandeurs de la guerre, et amortir les justes et incessantes ambitions d'une jeunesse énergique?

* *

Pourquoi, je le répète, n'y aurait-il pas tel grade dans lequel reposeraient les droits d'éligibilité? La voix publique

crie qu'en général l'indécente modicité des appointements
force les officiers à des privations et des mesures d'économie qui diminuent leur considération, pourquoi donc
tel autre grade, moins rare, plus aisément acquis que les
grades supérieurs, [celui de capitaine, peut-être], ne recevrait-il pas, par une solde au moins doublée et plus digne
de tenir rang près des emplois civils, par une autorité plus
indépendante et par quelques droits de citoyen, une consistance assez imposante pour que son emploi fût considéré
comme une charge importante de l'État, digne de satisfaire l'ambition de toute famille honorable et de servir de
but d'existence?

Je me réserve d'indiquer quelques projets sur l'état à
venir des armées. Mais j'ai cru bon de ne m'attacher ici
qu'à faire voir leur état présent et principalement leur
état moral.

C'est un problème que je donne à résoudre aux Législateurs; j'ai voulu seulement prouver qu'il était nécessaire
de le poser. — Je l'ai prouvé en montrant l'état actuel de
l'intelligence du soldat et je demande s'il peut durer. —
Une gendarmerie de quatre cent mille hommes pèse sur
le Pays et finira infailliblement par être... »

*Ajoutons ici quatre fragments, contemporains, semble-t-il,
puisqu'ils sont rédigés sur un même feuillet. Henri Guillemin
les attribue à 1835 ou 1836 en se fondant sur l'aspect de l'écriture. Comme ce critère ne saurait être très rigoureux, ces textes
peuvent remonter aussi bien à 1834. Or, par leur sujet, les deux
derniers se rattachent évidemment aux passages que nous venons*

de citer : Vigny cherche, dans l'augmentation de la solde, une solution au problème social du soldat.

1834 (?). Il n'y a pas de profession où la froideur des formes dans le langage et les habitudes, contraste plus vivement avec l'activité de la vie que dans la profession des armes.

On y pousse loin la haine de l'exagération et l'on dédaigne le langage d'un homme qui cherche à en faire accroire sur ce qu'il sent ou à attendrir sur ce qu'il souffre. » (*V. H. O.*, p. 143.)

1834 (?). « Dans le lent avancement des grades, il arrive que le temps amène aux places des hommes que n'y eût pas toujours mis l'opinion et que, d'un autre côté, le choix ne sait où se prendre, faute d'occasions de voir les mérites à l'épreuve. » (*V. H. O.*, p. 143.)

1834 (?). « En général, l'indécente médiocrité des appointements force les officiers à des privations et à des mesures d'économie qui diminuent leur considération.

Pourquoi tel haut grade ne recevrait-il pas, par une solde au moins doublée, une consistance assez imposante pour que son emploi fût considéré comme une charge importante de l'État, digne de satisfaire l'ambition de toute famille honorable et de servir de but d'existence?

Rien ne doit être dédaigné de ce qui peut lier l'armée au pays et ces vues que je hasarde naissent du moins du sentiment profond d'une de ses plaies. » (*V. H. O.*, p. 143).

1834 (?). « Si une destination intérieure plus directe et plus utile que de vaines manœuvres lui était donnée; si les grades avaient une considération assez grande et donnaient une existence pécuniaire assez imposante pour satisfaire les ambitions et créer des existences égales à celles que donnent les emplois civils; si à ces liens se joignaient des droits de citoyen affectés à tel ou tel grade; si l'instruction qu'apportent les écoles militaires, au lieu d'être découragée et engourdie par le désœuvrement, était accrue par de grands travaux, j'ai peine à croire que la vie ne revînt pas dans cette belle partie de notre corps social que l'on voit frappée, en temps de paix, d'une certaine torpeur. Alors le service cesserait d'être, dans les garnisons, une pesante servitude. » (*V. H. O.*, p. 144).

⁂

La conclusion du premier livre de Servitude *qui fait directement suite à* la Veillée de Vincennes *a été rédigée, peut-être, avant les développements que nous venons de citer; certaines phrases, un peu modifiées, ont trouvé place dans l'introduction de 1835 et dans le chapitre liminaire de* la Canne de jonc. *Le ton du développement qui suit est très personnel, il répond au titre alors envisagé :* Souvenirs de servitude militaire.

« Eux-même[s] devenaient plus sombres à mesure que devenait plus pesante l'immobilité de notre vie. Quelques-uns se retiraient brusquement, et, quand arrivaient des jeunes gens au milieu de nous, leur caractère ne tardait pas à éteindre ses vives lueurs dans la gravité résignée du nôtre. Cet esprit n'était point particulier à la Restauration, il sera commun à toute armée de paix. Lors de cette veillée de Vincennes que je viens de raconter, j'avais déjà depuis longtemps l'habitude de mes travaux de nuit [dont la vie du grand monde à Paris n'avait pu me dégoûter elle-même]. Je trouvais des consolations dans l'activité des songes poétiques où je m'inventais des événements et puis, au jour, je revenais, sous l'uniforme, continuer mon rêve de guerre commencé sous l'Empire.

Là je souffrais d'autant plus de ce rêve immuable, que chaque jour diminuait, autour de moi, le nombre des jeunes officiers qui en étaient agités aussi. L'armée me semblait un corps sans mouvement. J'étouffais enfermé dans le ventre de ce cheval de bois qui ne s'ouvrait jamais dans aucune Troie. Je lisais avec mes compagnons, la vie de ces généraux de la République dont l'éclat nous avait tourné la tête de si bonne heure, et après avoir loué ou critiqué leurs manœuvres de guerre et leurs campagnes, que nous savions par cœur et dont l'ensemble et le détail nous étaient devenus familiers, nous tombions dans une amère tristesse, en mesurant notre destinée à la leur et en calculant que leur grandeur était surtout venue de ce qu'à vingt ans, ils avaient mis le pied tout d'abord sur le dernier degré de cette échelle de grades dont un échelon nous tenait huit ans à gravir.

Cependant nos lectures et nos études ne cessaient jamais. Nous avions dévoré tous les livres de guerre antiques et modernes sans pouvoir évoquer la guerre par leurs caractères magiques. Chacun de nous plein de l'expérience des autres savait dix fois plus que son grade ne l'eût voulu, nous avions appris l'art et nous désespérions de l'action. Notre savoir allait s'enfouir dans des écrits et des plans inutiles comme nos boulets dans les flancs de gazon du Polygone. Nous sentîmes alors de quel poids est une armée à la nation, et à quel point il est vrai que c'est un corps étranger et à demi mort, un bras paralysé, lourd à porter et qui ne travaille ni ne rapporte rien au cœur. J'ai vu, et j'aurai occasion de les citer dans cet ouvrage, des intelligences supérieures totalement étouffées par les fatigues puériles et inutiles de la vie militaire moderne, et qui toutes dans l'antiquité ou dans une armée plus identifiée avec la Nation eussent produit tout ce qu'elle a droit d'attendre des meilleurs et des plus grands de ses citoyens. Pour moi l'étude et le silence ne furent pas d'assez forts préservatifs contre cette léthargie. Las de vivre dans l'absurde, et ayant accompli près de trois fois le temps d'engagement d'un soldat, je quittai brusquement l'armée.

Elle n'était pas comptable de mes ennuis.

Elle avait raison. Durant la paix où tout est mesuré lequel de nous vaut mieux qu'un autre ?

La guerre vous manque et à son défaut vous voudriez trouver dans des devoirs plus intelligents et plus utiles une plus digne pâture à l'activité de votre caractère. Consolez-vous, votre mérite est plus grand de subir avec résignation le service et sa lourde servitude sans en être dédommagés par la gloire.

C'est à vous que je veux parler mes compagnons, en terminant ce livre et après avoir dit à tous quelques mots de vous, je veux parler à vous des autres. Et cette fois ne cherchant aucune forme d'art dans le simple récit que je veux vous faire, je vous ferai connaître une vie toute semblable à la vôtre, mais une vie et une mort de martyr, que je regarde comme un des plus beaux exemples possibles de souffrance et de vertu militaires... »

* * *

La dernière phrase du paragraphe qui précède annonce évidemment la Vie et la mort du capitaine Renaud, *et marque une transition entre le premier livre de* Servitude *et le second qui se prépare. Cependant, les sentiments personnels de l'auteur qui ont donné sa première impulsion au projet de* Servitude *sont encore assez vifs en août 1834 pour que Vigny songe à justifier son inaction de juillet 1830 par l'indifférence des rois. Il est vrai que ses reproches se tempèrent maintenant de pitié, presque de regret, pour les Bourbons exilés et déchus. Il n'est rien passé dans l'œuvre définitive du développement qui suit, mais on en retrouve quelques amorces dans les* Mémoires *publiés par Jean Sangnier (*Mémoires, *pp. 66, 67 et 68).*

« Si quelque cavalier servant, après avoir mis aux pieds de sa dame les quatorze plus belles années de sa vie avec un inaltérable dévouement, n'avait reçu d'elle, en retour, que la plus glaciale indifférence, il me semblerait excusable de quitter son service, mais si quelques années après, il apprenait qu'elle est exilée et persécutée, on concevrait qu'il la plaignît, qu'en souvenir d'une ancienne tendresse il ne parlât d'elle qu'avec regret et ne voulût jamais rien faire d'hostile contre une maîtresse oubliée. Ceci est le Symbole le plus exact qui puisse représenter ma position envers la Restauration.

Elle vint en France, eut besoin pour sa garde d'une

fournée de jeunes gens à qui elle permit de l'entourer et d'étaler autant de luxe qu'ils voudraient autour d'elle, elle les nomma mousquetaires et lieutenants. Elle me trouva tout prêt, me prit et me laissa tel durant dix ans. Plus tard elle fit la guerre à l'Espagne, il lui fallut des capitaines, elle prit encore une fournée et parmi les plus anciens me prit sans me voir. Je publiai des livres, mais c'était une sorte d'insubordination que de faire un livre quelque inoffensif qu'il fût. Le papier était suspect. Le mien ne lui plut pas et un redoublement d'indifférence de sa part me donna le courage de rompre avec elle et de reprendre ma liberté. J'aurais eu de belles occasions d'en user contre elle et j'en fus vivement sollicité par d'illustres chefs de l'opposition, mais c'eût été à mes yeux comme ce serait encore une sorte de crime contre quiconque a notre parole d'honneur de ne pas lui nuire, et je me refusai constamment à écrire un mot qui pût découvrir ses défauts et ses faiblesses, désenchanter de ses charmes et lui ôter des adorateurs. [Je voyais venir sa chute et je gémis d'avoir perdu le droit de la défendre ou de tomber avec elle.] [A présent sa figure n'est pas assez belle pour conquérir avec l'empire de ses charmes et celui de ses grandeurs vénérées de lui...] Aujourd'hui sa noble figure m'apparaît plus belle depuis qu'elle est en pleurs; le deuil sied à son visage, je lui trouve des charmes que lui ôtait sa royale parure assez mal rajustée, et je sens que cette main dédaigneuse qu'elle ne tendit jamais qu'avec froideur à un ami mal connu, je la baiserais encore à présent en y laissant tomber une dernière larme

Fin du 1er volume. »

*
* *

7) LA CANNE DE JONC.

Un troisième récit consacré à la grandeur militaire est annoncé déjà dans la conclusion provisoire de 1834. Le passage qui suit nous offre la première esquisse de cette nouvelle histoire. Ce texte est très proche encore par son inspiration de la note rédigée le 7 août 1834 sous l'influence de Lamennais, puisque Vigny se propose de plaindre le soldat des armées permanentes; il est très proche aussi des projets de réforme pratiques esquissés à l'automne 1834. Nous admettrons donc qu'il date approximativement de cette époque : fin de 1834, début de 1835 au plus tard

« Ce livre [le 3e] est une plainte sur la destinée *du soldat* des armées permanentes.

Je voudrais, comme transition vers un état meilleur, une armée temporaire comme celle de la République romaine antique et de la monarchie prussienne actuelle.

Après avoir montré la cruauté des nécessités aveugles de l'obéissance. — La simplicité de caractère et de mœurs de l'homme de guerre. Je donne un exemple de ce qui se conserve de loyale grandeur et de germes d'honneur et de vertueuse probité dans les hommes de guerre.

Le citoyen dans L. Collingwood dévoué à un principe, l'homme d'honneur dans *** dévoué à sa parole. — Chacun d'eux voué à une idée. Tous deux bien supérieurs à un homme dévoué à un homme et condamné à un avilissement perpétuel parce qu'il s'est voué à la fortune de Bonaparte et l'a servi avec abrutissement, vendant sa conscience et écrivant le pour et le contre selon le bon plaisir de l'homme. — Il se tue par honte de lui-même. — Il est riche et honoré des gens qui estiment la richesse par-dessus tout, mais après avoir vu son frère et s'être comparé à lui, la rougeur lui monte au front et il se tue. »

A l'origine de ce projet romanesque, il faut placer une note du Journal *qui nous apporte l'écho direct de l'actualité politique, et que Fernand Baldensperger classe parmi les fragments de novembre ou décembre 1834 :*

« Paris est inondé de feuilles périodiques dont les écrivains se jettent l'un à l'autre au visage d'ignobles et violentes injures, et tout couverts de cette boue trouvent encore le moyen de se sourire, de se prendre la main et de vivre ensemble familièrement, avocats insolents de causes auxquelles ils ne croient pas. Tandis que l'on a vu des officiers, ainsi partagés dans les deux camps, accomplir en silence leurs devoirs rigoureux et faire de chaque côté leur manœuvre mortelle en respectant le nom et l'honneur de leur ennemi fraternel. Vous vouliez bien vous tuer, mais non pas vous flétrir. » (*J.*, 1016.)

*

Le développement qui suit se trouve classé, dans le manuscrit de Servitude, *avec le plan de 1832. Mais il s'achève sur un parallèle entre deux formes de dévouement qui le rattache évidemment au premier projet de* la Canne de jonc. *En 1835, d'ailleurs, le chapitre liminaire de cette nouvelle présente certaines idées dont on découvre ici une première forme. Nous considérons donc le passage qui suit comme le premier départ du troisième récit de* Servitude, *postérieur de peu au projet qui veut opposer un journaliste à un soldat.*

« Lequel de vous, ô mes compagnons, ne comprend pourquoi je laisse avec joie mes travaux favoris et les plus profondes *consultations* de mon âme et de mon cœur pour revenir à des temps que j'ai passés avec vous dans l'espérance de la gloire des armes? Nous sentons sans le pouvoir dire ce qui nous charme dans les contraintes passées même lorsqu'elles furent sans éclat. N'est-ce pas parce que l'héroïsme est assez beau pour que son simulacre seul ait un reflet digne de sa splendeur? Serait-ce que le moindre action sanctifiée par le moindre péril nous laisse dans le cœur plus de fierté que le labeur silencieux et pacifique de la pensée? Ou plutôt n'est-ce là qu'un de ces grands attachements collectifs que l'on ressent pour les masses humaines dont on a fait partie, nations, provinces ou corporations? [Comme une feuille enlevée à un grand arbre] Est-ce pour cela que nous faisons des mouvements involontaires comme font les membres coupés d'un grand et même corps.

[Vous êtes maintenant séparés et]

Pour moi tout me semble précieux dans les plus simples

impressions de la plus simple vie; je m'y plais [étrangement et je ne sais comment il se fait que] tel événement peu remarqué dès l'abord me devient cher à mesure que je m'éloigne de lui; comme si le temps était un beau cristal qui le vînt revêtir, conserver et embellir de ses indéfinissables clartés et de ses ardentes couleurs.

Ils sentiront que je suis toujours leur compagnon et leur frère. Oui, je n'ai pas cessé de l'être. Les souvenirs de l'armée ne s'effacent pas plus que ceux de l'enfance.

On aime la guerre comme on aime le jeu, pour l'émotion. Seulement il y a de plus la grandeur du spectacle et l'enjeu plus fort.

Nous voilà bien bas, ô mes compagnons, mais voyez comme le moindre danger anoblit cette servitude tout à coup. Le Péril est le rayon qui vient éclairer toutes les beautés de l'armée; elles existaient mais dans l'ombre.

Or il y a deux sortes de Dévouement, le dévouement aux idées, le dévouement aux hommes. — Celui-ci est inquiet, variable, indécis, l'autre est calme, grand, pacifique, sublime. »

*
*   *

La notion de séidisme, qui va jouer un rôle décisif dans la Canne de jonc, *est signalée une seule fois dans le courant de 1834, sans qu'on puisse préciser la date, non pas en vue de* Servitude, *mais dans un projet qui concerne* Daphné :

« L'homme, créature inachevée, tient encore du singe et du chien. Imitation et servitude, séidisme dans les plus fiers. » (*J.*, 1003.)

Nouvelle allusion en 1838 :

« Séide est resté populaire. Les Français ne se croient pas sérieux — idée fausse. » (*J.*, 1104.)

*
*   *

Du récit proprement dit, tel que Vigny *le conçut d'abord,*

*quelques fragments sont venus jusqu'à nous. Le premier passage
fait allusion aux hostilités impitoyables qui divisent le monde
de la presse.*

*Peut-être l'auteur laisse-t-il passer ici son regret de voir l'aristocratie de l'intelligence trop divisée pour jouer un rôle politique.
Seule l'allusion à* Clarisse *se maintient en 1835 dans la bouche
du capitaine Renaud : au reste, ici déjà, c'est vraisemblablement
un soldat qui parle si l'on en juge par les images qu'il emploie.*

« Vous êtes tous des imbéciles, Bonaparte le disait avec
raison.

Il y a environ trente-deux millions d'hommes en France;
vous êtes un corps d'armée d'environ dix mille hommes
qui les combattez du haut de cette montagne que l'on
nomme la Presse. Vous pourriez faire quelque chose si
vous vous entendiez, mais misérables que vous êtes vous
ne cessez de vous trahir tous et tandis que l'homme du
premier rang croise la baïonnette, l'homme du second lui
enfonce la sienne dans les reins et celui du troisième [lui
casse le bras] le poignarde de mille atteintes lâches. Écrivains toujours trahis par les critiques [qu'espérez-vous?].
Taisez-vous pour toujours et laissez aller le monde comme
il peut.

Voyez donc comme il vous comprend. — Faites *Clarisse,*
le plus beau Poème épique possible sur la vertu d'une
femme, montrez Lovelace se traînant sur les genoux
pour demander la main de sa victime et ne pouvant fléchir
cette âme que la chute de son corps n'a pu souiller. Les
hommes se mettront à admirer Lovelace et concluront
le contraire de votre conclusion.

Tout tourne mal dans vos enseignements. Vous ne servez
à rien qu'à remuer des vices qui s'appuient sur ce que vous
les peignez pour se mirer dans votre tableau et se trouver
beaux. »

**
* **

*La note suivante qui ravale les critiques littéraires bien au-
dessous des auteurs, et se relie à certains développements de*

Stello, *montre avec quelle facilité Vigny passait d'un thème à l'autre parmi les idées qui lui étaient chères.*

« Il n'y a pas un sot qui n'ait fait au moins une bonne critique dans sa journée et je n'en sais pas un qui ait fait un bon ouvrage dans sa vie.

Les nations savent bien à qui elles ont affaire. Croyez-vous que l'on eût osé jouer à Bonaparte les tours que l'on joua à Charles X ? »

***

Un troisième développement marque une étape importante dans l'histoire de la Canne de jonc. *Les notes précédentes, en effet, ne faisaient allusion qu'à l'Empire; désormais le récit central est enchâssé dans un épisode des journées de Juillet :*

« Vous êtes ému, me dit-il. — Je pense à mes camarades, lui dis-je, qui vont mourir demain pour des Princes qu'ils [n'aiment guère et] pour des idées qu'ils n'aiment point et des hommes qu'ils ne connaissent pas.

Se dévouer à des idées.

Vaut mieux que se dévouer à des hommes.

Il y a quelque chose de supérieur à cette servitude c'est [le dévouement] l'abandon de sa vie pour une conviction, une idée.

Mais rien n'étant si rare qu'une conviction... mieux vaut la donner à un devoir vulgaire, absurde quelquefois, mais qui n'en est pas moins un devoir.

Vous dont la plupart furent saints et martyrs dans cette belle religion de l'honneur. »

***

24 juin 1835. Vigny rédige un plan de son troisième récit qu'on peut considérer comme à peu près définitif. On remarquera pourtant que le personnage porte un nom de guerre, Lucio, l'homme de la lumière peut-être, comme Stello était l'homme de l'étoile,

*et que ce surnom recouvre un patronyme aristocratique, M. de
Pleineselves (tel était le nom du lieutenant-colonel du 5ᵉ régiment
de la garde lorsque le poète y était sous-lieutenant). Vigny
devait renoncer pour son personnage à cette grandeur un peu
conventionnelle, et ne lui conserver que celle de l'honneur. D'autre
part, dans cette version de juin 1835, le capitaine meurt des suites
immédiates de sa blessure, et l'enfant est mort avant lui, tué sans
doute par les soldats. Ainsi, en juin 1835, Vigny ne songe pas
encore à la conclusion définitive de sa troisième nouvelle : Renaud
adopte le gamin de Paris pour qu'il ne soit jamais militaire.*

« Je dois vous dire d'abord que mon père revenant
d'Égypte fut pris par l'amiral Collingwood.

J'ai encore la lettre où il me disait que c'était un jeune
homme charmant. — Il me recommandait l'*honneur* comme
principe [*surcharge dans l'interligne*]. En 1804 [table couverte
de papiers, etc., etc.] j'étais page de l'Empereur. — Un
jour il me tira l'oreille. Je lui jurai que tant qu'il vivrait
je ne servirais jamais un autre prince [*sa parole d'honneur*]. —
J'étais son séid. — Il n'y a pas de nation plus portée au
séidisme que la nôtre. — Dév. =

J'entendis un jour cette conversation entre l'Empereur
et le pape. — *Comédien, tragédien.*

L'empereur vit que je l'avais entendu, il ne dit rien et
prit une prise de tabac.

Quelques jours après je reçus l'ordre de partir pour
Boulogne.

Je fus pris. Sur mon nom, l'am. Coll. voulut me garder
près de lui. J'y restai jusqu'en 1810.

A sa mort il me renvoya. Dév. = Poésie [*et en marge :*
Un grand citoyen].

Spectacle de la cour. — Les Rois aux premières galeries.
L'Empereur arrivant. — Le Prince [Zakitzin *barré*] Kou-
rakin.

L'Empereur dit : je n'aime pas qu'on soit prisonnier.

Voilà pour le *séidisme,* il finit là. Il me restait *l'amour
de la guerre.*

Le corps de garde russe. — La mort d'un enfant — Dév. = Poésie.

La canne de jonc.

[*En marge* : Le cap. *Renaud* né en 1786, en 1798 il a 12 ans, en 1804 18 ans, en 1830 44 ans.]

En 1814 je me retirai. — Après sa mort à Ste Hélène je repris du service. J'allais le quitter... je servais les Bourbons sans séidisme et avec le mépris de la guerre et de l'armée, j'avais donné ma parole d'honneur à mes bons soldats d'être ici avec eux si on se battait. J'y reviens. [Que dirait Poirier, Beccaria, etc. On se concentre dans sa compagnie comme dans un monde à part...]

Nous verrons à quoi je suis destiné.

Plaine de St-Denis.

M. de Pleineselves (?) était dans la plaine porté sur des fusils, la cuisse traversée d'une balle *(tout cela barré)*.

Un enfant à Chaillot le tire à bout portant et s'évanouit.

La guerre est une suite d'assassinats partiels. Métempsycose. — Expiation. Idées vagues.

Point fixe et consolateur *l'honneur*. Car il y a des moments où la *Patrie* ne sait ce qu'elle fait. Collingwood était heureux de sentir que sa Patrie *avait raison* mais nous dans la guerre d'Espagne nous savions bien qu'elle avait tort. — [Ceci plus haut, à bord des vaisseaux de Coll.]. — Mort de l'enfant et de l'homme après. — A propos vous saurez encore que je ne m'appelle pas Lucio, il sourit et s'endormit pour toujours. »

*
* *

8) *LA RELIGION DE L'HONNEUR.*

Année 1826. La religion de l'Honneur est citée pour la première fois dans une note relative à « la non-dénonciation » que Vigny place à la fin de Cinq-Mars :

« Le sang de François-Auguste de Thou a coulé au nom d'une idée sacrée et qui demeurera telle tant que *la religion*

de l'honneur vivra parmi nous; c'est l'impossibilité de la dénon-
ciation sur les lèvres d'un homme de bien. »

17 février 1832. Vigny songe à une Consultation sur « la
question de l'honneur en temps de Liberté de la presse
et du duel ». (*J.,* 941.)

Février 1832. « La Religion de l'honneur a été souvent
assez puissante pour remplacer la foi chrétienne dans le
cœur des hommes. — Le respect de sa maison, de son nom
et de ses aïeux en fut souvent la base. Et la France monarchique en donna souvent les plus beaux exemples. »
(*J.,* 942.)

Si la première de ces notes s'intéresse au point d'honneur
mondain, la seconde atteste l'influence de Montesquieu; et surtout,
Vigny commence à concevoir l'honneur comme un substitut pos-
sible du christianisme. Cette intention va désormais s'affirmer
jusqu'en 1835.

* * *

14 mai 1832. « Il me tarde d'écrire le roman de *la Duchesse*
de Portsmouth, pour montrer *l'honneur* dans les caractères
entraînés à des péchés mortels et y vivant. » (*J.,* 958.)

* * *

Juillet 1833. « Le Serment. — La foi est le respect de
Dieu. L'honneur est le respect des hommes.
    Le serment devant la croix était la base de tout et immuable.
Le serment sur l'honneur dépend de l'opinion de chaque
homme sur lui-même.
    Or, comme avec des sophismes et des paradoxes on
grandit tous les crimes et tous les vices, il est commun
de voir un homme renoncer à l'honneur de sa vie pourvu
qu'elle ait de l'éclat, et se jouer aisément des serments.
    Dans une telle société le serment est une dérision du
Ciel et des hommes. » (*J.,* 992.)

Janvier 1834. « De la religion de l'honneur. »

Satisfaction d'avoir trouvé ce sentiment au fond du cœur humain.

1. Que le sentiment de l'honneur est inné en l'homme et indépendant du culte et du dogme.

2. Honneur dans l'homme sauvage.

3. Honneur dans l'homme social antique, mort de Caton, etc.

4. Honneur dans l'homme moderne, dans l'enfant (le jeune Casanova sur le vaisseau à la bataille d'Aboukir).

Honneur de l'homme du peuple qui ne vola pas le 10 août aux Tuileries. — Honneur militaire partout.

Honneur des femmes. — Pourquoi une femme qui a un amant, sans remords, se fera-t-elle tuer plutôt que de se donner à un autre homme. Cependant elle est pécheresse comme chrétienne.

Pourquoi un homme qui aura été adultère sans scrupule ne prendra-t-il jamais une somme dont il est dépositaire même sachant que son vol sera toujours inconnu. Ne craignant pas Dieu que craint-il?

L'honneur permet le développement de toutes les grandes choses. Celui du génie, celui des passions.

Il ne permet aucune bassesse. — Il interdit la peur, la vie lâche, la mort lâche; la flatterie, le mensonge.

Il fait que l'on tient à tenir son nom pur et sans souillure, plus qu'à toute chose et que pour cela l'on ne veut forfaire à nulle promesse. — Adisson [*sic*] a dit : le véritable honneur produit des effets semblables à ceux de la religion.

Il n'y a plus de vivant en nous que la religion de l'honneur, je n'y peux que faire, je ne puis que voir ce qui est et l'attester mais je le vois, je le dis, et je dis que cela est ainsi.

L'honneur ne faiblit pas en France. Je l'y vois même grandir et s'étendre. Le Peuple a été aussi chevaleresque et la garde royale son ennemie s'est laissée égorger comme la légion Thébaine et de part et d'autre il est certain qu'il n'y avait pas trois hommes qui eussent communié dans l'année. (*F. Baldensperger lit ici* : l'armée, *ce qui paraît incompatible avec l'expression* : de part et d'autre.)

*
* *

Parmi nous, aujourd'hui, les croyances sont faibles mais l'homme est fort. Ne sachant où s'attacher, il se fie à lui-même, il serre sa ceinture et s'appuie sur ses reins. Il trouve en lui cette force de l'Honneur et s'y confie. Voyez donc si ce n'est pas ici un étrange mystère. D'où vient ce que nous voyons? un corps entier s'écrie : *Nous ne sommes plus chrétiens !* et n'en a pas honte. Un homme dit : *je suis sans religion,* un autre écrit : *je suis athée...* et l'on discute froidement leur opinion, sans qu'ils en soient...

*
* *

J'aime ceux qui se résignent sans gémir et portent bien leur fardeau. Tout n'est-il pas devoir, tout n'est-il pas servitude dans la civilisation? Le moindre bien suffit à gêner toutes les volontés de la vie, [mais il est bien d'en venir à aimer le nœud même dont on est serré] mais le courage intérieur peut rendre belle la plus humble destinée. J'ai cherché à réunir dans ce livre quelques preuves de ceci et comme je me demandais s'il n'y avait pas quelque nom à donner à cette force intérieure qu'il faut pour nous aider, j'ai trouvé que ce nom était déjà et depuis longtemps inventé.

Cette grandeur résignée est la seule que puissent espérer de longtemps les armées.

*
* *

Les croyances secondaires.
Le Serment est saint.

Il y a des saints par honneur. La Religion de l'honneur est une sorte de croyance secondaire.

D'où vient qu'il y a des choses que l'on sent basses, coupables qu'on répugne à faire et dont on se dit : cela ne se peut pas. D'où vient cela.

*
* *

... Il y a quelque chose de si dévoué, de si pur, de si irréprochable dans cette sévère passion, qu'elle est presque indestructible dans tout cœur qui s'en est longtemps nourri. Toutes les autres passions ne lui peuvent faire tort, elle s'en accroît ou vit très bien à côté d'elles sans rien perdre de sa force. Elle s'accommode de tout et donne un caractère, une allure plus [franche] vraie et quelque chose de plus exalté, par l'idée d'une lutte toujours imminente et décisive contre la destinée. [Un homme de guerre est un joueur toujours assis à la table de son terrible jeu. L'Épée toujours suspendue sur la tête donne à toute la vie [quelque chose] un intérêt plus] Une vie toujours en péril se prend à toute chose avec plus d'ardeur comme n'en pouvant jouir trop amplement et la grandeur de sa lutte journalière agrandit aussi le coup d'œil qu'elle jette sur le reste. Il n'est pas de petite absence qui ne coure risque d'être éternelle et la présence double de prix par cette crainte. De même il n'y a pas de situation, en apparence misérable et chétive, qui ne s'anoblisse par la pensée du but qui est le dévouement à tous et la renonciation complète de sa liberté, de sa volonté et des plaisirs de son choix. Je n'ai vu chez personne, par exemple, que l'amour en eût beaucoup à souffrir et la Poésie et la Philosophie y gagnaient assurément, la première par une retraite forcée et l'autre, sa sœur, par l'observation. »

*
* *

Bien que ces développements sur l'honneur, assez élaborés déjà, soient conservés dans le manuscrit de Servitude, *il est évident que les soldats, sauf dans le dernier passage, n'y occupent pas une place privilégiée. Nous pensons donc que ce dossier a rejoint le manuscrit de* Servitude *après mai 1834, quand l'auteur entreprend de contredire Lamennais sur l'honneur militaire. A l'origine, toutes ces considérations sur l'honneur, datées de janvier 1834, devaient appartenir à un autre projet que Vigny, à la même époque, inscrit dans son* Journal : *un roman intitulé* Un Homme d'Honneur :

1er janvier 1834. (sans titre) « La forme sera celle d'un compte rendu à sa maîtresse. Trois volumes où l'homme raconte sa vie.

Récit de sa mort.

Sa vie commencera où a commencé sa destruction de la foi, elle est de quarante ans accomplis.

Un accident qu'il fait exprès de ne pas empêcher le fait mourir.

Le dernier trait est encore un trait prescrit par l'honneur.

Toute sa conduite est aussi parfaite qu'eût été celle d'un chrétien.

Elle a, de plus, qu'elle n'exige pas qu'il réprouve les faibles et blâme trop cruellement les faiblesses.

La fable doit être inventée dans ces limites. » (*J.*, 995.)

***

Année 1834. « Le *gentleman* ou gentilhomme est l'homme d'honneur même qui, par les convenances, est retenu dans les limites de bonne conduite et de bienséance que la religion n'atteindrait pas; car il y a des choses que ferait un prêtre et que jamais ne pourrait faire un galant homme. »

***

« La religion de l'honneur a son dieu toujours présent dans notre cœur. D'où vient qu'un homme qui n'est plus chrétien ne fait pas un vol qui serait inconnu? *L'honneur* invisible l'arrête. »

« Roman Moderne. — Un homme d'honneur. — L'honneur est la seule base de sa conduite et remplace la religion en lui. — Le faire passer sa vie entière par toutes les professions *actuelles,* dont en même temps son contact fera ressortir les défauts et dont sa conduite fera la satire.

L'honneur le défend de tous les crimes et de toutes les bassesses : c'est sa religion. Le christianisme est mort dans son cœur. A sa mort, il regarde la croix avec respect, accomplit tous ses devoirs de chrétien comme une formule et meurt en silence. » (*J.,* 1011.)

*
* *

« Tel est l'homme moderne en France. L'honneur est sa foi, sa conscience, sa morale, le devoir sa loi; il est actif et savant. Sa science première est celle de son état; il ne veut plus permettre à son imagination d'errer dans les champs de la théologie et de la superstition; il combat et sert la patrie et l'espèce humaine dans les temps présents sans vouloir préjuger de l'éternité. Il désire que Dieu soit et qu'il reçoive le juste dans sa paix; mais il ne croit pas toujours et n'affirme plus rien. Quelle est l'idée qui soutient son courage? Il ne le dit même pas. » (*J.,* 1013.)

II — INTENTIONS ET INFLUENCES

1) *LE SENS DE* SERVITUDE.

A peine a-t-il achevé son livre que Vigny, fidèle à son tour d'esprit organisateur, se propose de rattacher Servitude *à l'ensemble de son œuvre. D'où cette note que Ratisbonne date de 1833, mais qui ne saurait être très antérieure à novembre 1835 :*

« *Cinq-Mars, Stello, Servitude et Grandeur militaires,* (on l'a bien observé), sont, en effet, les chants d'une sorte de poème épique sur la désillusion; mais ce ne sera que des choses sociales et fausses que je ferai perdre et que je foulerai aux pieds les illusions; j'élèverai sur ces débris, sur cette poussière, la sainte beauté de l'enthousiasme, de l'amour, de l'honneur, de la bonté, la miséricordieuse et universelle indulgence qui remet toutes les fautes, et d'autant plus étendue que l'intelligence est plus grande » (*J.,* 1037).

A vrai dire, si l'on s'en tient au sujet des trois œuvres, à la thèse qu'elles défendent, l'unité que signale ici l'auteur n'est pas évidente. Stello, *sans doute, affirme que le poète est en toute occasion une victime des gouvernements; mais* Cinq-Mars *montre seulement que Richelieu a édifié son pouvoir en ruinant les privilèges de la noblesse. Quant à* Servitude, *aucune des trois nouvelles ne prouve que le soldat soit détesté des pouvoirs politiques, mais seulement qu'il est contraint à des activités odieuses. L'unité des trois œuvres apparaît fort bien, au contraire, si l'on remonte des thèses proprement dites aux sentiments personnels de l'auteur. Noble, poète et soldat, Vigny a toujours été déçu par la réalité sociale parce qu'elle ne lui a jamais reconnu les prérogatives qu'il estimait méritées par la noblesse de race, par l'inspiration poétique et par l'abnégation militaire. Fils unique choyé par sa mère, élevé dans la certitude qu'il était un prince dépossédé, une sorte d'Astyanax, lui disait son père, Vigny a, en profondeur, le tour d'esprit d'un privilégié. Noble, il trouve injuste que sa médiocre fortune le contraigne à vivre en bourgeois; officier et poète, il trouve injuste qu'on n'accorde aucune préséance à l'homme de guerre et au Voyant. Telle est la désillusion fondamentale qui lui fait imaginer un destin toujours contraire, et incarner les divers aspects de lui-même dans autant de parias sociaux. S'il ne reconnaît pas l'origine toute subjective de cette fatalité, il en signale du moins le caractère personnel. Ainsi dans cette note de 1863 :*

« Étant né gentilhomme, j'ai fait l'oraison funèbre de la noblesse, la noblesse écrasée.

Entre les rois ingrats et les bourgeois jaloux.

Étant poète, j'ai montré l'ombrage qu'a du poète tout plaideur d'affaires publiques et le vulgaire des salons et du peuple.

Officier, j'ai peint ce que j'ai vu : le gladiateur, sacrifié aux fantaisies politiques du peuple ou du souverain.

J'ai dit ce que je sais et ce que j'ai souffert. »(*J.*, 1390.)

* * *

C'est encore l'expérience de la souffrance et de la désillusion qui fait l'unité interne de Servitude. *Vigny, sans doute, peut chercher cette unité dans des circonstances purement anecdotiques :*

Janvier 1837. « Servitude et Grandeur (oraison funèbre de l'armée de la Restauration) » (*J.*, 1053.)

En réalité, l'intention directrice de l'auteur, le lien qu'elle présente avec ses déceptions personnelles apparaissent mieux dans cette confidence un peu antérieure :

Novembre, décembre (?) 1836.

« La Destinée m'a refusé la guerre que j'aimais; j'ai fait *Servitude et Grandeur militaires* avec le désir de hâter la destruction de l'amour de la gloire guerrière que je n'ai pu conquérir et que le temps détruira tout à fait. Je suis poète et je vais écrire *Myrto* pour rapetisser la gloire des hommes d'action, montrer combien leur tâche est facile et misérable et que, s'il le fallait, l'âme la plus contemplative serait la plus grande dans l'action. » (*J.,* 1050.)

Le sens ici donné à Myrto, *titre transitoire ou épisode de* Daphné, *résume si clairement l'une des intentions de ce livre qu'on ne saurait écarter la même explication quand Vigny la donne à propos de* Servitude. *Les deux œuvres se rejoignent en effet sur le dénigrement des hommes d'action ; et bien que les deux moitiés du poète, Stello et son docteur, n'apparaissent pas dans* Servitude, *il serait facile d'imaginer ce livre comme un dialogue entre Stello épris de grandeur guerrière et le Docteur-Noir qui le met en garde en lui montrant ce qu'il y a d'odieux dans la profession des armes ; les deux interlocuteurs tombant d'accord, par le cœur ou par la tête, sur la pitié que mérite le soldat, comme ils sont d'accord dans* Stello *sur la pitié que mérite le poète. En ce sens,* Servitude *est une sorte de Consultation sur l'état militaire qui doit guérir Vigny de toute rechute possible.*

Mais si le point de départ en est surtout personnel, une Consultation de Vigny étend l'expérience de l'auteur à tout un groupe humain, et répond ainsi à une intention générale, nourrie de pitié et du désir de comprendre. Cette intention anime déjà en septembre 1831 l'article de la Revue des Deux Mondes *où Vigny rend compte du livre de Merle,* Anecdotes sur Alger :

« Qu'est-ce donc que cette guerre dont il ne revient ni héros couronnés, ni héros blessés, ni héros bronzés du soleil, haut cravatés, regardant sombre, et coudoyant sans pitié, comme au bon temps du débonnaire patriote qui nous canonna à Saint-Roch... Nous devons quelque reconnaissance à une armée toute jeune, et qui partit au milieu des pamphlets, des sifflets, des persiflages et des caricatures, qui la suivaient comme les éclairs d'un gros orage prêt à crever sur elle au premier revers... Peu s'en faut que chaque conquérant, en revenant en France, ne se cache de sa conquête comme d'une mauvaise action, et ne l'efface de ses états de service. Les faiseurs de réputation fouillent partout pour trouver des héros, et ne s'informent pas de ceux-là qui sont tout faits, et que le *sang a baptisés*, selon notre vieille expression de soldat, que j'ai apprise à l'armée. — Voilà la gloire des faits d'armes en l'an de grâce 1831. »

L'intention directrice de Vigny apparaît, plus précise encore, dans cette question non datée que conserve le manuscrit de Servitude :

« Ai-je réussi à rendre plus ferme l'estime de soi-même dans *l'homme de l'armée* ? — et à faire sentir aux citoyens qu'il est le plus noble représentant du sentiment le plus sacré qui soit parmi nous? »

* * *

2) SERVITUDE *ET* L'IMITATION DE JÉSUS-CHRIST.

La première solution que Vigny ait envisagée à ce problème est inscrite en tête du plan de 1832 :

« Un livre comme l'*Imitation*. Caractère sacré de la servitude militaire (...). De la pauvreté et de l'obéissance. »

Il ne s'agit pas d'une simple comparaison. Quand Vigny partit pour l'armée, en 1814, sa mère lui remit une Imitation de Jésus-Christ *avec cette dédicace :* à Alfred, son unique amie ». *Il n'est pas sûr que ce livre ait entretenu le jeune sous-lieutenant dans une foi très vive, mais il a certainement donné à son idéal de soldat un caractère religieux et un peu monacal. Nous lisons en effet dans l'*Imitation :

« Il faut éviter la trop grande familiarité » (I-8); « vous ne trouverez de repos que dans une humble soumission à la conduite d'un supérieur » (I-9); « il est dur de renoncer à ses habitudes; mais il est plus dur encore de renoncer à sa propre volonté » (I-11); « ils renonçaient aux richesses, aux dignités, aux honneurs, à leurs amis, à leurs parents : » (I-18); « renoncez à vos désirs » (III-32); « de l'abnégation de soi-même » (III-32).

La ressemblance, comme l'a signalé A. Dorchain, est visible, et jusque dans les mots, avec le chapitre III de Servitude, De la servitude du soldat et de son caractère individuel :

« L'Abnégation du guerrier est une croix plus lourde que celle du Martyr. (...) L'Abnégation complète de soi-même, dont je viens de parler, l'attente continuelle et indifférente de la mort, la renonciation entière à la liberté de penser et d'agir, les lenteurs imposées à une ambition bornée, et l'impossibilité d'accumuler des richesses, produisent des vertus qui sont plus rares dans les classes libres et actives. (...) L'autorité absolue qu'exerce un homme le contraint à une perpétuelle réserve. Il ne peut dérider son front devant ses inférieurs, sans leur laisser prendre une familiarité qui porte atteinte à son pouvoir. (...) J'ai connu des officiers qui s'enfermaient dans un silence de trappiste. (...) Leur couronne est une couronne d'épines et, parmi ses pointes, je ne pense pas qu'il en soit de plus douloureuse que celle de l'obéissance passive. »

Nous lisons encore à la fin du chapitre Sur la responsabilité *qui précède* la Veillée de Vincennes :

« Les régiments sont des couvents d'hommes, mais des couvents nomades ; partout ils portent leurs usages empreints de gravité, de silence, de retenue. On y remplit bien les vœux de Pauvreté et d'Obéissance. Le caractère de ces reclus est indélébile comme celui des moines. »

Nous lisons enfin dans le premier chapitre du livre III :

« Tout ce qu'un caractère élevé peut apporter de grand dans le métier des armes me paraît être moins encore dans la gloire de combattre que dans l'honneur de souffrir en silence et d'accomplir avec constance des devoirs souvent odieux. (...) Partout même habitude de se donner corps et âme, même besoin de se dévouer, même désir de porter et d'exercer quelque part l'art de bien souffrir et de bien mourir. »

Par sa forme, sans doute, Servitude *est fort éloignée de l'*Imitation ; *mais les deux pensées présentent une certaine ressemblance. L'*Imitation *offre en effet aux moines et plus généralement aux chrétiens un idéal de vie ; or, tous les héros de* Servitude *ont*

quelque chose d'exemplaire : c'est à l'école du premier que Vigny décide de faire abnégation; « il vaut mieux que nous », *dit l'auteur à Timoléon au sujet de l'adjudant de Vincennes; quant à Renaud, il devient l'apôtre d'une religion nouvelle dont il fixe les valeurs en pratiquant en somme ces deux préceptes de l'*Imitation :
« Qu'il faut mépriser les jugements humains » (III-28),
« Du mépris de tous les honneurs du temps » (III-41).
Le caractère religieux du soldat, enfin, apparaît assez dans l'apostrophe qui termine le livre :

« Vous tous, Saints et Martyrs de la religion de l'Honneur ! »

Servitude est donc bien « un livre comme l'*Imitation* », *selon le programme que Vigny se fixait en 1832; avec cette différence, toutefois, que l'homme d'Honneur y prend la place du Christ, et l'abnégation militaire celle de l'ascétisme religieux.*

**

3) *VIGNY ET JOSEPH DE MAISTRE.*

A l'égard de Joseph de Maistre, Vigny éprouve des sentiments contradictoires mais également passionnés. Il admire le talent de l'écrivain et la force du penseur, et en septembre 1839, il écrit au prince de Bavière : « J'ai trouvé tout établis et tout encensés en Angleterre des noms français qu'on ne pourrait vanter ici sans ridicule, et qu'on n'oserait citer devant personne; tandis que des hommes comme Joseph de Maistre y sont à peine connus ». *Et pourtant, Vigny déteste cet écrivain autant et plus qu'il l'admire. La violence et la complexité de sa réaction s'expliqueraient mal s'il ne se sentait personnellement impliqué dans les conceptions du philosophe savoyard. Maistre affirme en effet avec une intransigeance et une lucidité incomparables certaines notions qui pèsent sur Vigny comme une fatalité intérieure et dont le Docteur Noir s'efforce précisément de guérir Stello. En s'attaquant à Joseph de Maistre, Vigny s'en prend surtout aux aspects de lui-même qu'il considère comme des faiblesses ou des maladies de la tête, aux croyances ou plutôt aux superstitions qu'il tient de son enfance, et qui entravent sa liberté d'esprit.*

C'est d'abord le problème de la Providence et du Mal. Vigny est d'autant plus impatient de toute autorité, familiale, morale, sociale, religieuse, qu'il est assez indépendant pour en souffrir, sans doute, mais trop habitué à l'obéissance pour s'en affranchir sans remords. La notion de Providence qui justifie l'autorité divine, et fonde par là même les autorités secondaires qui en découlent, lui semble une mystification, le jeu parfaitement vain d'un esprit qui s'obstine à découvrir une intention bénéfique partout où il y a du mal dans le monde. Très tôt, il dénonce cette pieuse supercherie dans la Fille de Jephté *en 1820 et dans* la Prison *en 1821. Or, toute l'œuvre de Maistre est une défense, ingénieuse jusqu'au paradoxe, de la notion de Providence.*

Cependant, lorsqu'il s'attaque directement à Maistre, en avril 1832, Vigny ne s'engage pas dans une controverse théologique; animé d'un esprit très voltairien, il invoque des faits, ou plutôt il confronte les spéculations effrénées de Maistre avec des réalités positives comme l'Inquisition dont Maistre avait fait une chaleureuse apologie.

Entre le 7 et le 22 avril 1832.

« *Lettres sur l'Inquisition espagnole.* Première lettre. Établit que l'Inquisition ne versa jamais de sang, fut *bonne, douce, conservatrice,* p. 6.

Le sophiste de Maistre, par un incroyable don de fausser les esprits, don qui appartient surtout à ceux qui veulent fonder un système et tout ramener à une seule idée, croit prouver que l'Inquisition ne versa jamais de sang, en citant une vaine formule ecclésiastique qu'elle avait conservée, par laquelle elle déclarait livrer l'hérétique au *bras séculier,* le priant *d'en agir à l'égard du coupable avec commisération.* Formule que Joseph de Maistre sait bien n'avoir pas plus de sens que : *votre très humble serviteur* au pied d'une lettre. Le bras séculier brûlait le coupable sur sa recommandation. (...).

Deuxième lettre.

Joseph de Maistre accuse Montesquieu de s'être déshonoré (...) dans *l'Esprit des Lois*, livre 25, ch. 13. Il *(Maistre)* dit : « l'hérésiarque, *l'hérétique obstiné* et le propagateur de l'hérésie doivent être rangés incontestablement au rang des plus grands criminels. » *(J.*, 951.)

*
* *

1er mai. « J'ai lu pour faire *Stello* (...) tous les ouvrages de Joseph de Maistre. Je les ai achetés. Sophiste téméraire, esprit falsificateur, non faux parce que je crois qu'il a menti sciemment. Se tenant dans son mensonge avec une sombre et pénible résolution. » *(J.*, 954.)

*
* *

C'est ici qu'il faudrait citer le chapitre XXXII de Stello *écrit tout entier contre Joseph de Maistre. Toujours à la façon de Voltaire, Vigny ne chicane pas sur des fautes de raisonnement, mais dénonce avec une sombre ironie l'absurdité féroce dont Maistre se fait le complice par esprit de système ; c'est en dégageant leurs conséquences, odieuses au sens commun, qu'il attaque la théorie de la Providence et celle de la substitution des souffrances expiatoires. Faute de pouvoir citer tout ce chapitre, le plus éloquent peut-être, et le plus fort que Vigny ait jamais conçu, nous donnerons au moins quelques passages essentiels.*

« Il a fallu à l'impitoyable sophistiqueur souffler, comme un alchimiste patient, sur la poussière des premiers livres, sur les cendres des premiers docteurs, sur la poudre des bûchers indiens et des repas anthropophages, pour en faire sortir l'étincelle incendiaire de la fatale idée. (...) Il a fallu que le cerveau de l'un des derniers catholiques fouillât bien avant dans le crâne de l'un des premiers chrétiens pour en tirer cette fatale théorie de la *réversibilité* et du *salut par le sang*. Et cela pour replâtrer l'édifice démantelé de l'Église romaine et l'organisation démembrée du moyen âge ! Et cela, tandis que l'inutilité du sang pour la fondation des systèmes et des pouvoirs se démontrait tous les jours en place publique de Paris ! Et cela, tandis qu'avec les mêmes axiomes *quelques scélérats,* lui-même l'écrivait, renversaient *quelques scélérats* en disant aussi : l'Éternel, la Vertu, la Terreur! (...)

Entendez-vous le cri de la bête carnassière, sous la voix de l'homme? — Voyez-vous par quelles courbes, partis de deux points opposés, ces purs idéologues *(Saint-Just et Maistre)* sont arrivés d'en bas et d'en haut à un même point où ils se touchent, à l'échafaud? Voyez-vous comme ils honorent et caressent le Meurtre? — Que le Meurtre est beau, que le Meurtre est bon, qu'il est facile et commode, pourvu qu'il soit bien interprété! Comme le Meurtre peut devenir joli, en des bouches bien faites et quelque peu meublées de paroles impudentes et d'arguties philosophiques! Savez-vous s'il se naturalise moins sur ces langues parleuses que sur celles qui lèchent le sang? Pour moi je ne le sais pas.

Demandez-le (si cela s'évoque) aux massacreurs de tous les temps. Qu'ils viennent de l'Orient et de l'Occident! Venez en haillons, venez en soutane, venez en cuirasse, venez, tueurs d'un homme et tueurs de cent mille; depuis la Saint-Barthélemy jusqu'aux septembrisades, de Jacques Clément et de Ravaillac à Louvel, de Des Adrets et Montluc à Marat et Schneider; venez, vous trouverez ici des amis, mais je n'en serai pas! (...)

Dans cette violente passion de tout rattacher, à tout prix, à une cause, à une *Synthèse,* de laquelle on descend à tout, et par laquelle tout s'explique, je vois encore l'extrême faiblesse des hommes, qui, pareils à des enfants qui vont dans l'ombre, se sentent tous saisis de frayeur, parce qu'ils ne voient pas le fond de l'abîme que ni Dieu Créateur ni Dieu Sauveur n'ont voulu nous faire connaître. » *(Stello,* ch. XXXII.)

*

C'est seulement dans une note de son Journal *que Vigny semble envisager une controverse proprement philosophique avec les idées de Joseph de Maistre.*

Septembre (?) 1834. « Il est plaisant que Joseph de Maistre, qui a l'insolence d'accuser Pascal, Rousseau, Locke, Bacon de légèreté, dise ceci : « Le mal est sur la terre très justement et Dieu ne saurait en être l'auteur. C'est une vérité dont nous ne doutons ni vous ni moi et que je puis me dispenser de prouver. » Et il passe à autre chose. Il me semble que cette bagatelle valait qu'on s'y arrêtât. Hume valait la peine qu'on l'écoutât quand il dit dans ses essais : « Aux yeux de l'homme rien ne peut absoudre la Providence d'avoir créé le mal et la mort. » *(J.,* 1010.)

Ce canevas prépare de loin le Mont des Oliviers *et le réquisitoire dressé par le Christ contre le Père; Maistre n'est pas nommé dans ce poème, sans doute, mais on peut le reconnaître dans ces vers que prononce Jésus :*

« Nous savons qu'il naîtra, dans le lointain des âges,
Des dominateurs durs escortés de faux sages,
Qui troubleront l'esprit de chaque nation
En donnant un faux sens à ma rédemption. »

*
* *

Voici, maintenant, extraits des Soirées de Saint-Pétersbourg, *les passages du septième Entretien qui ont inspiré, dans* Servitude, *certaines idées particulières de l'introduction et le thème central de* Laurette :

« Les nations les plus jalouses de leurs libertés n'ont jamais pensé autrement que le reste des hommes sur la prééminence de l'état militaire; et l'antiquité sur ce point n'a pas pensé autrement que nous : c'est un de ceux où les hommes ont été constamment d'accord et le seront toujours. Voici donc le problème que je vous propose : *Expliquez pourquoi ce qu'il y a de plus honorable dans le monde, au jugement de tout le genre humain sans exception, est le droit de verser innocemment le sang innocent?* Regardez-y de près, et vous verrez qu'il y a quelque chose de mystérieux et d'inexplicable dans le prix extraordinaire que les hommes ont toujours attaché à la gloire militaire; d'autant que, si nous n'écoutions que la théorie et les raisonnements humains, nous serions conduits à des idées directement opposées. Il ne s'agit donc point d'expliquer la possibilité de la guerre par la gloire qui l'environne : il s'agit avant tout d'expliquer cette gloire même, ce qui n'est pas aisé. Je veux encore vous faire part d'une autre idée sur le même sujet. Mille et mille fois on nous a dit que les nations, étant les unes à l'égard des autres dans l'état de nature, elles ne peuvent terminer leurs différends que par la guerre. Mais, puisque aujourd'hui j'ai l'humeur interrogeante, je demanderai encore : *Pourquoi toutes les nations sont-elles demeurées respectivement dans l'état de nature, sans avoir fait jamais un seul essai, une seule tentative pour en sortir?* (...) pourquoi les nations n'ont-elles pas eu autant d'esprit ou autant de bonheur que les individus; et comment n'ont-elles jamais convenu d'une société générale pour terminer les querelles des nations, comme elles sont convenues d'une souveraineté nationale pour terminer celles des particuliers? On aura beau tourner en ridicule *l'impraticable paix de l'abbé de Saint-Pierre* (car je conviens qu'elle est impraticable), mais je demande pourquoi? je demande pourquoi les nations n'ont pu s'élever à l'état social comme les particuliers? (...) s'élever jusqu'à la société des nations? (...)

Observez donc, je vous prie, un phénomène bien digne de votre attention : c'est que le métier de la guerre, comme on pourrait le croire ou le craindre, si l'expérience ne nous instruisait pas, ne tend nullement à dégrader, à rendre féroce ou dur, au moins celui qui l'exerce : au contraire, il tend à le perfectionner. L'homme le plus honnête est ordinairement le militaire honnête, et, pour mon compte, j'ai toujours fait un cas particulier, comme je vous le disais dernièrement, du bon sens militaire. Je le préfère infiniment aux longs détours des gens d'affaires. Dans le commerce ordinaire de la vie, les militaires sont plus aimables, plus faciles, et souvent même, à ce qu'il m'a paru, plus obligeants que les autres hommes. Au milieu des orages politiques, ils se montrent généralement défenseurs intrépides des maximes antiques; et les sophismes les plus éblouissants échouent presque toujours devant leur droiture. (...)

(...) Rappelez-vous, M. le chevalier, le grand siècle de la France. Alors la religion, la valeur et la science s'étant mises pour ainsi dire en équilibre, il en résulta ce beau caractère que tous les peuples saluèrent par une acclamation unanime comme le modèle du caractère européen. (...) L'esprit divin qui s'était particulièrement reposé sur l'Europe adoucissait jusqu'aux fléaux de la justice éternelle, et la *guerre européenne* marquera toujours dans les annales de l'univers. On se tuait, sans doute, on brûlait, on ravageait, on commettait même si vous voulez mille et mille crimes inutiles, mais cependant on commençait la guerre au mois de mai ; on la terminait au mois de décembre; on dormait sous la toile; le soldat seul combattait le soldat. Jamais les nations n'étaient en guerre, et tout ce qui est faible était sacré à travers les scènes lugubres de ce fléau dévastateur. (...)

Aucune nation ne triomphait de l'autre : la guerre antique n'existait plus que dans les livres ou chez les peuples *assis à l'ombre de la mort;* une province, une ville, souvent même quelques villages, terminaient, en changeant de maître, des guerres acharnées. Les égards mutuels, la politesse la plus recherchée, savaient se montrer au milieu du fracas des armes. La bombe, dans les airs, évitait le palais des rois; des danses, des spectacles, servaient plus d'une fois d'intermèdes aux combats. L'officier ennemi invité à ces fêtes venait y parler en riant de la bataille qu'on devait donner le lendemain; et, dans les horreurs mêmes de la plus sanglante mêlée, l'oreille du mourant pouvait entendre l'accent de la pitié et les formules de la courtoisie. (...)

Les fonctions du soldat sont terribles; mais il faut qu'elles tiennent à une grande loi du monde spirituel, et l'on ne doit pas s'étonner que toutes les nations de l'univers se soient accordées à voir dans ce fléau quelque chose encore de plus particulièrement divin que dans les autres. (...)

Le philosophe peut même découvrir comment le carnage permanent est prévu et ordonné dans le grand tout. Mais cette loi s'arrêtera-t-elle à l'homme? Non, sans doute. Cependant quel être exterminera celui qui les exterminera tous? Lui : c'est l'homme qui est chargé d'égorger l'homme.

Mais comment pourra-t-il accomplir la loi, lui qui est un être moral et miséricordieux; lui qui est né pour aimer; lui qui pleure sur les autres comme sur lui-même, qui trouve du plaisir à pleurer, et qui finit par inventer des fictions pour se faire pleurer; lui enfin à qui il a été déclaré *qu'on redemandera jusqu'à la dernière goutte du sang qu'il aura versé injustement ?* c'est la guerre qui accomplira le *décret.* N'entendez-vous pas la *terre* qui crie et demande du sang? Le sang des animaux ne lui suffit pas, ni même celui des coupables versés par le glaive des lois. Si la justice humaine les frappait tous, il n'y aurait point de guerre; mais elle ne saurait en atteindre qu'un petit nombre, et souvent même elle les épargne, sans se douter que sa féroce humanité contribue à nécessiter la guerre, si, dans le même temps surtout, un autre aveuglement, non moins stupide et non moins funeste, ne travaillait à éteindre l'expiation dans le monde. La *terre* n'a pas crié en vain : la guerre s'allume. L'homme saisi tout à coup d'une fureur *divine,* étrangère à la haine et à la colère, s'avance sur le champ de bataille sans savoir ce qu'il veut ni même ce qu'il fait. Qu'est-ce donc que cette horrible énigme? Rien n'est plus contraire à sa nature, et rien ne lui répugne moins : il fait avec enthousiasme ce qu'il a en horreur. (...)

La guerre est donc divine en elle-même, puisque c'est une loi du monde.

La guerre est divine par ses conséquences d'un ordre surnaturel, tant générales que particulières; conséquences peu connues parce qu'elles sont peu recherchées, mais qui n'en sont pas moins incontestables. Qui pourrait douter que la mort trouvée dans les combats n'ait de grands privilèges? et qui pourrait croire que les victimes de cet épouvantable jugement aient versé leur sang en vain? (...)

La guerre est divine dans la gloire mystérieuse qui l'environne, et dans l'attrait non moins inexplicable qui nous y porte. (...)

La guerre est divine dans ses résultats qui échappent absolument aux spéculations de la raison humaine ».

Ce long passage des Soirées *de Saint-Pétersbourg éclaire plusieurs idées importantes dans l'introduction de* Servitude. *C'est même par rapport à la pensée de Maistre qu'on mesure le mieux ce qu'a été en vingt ans l'évolution de Vigny. Quand il entre dans l'armée en 1814, il voit dans* « chaque général en chef une sorte de Moïse, qui devait seul rendre ses terribles comptes à Dieu »; *et il cherche* « à capituler avec les monstrueuses résignations de *l'obéissance passive,* en considérant à quelle source elle remontait ». *C'est assez dire que le jeune officier était nourri de conceptions théocratiques, fort semblables à celles de Maistre. Vingt ans plus tard, au contraire, il s'en prend directement à Maistre pour repousser avec horreur sa conclusion sur le caractère divin de la guerre :* « Malgré les paroles d'un sophiste que j'ai combattu ailleurs, il n'est point vrai que, même contre l'étranger, la guerre soit *divine;* il n'est point vrai que *la terre soit avide de sang.* La guerre est maudite de Dieu et des hommes mêmes qui la font et qui ont d'elle une secrète horreur, et la terre ne crie au ciel que pour lui demander l'eau fraîche de ses fleuves et la rosée pure de ses nuées. » *(Sur la Responsabilité.)*

En marge de cette influence essentielle, relevons, après Auguste Dorchain, quelques réminiscences secondaires qui prouvent combien Vigny a été frappé par la lecture des Soirées. *Le premier chapitre de* Servitude : Pourquoi j'ai rassemblé ces souvenirs, *appelle le temps* « où le globe ne portera plus qu'une nation unanime enfin sur ses formes sociales; événement », *ajoute l'auteur,* « qui, depuis longtemps, devrait être accompli ». *Or, la périphrase de Vigny,* « une nation unanime (...) sur ses formes sociales », *développe l'expression involontairement prophétique de Maistre : une* « société des nations ».

Maistre, d'autre part, oppose aux guerres féroces de l'Antiquité et aux guerres totales, inaugurées par la Révolution, celles du XVIIe siècle que le christianisme, selon lui, avait dépouillées de la sauvagerie primitive. Vigny reprend la même idée : « La loi chrétienne », *dit-il,* « a changé une fois les usages farouches de la guerre »; *ajoutant il est vrai :* « mais les conséquences des nouvelles mœurs qu'elle introduisit n'ont pas été poussées assez loin sur ce point ». *Bien plus, quand Maistre affirme que les officiers ennemis, rassemblés dans une même fête, parlaient* « en riant de la bataille qu'on devait donner le lendemain », *Vigny retrouve ici l'idéal chevaleresque et aristocratique de son enfance. Il peut même citer l'exemple précis de son père, reçu après la bataille de Crefeld sous la tente de Frédéric II* « avec une grâce et une politesse toutes françaises » (Pourquoi j'ai rassemblé ces souvenirs).

Selon Maistre, encore, le soldat, loin d'être « féroce ou dur », *présente* « ces vertus douces qui semblent le plus opposées au métier des armes. » *Or, c'est précisément cette douceur qui est célébrée dans les trois récits de* Servitude. *Maistre signale même la grande honnêteté des militaires qu'il préfère infiniment, dit-il,* « aux longs détours des gens d'affaires ». *Peut-être faut-il voir dans cette brève suggestion la première amorce du projet que Vigny envisage en 1830 et qu'il reprend, à peine modifié, en 1834 : opposer un soldat à un avocat d'abord, puis à un journaliste.*

Dans les derniers mois de l'année 1834, enfin, alors qu'il envisage un troisième récit consacré à la grandeur militaire, Vigny se félicite d'avoir critiqué la thèse centrale des Soirées de Saint-Pétersbourg *qui assimile l'homme de guerre à l'exécuteur des hautes œuvres divines.*

Octobre ou novembre 1834.

« LE BOURREAU ET LE SOLDAT. — J'ai bien fait de nommer J. de Masitre un *esprit falsificateur* dans Stello. De Maistre fait semblant de confondre le soldat avec le bourreau. Ce qui fait le bourreau infâme, c'est qu'il tue sans danger. *Comme l'assassin : c'est l'assassin de la loi* » (*J.*, 1016.)

En fait, Vigny songe moins à Maistre, désormais, qu'à Lamennais; et s'il se félicite d'avoir contredit le premier, c'est que son réquisitoire vaut d'avance contre le second, car Lamennais lui aussi voit dans le soldat un bourreau ou plutôt un assassin, non plus suscité par Dieu, mais dévoué à Satan.

* *

4) *VIGNY ET LAMENNAIS.*

Comme à l'égard de Maistre, Vigny nourrit à l'égard de Lamennais des sentiments mêlés; sa sympathie, toutefois, reste vive pour le prêtre breton. Sympathie ancienne, puisqu'en 1825 le chapitre XX de Cinq-Mars *présente en exergue cette citation de Lamennais :* « Les circonstances dévoilent pour ainsi dire la royauté du génie, dernière ressource des peuples éteints. Les grands écrivains... ces rois qui n'en ont pas le nom, mais qui règnent véritablement par la force du caractère et la grandeur des pensées, sont élus par les événements auxquels ils doivent commander. Sans ancêtre et sans postérité, seuls de leur race, leur mission remplie, ils disparaissent en laissant à l'avenir des ordres qu'il exécutera fidèlement. »

On comprend que pareille profession de foi ait enthousiasmé Vigny ; Stello *en tirera sa revendication directrice, en 1832, et* l'Esprit pur, *près de quarante ans plus tard, un* exegi monumentum. *Entre 1825 et 1830, cependant, Lamennais se fait l'apôtre de l'ultramontanisme, et ses convictions, au moins par leurs conséquences pratiques, ressemblent beaucoup à celles de Maistre. Certes, Vigny, à la même époque, cherche à renouer avec un certain mysticisme comme le prouvent quelques projets d'*Élévations, *mais il s'affirme aussi l'adversaire de toute théocratie, celle des jésuites, de l'Inquisition et de Calvin.*

C'est la révolution de Juillet qui devait rapprocher les deux hommes. La devise de l'Avenir : « *Dieu et la Liberté* », *satisfaisait chez Vigny une aspiration profonde au libéralisme, mais à un libéralisme que la pensée religieuse garantissait contre les deux excès du matérialisme et de la démagogie.*

*L'*Élévation Paris, *datée de la mi-janvier 1831, ne se fait guère d'illusions, il est vrai, sur la tentative de Lamennais :*

L'un soutient, en pleurant, la Croix dépossédée,
S'assied près du Sépulcre et seul comme un banni,
Il se frappe en disant : « *Lamma Sabacthani* ».

Dans son sang, dans ses pleurs, il baigne, il noie, il plonge
La couronne d'épine et la lance et l'éponge,
Baise le corps du Christ, le soulève et lui dit :
« Reparais, Roi des Juifs, ainsi qu'il est prédit;
Viens, ressuscite encore aux yeux du seul apôtre.
L'Église meurt : renais dans sa cendre et la nôtre,
Règne, et sur les débris des schismes expiés,
Renverse tes gardiens des lueurs de tes pieds. »
— Rien. Le corps du Dieu ploie aux mains du dernier homme,
Prêtre pauvre et puissant pour Rome et malgré Rome ;
Le Cadavre adoré, de ses clous immortels
Ne laisse plus tomber de sang pour ses autels;
Rien... Il n'ouvrira pas son oreille endormie
Aux lamentations du nouveau Jérémie,
Et le laissera seul, mais d'une habile main,
Retremper la Tiare en l'alliage humain.

*Mais l'échec est plutôt une recommandation aux yeux du poète,
et* Paris *inscrit l'effort de Lamennais dans le schéma tragique
qui est particulier à Vigny : il agit en effet* « pour Rome et
malgré Rome », *comme le Trappiste et Cinq-Mars agissaient
pour le roi et malgré le roi, comme les poètes et Julien agiront pour
la foule et malgré la foule. Aussi, le 15 février suivant, Vigny
demande-t-il à Montalembert de lui ménager une entrevue avec
Lamennais :*

« Je désire au moins autant que lui une entrevue qui
peut ne pas être sans résultats. Je crois à sa tolérance comme
à son génie, monsieur, et je pense bien que nulle opinion
exprimée avec franchise ne peut le blesser, ni l'éloigner
d'un homme auquel il a témoigné quelque estime. Nous
sommes dans un temps où un point doit suffire à rallier
les hommes qui veulent sauver leur pays et servir l'humanité. » (*Corr.*, édit. Conard, p. 239.) *Vigny conserve donc ses
distances envers Lamennais au moment même où il entrevoit
une action possible pour l'aristocratie de l'intelligence. Il les conserve plus encore pendant sa brève collaboration à* l'Avenir,
et, le 6 août 1832, il constate la faillite de ce journal :

« La France n'est plus chrétienne. La majorité est sceptique, indifférente, à peine déiste. L'épreuve la meilleure a été faite. — Sous les auspices d'un grand talent un journal a été entrepris réunissant les deux idées de religion et de démocratie. Il n'a pu être populaire. » (*J.*, 961.)

L'année suivante, Vigny méditant la deuxième Consultation s'affermit dans son agnosticisme politique et surtout religieux. Quand paraissent les Paroles d'un croyant, *en 1834, il est certainement séduit par l'enthousiasme visionnaire qui anime ce livre; mais inquiété aussi par la violence partisane et par le tour délibérément révolutionnaire que prend la pensée de Lamennais depuis sa condamnation par Rome. Voici les deux chapitres des* Paroles *qui ont influencé la genèse de* Servitude :

XXXV

« Si les oppresseurs des nations étaient abandonnés à eux-mêmes, sans appui, sans secours étranger, que pourraient-ils contre elles?

(...) Or Satan, qui est le roi des oppresseurs des nations, leur suggéra, pour affermir leur tyrannie, une ruse infernale.

Il leur dit : Voici ce qu'il faut faire. Prenez dans chaque famille les jeunes gens les plus robustes, et donnez-leur des armes, et exercez-les à les manier, et ils combattront pour vous contre leurs pères et leurs frères; car je leur persuaderai que c'est une action glorieuse.

Je leur ferai deux idoles qui s'appelleront Honneur et Fidélité, et une loi qui s'appellera Obéissance passive.

Et ils adoreront ces idoles, et ils se soumettront à cette loi aveuglément, parce que je séduirai leur esprit, et vous n'aurez plus rien à craindre.

Et les oppresseurs des nations firent ce que Satan leur avait dit, et Satan aussi accomplit ce qu'il avait promis aux oppresseurs des nations.

Et l'on vit les enfants du peuple lever le bras contre le peuple, égorger leurs frères, enchaîner leurs pères, et oublier jusqu'aux entrailles qui les avaient portés.

Quand on leur disait : Au nom de tout ce qui est sacré,

pensez à l'injustice, à l'atrocité de ce qu'on vous ordonne, ils répondaient : Nous ne pensons point, nous obéissons.

Et quand on leur disait : N'y a-t-il plus en vous aucun amour pour vos pères, vos mères, vos frères et vos sœurs? ils répondaient : Nous n'aimons point, nous obéissons.

Et quand on leur montrait les autels de Dieu qui a créé l'homme et du Christ qui l'a sauvé, ils s'écriaient : Ce sont là les Dieux de la patrie; nos Dieux, à nous, ce sont les Dieux de ses maîtres, la Fidélité et l'Honneur.

Je vous le dis en vérité, depuis la séduction de la première femme par le Serpent, il n'y a point eu de séduction plus effrayante que celle-là. (...)

XXXVI

Jeune soldat, où vas-tu?

Je vais combattre pour Dieu et les autels de la patrie.

Que tes armes soient bénies, jeune soldat!

— Jeune soldat, où vas-tu?

Je vais combattre pour la justice, pour la sainte cause des peuples, pour les droits sacrés du genre humain.

Que tes armes soient bénies, jeune soldat!

— Jeune soldat, où vas-tu?

Je vais combattre pour délivrer mes frères de l'oppression, pour briser leurs chaînes et les chaînes du monde.

Que tes armes soient bénies, jeune soldat!

— Jeune soldat, où vas-tu?

Je vais combattre contre les hommes iniques pour ceux qu'ils renversent et foulent aux pieds, contre les maîtres pour les esclaves, contre les tyrans pour la liberté.

Que tes armes soient bénies, jeune soldat!

— Jeune soldat, où vas-tu?

Je vais combattre pour que tous ne soient plus la proie de quelques-uns, pour relever les têtes courbées et soutenir les genoux qui fléchissent.

Que tes armes soient bénies, jeune soldat!

. . . .

— Jeune soldat, où vas-tu?

Je vais combattre pour renverser les barrières qui séparent les peuples, et les empêchent de s'embrasser comme les fils du même père, destinés à vivre unis dans un même amour.

Que tes armes soient bénies, jeune soldat!

— Jeune soldat, où vas-tu?

Je vais combattre pour affranchir de la tyrannie de l'homme la pensée, la parole, la conscience.

Que tes armes soient bénies, jeune soldat!

— Jeune soldat, où vas-tu?

Je vais combattre pour les lois éternelles descendues d'en haut, pour la justice qui protège les droits, pour la charité qui adoucit les maux inévitables.

Que tes armes soient bénies, jeune soldat!

— Jeune soldat, où vas-tu?

Je vais combattre pour que tous aient au ciel un Dieu, et une patrie sur la terre.

Que tes armes soient bénies, sept fois bénies, jeune soldat!»

A propos du chapitre XXXV, on notera que le soldat, chez Lamennais, égorge ses frères, son père, sa mère sans le moindre scrupule et par une sorte de vocation; Vigny, au contraire, présente ainsi le bilan d'une émeute :

« Tout calcul fait, reste une simple soustraction de quelques morts: mais les soldats n'y sont pas portés en nombre, ils ne comptent pas. On s'en inquiète peu. Il est convenu que ceux qui meurent sous l'uniforme n'ont ni père, ni mère, ni femme, ni amie à faire mourir dans les larmes. C'est un sang anonyme. » *(Sur le caractère général des armées.)*

« Nous ne pensons point », *disent les soldats de Lamennais,* nous obéissons. » *Ceux de Vigny ne pensent guère plus, mais c'est parce que la société les maintient dans un état barbare, arriéré et puéril. Cette mutilation mentale des soldats que le pouvoir réduit au rôle d'instrument leur laisse juste assez de pensée pour qu'ils soient écrasés de scrupules et de repentirs* (Conclusion). « Nous n'aimons pas », *disent enfin les soldats de Lamennais,* « nous obéissons. » *Les trois récits de Vigny, affirment au contraire que le soldat est fait pour l'amour et les sentiments paternels; quant aux chapitres généraux, ils répètent sous bien des formes que l'homme de guerre souffre d'être exclu de l'amour de la nation.*

* *

Après août 1835, les sentiments de Vigny à l'égard de Lamennais intéressent Daphné *et non plus* Servitude; *signalons cependant deux textes qui ont un intérêt rétrospectif :*

7 novembre 1835. « Dîné seul avec Sainte-Beuve. (...) Je voyais Lamennais comme un prêtre qui, sentant que le Pape et les Rois laissent tomber la croix, a eu l'idée de la porter dans le camp des Barbares et de l'y planter comme firent les Chrétiens du temps du Bas-Empire. Les Barbares sont les gens de la plus basse populace qu'il veut révolter ou aider à se révolter pour fonder sa Théocratie, façonnée en inquisition dans Joseph de Maistre.

J'ai dit à Sainte-Beuve que, moi qui ne les connais pas *(il s'agit de Chateaubriand autant que de Lamennais),* je les voyais ainsi. Mais non. Il les connaît. L'un est prétentieux, poète manqué, demi-pèlerin et demi-jacobin. L'autre un colérique et haineux prêtre, reniant le Christianisme, remorqué par les Saint-Simoniens, et ne sachant où il va. Les Sages de notre temps sont frappés de folie pour ne pas savoir se connaître eux-mêmes. » (*J.,* 1033.)

Vigny partagerait-il aussi aisément la conviction de Sainte-Beuve si elle ne confirmait ses propres soupçons ? Quoi qu'il en soit, l'écho direct de cette conversation apparaît à la fin de Daphné *en 1837. Citons encore ce passage puisqu'il fait allusion au rôle que Lamennais préconise pour l'armée :*

« Ce qu'ils virent de plus lugubre, ce fut un prêtre qui vint et les suivit *(les saint-simoniens)* en disant : « Je vous servirai et je vous imiterai.

« Les rois boivent du sang dans des crânes, les prêtres sont gorgés de biens, d'honneurs et de puissance, il faut que le Peuple les détruise et que les armées secondent les Peuples.

« J'écrirai pour vous une Apocalypse saint-simonienne qui sera une œuvre de haine. »

La foule l'écoutait et riait.

Alors ils rentrèrent tous deux remplis d'une tristesse profonde. »

***

5) *VIGNY ET BALLANCHE.*

*L'influence de Ballanche sur Vigny est à la fois plus vaste et plus discrète que celle de Maistre et de Lamennais. Elle s'explique moins par l'action aisément localisable de quelques idées particulières que par une communauté naturelle de vues, par une parenté d'esprit ou plutôt de cœur, par une sympathie qui s'attache à l'homme et à ses qualités morales autant qu'à l'auteur. Vigny est trop rationaliste, sans doute, pour accorder grand crédit à cette démarche intellectuelle qu'est le mysticisme ; mais il en admire les vertus poétiques comme il admire l'optimisme humanitaire dont ce mysticisme est animé; l'*Élévation Paris *doit beaucoup, semble-t-il, à Ballanche, et Vigny a toujours placé très haut le mystique lyonnais :*

19 janvier 1831. « Les hommes méditatifs du moment sont rares. (...) Je ne vois que Lamartine qui n'ait besoin que de lui-même, et Ballanche, et peut-être moi, par haine de ce qu'ont fait les autres et par besoin de chercher en moi, dans mes entrailles la source de mes inspirations, par coutume de m'analyser moi-même. » (*J.*, 936.)

Janvier 1834. « Il n'y a point de Poëte en prose. Ballanche serait celui des prosateurs qui approcherait le plus du Poëte s'il était possible qu'un Poëte existât sans la partie divine de son œuvre qui est l'harmonie. » (*J.*, 998.)

4 février 1838. « Adolphe Dumas, l'auteur de la *Cité des hommes,* était un soir chez Michaud, de l'Académie française, et lui parlait de Ballanche, qui se présentait le lendemain pour l'Académie (...). Il ne connaissait pas le titre d'un seul des huit beaux volumes de ce grand écrivain! (...) Qu'est-ce donc que l'Académie, grand Dieu! » (*J.*, 1096.)

Début de mars 1842. « Aujourd'hui le bon Ballanche me dit que sa voix est à moi lorsqu'il aura le droit de voter. Il cause en paix et agréablement avec moi. Honnête et bon vieillard, il a l'air satisfait et heureux.

— Dans un salon, dit-il, sur quarante hommes, chacun prend les siens; je ferai de même, et vous aussi, à l'Académie : nous prendrons les nôtres. » (*J.*, 1171.)

**

Voici le passage du Traité de Palingénésie sociale *dont Vigny s'est inspiré dans* Servitude :

« Maintenant, l'abolition de la peine de mort est réclamée avec cette sorte d'unanimité, qui ne peut tarder de triompher, parce que c'est l'unanimité des hommes qui ont la pensée sympathique de ce siècle.

L'humanité, marchant toujours de triomphe en triomphe, achèvera de désarmer les bourreaux, les geôliers, les gardiens des bagnes; et la gêne, éternel opprobre de tous les codes criminels, sera forcée de s'enfuir.

Enfin, on en viendra, tôt ou tard, à l'abolition de toute peine, qui entraîne après elle un effet irrévocable. (...)

La société ne pourra donc plus supplier par le sang; et les disciples de M. de Maistre seront obligés de se réfugier dans la pensée qu'il restera toujours une veine de sang humain ouverte, celle de la guerre.

En effet, M. de Maistre regarde aussi la guerre comme une forme d'expiation. Je ne le conteste pas, mais n'est-ce que cela? Examinons. La mort est une des conditions de la vie; la guerre condamne un certain nombre d'hommes à mourir sur les champs de bataille ; elle est donc un genre de mort ajouté à tous les autres. La guerre a été, dans la main de Dieu, un moyen providentiel, un instrument de civilisation. De plus, il est évident que les questions sociales les plus importantes ne peuvent se décider que par les armes; et remarquez bien qu'un combat entre des hommes est un combat entre des intelligences, combat dont le signe terrible est l'immolation d'un plus ou moins grand nombre de victimes. La force physique, ici comme ailleurs, n'est que l'emblème de la force intellectuelle ou morale. La guerre est donc souvent légitime, même la guerre civile. La victoire est l'ascendant d'êtres intelligents sur d'autres êtres intelligents, ascendant qui se manifeste dans le fond des âmes plutôt qu'il n'apparaît par les chances extérieures des armes, et même on ne peut l'expliquer autrement. La valeur n'est que la foi sous une forme différente. Voilà pourquoi une croyance religieuse ou fatale, un sentiment très exalté, une grande confiance dans la fortune d'un chef, dans la justice ou la sainteté d'une cause, sont des raisons si puissantes de victoire. (...) Ajoutons encore que l'homme trouve à exercer, parmi les chances de la guerre, un genre de facultés et de vertus, qu'il n'aurait pas connues sans elle. La pensée de l'épreuve se retrouve partout. Remarquons toutefois que même les guerres les plus justes et les plus saintes entraînent avec elles des excès qui révèlent aussi les plus mauvais côtés de la nature humaine, tantôt si haute, tantôt si abjecte, tantôt si noble, tantôt si brutale, tantôt si pure, tantôt si perverse. Ces sortes d'excès, au reste, tendent beaucoup à diminuer. (...)

La guerre est toujours juste pour le soldat et même pour le général, car ils suivent la foi du prince ou de la patrie, à moins cependant d'une évidence complète. Que veut donc dire dans M. de Maistre, cette comparaison du soldat et du bourreau? A-t-il oublié le danger qui ennoblit la profession du soldat? Néglige-t-il dans ses motifs d'examen, le genre de vertus développées dans l'homme par la guerre elle-même? S'ils suppliént l'un et l'autre par le sang, s'ils font l'un et l'autre un sacrifice expiatoire pour la société, du moins l'un des deux livre son propre sang. L'un est justement flétri, l'autre le serait injustement : voilà toute la différence.

Néanmoins, lorsque l'homme social sera plus nourri

encore du sentiment moral, le soldat sera obligé, ou plutôt il ne pourra plus s'abstenir d'examiner lui-même, de discuter avec les siens, la cause pour laquelle il prend les armes. Le soldat romain prêtait un nouveau serment pour chaque chef militaire qui lui était donné, et voici la formule du serment : In sacramentum, in verba consulis, proconsulis. C'était donc, au fond, une sorte d'identification de l'armée avec son général, une foi dépouillée de toute acception passive et purement machinale, si incompatible avec la dignité humaine. Cette identification est tout à fait dans le sens des sociétés anciennes. Les sociétés actuelles auraient besoin d'une institution analogue, mais qui fût en rapport avec le progrès des idées. Que cette institution revive! Alors la guerre, qui est un combat d'êtres intelligents, finira par devenir un combat d'êtres moraux, où la justice triomphera, comme ce fut peut-être à l'origine dans les jugements de Dieu. (...)

Encore quelques mots sur la guerre. Croyez-vous que déjà le soldat ne doive pas, au moins, hésiter lorsqu'on dirige ses armes contre des concitoyens dans l'intérieur du pays? Ne le voudriez-vous pas instruit des circonstances où il doit prêter main forte à la loi? Voyez ce qui se passe en Angleterre, et qui est une leçon pour nous. Serait-ce donc une chose morale que de réduire l'homme à l'état d'instrument aveugle? Ce genre d'épreuve diminuera comme les autres. Déjà notre mode de recrutement est un pas immense fait dans cette voie. Le soldat, comme le juré, est l'expression du pays. Ajoutons, ici, puisque l'occasion s'en présente, qu'il était bien temps de modifier toute notre législation militaire, qui semblait naguère encore retenir des traditions nées dans un camp de barbares. Admettons, pour principe, que, hors le temps de guerre, et à moins d'être sur les lieux mêmes où la guerre se fait, le soldat n'est justiciable que des tribunaux communs à tous, et sous la condition expresse de l'assistance des jurés. Les soldats ne doivent jamais cesser d'être des citoyens, et d'en avoir toutes les prérogatives : si leurs droits sont suspendus lorsqu'ils sont en présence de l'ennemi, c'est uniquement par la plus impérieuse des lois, celle de la nécessité, la loi qui produisait les dictateurs à Rome, qui faisait taire le pouvoir des éphores à Sparte. (...)

Le nombre des questions insolubles autrement que par la guerre diminuera de jour en jour. (...) Sitôt que la guerre cessera d'être civilisatrice, la partie la plus notable de sa terrible mission sera finie, et l'épée des conquérants sera enfin brisée. »

(*Essai de Palingénésie sociale,* 1827, pp. 229 à 235.)

III — RÉALITÉS ET FICTIONS

1) LE CACHET ROUGE.

Un peu avant la publication de Servitude, *Vigny note dans son* Journal :

« Le nom des personnages réels ajoute à l'illusion d'optique du théâtre et des livres, et la meilleure preuve du succès est la chaleur que met le public à s'informer de la réalité de l'exemple qu'on lui donne.

Pour les poètes et la postérité, il suffit de savoir que le fait soit *beau* et *probable*. — Aussi je réponds sur *Laurette* et les autres : *Cela pourrait avoir été vrai.* » (*J.*, 1021.)

La même affirmation reparaît avec quelques nuances supplémentaires dans une lettre adressée à la même époque à un ancien compagnon d'armes de l'auteur, le capitaine de La Coudrée.

21 octobre 1835.

« Je crois que dans les trois romans qui composent ce volume que je vous envoie, il n'y a pas un trait qui n'ait eu son modèle vivant. Dites-moi, mon vieil mai, si dans le commandant du premier Épisode *(Laurette)* vous ne retrouvez pas la démarche, la coupe de coco de quelque brave de notre ancien 55e de ligne? Autrefois j'ai vu en effet, sur la route de Béthune que je fis comme je l'ai dit, un autre officier marchant avec une voiture pareille. Tout est roman et invention dans ces trois histoires, mais imaginé d'après des vérités observées et recueillies ou devinées peut-être assez juste. Votre esprit sain et vrai en a été frappé, votre cœur en a été touché. J'en suis bien satisfait et vous remercie de me l'avoir écrit. — Si vous causez de ce livre avec quelque *ancien* de l'Empire, tel que notre bon capitaine *Pétaubert*, si vous retrouvez *Cassius* ou

Dreptin, dites-moi quelle impression leur a pu faire cette lecture et surtout leurs critiques plus que leurs éloges; car elles seront justes assurément dans tout ce qui peint les époques et les hommes et les mœurs qu'ils ont connus. » (*Corr.*, édit. Conard, p. 406.)

Douze ans plus tard, Vigny confirme ces détails à Mme Louise Lachaud, et en ajoute quelques autres surtout à propos de Laurette.

Année 1847. « Je suis heureux de savoir que vous passez quelques heures à lire ces livres que j'écris à de si longs intervalles et dont je ne parle jamais. — Vous aimez Laurette parce que vous auriez parlé comme elle à votre mari déporté à Cayenne. Ces ordres cachetés se donnent encore aux marins. Leur mystère n'est-il pas sombre et terrible comme l'épée de Damoclès?

La discipline pèse comme la fatalité. Mon cousin, M. de Bougainville me raconta véritablement ce trait d'un marin qui eut le malheur d'obéir à un ordre du Comité de salut public, de fusiller les prisonniers de guerre. Il faut que vous sachiez, vous, Louise, que toutes les fois que dans ce livre de *Servitude et Grandeur militaires,* il y a : *je,* c'est la vérité. J'étais à Vincennes, lors de la mort de ce pauvre adjudant. Je vis aussi sur la route de Belgique une charrette conduite par un vieux chef de bataillon. Je chevauchais ainsi en chantant *Joconde.* »

Émile Lauvrière a découvert une confirmation de cette lettre. M. de Sérignan, ancien chevau-léger de la Maison du Roi, rapporte dans sa correspondance (page 341) qu'il rencontra Vigny sur les routes du Nord, au début des Cent-Jours, causant avec un vieux commandant qui conduisait un âne attelé à un haquet couvert d'une toile.

*_**

Sur l'événement réel qui est à l'origine du Cachet rouge *on peut apporter, après F. Baldensperger, quelques précisions. Par un décret du 7 prairial an II, le Comité de Salut public interdisait aux marins français de faire des prisonniers de guerre anglais et hanovriens. Le texte de ce décret fut remis, à son départ, au lieutenant Charbonnier qui commandait la frégate* la Boudeuse *de l'escadre de la Méditerranée. Les Archives nationales ont conservé le rapport que ce lieutenant adressa peu après au commissaire à la Marine, Dalbarade :*

« Dans la nuit le 25 [messidor an II] à quatre heures du matin étant au Sud de Mahon distant 10 lieues, je m'emparai d'un brick anglais venant de Falmouth allant à Palerme, étant sur son lest et équipé de onze hommes. Je fis venir l'équipage à bord que je fis fusiller d'après le décret que le commandant des armes m'avait remis qui porte de ne faire aucun prisonnier anglais ni hanovrien et je coulai le navire à fond. »

Il semble bien que le décret de prairial, dans l'intention du Comité, visait seulement l'équipage des bateaux de guerre anglais et hanovriens. Or c'était un bateau marchand que le lieutenant Charbonnier avait fait prisonnier. D'où un projet d'arrêté, le 23 thermidor, qui excepte les bateaux marchands de la loi du 7 prairial. On comprend que Bougainville qui avait accompli son voyage d'exploration sur la Boudeuse *ait jugé son ancien bateau déshonoré par l'événement du 25 messidor.*

Vigny place cet épisode sous le Directoire, juste après le coup d'État du 18 fructidor qui fut exécuté par trois directeurs, à l'exclusion des deux autres, contre le conseil des Anciens et celui des Cinq-Cents. Plusieurs journalistes furent alors déportés en Guyane à bord de la Vaillante *qui partit de Rochefort le 25 septembre 1797. Il ne semble pas que le capitaine de ce bateau ait eu à fusiller certains des prisonniers qu'il transportait. Vigny remplace* la Vaillante *par le* Marat, *cutter qui fut en effet armé pour la guerre à Rochefort et rejoignit le port de Brest en prairial an II, au moment même où le Comité de Salut public prenait le décret que devait appliquer le lieutenant Charbonnier. Peut-être cette rencontre de dates explique-t-elle le choix de Vigny; peut-être aussi veut-il donner une valeur symbolique au nom du bateau qui emporte le journaliste condamné; car il est invraisemblable qu'un navire nommé le* Marat *n'ait pas été débaptisé sous le Directoire.*

Quant au commandant du Marat, *dans* le Cachet rouge, *il appartient au 7ᵉ léger lorsque Vigny le rencontre sur la route de l'Artois. Or Fernand Baldensperger a retrouvé dans les cadres de ce régiment, à partir de 1809, un chef de bataillon nommé Charles Holtz, né à Versailles en 1777, qui avait appartenu d'abord aux cadres de la marine. Il avait été timonier sur* le Patriote *en 1792 et avait pris part à la bataille d'Aboukir. Certes, timonier à l'âge de quinze ans, ce Charles Holtz n'avait pas eu le temps d'être d'abord contrebandier comme le héros de Vigny; il n'est pas exclu cependant qu'il ait été le premier modèle du héros militaire de* Laurette. *S'il en est ainsi, cet ancien marin qui était à Aboukir a pu jouer un rôle, non seulement dans l'élaboration du* Cachet rouge, *mais aussi dans celle de* la Frégate la Sérieuse *et même dans celle de* la Canne de jonc *à propos des passages qui concernent la campagne d'Égypte.*

***

2) LA VEILLÉE DE VINCENNES.

L'explosion de deux dépôts de poudre et de cartouches, le 17 août 1819, à Vincennes, nous est bien connue grâce à quelques documents officiels qui confirment jusque dans les détails le récit que Vigny nous a donné. Voici le rapport qui fut envoyé au ministère par le colonel directeur des fortifications aussitôt après l'accident :

Vincennes, le 17 août 1819.

Mon Général,

Je m'empresse de vous rendre compte qu'un magasin à poudre de la place de Vincennes situé dans le contrefort faisant partie de la courtine donnant sur le bois a sauté ce matin à 4 heures 10 minutes.

L'explosion n'a tué qu'un garde d'artillerie qui se trouvait dans le magasin. Tous les caissons composant le parc de la Garde qui se trouvaient dans la cour d'honneur en ont été rapidement évacués par la garnison et aucun d'eux n'a pris feu malgré toutes les matières incendiaires qui les entouraient et l'explosion d'un petit magasin en charpente contenant l'artifice placé au centre des caissons.

Les réparations que cet accident occasionne aux bâtiments de la place de Vincennes sont très grandes et toutes de la première urgence, puisqu'elles portent pour la plupart sur la couverture, les croisées, les portes et une portion d'escarpe ouverte par l'explosion.

J'ai donné des ordres sur les lieux pour commencer les réparations les plus pressées.

Je suis avec un profond respect
　　　Mon Général
　　　　　Votre très humble et très obéissant serviteur,

Le Colonel, directeur des fortifications,
　　　　　Ch^r J. Paulin.

Certains détails de la Veillée *qu'on pourrait croire inspirés par le goût du macabre et du frénétique, nous sont garantis par un document plus tardif et plus circonstancié qui devait établir le 10 juin 1841 sur l'ordre du président du comité de l'artillerie la liste des accidents arrivés depuis vingt-huit ans à Vincennes. Voici quelques passages qui concernent l'explosion du 17 août 1819 :*

« Il n'existait alors dans la place que trois magasins à poudre, dont deux principaux, la tour de Paris pour la Direction et la tour de la Reine pour l'École de la Garde royale ; celle-ci avait en outre, pour les besoins journaliers, un petit magasin, situé sous la voûte de l'angle sud-est de la cour d'honneur, et adossé contre le mur d'enceinte. Il n'était garanti, vers la cour, que par une simple fermeture en planches, où l'on avait pratiqué une porte. C'est ce petit magasin qui sauta. Il contenait alors 300 kilog. de poudre et autant de munitions confectionnées.

... Le 17 août 1819, à 4 h. 1/2 *(sic)* du matin, le feu prit au magasin, sans doute par l'imprudence du Garde du Parc de l'École, nommé Mennechet, qui était allé y chercher quelques objets. Cet employé fut considéré comme la seule cause du sinistre, quoique le fait n'ait pu être suffisamment éclairci dans ses détails. Toutefois, il paraît certain que Mennechet se trouvait, au moment de l'explosion, penché sur l'un des barils; car il fut projeté à 80 mètres de distance du magasin, et appliqué à 20 mètres de hauteur, sur l'un des pieds droits de la chapelle, où il laissa une empreinte avant d'être mis en morceaux. On retrouva des lambeaux de son corps dans diverses parties du fort. L'empreinte est encore parfaitement distincte aujourd'hui, quoiqu'il se soit écoulé vingt-trois ans depuis lors. On voit également, sur les murs de la chapelle, l'empreinte d'un grand nombre de balles, qui vinrent s'y appliquer, et laissèrent des taches noires irrégulières très prononcées.

L'explosion du petit magasin à poudre occasionna immédiatement celle d'une salle d'artifice construite en planches à 15 mètres du magasin. Cette salle contenait une grande quantité d'étoupes destinées au chargement des caissons, de sorte que les étoupes embrasées couvrirent aussitôt de feu toute la cour du Parc, où se trouvaient 28 caissons chargés; mais le zèle de la garnison parvint à les préserver. »

L'adjudant Mennechet qui fut la seule victime de l'explosion, et qui en porte, semble-t-il, toute la responsabilité, était assez différent du personnage que Vigny nous présente. Ses états de service que Fernand Baldensperger a retrouvés au ministère de la Guerre permettent de voir dans quel sens et dans quelle mesure le romancier a stylisé son héros. Claude Mennechet est né le 21 décembre 1774 à Clastres, près de Saint-Quentin, et non à Montreuil. Compte tenu du grand nombre de parents qui figurent sur son acte de baptême, il est douteux, même s'il s'est trouvé orphelin de bonne heure, qu'il ait été élevé par le curé de son village. Le 6 juin 1793, il s'engage dans le 1er régiment d'artillerie à pied, et non dans le Royal-Auvergne qui n'existait plus à cette époque; il n'a donc pas porté la cocarde blanche. Il fait presque toutes les guerres de la Révolution et de l'Empire; pris par les Anglais à Vittoria en juin 1813, il s'échappe des pontons et rentre en

*France pour reprendre du service. Il passe dans la Garde royale
le 12 octobre 1715. Rien ne permet de dire qu'il ait jamais été
marié ; rien ne permet surtout de croire qu'il ait été un* « puritain
de l'honneur », « l'élite de l'élite ». « Assez bon garde »,
disent en effet ses notes d'inspection, « conduite bonne quant
à ses devoirs de service, probité intacte, moralité du reste
médiocre. »

**

*L'intérêt, assez inattendu, que Vigny porte ici à Sédaine
rejoint sans doute le goût que Stello proclame pour les histoires
du bon vieux temps :* « Contez-moi quelque histoire bien
douce, bien paisible, qui ne soit ni chaude ni froide : quelque chose de modeste, de tiède et d'affadissant, comme
le Temple de Gnide, mon ami ! quelque tableau couleur de
rose et gris, avec des guirlandes de mauvais goût; des
guirlandes surtout, oh ! force guirlandes, je vous en supplie !
et une grande quantité de nymphes, je vous en conjure ! des
nymphes aux bras arrondis, coupant les ailes à des Amours
sortis d'une petite cage ! — des cages ! des cages ! des arcs,
des carquois, oh ! de jolis petits carquois ! Multipliez les
lacs d'amour, les cœurs enflammés et les temples à colonnes
de bois de senteur ! — Oh ! du musc, s'il se peut, n'épar-
gnez pas le musc du bon temps ! »

*Dans sa verve un peu laborieuse, ce développement annonce
assez bien l'histoire de Pierrette et de Mathurin, histoire qui
rappelle les opéras-comiques villageois de Sédaine comme* Rose et
Ninette, le Roi et le Fermier, le Déserteur. *Au reste, sinon
par le sujet, du moins par le ton,* Quitte pour la peur, *comédie
aristocratique, est de la même famille que* la Gageure imprévue,
et Chatterton, *drame bourgeois, ressemble par la qualité de ses
préoccupations à cet autre drame bourgeois qu'est* le Philosophe
sans le savoir *de Sédaine.*

*Six ans plus tard, la fille de Sédaine, âgée de soixante-
quatorze ans, presque aveugle et vivant dans une gêne extrême, vint
exposer à Vigny sa triste situation. La loi sur la propriété lit-*

téraire de 1839 n'avait porté qu'à trente ans le droit des héritiers. Or, Sédaine était mort depuis quarante-deux ans. C'est à cette occasion que Vigny rédigea, le 15 janvier 1841, sa Lettre à MM. les Députés *intitulée* De Mademoiselle Sédaine et de la propriété littéraire. *Outre une revendication en faveur des héritiers d'un auteur, cette lettre comporte une biographie de Sédaine et une analyse détaillée de ses deux œuvres principales :* la Gageure imprévue *et* le Philosophe sans le savoir.

Il est certain que Sédaine fut tailleur de pierres dans sa jeunesse; mais il n'a pas travaillé au pavillon de Madame puisque ce pavillon fut construit par Chalgrin en 1784; or Rose et Colas *date de 1764.*

3) LA CANNE DE JONC.

Peu après avoir achevé *la Canne de jonc,* Vigny note dans son *Journal* :

« Las des compositions trop tortillées, je viens d'en faire une de celles dont on peut dire : c'est une idée — comme de *Chatterton.* — Il n'y a rien de compliqué — c'est tout simple. Un caractère développé et voilà tout; je ne sais pas comment on jugera d'abord le Capitaine Renaud; mais je suis sûr que, plus tard, si ce n'est dès à présent, on sentira qu'il représente le caractère de l'officier éclairé comme il doit être. » (*J.,* 1029.)

Cet officier éclairé est essentiellement celui qui refuse le séidisme, comme l'auteur l'expose à Mme Lachaud dans sa lettre de 1847 :

« Pour le capitaine Renaud, c'est un combat que j'ai voulu livrer à l'esprit de séide qui nous saisit trop aisément en France. Il n'y a pas un ambitieux égoïste qui ne trouve, dans la foule, des esclaves presque fous d'obéissance aveugle. Il faut tâcher de garantir la nation des penchants qui l'ont si souvent égarée, et celui-là renferme pour elle bien des dangers. Ce sont de mauvaises amours qui l'ont prise bien souvent, surtout depuis 1789. »

Pour composer cette critique du séidisme, Vigny a mêlé la fiction et l'histoire. Il s'en explique à Eugène Sue, le 26 août 1843 :

« Cette histoire de *la Canne de jonc* est une pure invention comme les deux autres romans de ce volume de *Grandeur et Servitude militaires*. Fallût-il désenchanter quelque belle personne, je le confesse; mais c'est un mensonge composé de bien des vérités. Vous me rappelez par exemple qu'un jour un critique qui fait beaucoup de bruit s'écria que c'était calomnier l'innocence des enfants du peuple que de supposer qu'une bille pouvait avoir frappé un officier. Le lendemain vint chez moi un officier supérieur avec qui j'avais servi dans la garde et qui m'offrit d'envoyer au journal la bille d'agate qui lui cassa la cuisse au Louvre, mais sa femme la conserve sur la cheminée comme une relique. Si vous lisez jamais, par hasard, la Correspondance de l'amiral Collingwood, vous verrez que tout ce que j'ai dit de lui est vrai. Partout où je dis avoir été témoin, j'ai vu en effet; j'écris là des mémoires, je crois l'avoir dit dans le livre même. Mes souvenirs m'y suivent partout, mais cette figure imaginaire du capitaine Renaud est un de mes rêves; cette éducation d'une grande âme par des événements sévères, ce martyre de l'honneur est comme toute œuvre d'art, — qui le sait mieux que vous? — une fiction où passent plusieurs traits véritables, jetés çà et là. Vous écrire tout ce qu'il y a d'alliage dans le métal de cette statue et qui a posé dans ma mémoire pour le bras ou la tête serait bien long, mais de l'histoire entière ce que je dois dire en un seul mot, c'est : *elle pourrait être vraie.* »

A l'occasion de cette lettre, Vigny ajoute même dans son Journal : « J'aurais pu lui écrire qu'il en est de cela *(l'histoire de Renaud)* comme de tout, qu'elle est à moitié vraie. » (*J.*, 1203.)

**

**

****

La Canne de jonc *réunit en effet des éléments d'origine très diverse.*

C'est pendant une des nuits d'émeute de 1830 que Renaud raconte son histoire à Vigny. Or, si l'on en juge par son Journal, *très circonstancié à cette date, le poète n'est jamais allé se pro-*

mener la nuit pendant les troubles, sauf peut-être le 27 juillet, premier jour d'émeute (Mémoires, *p. 148.*) *Mais, loin de signaler la présence de soldats, il note seulement que les rues sont désertes et illuminées par les réverbères. Vraisemblablement, l'épisode qui sert de cadre à l'ensemble du récit a été inspiré à l'auteur par son expérience d'officier dans la Garde nationale.*

16 octobre 1830 : « J'ai pris les armes dans la nuit et j'ai formé un bataillon carré et conduit trente prisonniers à la préfecture de police. » (*J.*, 921.)

20 décembre 1830 : « Tout ce jour, tout ce soir, sous les armes. »

23 décembre : « J'ai passé toute la nuit sous les armes avec le bataillon » (*J.*, 927.)

A propos du bref passage de Vigny dans la Garde nationale, notons un point de la petite histoire. Le musée de Tours conserve une épée de Vigny que le poète avait léguée à sa cousine, Alexandrine du Plessis. Le pommeau de cette épée est décoré de foudres; c'est donc l'épée que Vigny reçut en 1814 comme gendarme du roi; les foudres rayonnant autour de l'écusson aux trois fleurs de lys étaient en effet l'insigne distinctif des gendarmes dans les compagnies rouges de 1814. Cependant, sur la coquille de la garde, l'écusson ne présente que des rayures horizontales, équivalent figuré de la couleur rouge. Ces armoiries sans « fleur de lys ni blason » *comme dira le poète dans* les Oracles, *sont celles de Louis-Philippe. Il est vrai que ces rayures sont tracées avec une certaine maladresse. Vraisemblablement, Vigny, devenu garde national, a fait gratter les fleurs de lys sur la garde de son épée, et figurer tant bien que mal l'écusson de la monarchie bourgeoise.*

*
* *

Le premier épisode de la vie de Renaud, sa présentation à Bonaparte, rappelle directement ce que raconte Eugène de Mirecourt à propos de Vigny lui-même :

« Un de ses parents, chambellan de l'Empereur, le conduisait quelquefois à la messe dans la chapelle des

Tuileries. — « Quand Napoléon paraissait, dit Alfred, j'étais toujours saisi d'un grand coup ; puis je contemplais avec fanatisme cette figure grave et soucieuse. » Un jour l'Empereur lui toucha la joue et demanda au chambellan : — « Est-ce à vous ce petit blondin ? » A partir de ce moment, Alfred ne vit plus au monde que Napoléon. » (*Les Contemporains*, p. 29).

* *

En ce qui concerne le voyage de la flotte, la bataille d'Aboukir et les événements qui se passent en Égypte, Vigny se rappelle certains renseignements qu'il avait puisés pour écrire la Frégate *dans le livre d'Ader :* l'Expédition d'Égypte et de Syrie, *d'autres aussi qui viennent du* Voyage en Égypte *de Vivant-Denon, des récits de missionnaires, des œuvres de Volney, source principale de sa documentation quand il rédigeait les premiers chapitres de* l'Almeh. *Ajoutons* la Conquête des Français en Égypte *par Herbin de la Halle dont quelques notes lui permettent d'étoffer le récit de la bataille navale.*

* *

La notion de séidisme vient évidemment de Voltaire. Entre les deux auteurs, cependant, Auguste Dorchain a cru découvrir un relais. Le 15 mars 1834, en effet, Lamartime publiait dans la Revue des Deux Mondes *un développement :* Des Destinées de la Poésie *qu'on peut lire, depuis 1849, après la préface des* Premières Méditations. *Non seulement la rencontre des dates est troublante, mais Lamartine, dénonçant l'éducation toute scientifique que donnaient les lycées de l'Empire, l'associe déjà au séidisme de Napoléon ; or, dans* Servitude, *Bonaparte veut que Renaud « soit fort en mathématiques ». Ajoutons que la première note du* Journal *qui parle du séidisme date précisément de 1834. Voici le texte de Lamartine :*

« ... C'était une ligue universelle des études mathématiques contre la pensée et la poésie. Le chiffre seul était permis, honoré, protégé, payé. Comme le chiffre ne raisonne pas, comme c'est un merveilleux instrument passif de tyrannie qui ne demande jamais à quoi on l'emploie, qui n'examine nullement si on le fait servir à l'oppression du genre humain ou à sa délivrance, au meurtre de l'esprit ou à son émancipation, le chef militaire de cette époque ne voulait pas d'autre missionnaire, pas d'autre séide; et ce séide le servait bien. »

A cette explication, fort vraisemblable, Fernand Baldensperger oppose une hypothèse séduisante, mais malheureusement invérifiable. En 1832, Busoni avait publié D'Egmont; Paris et Saint-Cloud au 18 brumaire. Or, un compte rendu de ce livre paru dans la Revue des Deux Mondes insiste sur « le périlleux séidisme français ». Cette expression est d'autant plus remarquable qu'elle ne figure pas dans le livre de Busoni. Il serait surprenant que Vigny n'ait pas lu cet article de la Revue; peut-être même en est-il l'auteur; mais on ne peut avoir ici de certitude.

*
* *

La violente scène que Napoléon fait au pape, pendant que se déroule le dialogue inconnu, est tout à fait invraisemblable si on la situe, comme le fait Vigny, en 1804; elle s'accepterait mieux si l'auteur la plaçait en 1813. Voici l'opinion de Henry Houssaye :

« Ce chapitre, si grande beauté d'art où il atteigne, est de la première à la dernière ligne un monstrueux anachronisme. Vigny a fort arbitrairement reporté à l'année 1804 la discussion fameuse qui eut lieu en 1813. Sans doute ce sont les mêmes personnages, le Pape et l'Empereur. C'est aussi le même décor : le palais de Fontainebleau. Mais ce n'est pas, il s'en faut, la même situation. En 1804, Pie VII venait en France pour le sacre. S'il est vrai qu'il avait eu de la répugnance à quitter le Vatican et qu'il avait regardé comme contraire à la dignité pontificale d'aller consacrer un empereur à Paris quand les empereurs du Saint-Empire étaient venus recevoir la couronne à Rome, il est vrai aussi que, durant son voyage, il s'était accoutumé à cette idée, et que dès son entrée en France, il avait été touché et heureux de l'accueil qu'il y reçut...

La visite de Napoléon, à Fontainebleau, en 1804, fut de

pure courtoisie. C'était un hommage que l'Empereur voulait rendre au Souverain Pontife. Il ne pensait pas, en ce temps-là, à faire de Rome le chef-lieu d'un département français, ni à réduire le Pape au rôle secondaire d'un Patriarche de Constantinople. Alors pourquoi les protestations, les révoltes de Pie VII, pourquoi la colère et les menaces de Napoléon, telles que les dépeint Vigny ? L'Empereur n'aurait eu garde de « déchirer d'un coup d'éperon » la robe pontificale, puisque cette robe devait figurer au sacre.

En 1813, le Pape est prisonnier, le baron de Tournon est préfet de Rome et, dans un berceau, il y a le Roi de Rome. L'Empereur veut imposer au Souverain Pontife l'abandon du pouvoir temporel. On conçoit la résistance de Pie VII, l'emportement de Napoléon. C'est le duel terrible et pathétique de deux volontés. » (Henry Houssaye, préface pour *le Pape et l'Empereur*, scène d'histoire représentée en août 1899, par Jacques des Gachons.)

Il n'est même pas certain que l'entrevue de 1813 ait manqué de cordialité; Napoléon, dans le Mémorial, *affirme qu'elle fut aussi courtoise que celle de 1804. Cependant, une tradition vivace dans les milieux légitimistes soutenait le contraire, comme le prouve le pamphlet de Chateaubriand :* De Buonaparte et des Bourbons. *Sans confirmer une version aussi excessive des faits, quelques documents plus récents laissent croire que l'empereur, en 1813, ne resta pas toujours maître de lui en présence du pape. Celui-ci aurait même dit à Napoléon :* « L'affaire a commencé comme une comédie et veut finir en tragédie. » *(Mayol de Luppé,* la Captivité de Pie VII.) *Georges Bonnefoy a très clairement montré comment Vigny a condensé en une seule scène, non seulement deux moments, mais aussi deux intentions successives de l'empereur : en 1804, il veut réconcilier la France et le christianisme; en 1813 il veut soumettre le pape au pouvoir temporel.*

Quelle que soit l'importance de l'entorse faite à l'histoire, le dialogue inconnu, réussite dramatique exceptionnelle, constitue le meilleur exemple de cette vérité idéale, plus vraie que la vérité des faits, qui est préconisée dans la préface de Cinq-Mars. *Vigny écrit en effet le 19 mars 1853 :*

« Un roman historique construit avec les matériaux de l'histoire devient l'Histoire même et grave son récit comme la vérité. (...) On cite à présent comme réel le dialogue de l'Empereur Napoléon Ier et du Pape à Fontainebleau que j'ai inventé. » (*J.*, 1306.)

En fait, si la qualité de la scène tient tout entière au génie de l'auteur, la substance du dialogue, les propositions tantôt flatteuses, tantôt menaçantes de Napoléon reposent sur un fond de vérité historique. Vigny, comme l'a bien vu Auguste Dorchain, utilise ici ce que l'Empereur lui-même nous apprend dans le Mémorial de Sainte-Hélène *sur la politique qu'il a voulu suivre à l'égard du pape.*

*
* *

Quant aux deux réponses de Pie VII, « commediante » *et* « tragediante », *on en a proposé plusieurs sources. Dans son pamphlet :* De Buonaparte et des Bourbons, *Chateaubriand traite l'empereur d'histrion et de comédien. Pierre Flottes cite d'autre part un factum royaliste de 1815,* l'Antinapoléon, *où se trouvent les deux mots : comœdia et tragœdia. Il s'agit d'une tradition ancienne si l'on en juge par le récit d'Alphonse Daudet,* le Pape est mort, *dans les* Contes du Lundi. *Georges Bonnefoy a cru découvrir la véritable origine de ces répliques dans les* Mémoires *du maréchal de Bourrienne qui insistent sur le talent d'acteur de Napoléon, sans, toutefois, préciser les deux injures :* « comédien » *et* « tragédien », *que le souverain pontife adresse à l'empereur. On trouvera le dernier état de cette question dans le livre de L. Hastier :* Énigmes du temps passé *(R. Julliard, 1946, t. 2, pp. 165 à 221).*

Ajoutons, pour prendre la question de plus haut, que Vigny, depuis 1830 jusqu'à sa mort, s'est complu à représenter tous les gouvernements possibles comme des troupes d'acteurs qui amusent un certain temps le public. « Sifflons ces mauvais acteurs », *dit à Saint-Lazare un des aristocrates de* Stello;

la même image reparaît dans les Oracles, *en 1862, à propos du gouvernement parlementaire.*

***

Sur le sens de cette scène capitale, Vigny s'est clairement expliqué. Il entend d'abord dénigrer les hommes d'action, comme le prouve cette note rédigée dans les derniers jours de 1834 :

« Les hommes d'action s'étourdissent par le mouvement, pour ne pas se fatiguer à achever des idées ébauchées dans leur tête. Doués d'un peu plus de force, ils s'assoiraient ou se coucheraient pour penser. » (*J.*, 1018.)

On reconnaîtra ici l'influence du divertissement pascalien et surtout celle de Montaigne que Vigny relit en 1833 à propos de la question du suicide et pour nourrir son scepticisme politique.

En 1832, d'autre part, le Docteur-Noir, dans Stello, *refusait de voir dans les Terroristes toute grandeur surnaturelle, celle du saint comme celle du diable, et les réduisait aux dimensions plus modestes* « d'hommes incomplets et manqués ». *De même ici, Vigny ne veut voir en Napoléon qu'un homme, si génial fût-il :*

« Bonaparte, c'est l'homme; Napoléon, c'est le rôle. Le premier a une redingote et un chapeau; le second, une couronne de lauriers et une toge. » (*J.*, 978.)

En découvrant ainsi l'homme sous l'acteur historique, Vigny heurtait de front les deux opinions extrêmes qui considéraient l'empereur soit comme un dieu, soit comme un suppôt du diable. D'où ces deux notes complémentaires :

Année 1835. « Stello, nié d'abord à cause des opinions sur l'ingratitude des hommes du pouvoir envers les Poètes et la médiocrité des hommes de la Terreur, adopté deux ans après; *Servitude et Grandeur militaires* révolte à présent par la hardiesse de mon avis sur Bonaparte; dans trois ans on ira au-delà. Ils ont fait de Bonaparte le Grand Lama et le Christ et m'en veulent de ne le considérer que comme un grand homme. » (*J.*, 1027.)

25 juillet 1846.

« Scène du Pape et de l'Empereur.

M. de Chateaubriand a dit dans *Bonaparte et les Bourbons :*
« Celui qui priva de ses états le prêtre vénérable qui lui
avait mis la couronne sur la tête, celui qui à *Fontainebleau
osa frapper de sa propre main le souverain pontife et traîner
par ses cheveux blancs le père des fidèles,* celui-là crut peut-être
remporter une nouvelle victoire, etc. »
De Bonaparte et des Bourbons, 1814.

Je me féliciterai jusqu'à mon dernier jour si je réussis
à effacer du souvenir de la France ces lignes mensongères,
calomniatrices et impossibles écrites dans un pamphlet
indigne de Chateaubriand et honteux pour lui.

Alfred de Vigny. »

*
* *

De tous les personnages qui apparaissent dans la Canne de
jonc, *seul l'amiral Collingwood est signalé déjà dans le plan de
1832. C'est Auguste Barbier qui fit connaître à son ami un livre
publié à Londres en 1828 :* A Selection from the public and
private Correspondance of Vice-admiral Lord Collingwood;
interspersed with Memoirs of his Life, by G. L. Newham
Collingwood, Esq. F. R. S. *La sympathie que Vigny a toujours
témoignée pour l'Angleterre où son mariage lui avait ménagé
un certain nombre de relations, pour le caractère britannique,
pour la maîtrise de soi et le souci des convenances, tout le dispo-
sait favorablement à l'égard de l'amiral anglais. Il annote les*
Mémoires *de Collingwood de remarques comme celles-ci :*
« Belles et simples paroles »; « Toujours le père de famille
reparaît »; « Toujours at sea, en mer. Une station de vingt-
trois ans ! » *Il relève même certaines expressions qu'il introduira
dans son récit :* « comme une sentinelle; Shakespeare;
dix jours en mer ». *D'un marin dont les qualités profession-
nelles ont été contestées par la suite, Vigny fait l'admirable
incarnation d'un stoïcisme discret, sans raideur et profondément
humain.*

En avril 1832, quand Vigny entreprend la rédaction de ses Mémoires, *il donne un portrait de son grand-père Baraudin qui préfigure curieusement celui de Collingwood, et l'on peut admettre que les deux personnages se sont plus ou moins confondus dans l'admiration et la piété filiale du poète. Voici comment il résume ou développe ce que sa tante la chanoinesse lui avait dit en 1823 :*

« Ta famille maternelle, mon ami, est une famille de tritons dont les hommes ont beaucoup plus vécu sur l'eau que sur terre. Parmi les biens que nous avions celui que préférait mon père était ce petit domaine, pour sa proximité des ports de mer de la marine royale, Rochefort et La Rochelle d'où partaient et où revenaient ses navires. M. de la Pérouse était son ami, ainsi que M. d'Orvillers, et mon père commandait une escadre à la bataille d'Ouessant gagnée contre la flotte anglaise. (...) Mon père était déjà amiral lorsque je naquis au Maine Giraud et ta mère à Rochefort, peu d'années après. Il débarquait à Rochefort, venait voir ici ma mère, ma sœur (ta mère) et moi, puis reprenait son commandement et ses courses perpétuelles.

Il était fort instruit et savant dans son arme et dans toutes les choses de la mer, parlant et écrivant l'anglais et aimant à aller en Angleterre, dans les rares moments où nous n'étions pas en guerre, pour observer et rapporter des connaissances nouvelles à la marine française. Avec beaucoup d'esprit, une grâce et une politesse d'homme de cour, il était d'un caractère antique, il avait une âme vraiment romaine. » (*Mémoires*, p. 24.)

**

La prise du corps de garde russe est imaginée comme postérieure de peu à l'affaire de Craonne qui eut lieu les 6 et 7 mars 1814. On peut croire que les aspects proprement militaires de cet événement ont été fournis à l'auteur par les souvenirs de ses anciens compagnons d'armes. Mais il est difficile de séparer l'Histoire de la fiction. L'allusion au château de Boursault est assez précise pour qu'on puisse croire à un événement réel, trop peu important toutefois pour avoir laissé des traces dans les archives du ministère de la Guerre. Il reste cependant possible que Vigny refonde ici certains événements dont les historiens ont gardé la trace. D'abord, la libération de prisonniers russes par leurs compatriotes eut effectivement lieu le 11 mars, mais à proximité de Soissons, soit à plus de quarante kilomètres d'Épernay. D'autre part, trois jours plus tôt, le 8 mars, dans le défilé d'Étouvelles, un coup de main fut effectué de nuit contre une position russe exactement dans les conditions que raconte Vigny, mais il engageait des troupes beaucoup plus nombreuses : deux bataillons de la vieille Garde et trois cents cavaliers. Quant au meurtre de l'enfant russe, Fernand Baldensperger l'explique par le souvenir de quelque épisode réel, la mort du jeune prince Gagarin, tué le 5 mars pendant le combat de Berry-au-Bac, ou encore la mort du fils de l'hetman Platow devant Smolensk, pendant la campagne de Russie. Sans contester la valeur de cette explication, rappelons toutefois que le thème de l'enfant-victime est constant dans l'œuvre de Vigny, depuis la Fille de Jephté *jusqu'à* Wanda *; dans* le Mont des Oliviers, *encore, les reproches que le Christ adresse au Père aboutissent à ces deux vers :*

Et pourquoi les Esprits du mal sont triomphants
Des maux immérités de la mort des enfants.

***

C'est seulement par l'incident où il trouve la mort que le capitaine Renaud rappelle le capitaine Le Motheux dont la fin avait frappé Vigny dès 1830. Armand Philippe Le Motheux, né le 26 avril 1795, entra en effet à Saint-Cyr en janvier 1813 et ne prit part qu'à la dernière des campagnes impériales, où il fut fait prisonnier après la capitulation de Dresde. Démissionnaire au moment des ordonnances de Juillet, il reprend du service au début des troubles, et il est tué le 29 juillet dans la grande rue de Chaillot « par un jeune homme qu'il avait voulu ména-ger », précise une publication contemporaine : la Garde royale pendant les événements du 26 juillet au 5 août 1830. *Le même ouvrage relate la mort du colonel de Pleineselves qui avait*

servi au 5ᵉ de la Garde en même temps que Vigny, et dont l
nom est donné au héros de la Canne de Jonc *dans le plan d*
1834. Blessé dans la rue Saint-Denis, cet officier dut subir un
amputation de la cuisse dont il mourut peu après. Renaud lu
doit donc beaucoup, autant qu'à Le Motheux.

Chez Vigny, le meurtrier est un enfant. On sait que les enfant
ont joué un rôle dans la révolution de 1830 comme le prouvent l
tableau de Delacroix et plusieurs dessins de Raffet. Cependan
on invoque ici, après Fernand Baldensperger, le modèle que l'au
teur a vraisemblablement trouvé dans un conte de Godefro
Cavaignac, le Vieux Canonnier, *publié par* la Revue des Deu*
Mondes *de 1831 (t. III, p. 275).*

On comprend pourquoi Vigny a remplacé le jeune homme par ui
enfant si l'on considère dans quel sens il a modifié non seulemen
le véritable meurtrier de Le Motheux, mais le personnage mêm
de Cavaignac. Celui-ci est un mauvais sujet de treize ans qui veu
venger la mort de son grand-père tué pendant les troubles : « C'étai
un vrai gamin, un enfant de Paris, — race toute parti
culière, mélange d'heureux penchants et de mauvaise:
habitudes, courageuse, hargneuse, généreuse, pétrie d'in
telligence, d'audace, de gaîté, malicieuse et serviable
ayant toutes les qualités d'une bonne et vive nature, n'ayan
que les vices d'une bien méchante condition, celle di
peuple. » *Cette préfiguration de Gavroche est donc surtout ui*
type social; Cavaignac ne lui donne pas que des vertus, et soi
gamin, en particulier, sait très bien ce qu'il fait quand il tir
sur un soldat. Celui de Vigny, au contraire, est une nature délicat
et tendre; l'auteur songe surtout à l'innocenter : on l'a fait boir
avant de lui mettre une arme dans les mains, et il pleure en cons
tatant ce qu'il a fait. Il est si peu préparé à son rôle de meurtrie
que les soldats ne lui font aucun mal. Ce n'est donc pas un typ
social que Vigny veut mettre en scène, mais un exemple extrêm
de ces assassins innocents dont la guerre porte seule la respon
sabilité. Après l'enfant russe qui est tué, le gamin de Pari
qui tue; la cruauté du sort militaire trouve ainsi sa dernièr
et sa plus scandaleuse illustration dans deux figures de l'enfant
victime. Ce n'est certainement pas par hasard, puisque Vign
affirme dans ses chapitres d'introduction que le soldat est un êtr

enfantin, puéril, arriéré, à qui la société interdit de grandir. Massacreurs ou massacrés, les hommes de guerre ne sont pas plus responsables que des enfants.

* * *

Sur l'économie générale de la Canne de jonc, *Vigny a rédigé cette note que conserve le manuscrit de* Servitude :

« Le chapitre de la réception est court à dessein afin de donner un coup brusque au lecteur, pareil à celui que reçoit Renaud.

J'ai fait exprès de jeter l'amiral et la prison sur parole pour que ce récit ne sentît pas trop la symétrie d'une composition et pour motiver l'amour de la simplicité des camps et de la véritable vie guerrière auquel je condamne Renaud et pour oublier la blessure qu'il reçoit comme sujet de son maître absolu.

Le charlatanisme de Bonaparte et ce qu'il y a de nouveau dans la manière dont je le peins.

La scène du Pape ne doit pas plaire à M. B(éranger?) parce que j'ai *réalisé* Bonaparte contraire de ce qu'il a fait quand il l'a poétisé. Idéalisé et jeté dans les régions philosophiques...

J'ai fini par des vues sur l'Honneur parce que je pense que c'est ce qui nous reste de plus solide et que je n'ai pas voulu proposer des améliorations impossibles à l'existence de l'armée. Jamais l'armée ne doit être *délibérante* mais j'ai voulu la consoler d'être aveugle et muette en lui montrant quelle peut être la grandeur de sa résignation, de son abnégation. »

IV — CORRECTIONS ET ÉTATS DU TEXTE

Pour établir les états successifs de *Servitude et Grandeur militaires,* nous disposons des documents que voici :

1º le manuscrit [1] et ses corrections   états M., M [1], M [2].
2º le texte de la *Revue des deux Mondes*   état R.
3º l'édition originale Bonnaire (1835)   état B.
4º l'édition Hérail (1836)   état H.
5º l'édition Delloye et Lecou (O.C., tome IV) (1838) état D.
6º l'édition Charpentier in-12 (1842)   état C.
7º l'édition Charpentier in-18 (1852)   état C [2].
8º l'édition définitive Librairie Nouvelle (1857)   état L.

Le texte de *Servitude* donné dans cette édition est celui de 1857, le dernier qui ait paru du vivant de l'auteur. Cependant, comme Vigny corrigeait ses propres œuvres avec une certaine négligence, un état antérieur du texte paraît quelquefois préférable à celui de 1857. Ces quelques corrections apportées à l'œuvre définitive sont signalées à la suite des changements que Vigny a introduits dans son œuvre.

---

1. Le manuscrit de *Servitude* est aujourd'hui partagé entre deux propriétaires. M. le comte de Ganay qui possède les chapitres d'introduction a bien voulu nous permettre de les consulter. Qu'il soit ici remercié pour son extrême obligeance. Quant à la suite du manuscrit, elle est actuellement inaccessible. Mais F. Baldensperger a pu l'étudier de près en 1914 pour établir le texte de *Servitude* dans l'édition Conard. Nous remercions les directeurs de cette maison d'édition qui nous ont autorisés à reproduire les corrections et les ébauches relevées par F. Baldensperger.

VARIANTES

Page 5 :

a. Cette indication, en (B.), se trouve par erreur avant le titre Souvenirs de Servitude militaire.

Page 6 :

a. Seule l'édition de 1857 présente ici utile *qui est un contresens évident.*

b. mauvaise et immorale. *(M.) ; corrigé en (M 1).*

c. les usages féroces *(M.) ; corrigé en (M 1).*

d. Les deux phrases qui suivent, depuis Cette guérison sans doute *jusqu'à* en seront peut-être diminuées. *ne se trouvent pas sur le manuscrit, mais seulement en (B.).*

e. l'époque où les armées seront plus identifiées à la nation si elle doit acheminer à celle où... *(M.) ; corrigé en (B.).*

Page 7 :

a. événement qui, depuis [...] accompli *cette phrase n'est pas sur le manuscrit, mais seulement en (B.).*

b. La phrase : Au moment où j'écris [...] rangée *n'est pas sur le manuscrit, mais seulement en (B.).*

Page 8 :

a. La phrase : Quand on parle de soi [...] Franchise. *n'est pas sur le manuscrit, mais seulement en (B.).*

b. me revêtir *(M.) ; corrigé en (B.).*

c. qu'elle est, je pense *(M.) ; corrigé en (B.).*

Page 9 :

a. parler d'ennuis et de fatigues militaires qui ne me furent point épargnés *(M.),* parler des mâles coutumes de cette vie sauvage de l'armée où les ennuis et les fatigues ne me furent point épargnés *(M 1)*. *Le texte est définitif en (M 2)*.

b. toute épreuve et la forcèrent à rejeter ses forces *(M.)*; *définitif en (M 1)*.

c. pas forcé de les tolérer. *(M., B., H., D., C., C 2)*.

Page 10 :

a. Sept ans. Les yeux qui les avaient vus mirent leur image dans les miens et aussi celle de bien des grands personnages morts longtemps avant ma naissance. Les récits de famille ont cela de bon qu'ils se gravent plus fortement dans la mémoire que les narrations écrites, ils sont vivants comme le conteur vénéré et ils allongent notre vie en arrière comme l'imagination qui devine peut l'allonger en avant dans l'avenir. Un jour peut-être... *(M.)*; *supprimé en (M 1) depuis* Les yeux qui *jusqu'à* Un jour peut-être...

b. Il avait *(M., B., H.)*.

c. faire avec grâce les honneurs *(M.)*; *corrigé en (M 1)*.

d. Il paraissait sentir qu'après tout l'Europe pouvait bien l'avoir ménagé *(M.)*; *corrigé en (M 1)*.

e. les champs de bataille de Clostercamp et de Crefelt *(M., B., H.)*.

f. souvent reçu *(M.)*; *corrigé en (B.)*.

Page 11 :

a. le premier grand homme dont l'enthousiasme me prit, et dont on me fit ainsi le portrait d'après nature; il est brillant encore dans cet enthousiasme... *(M.)*; *corrigé en (M 1)*.

b. le premier symptôme de ma passion *(M.)*, symptôme de mon amour passionné des armes et le germe d'une des plus *(M 1)*; *le texte est définitif en (M 3)*. *Après* de ma vie. *Vigny revint d'abord à la ligne et commença un nouveau paragraphe. Dans ce début très raturé, on peut lire en surcharge* et que c'était celui d'un grand général. *(M.)*

c. sa canne à béquille *(M.)*; canne d'invalide en forme de béquille *(M 1)*; *corrigé en (M 2)*.

d. pas un peu sur ce point? *(M.)*; *corrigé en (B.)*.

Page 12 :

a. vérité pleine de saines leçons *(M.)*; *corrigé en (M 1)*.

b. M. de Clermont et des intrigues de l'Œil-de-Bœuf qui séparaient de loin les armées; je l'entends tout plein de ses antiques amitiés pour *(M.)*; *corrigé en (B.)*.

Page 13 :

a. La phrase : Quelquefois, l'esprit tourmenté [...] mystères de son cœur. *ne se trouve pas dans le manuscrit.*

b. Je conçois que l'on se plaise parfois à faire pénétrer tous les regards dans l'intérieur de sa conscience, l'ouvrant *(M.); corrigé en (M 1).*

c. ainsi avec un voile ou à visage découvert *(M.); corrigé en (M 1).*

d. vieux et assez illustre pour intéresser *(M.); corrigé en (M 1).*

e. ses péchés et amuser quelques désœuvrés *(M 1); et amuser quelques désœuvrés supprimé en (M 2).*

Page 15 :

a. je m'aperçus de ma longue *(M.);* de ma longue *supprimé en (M 1).*

b. contemplative, apportant des idées où il n'y avait que des faits, mais j'avais *(M.); supprimé en (M 1).*

c. l'Empire dont j'ai parlé *(M.); corrigé en (B.).*

d. une vie si longtemps désirée *(M.); corrigé en (M 1).*

e. en silence le savoir que j'avais reçu des études *(M.); corrigé en (M 1).*

Page 16 :

a. nos armées que j'aime à me rappeler. *(M.); corrigé en (M 1).*

Page 17 :

a. la cité. Et chose toute contraire à nous, la crainte *(M.); corrigé en (M 1).*

b. parce que c'était l'intelligence même armée qui les peuplait *(M.); corrigé en (M 1).*

c. couverte par elle de monuments *(M.); corrigé en (M 1).*

d. des aqueducs était pétri des mains qui avaient défendu Rome, et le désœuvrement des soldats *(M.);* Le temps des soldats *(M 1); définitif en (M 2).*

e. est coûteux et nuisible *(M.); corrigé en (M 1).*

f. Les citoyens n'avaient pour eux ni une admiration pour [...] ni un mépris pour leur oisiveté, parce que tous était *(sic)* le sang même qui circulait sans cesse des veines de la Nation aux veines de l'armée. *(M.); corrigé en (M 1).*

Page 18 :

a. Moyen-Age et jusqu'à la fin *(M.); corrigé en (M. 1)*

b. du Noble, et que, pris par lui sur sa terre *(M.); corrigé en (M 1).*

c. de lui. Or le gentilhomme *(M.);* le noble *(M 1); définitif en (M 2).*

d. propriétaire et tenait [*?*] à la nation dans les entrailles *(M.); corrigé en (M 1).*

e. il ne faisait autre chose *(M.); corrigé en (B.).*

f. sans cesse en lutte contre la couronne *(M.); corrigé en (M 1).*

g. profession des armes. Ce fut même cette résistance qui *(M.);* Ce fut même cette résistance qui *supprimé en (M 1).*

h. Tout le passage qui va de Cette indépendance de l'armée *jusqu'à* guerrier de la France. *(p. 19), a été rajouté après coup sur le manuscrit.*

i. jusqu'à Louis XIV qui *(M.); corrigé en (M 1).*

j. je vois qu'eux et leurs soldats se tiraient *(M.); corrigé en (B.).*

Page 19 :

a. L'armée était donc une arme très forte et très complète, mais dont le pays armait le Pouvoir souverain *(M.); corrigé en (B.).*

b. La destinée de nos armées modernes est tout autre que celle-là. Elle forme un corps *(M.); corrigé en (M 1).*

c. d'être en guerre semble devenir comme honteuse d'elle-même. *(M.); corrigé en (B.).*

d. elle se demande toujours si elle est esclave ou maîtresse de l'État, et [*illisible*] en exemple sans comprendre, elle cherche partout *(M.); corrigé en (M 1).*

e. féroce et humble à la fois *(M.); corrigé en (B.).*

Page 20 :

a. qu'une belle ville *(M.); corrigé en (B.).*

Page 21 :

a. La phrase Ce qu'il y a [...] état d'ilote. *ne se trouve pas sur le manuscrit.*

b. c'est aussi une chose qui souffre. *(M., B., H.).*

c. avec un sentiment *(barré en M 1).*

Page 23 :

a. sans nom. Aussi, au seul aspect *(M.); corrigé en (M 1) où on lit* sa figure uniforme *(M 1).*

Page 24 :

a. sillonne des visages de trente ans *(M.); corrigé en (B.).*

b. leur vie. Il sort de cette vie de gêne, d'ennuis et de perpétuels sacrifices, un caractère peut-être factice, mais généreux, dont *(M.); corrigé en (M 1).*

c. soi-même dont j'ai parlé déjà, *(M.); corrigé en (M 1).*

d. entière à sa liberté *(M.); corrigé en (B.). Les mots de penser et d'agir sont en surcharge sur le manuscrit.*

e. vertus plus rares dans les classes libres et actives. *(M.); corrigé en (M 1).*

Page 25 :

a. par l'ennui, mais. surtout par l'effort, les contraintes de l'autorité, la comédie nécessaire de l'autorité *(M.); texte définitif en (M 1).*

b. l'abandon de crainte *(M.); supprimé en (M 1).*

c. aveu de sa vie *(M.); corrigé en (M 1).*

d. J'ai vu des officiers qui [...] ne soulevaient jamais la moustache *(M.); corrigé en (M 1).*

e. contenance était en général celle des officiers *(M.); corrigé en (B.).*

f. à propos, car il sortait sans cesse *(M.); car à la considération (M 1); définitif en (M 2).*

g. encore le besoin de conserver la dignité de l'Expérience aux yeux d'une jeunesse *(M.); corrigé en (M 1).*

h. d'une jeunesse bardée de chiffres et de théories, avec l'assurance des lauréats que *(M.); corrigé en (M 1).*

i. m'avertissait que la théorie *(M.); corrigé en (M 1).*

j. des vieux capitaines m'avertissait *(M.); corrigé en (M 1).*

k. jours sur du... *(M.); corrigé en (M 1).*

Page 26 :

a. Dans les régiments où je servis je préférai *(M.); j'écoutais de préférence (M 1); j'aimais à écouter (M 2); ces vieux officiers dont le dos est voûté (M.); dont le dos voûté portait encore (M 1); état définitif en (M 2); chargé d'un sac pesant et d'une giberne (M.); corrigé en (M 2).*

b. l'ordonnance de 1789 et les instructions du grand Frédéric à ses officiers et les cartes militaires de [?]. *(M.); supprimé en (M 1) depuis et les instructions jusqu'à cartes militaires de.*

c. de fastidieux dans l'assurance (perpétu), la nullité désœuvrée et ignorante *(M.); corrigé en (M 1).*

d. grossières. Je cherchais donc... Pour tirer quelque parti de ce qui m'entourait je cherchais donc sous les moustaches grises ce que les blondes... *(M.); supprimé en (M 1)*.

e. fâchés de leur côté d'écrire leur histoire dans une mémoire particulière *(M.); corrigé en (M 1)*.

f. sérieux, je les trouvai toujours prêts à me donner... *(M.); corrigé en (M 1)*.

g. la nature leur rappelait ici *(M.); corrigé en (M 1)*.

h. inépuisables. Tantôt une bataille navale, tantôt une retraite célèbre *(M.); corrigé en (M 1)*.

i. croyaient célèbre. *(M.); corrigé en (M 1)*.

j. le mien d'une vénération véritable pour leur caractère mâle *(M.); corrigé en (M 1)*.

Page 27 :

a. rien de leur sinistre énergie (dont) qui m'afflige *(M.); corrigé en (M 1)*.

b. épanouir, et que mes larmes surtout tombent *(M.); corrigé en (M 1)*.

c. l'instant quand je l'évoque *(M.); corrigé en (M 1)*.

d. naïve, mais préoccupé de cette pitié amicale *(M.); corrigé en (M 1)*.

e. forme assez belle pour envelopper une pensée choisie parmi celles qui servent de preuves à *(M.); enveloper une vérité révélée par l'expérience (M 1); définitif en (M 2)*.

f. choisie. Parmi les réflexions qui m'amenèrent à chercher les épi(nes) *(M.); supprimé en (M 1) depuis Parmi les réflexions jusqu'à épi(nes) et remplacé par et de montrer combien de situations*

g. La couronne militaire est une couronne d'épines *(M.); corrigé en (M 1)*.

h. la première peine dont j'aurai à mesurer l'étendue, et je me décide à en parler d'abord parce que *(M.); texte définitif en (M 1)*.

Page 28 :

a. je la redirai avec une scrupuleuse *(barré)* sans éviter ni chercher dans aucun de mes récits les (circonstances) traits minutieux *(M.); corrigé en (M 1)*.

b. je ne saurais trop le faire remarquer, *(M.); corrigé en (M 1)*.

Page 29 :

a. En (R.), ce titre est suivi du sous-titre Histoire de régiment *et d'une citation qu'on peut lire aujourd'hui à la fin du quatrième paragraphe dans le chapitre III :* De la servitude du soldat et de son caractère individuel : L'abnégation du guerrier est une croix plus lourde que celle du martyr. Il faut l'avoir portée longtemps pour en savoir la grandeur et le poids.

Ces deux indications disparaissent en (B.).

b. J'avais un bon manteau, un casque noir, des pistolets et un grand sabre. *(R., B., H., D.).*

Page 31 :
a. de toutes parts les familles et les peuples *(B., H.).*
b. l'obéissance militaire, aveugle et muette, parce qu'elle est passive *(R., B.).*

Page 33 :
a. un goulot en argent *(R.);* il semblait tirer un peu de vanité *(R. et B.).*

Page 34 :
a. aux pieds? me dit-il *(R.).*
b. que je ne les ai quittées. *(R.)*

Page 35 :
a. à une question; mais il ne venait pas un mot et il poursuivit : *(R.)*
b. cela nous *(R.)*

Page 36 :
a. Histoire de l'ordre cacheté *(R.).*
b. pris à son bord *(R.)*

Page 37 :
a. prêt à *(R.).*

Page 38 :
a. on s'asseyait sur des affûts de canon qui pénétraient dans ma chambre. *(M.);* sur les petits tonneaux *(R.).*
b. quoique un peu trop pâle et trop blanc *(R.).*

Page 40 :
a. je ne questionnais pas, et qu'avais-je besoin *(R.).*
b. il en savait plus que moi *(M.).*
c. qui n'est qu'un vieux sabot *(R.).*

Page 41 :

a. — Moi, je suis capitaine, je ne sais pas seulement ce que vous avez fait, on n'a pas jugé à propos de m'en informer. Seulement j'obéis strictement à mes chefs et quand un Amiral me dira de [tourner] virer à bas-bord, il n'y a pas de danger que je vire à tribord. Une fois l'épaulette de côté par exemple, je ne connais plus personne *(M.)* ; être déporté, vous me direz ça un jour *(R.)*.

b. et je suis sûr *(R., B., H., D.)*.

c. comme ça *(R., B., H., D.)*.

d. dire au capitaine, continuait-il, n'est-ce pas *(R.)*.

Page 42 :

a. vous n'y pensez pas vous *(R.)*.

b. Carte de marine *dans l'édition de 1857 nous semble être fautif.*

Page 43 :

a. filait, vent arrière *(M., R., B.)*.

Page 45 :

a. se mit à soupirer avec douleur en frappant *(R.)*.

Page 46 :

a. d'avoir avec soi *(R.)*.

b. un grand cri, comme un fou, lorsqu'elle *(M.)*.

c. su écrire! cette main-là ne devait porter qu'une épée. Écrire! Mais c'est *(M.)*.

d. faire? pour leur dire quelques vérités lues *(M.)*.

Page 47 :

a. en souriant déjà pour lui *(R. et B.)*.

b. sur la lettre *(R. et B.)*.

c. sur le gaillard *(R.)*.

Page 48 :

a. je ne m'expliquais pas bien comment *(R.)*.

b. Je pris ma lanterne de nuit *(M. et R.)*.

c. c'est trop fort, et je *(R.)*.

Page 49 :

a. jusqu'au cou *(R. et B.)*.

b. Elle s'amusait à tremper dans la mer son autre robe au bout d'une corde et riait de voir que l'Océan était tranquille et pur comme une source dont elle voyait le fond. — Viens donc voir le sable! viens donc vite, criait-elle *(M. et R.)*.

Le texte définitif, écrit en surcharge dans le manuscrit, est imprimé en (B.).

Page 50 :
a. parler un peu à Laurette *(R.)*.

Page 51 :
a. Mais je crois bien aussi que vous pouvez vous flatter qu'elle ne reviendra pas de ce coup-là, pauvre petite femme. Si, toutefois, je me trompe, vous pouvez compter que je lui serai aussi agréable que possible, je l'amuserai de mon mieux pendant la traversée, je lui ferai voir tout ce qu'il y a de curieux à la mer, je la mènerai à la pêche de la Baleine, enfin, des plaisirs, pour la distraire un peu. Pauvre petite femme, nous allons lui faire tant de peine, c'est vraiment contrariant. Il était bon garçon, mais je crois un peu moqueur, car il se mit à me rire au nez comme si je lui avais dit une gaudriole et il me prit les deux mains en disant *(M.)*. *Le texte définitif apparaît en (M 1)*.
b. Mon brave Capitaine, je conçois que vous n'aimiez pas beaucoup les avocats, ce n'est pas votre fort que de faire des phrases aux gens, mais vous ferez mieux, n'est-ce pas? je compte sur vous *(M.)*. *Ce développement est supprimé en (M 1) le texte définitif apparaît en (R.)*.
c. conserver tout le peu *(M.)*.
d. affectée de spasmes très longs *(M.)*.
e. vous me remplacerez *(M.)*.
f. Ah! dit-il, je ne savais pas *(R.)*.
g. Ce détail n'est pas donné dans le manuscrit.

Page 52 :
a. et je leur dis *(R.)*.
b. et vous l'emmènerez en ramant toujours *(M. et R.)*.
c. ce n'était que ça *(R.)*.
d. Ce détail n'est pas donné dans le manuscrit.

Page 54 :
a. décrire les chaloupes d'un vaisseau. Et puis *(M. et R.)*.

Page 55 :
a. tiennent plus de huit rameurs. *(M. et R.);* tiennent six hommes *(B., H., D.)*.

b. mes officiers furent assez sots *(M. et R.)*.

c. faisant feu ensemble *(R.)*.

Page 56 :

a. il ne tient qu'à vous. Certainement, tenez, attendez *(R., B., H., D.)*.

Page 58 :

a. Elle ne les quitte même pas pour se laver les mains. Car elle se lave les mains, elle est très propre, malgré son état, et très bonne. [Elle [fait] me sert à bien des petites choses]. Elle ne se plaint jamais et c'est elle qui raccommode mes bas de temps en temps *(M.)* ; *supprimé en (M 1.)*.

b. dont la solde *(R., B., H., D., C., C 2)*.

L'édition de 1857 présente ici le mot somme *qui nous semble fautif.*

Page 59 :

a. tristement, nous ne trouvions sur nos pas que des chevaux morts abandonnés avec leur selle. Le ciel gris *(M. et R.)*.

Page 60 :

a. cheval mis *(M. et R.)*.

b. vous voyez, je la mets *(M. et R.)*.

c. oublier de se voiler *(R.)*.

d. je me levai malgré moi *(R.)*.

Page 62 :

a. à qui je le décrivais en attendant *(R.)*.

Page 63 :

a. ...ce fut peut-être le premier germe de découragement par lequel la Providence voulut bien attaquer en moi la maladie *(M.)*.

Page 65 :

a. ...je savais la Bible par cœur et [ne pouvais, j'étais, *barré*] ce livre et moi étions tellement inséparables que dans les longues marches, il me suivait dans le sac d'un soldat [si inséparables qu'en allant en Espagne je le mettais dans le sac d'un soldat de ma compagnie *barré*]. *(M.)*.

Page 66 :

a. à quelle source divine *(M., R., B.)*.

Page 67 :

a. Tout ce paragraphe depuis Nous sommes vraiment sans pitié *jusqu'à* : la commotion donnée d'en haut. *manque dans le manuscrit. Il a été ajouté sur épreuves.*

Page 69 :

a. A l'exclusion des quatre premiers mots, introduits en (B.), la fin de ce chapitre figure dans la Revue des deux Mondes *comme introduction de* la Veillée de Vincennes.

b. Sans l'armée, les fils de grands seigneurs ne soupçonneraient pas *(R.).*

c. nomades. On y remplit bien *(R.);* nomades; partout ils portent leurs usages empreints de gravité, de silence, de retenue, et cette scrupuleuse exactitude à remplir le vœu sévère de l'obéissance *(B.).*

Page 71 :

a. En sous-titre : Histoire de régiment *(R.), et cette note.* Cette histoire, ainsi que celle de *Laurette ou le Cachet rouge,* insérée dans le numéro du 1er mars 1833, seconde série, est extraite d'un journal militaire inédit de M. A. de Vigny. Nous espérons que l'auteur voudra bien y puiser encore en faveur de la *Revue,* en attendant la publication de la *Seconde Consultation du Docteur noir,* qui ne tardera pas à être livrée à notre impatience. *(N. d. R.).*

b. Un soir de l'année 1818 *(M.).*

c. La couleur de l'école *(M. et R.);* La couleur pâle de l'école *(M 1 et B.).*

d. visage de Spartiate *(M., R.).*

e. Spartiate. Il lisait tout haut, en marchant, *Le Système général du Monde* de Paris de Boisrouvray. Il était fort *(M.);* Il lisait tout haut *jusqu'à* Boisrouvray *supprimé en (M 1.).*

Page 72 :

a. C'était un homme de grande taille, robuste, frais et la *moustache blanche (M.); corrigé en (M 1.).*

b. contre la *(R.).*

Page 73 :

a. fers de bottes *(R., B., H., D.).*

Page 74 :

a. pain et du sucre *(R. B., H., D., C. C 2). La leçon :* de sucre, *en 1857 nous semble être une erreur.*

b. horreur du costume *(R.)*.

Page 75 :
a. en face le *(M., R., B., H., D., C., C 2)*.

Page 77 :
a. six heures *en 1857, est une erreur évidente.*

b. Rien ne pouvait plus me troubler [je n'avais à m'en prendre à personne d'une préoccupation] et pourtant quelque chose me troublait qui n'était ni bruit ni lumière. [C'ét...] [La vie de l'Éternel inconnu qui reçut tous...] *(M.)* ; *les mots entre crochets ont été supprimés en (M 1.).*

Page 78 :
a. coucher. Je me levai et j'allai le trouver. Il rêvait sa fenêtre ouverte. Il était minuit *(M.)*.

b. un seul livre d'ouvert *(R., B., H., D., C., C 2)*.

c. Une sorte de volupté, désir énergique, un combat contre la destinée *(M.)*.

d. adieu aux [fleuves paisibles] rochers [mystérieux] sombres *(M.)*.

e. de la vie; (adieu aux luttes philosophiques et politiques, aux élaborations tumultueuses des...) *(M.)*.

Page 79 :
a. deux ennemis, l'eau et l'air *(M.)*.

b. comme Androclès sur son lion *(M.)*.

Page 80 :
a. « Parbleu, me dis-je en rentrant dans ma chambre, j'ai fait là une belle chose. Je le laisse plus triste qu'auparavant. J'aurais dû savoir que je suis le... Et là-dessus, comme j'aurais dû le faire à minuit, je me couchai. *(M.)* ; *supprimé en (M 1.).*

Page 81 :
a. jusque sous des fenêtres *(R., B., H., D., C., C 2)* ; *la leçon, les fenêtres, en 1857, nous paraît moins bonne.*

b. celles du bon vieil adjudant *(R.)*.

c. tout âgé et tout simple *(R., B., H.)*.

Page 84 :
a. Sa taille [mince et souple] était élevée et un peu ployée comme par faiblesse, elle était [pâle et souffrante] mince et

paraissait avoir grandi trop vite, et sa poitrine un peu amaigrie paraissait [en avoir conservé quelque faiblesse sur] [Le Docteur avait dit froidement] *(M.) ; les mots entre crochets ont été supprimés en (M 1.). Peut-être faut-il placer ici une phrase dont F. Baldensperger ne précise pas la place : la jeune fille et le sous-officier* se regardèrent en souriant, comme accoutumés à ces sortes de scènes *(M.)*.

Page 85 :
> *a.* qui ne sont bonnes *(R.)*.

Page 88 :
> *a.* une grande, grande pierre *(R.)*.
> *b.* ami dans le *(R.)*.
> *c.* très paisible, doux et quelquefois *(R.)*.
> *d.* cent façons sur les mots *(R.)*.

Page 89 :
> *a.* que le fils apprît *(R.)*.
> *b.* nous faisait chanter en parties *(R.)*.
> *c.* la main sur mon cœur *(R. et B.) ; bien que toutes les éditions postérieures présentent* son cœur, *la première version nous paraît plus plausible.*
> *d.* travailler quelquefois avec nous *(R., B., H., D., C., C 2)*.

Page 90 :
> *a. Peut-être faut-il signaler ici une première rédaction que relève Fernand Baldensperger sans préciser toutefois où elle se place :* Mon adjudant dont les grandes moustaches grises étaient imposantes et vénérables... *(M.)*.

Page 91 :
> *a.* petite vérole et que *(R., B., H., D., C., C 2)*.
> *b.* ma vie était fort heureuse *(R.)*.

Page 93 :
> *a.* vous en rirez, mais si vous *(R.)*.

Page 94 :
> *a.* d'une grande dame *(R., B., H., D., C., C 2)*.
> *b.* préparé ses hardes *(R.)*.
> *c.* Pierrette et sa mère tremblaient *(R.)*.

Page 95 :
> *a.* montra le chemin *(M.)*.

Page 96 :
   a. boire du bordeaux et du champagne *(R.).*
   b. incomparablement mieux *(R.).*

Page 97 :
   a. le plus raide *(M., R., B., H., D.).*

Page 98 :
   a. Tu passeras ici bien longtemps *(R.).*

Page 99 :
   a. tu as un habit noir à présent *(M.).*
   b. je ne taille plus des pierres *(R.).*

Page 101 :
   a. une bonne fille *(R.);* une belle fille *(B., H., D.)*
   b. elle ne se laissait pas si *(R.).*
   c. qui courait devant les chevaux *(M., R., B., H., D., C., C 2).*

Page 103 :
   a. cette gamme, ajouta *(R.).*

Page 106 :
   a. faction près de la loge *(M.).*

Page 107 :
   a. homme gras, court et rouge *(R.)* gros, court et rouge *(B.).*
   b. il m'est difficile *(R. et B.).*

Page 109 :
   a. voix qui m'alla au cœur *(M.).*
   b. une petite paysanne *(R.).*
   c. son trousseau *(R., B., H., D., C., C 2).*

Page 111 :
   a. je reconduirai mon élève *(R.).*
   b. qui nous absoudra toutes deux *(R.).*
   c. Cette dernière phrase est rajoutée en (B.).
   d. mort plus d'à moitié *(R.).*

Page 112 :
   a. qu'il avait près de lui et qu'il fit asseoir sur son genou

(B., H., D., C., C. 2). La leçon de *1857* : qu'il avait près de lui sur son genou *nous paraît fautive.*
b. appris par la reine *(R.).*

Page 113 :
a. Canonnier de la garde *(R. et B.).*
b. Du reste *(R.).*

Page 114 :
a. mille couronnes. Je la reconnus *(R.).*
b. avec des yeux un peu surpris *(M., B., H., D.).*
c. Le soleil se levait *(M.).*
d. regardant quelque chose du côté des cours *(R., B., H., D.).*

Page 115 :
a. C'est probablement ici qu'il faut situer une première rédaction du manuscrit que signale F. Baldensperger sans en préciser la place : J'ai peur, dis-je, que ce ne soient des couronnes de martyrs. *(M.) ; supprimé en (M 1.).*

Page 116 :
a. Voilà comme ton pied *(R., B., H., D., C., C 2).*
b. dans la cour, en chemise *(R.).*

Page 117 :
a. visage ; mais son agilité qui me surprit se précipita *(R.).*

Page 118 :
a. bouillonnante *(M., R., B.) nous paraît préférable à* bouillante *qu'on peut lire dans les éditions suivantes, y compris celle de 1857.*
b. le fer et le plomb *(M., R.).*
c. En marchant il rêvait et ne se retourna pas une fois *(M.).*

Page 119 :
a. à nulle faiblesse *(M., R., B., H.).*

Page 121 :
a. Peut-être est-ce le côté mauvais *(R.).*
b. chagrin que me faisait cette mort *(M. et R.).*

Page 122 :
a. Les deux mots nommé Muguet *sont introduits en (B.).*

Page 134 :
a. même ces batailles d'infanterie où les carrés de la garde

impériale n'avaient cessé d'être chargés et de charger eux-mêmes
à la baïonnette, il n'avait pas tiré l'épée et s'était laissé blesser
à l'épaule par un dragon [autrichien] anglais, sans lui rendre le
coup qu'il avait reçu. Les grenadiers [*illisible*] l'avaient vengé
(M.).

Page 135 :
   a. la loi des mœurs *(M., R., B., H.).*

Page 136 :
   a. J'avais donné ma démission comme vous, il y a un mois
(M.).

Page 138 :
   a. les récits, je m'en souviens *(M., R., B., H.).*
   *b. C'est peut-être ici qu'il faut signaler une première rédaction du
manuscrit dont F. Baldensperger ne précise pas la place :* N'allez
jamais en rien écrire, ou, du moins, que ce ne soit pas sous mon
nom. Mais faites-en un objet de réflexions sérieuses quand vous
n'aurez rien de mieux à faire... *(M.).*

Page 140 :
   a. adoration insensée à laquelle je me sacrifiai tout entier
(M.).

Page 141 :
   a. ses vapeurs, et je pris *(R., B., H., D.).*

Page 142 :
   a. capitaine de *(R. et B.).*

Page 143 :
   a. on voulut, parce que Bonaparte le voulait. Il m'avait
parlé *(M.); supprimé en M 1 depuis* parce que *jusqu'à* parlé.
   b. d'esclavage, maudits soient ceux qui vous ont enfantés
(M.); supprimé en (M 1.): depuis maudits *jusqu'à* enfantés.

Page 145 :
   a. Bonaparte avait déjà envoyé *(R.)* m'avait déjà envoyé *(B.,
H., D., C., C. 2, L.).*
   b. mais assez inutilement *(R., B., H.).*

Page 146 :
   a. C'est vraisemblablement ici qu'il faut signaler un développement

barré sur le manuscrit que relève F. Baldensperger : Les deux navires anglais le *Theseus* et le *Majestick* nous serraient de si près que les bourres de leurs canons mirent le feu à l'*Orient*. Aussi pourquoi avait-on imaginé de peindre à l'huile la chambre du Conseil ? C'est toujours la vanité qui nous perd, mon enfant, retiens bien cela. — Nos pauvres canonniers étaient si furieux qu'ils se battaient à coups de refouloir... *(M.).*

Page 147 :

a. pour se marier. Ses enfants *(R., B., H.).*

b. Je retrouvai à son bord toute la politesse de manières que nous avions autrefois en France et que la révolution nous a fait perdre au point que tu n'en as même pas l'idée, mon pauvre enfant. Au milieu de la mer tu aurais vu un salon de bonne compagnie à la table du capitaine Collingwood qui fait tout ce qu'il peut pour me consoler du malheur que j'ai eu. Lui et ses officiers ne cessèrent de vanter avec une délicatesse parfaite la bravoure de mes braves compagnons, celle surtout de Dupetit-Thouars, le capitaine du *Tonnant* qui est mort en criant : *ne vous rendez pas !* et s'est battu trente-six heures contre toute leur flotte et ils ont été fort touchés quand ils ont su que mon brave ami le capitaine Standelet, obligé d'amener, commença par mettre en sûreté tout son équipage et revint seul sur sa frégate *l'Arthémise* pour la faire sauter et périr dans l'explosion. Il a bien fait Standelet ! Je souffre mort et passion quand je vois passer avec le pavillon britannique le *Spartiate* et *l'Aquilon* dont ils ont fait deux anglais, en raccourcissant leurs mâts ce qu'ils ne manquent jamais de faire. Je sens bien que la douleur de cette défaite d'Aboukir a abrégé mes jours qui n'ont été que trop longs puisque j'ai vu un tel désastre et la mort de mes glorieux amis. Mon grand âge a touché... *(M.); supprimé en (M 1.).*

Page 148 :

a. Quand nous étions en Égypte, voici ce qui se passa à un certain dîner, et que je veux te dire afin *(R. et B.).*

Page 151 :

a. river à leur cou *(R.).*

Page 152 :

a. celle d'une jeune fille *(M., R., B., H., D., C., C 2). La leçon de 1857 :* celle d'une fille *nous semble être le résultat d'une omission.*

Page 153 :
    a. que nous laissons *(R. et B.).*

Page 154 :
    a. voir mes étonnements troubler mes idées *(R., B., H., D.).*

Page 156 :
    a. l'escalier. Cette fois, j'entendis *(R. et B.).*
    b. voiture roula encore dans la cour *(R. et B.).*

Page 157 :
    a. Ses yeux noirs, grands et beaux, ressemblaient un peu à ceux des portraits du cardinal de Richelieu, sa bouche *(M.).*
    b. Ici, sans doute, se place sur le manuscrit le début d'une phrase inachevée : Je ne crois pas à la répugnance que l'on prétend nous avoir entendu témoigner *(M.); supprimé en (M 1.).*

Page 158 :
    a. sa *(R. et B.).*
    b. tardait de reprendre *(R., B., H., D.).*

Page 159 :
    a. pardieu ! *(R.).*
    b. se faire obéir s'il n'était obéi avec l'air d'avoir désiré ardemment ce qu'il ordonnait *(M., R., B., H., D., C., C 2).*
    c. à son cou *(R.).*

Page 160 :
    a. choses de l'avenir *(M., R., B., H.).*

Page 161 :
    a. Un de vos enfants, de bonne famille et de famille catholique, nous sommes compatriotes *(M.); supprimé en (M 1.).*
    b. vous feriez de l'Église tout ce qui vous plairait *(M.).*
    c. Commediante ! *(M.);* Comédien ! *(M 1.);* Commediante ! *(M 2.).*
    d. les talons éperonnés de ses bottes et [*illisible*] épée *(M.); supprimé en (M 1.).*

Page 163 :
    a. Tragediante ! *(M.);* Tragédien ! *(M 1.);* Tragediante *(M 2.)*

Page 164 :
    a. les jambes et se couchant *(R. et B.).*

b. Machiavel *(M.);* notre secrétaire de Florence *(M 1.);* Machiavel *(M 2.).*

Page 167 :
 a. salué le Pape, et je ne le crois pas *(R. et B.).*

Page 168 :
 a. folie que de se dévouer *(R.).*

Page 171 :
 a. manège et changeant *(R., B., H., D.).*
 b. Voilà *(R., B., H., D.).*
 c. nous avoir laissés bien courir *(R. et B.).*

Page 177 :
 a. propres à lui en imposer *(R., B., H., D., C., C 2).*

Page 180 :
 a. des biens passionnés *lit-on dans l'édition de 1857. Il s'agit évidemment d'une coquille.*

Page 182 :
 a. Cet homme riche qui *(R. et B.).*
 b. de ne pas devenir *(R., B., H., D.).*

Page 183 :
 a. Cette vie romaine m'en imposait et me touchait lorsque je l'avais contemplée un jour seulement *(R., B., H., D., C., C 2).*
 b. quand celui-là ne se plaignait pas *(R. et B.).*

Page 186 :
 a. le trouver petit *(R., B., H., D., C., C 2).*
 b. m'irriter contre lui *(B. et R.).*

Page 187 :
 a. Je montai *(R.).*

Page 188 :
 a. je jouis d'un peu de calme *(R.).*

Page 189 :
 a. âme, et tout plein de cet exemple, devenu plus grave *(R.).*

Page 190 :
 a. avoir allumé *(R.).*

Page 193 :

a. pareils récits, je me réjouis de ce que le soldat est mort en moi depuis plusieurs années et de ce qu'il ne reste plus que l'écrivain solitaire qui contemple la lutte éternelle du Pouvoir et de la liberté *(M.)*.

b. d'indignation, mais il souriait *(M.)*.

c. C'est tout simple *(M.)*.

d. Ce qu'il y avait de mal dans son mot, ce n'était pas le mot même, mais l'intention. *(M.); supprimé en (M 1.)*.

Page 194 :

a. fanfaronnades *(M.); corrigé en (M 1.)*.

Page 195 :

a. Que ce soit pour vous *(R.)*.

Page 197 :

a. J'avais bien observé *(R., B.)*.

Page 198 :

a. un vieux officier *(R., B., H., D., C., C 2)*.

b. se leva debout comme *(R., B., H., D., C., C 2)*.

Page 199 :

a. sa mère pour se réchauffer. *(M., R.)*.

La phrase qui suit est rajoutée en (B).

Page 201 :

a. réconciliation tacite du plus obscur et du plus illustre des hommes *(M., R., B., H., D., C., C 2)*.

Page 203 :

a. Mais dans quelques jours *(R.)*.

Page 205 :

a. sans faux éclat et sans charlatanisme *(R., B., H., D., C., C 2)*.

Page 208 :

a. boutique, dans une rue *(R. et B.)*.

Page 209 :

a. elle me montra *(R., B., H., D., C., C 2)*.

Page 211 :

   a. tous deux... — Qui sait si... *(M., R., B., H.); la suite de cette interrogation apparaît en (D.).*

   b. Puis il tressaillit *(R.).*

   c. Je voudrais ne plus parler *(R., B.).*

   d. Ici, le texte de la Revue des deux Mondes *présente sans interruption un passage qui se trouve à la fin du chapitre liminaire de ce troisième récit; depuis :* Vous que j'ai tant vus souffrir [...] *jusqu'à :* [...] caractère de force et de candeur.

Page 212 :

   a. cherchent pas même *(B. et H.).*

Page 213 :

   a. et la *résignation.* Elle sera longtemps la seule à laquelle puisse prétendre l'homme armé car il est armé presque inutilement. Jamais elle *(M.); modifié en (M 1.).*

Page 215 :

   a. est ainsi et voudrait *(B., H.).*

   b. brave *(M. et B.).*

Page 216 :

   a. né avec nous et dans nous *(B.).*

Page 217 :

   a. C'est peut-être là son plus grand mérite *(B., H., D., C., C 2).*

Page 218 :

   a. pudeur virile. Pudeur qui ne rougit pas comme celle de la femme de tout ce qui alarme sa virginité, mais des actions publiques intéressées, falsifiées par le Charlatanisme qui est le mensonge agissant, et qui étend sur nous de tels exemples que des hommes graves se sont demandé si le caractère national n'allait pas se perdre à jamais *(M.); supprimé en (M 1.) depuis :* Pudeur qui ne rougit *jusqu'à* à jamais.

Page 219 :

   a. divine à faire. Ne dirait-on pas qu'il y a des croyances secondaires parmi les hommes, que toutes les religions ont tolérées et avec lesquelles elles ont parfois daigné faire alliance? Comme les adorations et les divinations secrètes des Étoiles et des Cartes, l'adoration de l'Honneur est demeurée vive dans les nations modernes et dans la nôtre surtout. Cette religion nous est restée dans le cœur et nous semblons n'avoir plus toute autre foi que dans la tête. Puisse, dans ses nouvelles phases, la plus pure des religions ne pas tenter d'étouffer ce sentiment qui veille en nous comme une dernière lampe dans un temple dévasté, mais plutôt qu'elle se l'approprie et qu'elle l'unisse à ses immortelles splendeurs, en la posant comme une lueur de plus sur un autel rajeuni. C'est là une œuvre divine à faire. Pour moi, frappé de ce signe heureux, je n'ai voulu et ne pouvais faire qu'une œuvre bien humble et toute humaine... *(M.) ; supprimé en (M 1.) depuis :* Ne dirait-on pas *jusqu'à* humaine...

V — LA " DEUXIÈME PARTIE " DE
SERVITUDE ET GRANDEUR MILITAIRES

En février 1834, nous l'avons vu, Vigny songeait à un recueil d'anecdotes militaires intitulé la Croix de Saint-Louis; *il annonce même en août suivant plusieurs volumes consacrés aux armées permanentes, et en 1835 il écrit d'abord sur le manuscrit de* Servitude : « Je continuerai peut-être à donner ainsi, entre des œuvres plus étendues, quelques tableaux d'une époque finie aujourd'hui. » *Mais il supprime cette phrase de son texte définitif, et il assure à M. de La Grange que l'œuvre de 1835 n'aura pas de suite. Elle n'en a pas eu en effet, mais à plusieurs reprises Vigny a rédigé des notes ou ébauché des ouvrages qui auraient prolongé l'inspiration de* Servitude.

Dans le courant de 1835, il prépare un roman, annoncé déjà en 1832, le Major André, *dont le titre semble indiquer un sujet militaire. L'année suivante, il introduit* Timoléon d'Arc*** *dans le projet d'un récit chouan dont un chapitre s'intitulerait* la Religion de l'Honneur, *et un autre* la Mort du Loup; *Estève résume ainsi ce dernier épisode* « un chouan, blessé et fait prisonnier par des grenadiers, refuse de marcher et se laisse fusiller ». *Nous sommes bien dans le sillage de* Servitude; *mais ce roman, comme* le Major André, *n'a pas vu le jour. Certes, dans le poème de 1838 intitulé* la Mort du Loup, *le récit doit plus à la guerre qu'à la chasse; mais ce n'est là que le globe de l'art, comme dit Vigny. La pensée centrale est vraisemblablement inspirée au poète par l'effort que lui a demandé sa rupture avec Mme Dorval, et les valeurs symboliques de l'œuvre dépassent de loin les problèmes militaires. En novembre 1840, une liste d'ouvrages à faire annonce une nouvelle :* le Porte-aigle du 7e Dragon *qui devient l'année suivante* les Tâteurs du 7ᵉ Dragon. *A ce titre est jointe cette note énigmatique :* « D'abord il est doux et timide; sortant de Saint-Germain, il tue deux tâteurs, puis il devient fou. Traiter cela comme une maladie. » *(J., 1156). D'après Dorison, cette nouvelle était presque achevée en 1841, mais nous savons seulement qu'elle traitait des duels. En 1843, enfin, apparaît pour la première fois un projet sur lequel nous reviendrons :* Féra, *dont l'intrigue devait être à la fois romanesque et militaire, si l'on en juge par cette simple indication :* « Le vieux colonel croit la jeune femme assez loyale pour être fidèle. Féra surveille les officiers. Il se surveille dans sa fidélité.» *(J., 1209). Cependant, les notes du* Journal *qui font allusion à* Servitude *jusqu'en 1848 portent des jugements sur ce livre ou nous donnent des renseignements sur lui; elles ne semblent pas annoncer une suite.*

C'est la révolution de février qui devait ramener Vigny à son œuvre de 1835. Entre le soulèvement de 48 et celui de 1830, les ressemblances sont nombreuses; la Garde en particulier connaît le même sort, à cette différence près que la lutte est beaucoup plus brève en février, et les morts moins nombreux. Dès le mois de juillet suivant, un développement très soigné, à la fois sobre et pathétique, résume le sort de l'armée tel que Vigny le concevait déjà en 1830 : haïe du peuple et désavouée par le souverain qui l'utilise. Ce texte fait même allusion à Ferdinand VII, le triste héros du Trappiste. *(J., 899.) Désormais, projets, remarques et anecdotes destinés à une suite de* Servitude *vont s'égrener jusqu'à la mort du poète, parallèlement à ceux de* Daphné. *Comme il est souvent difficile de relier ces notes fragmentaires, nous distinguerons celles qui annoncent des idées générales et celles qui préparent des récits.*

Reprenant, pour l'essentiel, ses conclusions de 1835, Vigny donne un tour plus ferme, presque axiomatique quelquefois, aux idées qu'il avait défendues avec plus de chaleur que de méthode dans l'introduction et la conclusion de Servitude. *Le désœuvrement et l'ennui du soldat s'expriment dans cette formule :* « En temps de paix, la vie militaire est la répétition perpétuelle d'une *tragédie* qui ne se joue jamais » *(Mémoires, 338). A propos de l'obéissance passive, Vigny rappelle la devise des Jésuites :* « perinde ac cadaver » *(Mémoires, 351). Il entreprend d'opposer servilité à servitude, affirme que l'honneur qui les distingue doit être le seul impératif du soldat, et tente un exposé systématique de toutes les manifestations de cette vertu, chez les soldats et chez les civils. Il revient même à un parallèle entre l'honneur et la morale chrétienne. Poussant jusqu'au bout, enfin, et presque au paradoxe, ses convictions de 1835, il se propose en janvier 1859 le titre que voici :* « Servitude des maîtres, grandeur des esclaves ». *(J., 1343).*

Certaines idées, cependant, se nuancent et se modifient. Entre 1848 et 1850, les remplaçants à la conscription, « souvent fort corrompus » *et* « roués d'estaminet », *lui font désirer de nouveau l'armée nationale qu'il préconisait en 1834. En revanche l'armée délibérante qu'il souhaitait à la même époque est définitivement condamnée :* « On pourrait prouver, *Tacite à la main* », *écrit-il,* « que si chaque chef romain, *César* le premier, n'eût été forcé par les usages républicains de *persuader* les *Quirites* comme orateur avant de commander la charge comme capitaine, les Barbares ne fussent pas entrés à Rome » *(Mémoires, 348). S'il cherche à concilier l'honneur et le christianisme en 1852 et 1856, d'autres notes, sans date, attestent l'intention contraire.*

Pour fonder ses convictions ou pour les affermir, Vigny fait souvent appel à l'actualité politique. Il note à une date inconnue : « Les chefs de corps et les soldats qui rendirent leurs armes en 1848 à l'émeute des faubourgs dirent qu'ils respectaient la *réforme* que la Garde nationale proclamait devant eux » *(Mémoires, 347). La révolution espagnole de 1856 lui montre une armée presque simultanément révolutionnaire contre le souverain et conservatrice contre* « les baïonnettes intelligentes » *de la bourgeoisie (Mémoires, 339). L'année suivante, la guerre de Crimée réveille son indignation contre* « la liberté de faire la guerre », « plus grave », *dit ironiquement Vigny,* « que la liberté de la presse » *(Mémoires, 341). En 1858, enfin, il constate à propos de la conquête de l'Algérie que si les soldats sont séparés de la nation, c'est en grande partie à cause de leur hostilité stupide envers les colons et les* « pékins ». *Ces notes sont trop clairsemées, sans doute, pour constituer un journal de la vie militaire en France de 1850 à 1860; elles prouvent du moins la lucidité d'un homme qui a vécu un peu en marge du siècle, non pour l'ignorer mais pour l'observer mieux.*

Sans permettre des conclusions trop fermes, ces remarques, fragmentaires et souvent elliptiques, donnent pourtant quelques impressions d'ensemble. Servitude *attirait l'attention sur le sort d'un paria social; les projets de suite convergent plutôt vers des problèmes pratiques : comment concilier l'obéissance et la conscience individuelle ? à qui le soldat doit-il obéir, et à quelles conditions ?* « Il faut », *écrit Vigny en septembre 1856,* « que le gouvernement soit *digne* d'avoir des *héros* pour *esclaves gladiateurs* » *(Mémoires, 338); et il ajoute deux mois plus tard :* « La fidélité militaire. A quoi? Au drapeau et à la nation ou bien à la dynastie? A un parti? A une opinion? *(...) L'Homme d'honneur* accomplit son serment jusqu'à la mort, là est son devoir » *(Mémoires, 339).* Servitude *était une œuvre de pitié; la deuxième partie aurait ressemblé davantage, semble-t-il, à un traité presque pédagogique. Vigny ne songe plus à plaindre le soldat, mais à lui proposer une règle de conduite. D'où ce programme de novembre 1856 :* « Il faut, dans tous les exemples que je choisirai, *amoindrir l'ambition personnelle,* accroître *l'amour de la gloire* » *(Mémoires, 339.)*

Le livre de 1835, enfin, s'intéressait exclusivement aux humbles de l'armée. Renaud lui-même ne dépasse pas le grade de capitaine, et s'il est présenté d'abord comme « un esprit très cultivé », *il finit par être* « un brave homme », « une âme bonne et simple », *assez proche du commandant de Laurette. A partir de 1850, au contraire, Vigny, qui ne puise plus dans ses souvenirs, et voit l'armée du dehors, s'intéresse surtout aux officiers supérieurs. En 1856, il veut des généraux qui soient* « hommes d'invention et d'imagination » *(Mémoires, 340), non de métier. Appliquant en somme au soldat une distinction analogue à celle que la préface de* Chatterton *établissait entre le poète et l'homme de lettres, il souhaite que les généraux* « aiment *l'art* de la guerre comme une occasion de *grandeur* et de *gloire* » *(Mémoires, 354). Ces conseils doivent paraître d'autant plus urgents à l'auteur que les officiers contemporains ne lui inspirent aucune indulgence.* « En général », *écrit-il en 1841,* « ils ont les prétentions à l'intelligence d'un tambour-major.

ne sont occupés que de leur prestance et de l'air matamore »,
« dépourvus de pensée et prêts à tout faire pour le
grade », *ajoute-t-il en 1856 (*J.*, 1326). Deux ans plus tard,
il songe à un chapitre intitulé* « la brute guerrière » *(*Mémoires,
342*), et en 1861 il esquisse le portrait du général* « faux grognard, *singe de Napoléon I*er », *qui* « tranche de tout »
avec « un aplomb inepte » *(*J.*, 1358). L'inspiration de Vigny
demeure lucide (la guerre de 1870 le prouvera bientôt), mais
s'annonce moins large, semble-t-il, qu'en 1835, car il critique
certains défauts de l'armée précisément parce qu'il n'en conteste
plus le principe. Non seulement il approuve sans réserve les
expéditions coloniales, mais il voit une intervention providentielle
dans la victoire de Sébastopol, et, par crainte de la révolution,
ne s'indigne plus que le soldat soit un gendarme social.*

A ces considérations générales, la suite de Servitude *devait
ajouter un élément narratif dont le héros, Féra, donne son nom à
l'ouvrage dès 1848. Vigny revient d'abord, ou peu s'en faut, à
son projet initial, celui de 1830 qui devait opposer un avocat et
un militaire. Il imagine en effet deux cousins; l'un fait une campagne sanglante, la conquête d'Alger sans doute puisqu'il est
question d'un débarquement; l'autre qui est journaliste fait une*
« campagne de presse » *contre les Bourbons aînés, et, par
haine du gouvernement, trahit des secrets militaires (*Mémoires,
336*). Sans qu'on puisse savoir si Vigny abandonne complètement
ce premier projet, Féra, l'année suivante, devient un gentilhomme
du XVII*e *siècle,* « séide du Grand Condé », *âme généreuse
en un sens puisqu'il combat tous les ridicules militaires, et prend
à l'occasion le parti des bourgeois, mais passionné de duel jusqu'à
la déraison. Il se peut même que Vigny ait choisi ce nom étrange
de Féra parce qu'il signifie en latin* « bête féroce »[1]. *Son héros
éprouve en effet une* « joie enivrante » *quand il tue un adversaire
(*Mémoires, 329*), et il soufflette son commandant simplement
pour l'obliger à se battre. Indignés de ce geste, les autres officiers
précipitent Féra par la fenêtre; mais Condé qui l'aimait fait
massacrer tout le régiment à la bataille de Nordlingue.* « Je rem-

---

1. Signalons toutefois qu'un ancêtre de Vigny, dans le courant
du xviie siècle, a épousé une dame Claude de Féra.

bourserai les chevaux », *dit-il au colonel.* « Pour les hommes, c'est une nuit de Paris. On en réunira, ce soir, qui seront meilleurs que ceux-là » *(Mémoires, 330). Dans la mesure où l'on en peut juger, l'auteur voulait dénoncer l'incroyable mépris de l'existence humaine qui anime duellistes et hommes de guerre. Vraisemblablement Vigny intègre ici à la substance de Féra un projet très ancien. Le 26 juin 1830, en effet, il songeait à raconter l'histoire d'un général qui fait massacrer ses troupes pour trouver lui-même la mort, soit par désespoir d'amour, soit plutôt par remords d'avoir pour maîtresse la femme de son colonel (Mé-moires, 369). Cette histoire, toute romanesque, n'intéressait qu'accessoirement les soldats, et* Servitude *ne lui doit rien. En 1840, cependant, Vigny semble en dégager un thème plus général qui met en cause la conduite de certains militaires : «* SI-TUATION. — Un officier qui veut se faire tuer en fait tuer d'autres. » *(J., 1144). C'est peut-être cette indication qui devait se développer dans Féra, lorsque Condé fait massacrer tout un régiment à Nordlingue.*

En 1853, Vigny rédige entièrement, pour Féra, une nouvelle qui se déroule dans le monde moderne, c'est Un premier duel. *On pourra lire dans les* Mémoires, *pages 321 et suivantes, ce récit qui est trop long et trop éloigné du sujet de* Servitude *pour que nous le citions ici. L'intention n'en est pas douteuse ; il s'agit de montrer ce qu'il y a d'absurde à risquer si légèrement une vie humaine, et quels remords peut éprouver un jeune homme qui a tué son adversaire. C'est un sujet voisin, nous l'avons vu, que Vigny abordait déjà en 1840 dans le* Porte-aigle *du 7e Dragon, et l'on assiste à un duel dans* Cinq-Mars *et dans* la Maréchale. *Comme une note de Féra, d'autre part, assimile une bataille à* « une série de duels corps à corps », *et ébauche même une histoire de l'arme blanche depuis les Grecs jusqu'à nos jours (*Mémoires, 350*), nous pouvons saisir un lien entre le thème du duel et celui de la guerre ; nous pouvons même admettre que Féra, en 1853, devait aborder le problème de l'armée par celui des affaires d'honneur. Peut-être Vigny aurait-il profité de ce sujet pour distinguer le point d'honneur traditionnel et barbare de l'Honneur tel qu'il le conçoit.*

Ce qui commence à compliquer les choses à partir de 1852,

c'est que le projet de Féra *en absorbe peu à peu un autre, beaucoup plus ancien, celui de* la Tour de Blanzac, *dernier avatar de* la Duchesse de Portsmouth. *Cette suite de* Cinq-Mars, *nous l'avons vu, devait illustrer, dès 1830, une deuxième étape dans la déchéance de la noblesse, celle de* « la corruption » *succédant à* « celle de la hache ». *Maîtresse toute-puissante de Charles II, la duchesse de Portsmouth, qui était de noblesse bretonne, était devenue l'agent dévoué de la politique française à la cour de Londres. En usant largement de la vérité idéale, Vigny pouvait donc imaginer que Louis XIV avait placé la duchesse dans cette situation équivoque pour des raisons d'État; il avait même matière à montrer* « l'honneur dans des caractères entraînés à des péchés mortels et y vivant » *(J., 958). Il rédige un plan le 7 juin 1833, et fait encore deux allusions à cet ouvrage en 1836 et 1837 (J., 989, 1049, 1069). Mais en octobre 1838, comme il vient de s'installer en Charente, il réunit la duchesse de Portsmouth et quelques-uns de ses contemporains sous un nouveau titre :* le Maine-Giraud *(J., 1108); «* les décorations seront mes terres », *écrit-il, «* et le château du Maine-Giraud avec les ruines de Blanzac ». *Ce changement de décor entraîne vite un changement de personnages; la duchesse cède son rôle à Hermine de Blanzac; un roman historique est annoncé sous ce titre en novembre 1840, mais le sujet en est toujours :* « négociation sous Louis XIV, séduction, amour et politique » *(Mémoires, 372). Plusieurs notes, en 1840 et 1841, sans titre ou intitulées* Hermine, *signalent encore l'avilissement moral de la noblesse au XVIIe siècle, mais aussi sa décadence sociale sous l'effet d'une coalition qui groupe le roi, la bourgeoisie et le clergé. (J., 1131, 1142, 1150, 1151, 1155).*

Or, c'est précisément ce sujet qui est abordé plus longuement de 1850 à 1853 dans une suite de Cinq-Mars *intitulée maintenant* la Tour de Blanzac. *Pendant l'été 1853, en effet, Vigny rédige un développement sur la jalousie que les bourgeois nourrissent à l'égard des nobles, et un autre sur l'ordre du clergé* « ambitieux, envieux, et, au fond du cœur, *démocratique et parfois* démagogique »; *un abbé* « par les intrigues de Mazarin force les Blanzac à canonner leur propre château » *(Mémoires, 312). Pour rendre plus antipathique encore l'autorité royale, Vigny mêle à cette intrigue une histoire qui lui est fournie par Saint-Simon, celle de Balthazar de Fargues. Profitant des troubles de la Fronde, ce personnage s'était rendu maître de Hesdin et était passé aux Espagnols. Après la fin des hostilités, bien qu'il fût couvert par l'amnistie, il vivait secrètement à Courson dans la forêt de Saint-Germain. On l'y découvrit par hasard, et après un procès rapide, il fut décapité.*

Vigny idéalise Fargues comme il avait idéalisé Cinq-Mars, et le présente comme un pur martyr de l'iniquité royale. Il l'imagine, d'autre part, amoureux d'une jeune femme, une coquette, abandonnée par son vieux mari depuis le jour même de ses noces. Cette femme ne cesse pourtant de veiller sur ce mari qui est devenu fou et, semble-t-il, furieux; mais elle accepte d'être la maîtresse de Fargues. Il l'avait peu aimée jusque-là; « à la possession commence l'amour vrai », « dès ce jour, il se dévoue avec une ardeur et une passion inexprimables » *(Mémoires, 311). Sans trop vouloir conclure de ces quelques indications, on peut croire que Vigny nous aurait montré ici l'honneur mêlé à des péchés mortels; peut-être même faudrait-il rattacher à cette intrigue quelques anecdotes inventées à la même époque : une femme dont le père est frappé de mort civile, une autre qui trompe son mari, mais qui, toutes deux, ont un sentiment de l'honneur plus exigeant que la morale des prêtres* (Mémoires, 348 et 349).

Telle est la matière romanesque qui envahit le projet de Féra *entre 1852 et 1857. Dès 1852, Féra intervient dans* la Tour de Blanzac, *et M. de Blanzac est nommé dans un projet de* Féra *(Mémoires, 310 et 337). Les repères manquent pour suivre la contamination d'un sujet par l'autre; constatons du moins qu'en 1857 Fargues et Blanzac sont signalés seuls dans un projet qui s'intitule toujours* Féra. *Ces deux personnages sont devenus des modèles de loyalisme; et c'est sur cette donnée que Vigny, le 28 septembre 1856, organise un plan en trois épisodes. Le premier se passe sous la régence d'Anne d'Autriche, c'est l'histoire de* Fargues : « Sur ce groupe de gentilshommes dont M. de Balthazar est l'âme, l'autorité des Princes et des maréchaux ne trouve obéissance que lorsqu'elle est elle-même une autorité obéissante » (Mémoires, 353). *Le second épisode devait se dérouler en 1793, mais Vigny n'en dit rien d'autre. Au cours du troisième, enfin, le dernier des Blanzac devait monter contre la conspiration du général Mallet* « des sociétés secrètes conservatrices de l'Empire ». *Il semble donc que le thème de la fidélité, féodale d'abord, puis militaire et même bonapartiste, ait fait en dernière analyse l'unité du projet que nous étudions. En ce sens, il rejoint l'intention que Vigny a toujours eue d'écrire une histoire de la noblesse en France.*

Aucun de ces projets n'a vu le jour, sans doute, et il n'est même pas sûr que les idées générales aient vraiment rencontré les ébauches de récit. Tout se passe comme si l'auteur, sollicité à la fois par le problème pratique de l'armée et par le problème historique de la noblesse, avait du mal à trouver une fiction qui leur fût commune. La suite de Servitude, *cependant, comme les projets contemporains de* Daphné, *prouve l'activité d'un esprit qui ne cessait de travailler même quand il produisait peu.*

Les notes et les projets relatifs à une suite de Servitude *ont été publiés par Fernand Baldensperger dans le* Journal *(Bibliothèque de la Pléiade, t. II), par Henri Guillemin* (M. de Vigny Homme d'ordre et Poète), *et par Jean Sangnier à la suite des* Mémoires. *Nous réunissons ici ces textes en suivant autant que possible l'ordre chronologique. Quant aux notes qui ne sont pas datées, nous les rapprochons, faute de mieux, des fragments qui traitent le même sujet et dont la date est connue.*

***

Année 1841. « DES OFFICIERS. — En général ils ont les prétentions à l'intelligence d'un tambour-major. Ne sont occupés que de leur *prestance* et de l'air *matamore*. » (*J.*, 1159.)

***

Année 1843. « SERVITUDE ET GRANDEUR MILITAIRES. — La vie des hommes rassemblés et des femmes réunies est un état violent.

La réunion perpétuelle de beaucoup d'hommes sans une femme, et de beaucoup de femmes sans un homme est un état violent. » (*J.*, 1197.)

*
* *

Janvier 1845. « L'honneur est l'atticisme dans les actions. » (*J.,* 1228.)

Juillet 1848. « FÉRA. — O Pouvoir, ô Gouvernement ! être abstrait et nécessaire, que sommes-nous tous tant que nous sommes, sinon tes esclaves, tes gladiateurs. Assis à ta porte ou plutôt nous-mêmes portes et barrières de ta forteresse, nous nous faisons briser par le peuple quand il se révolte.

Lorsqu'il est vainqueur, on nous chasse du pied, on maudit nos nobles morts (frappés à la poitrine et couchés sur le dos), on nous appelle assassins du plus faible, assassins de notre frère, assassins de notre maître le grand Peuple, le grand Souverain, qui nous a enfantés et nous reprendra dans son sein.

Les enfants nous prennent nos armes et nous nous enfuyons en pleurant et brisant nos épées.

Lorsqu'il est vaincu, on nous crie : « Fidèles gardiens du Pouvoir, soyez bénis, vous avez sauvé l'ordre social, la propriété et la famille. » Mais bientôt le Pouvoir nous renie pour se faire aimer et, pour s'excuser d'avoir employé ses dogues, il les enchaîne, les cache et les bat. Il dit : « Je ne les connais pas; si je les ai employés, c'était une triste nécessité. »

Ainsi, gros Roi impotent, tu amnistiais les Vendéens et les troupes de Gand. Ainsi, Ferdinand d'Espagne, joueur de violon qui exécutais si bien le *Traga-la-Perro,* tu saluas ceux qui ont massacré ta garde, afin de t'assurer une mort paisible sur le velours de ton trône tout souillé de sang. » (*Mémoires,* 335.)

*
* *

Même feuillet. « SERVITUDE ET GRANDEUR MILITAIRES. — A voir tant de beaux jeunes hommes réunis et marchant en silence, les yeux baissés devant la pensée de la discipline, souriant à l'idée du combat qu'ils vont livrer sans haine et sans injure, l'âme se sent reposée et le cœur ému. Les chevaux marchent d'un pas calme et régulier, leurs têtes se balancent par un mouvement égal, les cavaliers écoutent les pas de leurs nobles compagnons d'armes comme le mouvement de la mesure qui règle leur marche et tempère leur valeur. Cette jeunesse si forte et si docile a des regards doux et enflammés qui rayonnent d'une vigueur modeste et fait songer involontairement à ces légions d'anges qu'un Dieu invisible conduisait au combat silencieux, violents et souriants. » (*Mémoires*, 335.)

***

Même feuillet. « LA TRAITE DES BLANCS. — Il y avait alors à Paris des bureaux de remplacements. Une sorte de Vidocq en tenait un. Il vendait des hommes à des mères inquiètes pour leurs fils.

Les vendus étaient fort dédaignés, souvent fort corrompus, c'étaient des roués d'estaminet.

Pour avoir une armée *saine,* il faut des conscrits vrais, de vrais soldats, fils du pays, serviteurs de la patrie, soldés de la patrie, soldés par eux-mêmes et par leur propre travail de la terre de la patrie, mangeant le pain dont ils ont semé le froment; soldats de la nation et non soldés par un indolent. » (*Mémoires*, 336.)

***

Janvier 1850. « Que *l'homme de guerre* est un *homme de peine.*

Comparer la *journée* et la *nuit* d'un général à la journée d'un magistrat ou d'un administrateur. » (*Mémoires*, 337.)

*_**

Sans date. « *De l'oisiveté militaire.*

Symptômes. Le cigare, le café, la vie d'estaminet, la promenade vague et lente. Le soldat couché de midi à quatre heures.

Le général oisif.

L'oisiveté du soldat (*chair à canon* trop souvent).

Après les devoirs de la guerre, les devoirs de la paix. » (*Mémoires,* 349.)

*_**

Année 1851. « SERVITUDE ET GRANDEUR MILI-TAIRES. — Le général, l'homme de guerre soldé, le soldat est bien forcé à *l'obéissance passive,* mais il a en lui l'honneur qui s'élève haut et qui a ses arguments à donner.

Comme *Antigone* et *Créon* défendant avec justice le respect religieux dû aux morts et la religion de la patrie, deux voix doivent parler tour à tour à l'homme de guerre, celle de *l'obéissance* et celle de la justice et de l'*honneur;* sous les gouvernements injustes, il est sans cesse bourreau et assassin. Là est l'horreur de son métier. Montluc et des Adrets étaient bourreaux, catholique et protestant.

Un homme est voué à l'obéissance. — Un autre à la justice.

Celui de l'obéissance et de la *servitude militaire* est le plus grand, quoiqu'il souffre de sa résignation.

Platon compare les guerriers à des chiens. Il leur veut les mêmes qualités. Le chien tue et rapporte le gibier. » (*J.,* 1287.)

*_**

Sans date. « Chapitre x : *Notre ami c'est notre maître.*

Les gardes nobles. La vie et la mort d'un régiment. » (*Mémoires,* 350.)

**

Sans date. « *Perinde ac cadaver !*

Absolument comme un cadavre.

Tu seras sans volonté comme un cadavre, tu te lèveras à ma voix, tu retomberas à mon ordre, tu seras immobile et glacé jusqu'à mon commandement. C'est la maxime d'un général et quel général? Le général des Jésuites. Mais n'est-il pas emprunté (*sic*) à la discipline de l'armée? L'armée n'est-elle pas le modèle de l'ordre, de l'obéissance, de l'organisation régulière, de l'abnégation?

Servitude et grandeur militaires.

Esprit de servilité.

Il y a du lévrier dans l'homme.

Abnégation. L'homme fait pour commander souffre dans l'obéissance. Douleur de l'obéissance.

Que toute législation religieuse ou civile fut créée pour la rendre possible.

Que rien n'est plus contraire à notre nature.

La montrer anoblie par le sentiment admirable de l'unité d'un corps qui est la *nation armée* par la réunion de chaque *membre* au *corps.* » (*Mémoires,* 351-352.)

**

15 septembre 1852. « A mesure que les Francs diminuent et sont décimés et ruinés par les croisades où les pousse le clergé (populaire et bourgeois), la race gauloise l'emporte par le nombre et son influence lourde et molle, stationnaire, casanière, l'attache au sol. Le *soldat-laboureur* est soldat par accès, laboureur par caractère. Quand les Francs l'entraînent, il devient guerrier. » (*Mémoires,* 337.)

**

30 octobre 1852. « LE CODE DE L'HONNEUR. — Livre à écrire : c'est le catéchisme de la Religion mâle qui vit en nous, religion secondaire qui s'accorde en tous points avec la religion chrétienne et avec ce que les autres ont de beau, car c'est la justice, la charité, la dignité humaine. » (*J.*, 1302.)

**

18 février 1853. « *Pour Servitude et Grandeur militaires.* Le sentiment de l'abnégation dans le devoir et l'obéissance est bien plus beau que le sentiment de la liberté entière, qui est égoïste, orgueilleux et sauvage. Le sentiment de la Discipline est plus humble, plus chrétien. » (*J.*, 1305.)

**

Mars 1853. « De l'armée. Elle garde la nation jusqu'au moment où elle la sauve. » (*J.*, 1306.)

**

Sans date. « *Du mécontentement dans les armées modernes.* En général, tout officier est mécontent de ne pas être Maréchal de France.

Du bas échelon où il est placé, il regarde tous les degrés de l'échelle jusqu'en haut.

La poussière des armées démocratiques attend toujours le vent. Les gentilshommes de province ne voulaient pas d'avancement. Les commandements étaient achetés. » (*Mémoires*, 354.)

**

24 novembre 1854. « L'armée anglaise entière est composée d'enrôlés volontaires qui s'engagent pour vingt-cinq ans. Depuis un mois, au premier appel, mille hommes par jour se présentent pour aller en Orient à cette nouvelle Croisade ; et cependant ils savent que l'avancement leur est interdit au-delà du grade de sergent.

Le sentiment aristocratique est donc populaire en Angleterre et la protection des Lords est chère aux classes laborieuses qui n'envient point les grandes charges où elles ne sauraient atteindre.

Il serait bon de mettre en regard de ces sages soldats un de nos ambitieux insatiables. La paix de l'âme dans celui qui n'est pas déclassé par l'avancement, et l'embarras, le trouble que j'ai vus dans certains soldats élevés jusqu'à un monde où ils se trouvent sans sympathie et sans relations. » (*V. H. O.*, 145.)

**

Novembre 1854. « Tout homme armé, soldat des armées permanentes, se regarde comme ayant le pied sur une échelle double qui mène d'un côté du grade de caporal à celui de maréchal, de l'autre du rang de chevalier de la Légion d'honneur à celui de grand-croix de l'ordre. Il ne passe pas un jour, une nuit, une heure, sans mesurer de l'œil l'échelon supérieur et sans affecter mécontentement, mauvaise humeur, colère, rancune, contre l'injustice, le passe-droit, l'oubli, le népotisme et toutes les accusations par lesquelles se forme l'opposition contre le Pouvoir.

Dans l'organisation féodale, que remplaça celle des armées permanentes, les commandants de troupes étaient trop nobles et trop haut placés pour être ambitieux de grades, mais l'indiscipline capricieuse était le mauvais côté de cette organisation seigneuriale qui dut périr, la noblesse étant détruite et ruinée par les monarques absolus et par la bourgeoisie haineuse et ses sourdes conjurations.

Aujourd'hui, l'exploitation de l'épaulette est par trop ardente. » (*V. H. O.*, 145.)

**

Sans date. « SERVITUDE ET GRANDEUR MILITAIRES. — *L'arme blanche.* Hector, Ulysse, Diomède. Le christianisme. Les combattants depuis l'invention de l'artillerie.

Salvator Rosa. Que chaque soldat avait dix ou douze duels corps à corps dans une bataille. On sortait couvert de cicatrices.

La guerre de Crimée a renouvelé ces combats à l'arme blanche. *Les armées, chevalerie moderne.* Les chasseurs de Vincennes disaient : on les a passés à la fourchette.

L'armée. Toute *armée* est une *machine de guerre.*

On la pose devant les forteresses comme une baliste, elle frappe et renverse; devant des hommes, elle fauche des blocs animés. » (*Mémoires,* 350.)

*
**

Février 1855. « L'homme du grand monde fait la guerre comme on va à un duel, comme les chevaliers allaient au tournoi. Il est souverainement brave. Il frappe d'estoc et de taille, mais ses nerfs sont trop délicats pour supporter la vue de plaies et de mutilations hideuses.

Un paysan est accoutumé au sang et aux plaies. Il tue dès l'enfance le porc de famille. Les tripes de l'homme ne lui font pas plus d'horreur. Il tue et va se coucher et s'endort sur sa baïonnette après l'avoir essuyée en sifflant. » (*V. H. O.,* 146.)

*
**

Février 1855. « Deux espèces d'hommes en guerre.

Un être affiné peut faire la guerre avec une bravoure intrépide, mais la vue du carnage l'excède et le tue.

Au contraire, un paysan accoutumé dès l'enfance à tuer le porc de famille, tue, va se coucher et s'endort sur sa baïonnette après l'avoir essuyée en sifflant. » (*J.,* 1317.)

*
**

23 mars 1855. « DES GÉNÉRAUX. — Combien ils sont rares. Presque toujours ce sont des conducteurs de troupeaux de lions qui ne savent où ils les mènent.

Le duc de Cambridge, sans le vouloir, a été *philosophe sans le savoir* quand il a dit en revenant à Portsmouth : « La guerre de Crimée est une guerre de soldats et non de généraux. »

C'était faire, des généraux qui ont commandé, la plus sévère critique.

Turenne avec vingt mille hommes et Vauban, eût pris et fortifié Pérékop et forcé Sébastopol à se rendre par la famine. » (*Mémoires,* 338.)

***

Même feuillet. « En temps de paix, la vie militaire est une *répétition* perpétuelle d'une *tragédie* qui ne se joue jamais. » (*Mémoires,* 338.)

***

27 avril 1856. « *Servitude et Grandeur militaires.* Suite. L'idée mère sera : la liberté de conscience dans l'armée. Question : la liberté de conscience peut-elle exister dans une armée? Oui, elle exista sous le régime féodal et antique, lorsque les *Patriciens romains* marchaient à la tête de leurs armées et se fortifiaient dans les provinces dont ils étaient gouverneurs; puis dans la féodalité moderne quand les seigneurs amenaient leurs vassaux au roi sous leur bannière. — Dans la Fronde encore lorsque chacun passait du parti des princes au parti du Roi.

1) Sous la Fronde. 1er roman.

Turenne commandait une armée espagnole, il vient du Rhin à Vincennes pour délivrer les princes prisonniers. Turenne était plus coupable que Cinq-Mars. Il avait traité avec l'étranger, reçu des troupes et de l'argent, et fait couler le sang français dans dix combats. Pourquoi ne fut-il pas mis en accusation seulement? Parce que Mazarin n'en avait pas la force comme Richelieu. Pourquoi ne fut-il pas déshonoré et nommé traître? Parce que l'idée de *Patrie n'était pas.*

L'idée ne vint à personne de parler de trahison. Le

Grand d'Espagne et le Duc et Pair de France étaient compatriotes. On ne reprocha de même rien ni au Connétable de Bourbon ni au Prince de Condé. C'était une manière de faire de l'opposition, mais chacun pouvait librement suivre sa politique.

2) Sous la République.

3) Sous l'Empire. Conspiration de Malet. » *(V. H. O., 146; complété d'après le manuscrit.)*

* * *

28 septembre 1856. « SERVITUDE ET GRANDEUR MILITAIRES. — Conclusion. *(Après les trois anecdotes de Féra)* conclure que :

L'obéissance passive est due lorsque le premier anneau de cette obéissance est dans une main sacrée à un titre quelconque et douée d'une majesté naturelle consentie par tous, soit celle de l'hérédité, soit celle de la grandeur populaire d'un grand capitaine.

Il faut que le gouvernement soit *digne* d'avoir des *héros* pour *esclaves gladiateurs.*

Voyons et réfléchissons.

L'Espagne en 1856. Cette année vient de nous donner un étrange exemple du mal et du bien que fait une armée permanente.

L'armée, sous deux généraux réunis, O'Donnell et Espartero, chasse la Reine-mère, change le gouvernement d'Isabelle.

La même armée combat les milices révoltées et défend Isabelle d'une révolution républicaine.

L'armée espagnole a donc été dans la même année *révolutionnaire* contre la couronne et *préservatrice* de la *couronne.*

En qualité de révolutionnaire, elle a attaqué seule la couronne et l'a soumise.

En qualité de préservatrice, elle a résisté à la garde nationale espagnole qui semble toujours partout être la nation même armée.

L'armée a soumis les baïonnettes intelligentes et les a

arrachées des mains bourgeoises et ouvrières qui les portaient.

Où eût été le devoir dans la première bataille pour un officier général fidèle à la Reine. » (*Mémoires*, 338.)

Sans date. « L'honneur, la fidélité. Comme quoi les souverains en sont plutôt gênés et embarrassés que reconnaissants. » (*Mémoires*, 353.)

Sans date. « *(La question du livre)*.

Chapitre... La liberté d'être fidèle.

Question : — L'armée permanente a-t-elle le droit d'être fidèle à une dynastie?

— Non. Puisqu'un général peut dire à son corps d'armée : « Suivez-moi! » Et ce corps d'armée marche, suit et passe à la révolte parce que le général l'a ordonné.

Après un maréchal qui commande, nul ne se croit responsable et chacun se regarde comme un anneau insensible et muet de la chaîne de fer dont le maréchal tient une extrémité dans sa main. » (*Mémoires*, 352.)

Sans date. « FÉRA ». — 1re question : La Servitude n'est pas la Servilité.

La Servilité dans un magistrat.

2e question : De l'obéissance passive.

Les chefs de corps et les soldats qui rendirent leurs armes en 1848 à l'émeute des faubourgs dirent qu'ils respectaient la *réforme* que la garde nationale proclamait devant eux.

On pourrait prouver, *Tacite à la main*, que si chaque chef romain, *César* le premier, n'eût été forcé par les usages républicains de *persuader* les *Quirites* comme orateur avant de commander la charge comme capitaine, les Barbares ne fussent pas entrés à Rome. » (*Mémoires*, 347.)

**
**

Sans date. « Chapitre : Qui aurait le courage d'être lâche.

L'attitude de l'armée décide les événements dans les régences.

Le duc d'Épernon au Parlement décide la réponse de Marie de Médicis.

La défection d'Essonnes tue la régence de Marie-Louise. » (*Mémoires,* 350.)

**
**

Novembre 1856. « FÉRA. — Dans tous mes exemples, amoindrir l'ambition personnelle. — La première prétention de tout officier est l'intimidation. N'intimidez que l'ennemi et ne cherchez pas à intimider vos Français.

Les hommes de guerre ont quelque chose de l'acteur. Ils racontent sans cesse leurs états de service, sachant bien qu'en peu de temps ils seront oubliés [1].

Tout homme armé, soldat des armées permanentes, se regarde comme ayant le pied sur une échelle double; qui mène d'un côté, du grade de caporal à celui de maréchal, de l'autre, du ruban de chevalier de la Légion d'honneur à celui de grand-croix de l'ordre.

Le problème est simple : la mort ou un grade supérieur. L'avancement, passion unique. En général, tout officier est mécontent de ne pas être maréchal de France.

Tels furent les maréchaux de l'Empire : traîtres à Essonnes pour les Bourbons, et renégats à Grenoble cent jours après; apostats sous Paris, et si l'on peut hasarder ce mot, traîtres et retraîtres à leurs maîtres. On ne connaît pas assez ces hommes de discipline dépourvus de pensée et prêts à tout faire pour le grade. L'avancement à tout prix est leur foi.

Le sentiment de l'abnégation est bien plus beau que le

---

1. *Une note isolée et sans date (V. H. O., 144) reprend ce paragraphe et le termine ainsi :* « et qu'on ne parlera plus d'eux s'ils n'en parlent eux-mêmes. »

sentiment de la liberté sans bornes de chacun, sentiment égoïste, orgueilleux et sauvage.

Turenne, avec 3 000 cavaliers et 500 mousquetaires, se porte à Paris contre le maréchal d'Hocquincourt; il se pose en arbitre, sans favoriser ni la révolte du Parlement ni l'injustice du ministre. » (*J.*, 1326.)

***

Sans date. « *De l'intimidation.* La première prétention de tout officier est *l'intimidation.*

Intimidez l'ennemi, Messieurs, c'est bien, mais *n'intimidez que* l'ennemi, ne cherchez pas à intimider les Français qui ne sont pas vos soldats.

Seul secours, ne pas les regarder.

Leur parler en regardant ailleurs pour qu'ils n'espèrent rien de leur jeu de physionomie et de leur pantomime de tambour-major. » (*Mémoires,* 354.)

***

Sans date. « POUR SERVITUDE ET GRANDEUR MILITAIRES. — *Deuxième partie.*

L'époque de la régence d'Anne d'Autriche. Turenne, etc.
Chapitres intitulés : *Histoire générale.*
Chapitres intitulés : *Histoires particulières.*
Chapitres intitulés : *Philosophie des armées.*
                          La cause de l'honneur.

Les hommes de guerre ne cessent de rouler le rocher de Sisyphe. » (*Mémoires,* 347.)

***

Novembre 1856. « L'honneur est le *stoïcisme chrétien.* » (*J.*, 1326.)

*
**

Sans date. « SERVITUDE ET GRANDEUR MILI-
TAIRES. — Pourquoi :

L'honneur reçoit à présent de graves atteintes.
1º L'honneur politique.
Dans le jeu du serment politique, lequel devrait être
aboli.
2º L'honneur public dans les mœurs.
Par les transactions industrielles qui mettent la cons-
cience en doute d'elle-même.
3º L'Honneur dans la famille.
Rapports dans le mariage, etc.
L'adjonction des capacités à la Chambre.
— Un boulanger est électeur, éligible, *élu.*
— Ancien domestique du général. Bête, cupide, bas
et poltron.
— Le général ne peut être élu et un colonel de dragons
le prie de demander au député sa protection pour lui. »
(*Mémoires,* 348.)

*
**

Sans date. « Les officiers supérieurs, les généraux traitent
avec respect un *jeune enseigne* et hors du service lui laissent
le pas parce qu'il est d'une naissance plus haute que la
leur. » (*Mémoires,* 349.)

*
**

Sans date. « Le père de famille (homme de guerre) est
condamné à la *mort civile.*
Un prêtre catholique (confesseur) conseille à sa fille
de profiter de cette mort civile pour *tenir son rang* avec ses
enfants dans le grand monde.

Un ministre protestant est du même avis près de son fils. La *religion de l'Honneur* le leur *défend.*

Je ne vois point, ô ma Sœur, qu'il soit si vulgaire de chercher *un endroit écarté où d'être homme d'honneur on ait la liberté.*

Cet endroit écarté c'est notre cœur. Notre propre cœur est un asile où se retire notre honneur, ce tabernacle se porte partout et je l'ai sous ma cuirasse... » (*Mémoires,* 348.)

***

Sans date. « La religion de l'Honneur.

Ex. : Une femme ne suit pas les conseils de son confesseur qui sont d'aller habiter avec son mari (absent lors de sa grossesse). Elle déguise sa grossesse et accouche avec danger de peur d'être accusée un jour par ses enfants d'avoir doté un enfant étranger d'une part de leur fortune. » (*Mémoires,* 349.)

***

Novembre 1856. « PENSÉE-MÈRE. — Il faut, dans tous les exemples que je choisirai, *amoindrir l'ambition personnelle,* accroître *l'amour de la gloire.* » (*Mémoires,* 339.)

***

Même feuillet. « QUESTIONS. — De la fidélité militaire.

A quoi? Au drapeau et à la nation ou bien à une dynastie?

A un parti? A une opinion?

Le choix de l'opinion existe-t-il?

Le droit de choisir, l'armée l'a-t-elle?

Platon eut-il raison de dire, dans sa *République,* l'armée *est une meute ?*

Cette meute tenue en laisse peut l'être par *Marat* qui lui fera mordre les hommes de bien et étrangler la vertu.

L'homme d'honneur accomplit son serment jusqu'à la mort, là est le devoir.

L'homme d'intrigue, possédé de l'esprit *de manège* dont parle Vauvenargues, s'intitule : *homme de conscience* et capitule comme le maréchal *Marmont.*

Le jeune duc de *Reichstadt* reçoit chez lui *Marmont* et lui dit : « Je préfère l'homme de conscience à l'homme d'honneur. » Il avait tort, c'était pousser trop loin la politesse. » (*Mémoires*, 339.)

* *

28 novembre 1856. « SERVITUDE ET GRANDEUR MILITAIRES. —

L'homme d'armes (l'homme des armes).

Le guerrier (l'homme de la guerre).

Le soldat (l'homme de la solde).

Ces noms ont tous un sens juste et profond. » (*Mémoires*, 340.)

* *

Même feuillet. « LE VAISSEAU DE DEUIL. — Sur *la Boudeuse*, le capitaine a le malheur d'obéir au décret de la Convention qui ordonne de fusiller les prisonniers de guerre.

Étonnement des prisonniers qui se rendaient à bord en disant : « Nous avons travaillé de notre mieux, mais enfin Dieu a été pour vous. »

Étonnement et horreur de l'équipage forcé d'obéir au capitaine. La traversée malheureuse.

Le typhus se met dans l'équipage. Le scorbut s'y joint.

Aucun homme ne veut plus parler au capitaine. On évite de le toucher comme un *excommunié* ». (*Mémoires*, 340.)

* *

Même feuillet. « SERVITUDE ET GRANDEUR MILITAIRES. — Que le général en chef doit être un *improvisateur d'actions.*

Il lui faut être donc homme *d'invention* et *d'imagination.*

Les souffrances du corps mettent les hommes de guerre au-dessus des autres hommes. Comme l'état de mère avec ses douleurs élève la femme au-dessus de tous les hommes.

Servir, j'ai servi longtemps. Entrer au service, avoir des services glorieux : expressions populaires en France, grandes et solennelles toujours.

Servitude sacrée! servitude des armes! » (*Mémoires,* 340.)

* *

16 mai 1857. « La royauté sortie des flancs de la noblesse l'a empoisonnée et égorgée.

La guerre d'Orient a été pour la France comme un *duel.*

L'affaire est arrangée. On n'y pense plus, on s'embrasse; on *s'embrasse trop.*

Cent mille hommes perdus sont pour la France comme une coupe de cheveux.

C'est trop de chevalerie.

On devrait avoir plus de réserve envers les Russes.

Il n'est pas décent de témoigner tant de sympathie au fils du *tzar Nicolas* qui, pour exercer le droit qu'il croyait avoir : *la liberté de faire la guerre,* plus dangereux que le droit de *liberté* de la presse, a fait sacrifier à la France plus de *cent mille hommes,* le plus pur de notre sang.

Ombres de Crimée, que dites-vous de cette amitié russe?

Vous qui avez *saigné* avec les zouaves, qu'en pensez-vous? Les mères, les veuves, les sœurs qui portent encore le deuil des héros français ne se sentent-elles pas offensées et blessées dans leur cœur?

Je le disais aujourd'hui devant une jeune femme qui m'était inconnue, j'ai vu trop tard qu'elle était en deuil.

Je l'ai peut-être affligée en renouvelant sa douleur, mais, au fond du cœur, elle doit penser comme moi. On me la nomme, c'est *Mme Boussière,* veuve d'un colonel tué à Malakoff... » (*Mémoires,* 340.)

*
* *

Année 1858. « LA BRUTE GUERRIÈRE. — Le *Pékin.*
Dédain du militaire *pour le Pékin.*

L'amiral B., ce qu'il me dit de la peine qu'il avait à forcer
les capitaines de vaisseau de la marine militaire à protéger
et escorter les vaisseaux marchands.

Un officier dit à M. de Saint-M. :

— Que venez-vous faire ici? Qu'avons-nous besoin de
colons?

Curieuse manière de fonder une *colonie* sans *colons.*

Autant vaudrait une *colonnade sans colonnes.*

L'officier et le soldat d'Afrique pensent avoir deux
ennemis : l'*Arabe* devant et le *Pékin* derrière. » (*Mémoires,*
342.)

*
* *

8 janvier 1859. « Si je n'ai pas écrit un second roman *historique,* c'est parce que j'ai reconnu qu'il est vulnérable par
un point, le *vrai réel des faits.* C'est pourquoi j'ai écrit deux
livres philosophiques de *Stello* et de *Servitude et Grandeur
militaires, romans philosophiques.* J'avais plus de place pour
la pensée, moins pour le fait réel. » (*J.,* 1342.)

*
* *

19 janvier 1859. « Après avoir longtemps médité le titre
qui pouvait représenter dignement la seconde partie de
Servitude et Grandeur militaires, je crois devoir l'intituler :

> Servitude des maîtres.
> Grandeur des esclaves.

Chapitre 1 : *Les maîtres de la guerre.*

> Les esclaves de l'Honneur.

Chapitre x :

Le mépris de la vie.
Le mépris de la mort.
La réalité de l'histoire.
Les profondeurs de la vérité.

Ici, vous lirez les travaux et les douleurs des grands hommes qui ont eu le malheur de vivre. » (*Mémoires,* 343.)

**
* **

19 juin 1859. « Pour *Servitude et Grandeur militaires.* Le dévouement réfléchi, l'élan de la « furie française » sont toujours là, mais maintenant les officiers et soldats de France savent la portée et la raison de leurs actes de sacrifice. Abd-el-Kader charge à l'improviste un escadron de Housards. Le commandant reste à l'arrière-garde de son régiment qui est en retraite, et couvrait un convoi de blessés. Il n'avait près de lui qu'un trompette et observait les mouvements de l'ennemi. Une balle tue son cheval. Le trompette descend de ses arçons et dit : « Commandant, montez mon cheval. Si l'on coupe ma tête ce n'est qu'un homme de moins, mais dans la vôtre il y a le plan de la manœuvre et le secret du commandement. »

L'officier refuse et heureusement l'arrivée d'un nouvel escadron les sauve tous de la mort. Le trompette se nommait Escoffier. Voilà ce qui fait la force de l'armée française, c'est *l'esprit* développé, prompt et juste du soldat. Il est *citoyen* et sait généraliser une idée. Il sait comprendre qu'il n'est qu'une unité et qu'un chef porte 1 200 ou 100 000 hommes dans les secrètes combinaisons de sa pensée. » (*J.,* 1344.)

**
* **

Année 1859. « Notes pour *Servitude et Grandeur militaires.*
Vous, soldats sujets de l'Honneur votre Roi, vous êtes les joueurs du champ de bataille.

Le problème est simple : la mort ou le grade supérieur...
L'avancement, passion unique. » (*Mémoires*, 343.)

Année 1859. « Le sentiment de l'abnégation dans le devoir
et dans l'obéissance est bien plus beau que le sentiment de
la *liberté* sans bornes de chacun, sentiment *égoïste, orgueilleux et sauvage.*

Le sentiment de la discipline est modeste, *humble,* chrétien. » (*Mémoires,* 344.)

Novembre, décembre 1859. « Pour *Grandeur et Servitude militaires.* — De l'inutilité d'être un héros. (Anecdotes enten-
dues dans un salon de l'Empire, sans réaction manifestée
pour des traits d'héroïsme ou de sang-froid militaire). Je
conclus : « On ne cesse de vanter l'histoire romaine : je
n'y sais rien de plus beau. Et pendant que nous sommes
paisiblement assis dans ce salon, on coupe le bras sans
doute au général Augéron, on coupe la jambe d'un autre
qui en mourra, on enterre à peine le reste des héros... On
parle de toilette et du concert projeté. » (*J.,* 1350.)

22 janvier 1860. « Les fonctionnaires sont des traîtres perpétuels, en France, sous tous les régimes. « Je ne possède
que mon épée, dit tel général, et tout en regrettant la dynastie tombée, il faut bien que je suive le drapeau qui remplace
le sien. » Tous s'appuient d'un bras sur la nécessité de
soutenir pour soi et les siens la même existence et la même
aisance; de l'autre sur le devoir à la Patrie. Mais la Patrie
pour eux c'est le budget qu'ils nomment : carrière. » (*J.,*
1353.)

2 mai 1860. « Dès qu'un général n'est plus en scène, il se croit mort. Pour se ranimer, il est prêt à toutes les conspirations. Il passerait de Garibaldi à Lamoricière. » (*J.,* 1357.)

Juin 1860. « (Lors de Sébastopol, propos d'un officier anglais :) « Un droit nous était laissé, celui de ne pas soumettre les destins de la nation libre aux soumissions d'une armée obéissante, un chef qui la fait saluer l'adversaire en un temps et deux mouvements comme un seul homme. Le même officier français, dépendant de sa solde, a salué Napoléon à Grenoble et les Bourbons à Essonnes. Ils aiment mieux risquer de perdre les Indes que d'avoir votre conscription qui nous donnerait une armée souveraine absolue, comme celui qui la commande à l'heure dite l'est sur elle. » (*J.,* 1357.)

Juillet 1860. « Une deuxième partie de *Servitude et Grandeur militaires* : « La conscience et la servitude militaire ou l'obéissance et la conscience militaire. »

(Rajouté en novembre) « La Loi et la Conscience Militaire. » (*J.,* 1358.)

Décembre 1860. « Le général *faux grognard,* singe Napoléon Ier ses mains derrière le dos, sa brusque tabatière; décide, tranche de tout, fait sottise sur sottise; c'est une *incapacité audacieuse* et un *aplomb inepte.* Il fait tuer plus d'hommes par bêtise qu'un grand capitaine pour une victoire.

Montrer l'horreur de l'obéissance passive, à laquelle on est condamné sous les ordres de ce sot important. » (*J.*, 1358.)

9 décembre 1860. « Lire une étude, *Les Rêveries* du maréchal de Saxe. Il commandait en *artiste guerrier,* volontaire, tantôt allemand, tantôt polonais, tantôt français. » (*J.*, 1358.)

Sans date. « Cette vérité que le métier nuit à l'art est encore vraie à la guerre. Les gens du *métier* y paraissent un moment et dans la routine de la tactique supérieurs à ceux qui aiment *l'art* de la guerre comme occasion de *grandeur* et de *gloire;* mais le temps étant venu des grandes expéditions, l'homme de l'art reprend son rang qui est le premier. » (*Mémoires,* 354.)

Décembre 1861. « Obéissance passive. — La question fut traitée à l'Assemblée nationale par le général Le Flo, Thiers, le général Saint-Arnaud. Relire leurs arguments dans le Moniteur, 17 novembre 1851. » (*J.*, 1365.)

21 mai 1862. « POUR « SERVITUDE ET GRANDEUR MILITAIRES ». UNE RÉFLEXION : Le dévouement est une vertu. Est-il un devoir? C'est un devoir de l'état de l'homme de guerre. C'est la base de toute vertu militaire. Les sacrifices y sont tels que celui qui se dévoue pour sa *Patrie* doit d'abord la supposer *insolvable,* car ce qu'il *expose* pour elle est *sans prix.* Il est bon même que par surcroît (?) il la *suppose ingrate,* car si le sacrifice qu'il ne cesse de lui faire n'est pas *généreux,* il serait *insensé.*

Il n'y a que l'amour pur de la *gloire,* l'enthousiasme de la *vertu militaire* qui soient dignes de conduire le grand capitaine véritable. Ce qu'a de beau son sacrifice est que la récompense en est impossible au caprice d'un ministre ou au discernement d'un souverain, d'un dictateur ou d'une *assemblée souveraine.* Les *trésors* d'une nation n'enferment rien qui ait assez de prix. Qui peut dédommager un homme libre, né dans les classes heureuses, élevé dans le *libre* et entier exercice de sa *volonté,* des souffrances et des privations que lui vont faire supporter la discipline et la cruelle *obéissance passive,* au milieu d'une vie active imposée et réglée dans chaque moment et chaque pas, semblable à ceux d'un cheval de manège, de parade et de combat? Les honneurs, les titres, le crédit, la faveur des souverains ne sont que des formes variées de la solde. L'homme qui les désire et les reçoit se fait *payer.* Il n'y a pas de milieu. En *servant,* au *service,* mot fier et humble à la fois, il faut ou se *donner* ou se *vendre.* Or *se donner* est un acte noble de *liberté.* Se *vendre* est un acte de *servitude.* Donc l'homme qui s'attend à un *salaire* est un *esclave.* » (*J.,* 1370.)

* * *

28 mai 1863. « Les grands de l'âme. Un grand of soul. Belle expression anglaise bonne à naturaliser. » (*J.,* 1389).

* * *

Sans date. « *Les grands de la pensée.* « Tout ce qui se fait contre le droit est nul de soi », dit Bossuet.

Il faut retourner cette maxime et faire dire :
Tout ce qui se fait contre le serment est nul de soi.

Tentation et autorité inutiles contre *l'honneur.* » (*Mémoires,* 353.)

TABLE DES MATIÈRES

SERVITUDE ET GRANDEUR MILITAIRES

SOUVENIRS DE SERVITUDE MILITAIRE

LIVRE PREMIER

LIVRE DEUXIÈME

La Veillée de Vincennes

SOUVENIRS DE GRANDEUR MILITAIRE

LIVRE TROISIÈME

La Vie et La Mort du capitaine Renaud ou La Canne de jonc

DOCUMENTS ANNEXES :